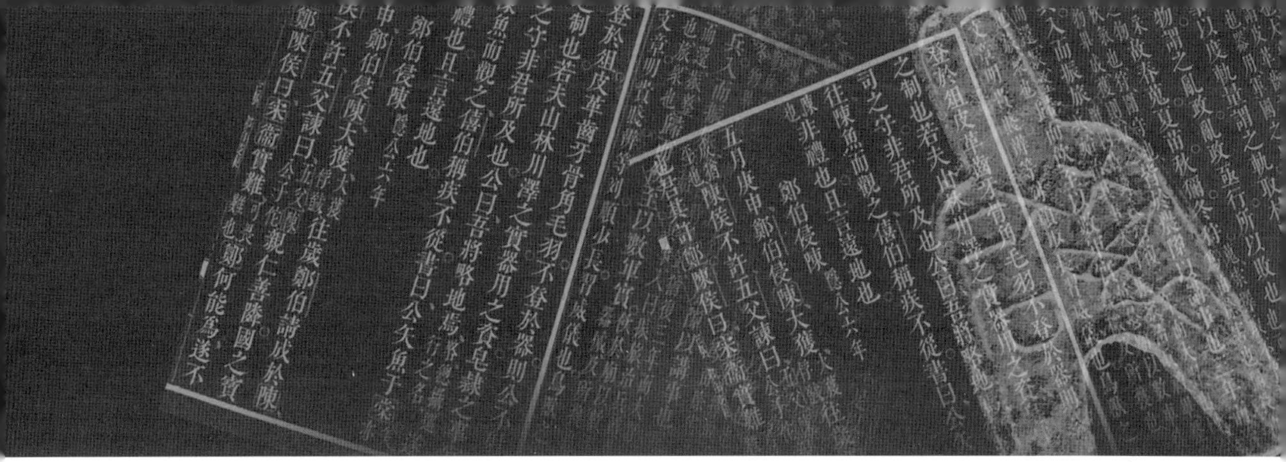

高等学校语言文学教材系列

国学基础教程

Sinology Tutorials

主　编　程时用　黄巨龙

副主编　李　薇　张佩宜　黄叶超

暨南大学出版社
JINAN UNIVERSITY PRESS

中国·广州

图书在版编目（CIP）数据

国学基础教程/程时用，黄巨龙主编；李薇，张佩宜，黄叶超副主编．—广州：暨南大学出版社，2014.9（2022.8 重印）
ISBN 978－7－5668－0773－1

Ⅰ.①国…　Ⅱ.①程…②黄…③李…④张…⑤黄…　Ⅲ.①国学—高等职业教育—教材　Ⅳ.①Z126

中国版本图书馆 CIP 数据核字（2013）第 222791 号

国学基础教程
GUOXUE JICHU JIAOCHENG
主　编：程时用　黄巨龙　副主编：李　薇　张佩宜　黄叶超

出 版 人：张晋升
策划编辑：杜小陆
责任编辑：庄黄倩　余泓颖
责任校对：卢凯婷
责任印制：周一丹　郑玉婷

出版发行：暨南大学出版社（511443）
电　　话：总编室（8620）37332601
营销部（8620）37332680　37332681　37332682　37332683
传　　真：（8620）37332660（办公室）　37332684（营销部）
网　　址：http：//www.jnupress.com
排　　版：广州良弓广告有限公司
印　　刷：广东广州日报传媒股份有限公司印务分公司
开　　本：787mm×1092mm　1/16
印　　张：21.375
字　　数：415 千
版　　次：2014 年 9 月第 1 版
印　　次：2022 年 8 月第 4 次
定　　价：49.80 元

目　录

绪 论

20 世纪末，人类的两个家园遭到了前所未有的破坏。一个是人类肉体赖以生存的地球家园，另一个是人类心灵赖以栖居的精神家园。“国学”的根本目的，就是要修复中华民族的精神家园，乃至人类的精神家园。

章太炎先生坚守“国学立本”论，指出：“夫国学者，国家所以成立之源泉也。吾闻处竞争之世，徒恃国学固不足以立国矣。而吾未闻国学不兴而能自立者也。吾闻有国亡而国学不亡者矣，而吾未闻国学先亡而国仍立者。”① 并且，他创办了国学讲习所，是近代国学研究机构的开端。1922 年，北京大学掌门人蔡元培先生成立北大国学门。1925 年，清华大学成立国学研究院，拥有梁启超、王国维、陈寅恪、赵元任等名副其实的学术泰斗、国学大师，达到了最高的学术水平，培养了一大批高质量的学生，成为我国传承弘扬国学的中坚力量。经过五四运动、文化大革命、改革开放三次传统文化冲击，国学沉入了谷底。改革开放初期，出现了一股以《河殇》为代表的思潮，认为中国的传统文化封建、落后、反动，是现代化的最大阻力。进入 20 世纪 90 年代，国学出现了一点复兴的迹象，但是好景不长。以季羡林先生、张岱年先生为首的学者出版了一批国学丛书，却马上受到了批判，被认为是一股复古思潮，不利于改革开放。

21 世纪的中国，最显著的特征表现为经济起飞，文化失落。经济上创造了世界的奇迹，文化上却由于长期对国学的否定，缺乏应有的文化认同。文化认同对于一个民族来说，是一种精神上的凝聚和整合的力量，对于个人来说，则是一种文化身份的定位和确认，涉及精神家园的依托和归宿。许多中国人，特别是一些事业有成的中年人，他们走出国门，从事世界性的交往，普遍地感到对国学的无知，对中国历史文化的无知，不能确定自己的文化身份，茫然无根，于是激起了一种内在的需要，通过各种方式来重新认识国学，复兴国学，这就在全社会的范围内自发地促成了一股“国学热”——2001 年武汉大学创办国学试验班，2005 年人民大学成立国学院，2005 年湖南大学岳麓书院成立国学研究基地，2006 年安徽大学设立中国传统文化研究院，

① 章太炎：《国学讲习会序》，《民报》第 7 号，1906 年。

等等。许多小学及幼儿园都开展了一系列国学教育。

一、国学的内涵

“国学”一词，古已有之。《周礼·春官·乐师》云：“乐师掌国学之政，以教国子小舞。”朴学家孙诒让在《周礼正义》注释云：“国学者，在国城中王宫左之小学也。”周代的“国学”只是国家所办的贵族子弟学校，相当于后来的太学、国子监、书院等。因此，古代的“国学”就是指学府、学校。

“国学”作为一门学问，是中国近代知识分子从日本移植来的。日本 17—18 世纪所谓的“国学”学派，从事其王朝时代的历史、制度、文学等研究，特别强调古典的语言学研究。1902 年，被清廷内定为京师大学堂总教习的吴汝纶在赴任前到日本考察，把在日本三个月听过的演说、会见的人物后的许多“笔谈”记录，整理成《东游丛录》，书中记载古城贞吉劝吴汝纶的一段话：“勿废经史百家之学，欧西诸国学堂必以国学为中坚。”[①] 这是中国公开出版物中最早提到“国学”一词，指各国本国之学，是个泛称，不是专指中国的。“国粹”名称与概念在中国的出现，是章太炎于 1902 年在《癸卯狱中自记》有言“上天以国粹付余”；之后，他创办著名的《国粹学报》、国学讲习所，国学大师刘师培、邓实等均在《国粹学报》上发表过有关“国学”、“国粹”的文章。以上是“国学”的来源及历史流变。

“国学”，顾名思义，中国之学，中华之学。自汉代以降，国力鼎盛，海外又称大汉民族之学为“汉学”，也有人称为“中学”，所谓“中学为体，西学为用”。关于国学的现代定义，严格意义上，到目前为止，学术界还没有给我们做出统一明确的界定。邓实在 1996 年《国学讲习记》一文中认为：“国学者何？一国所有之学也。有地而人生其上，因以成国焉，有其国者有其学。学也者，学其一国之学以为国用，而自治一国也。”邓先生的国学概念很广泛，但主要强调了国学的经世致用性。国学大师吴宓先生认为，国学是一个国家学术的总体，是本国学术的整体，它应该包容中国学术的方方面面。张岱年先生则认为：国学是中国学术的简称。由此看来，国学应是一国固有之学问，它是一个国家民族性的传统精华，是以儒学为主体的中华传统文化与学术。“国学”，广义的解释把百家之术，如儒、释、道、兵、法、墨等百家之说统统收于国学囊中，如此，则五术六艺、诸子百家之说，都能统称为“国学”。

魏晋时期，国家对全国的图书重新分类，分为甲、乙、丙、丁四部。到了隋代和

① 桑兵：《国学与汉学——近代中外学界交往录》，杭州：浙江人民出版社，1999 年，第 278 页。

唐代，把这四部确定为经、史、子、集，甲部就是经部，乙部就是史部，丙部就是子部，丁部就是集部。狭义的国学，主要指意识形态层面的传统思想文化，主要表现在对《四库全书》的研究。这个分类基本上能把中国传统学术全部包容进来，但它把“小学”，即关于文字、音韵的部分，归入了经学。这在现代人看来，就不好理解，也不太合理。因此章太炎先生讲国学，在传统学术分类的基础上，把“小学”专列了出来，分成了小学、经学、史学、诸子、文学五类。这也是本书体例的根据与由来。

二、学习国学的意义

今天，学习国学不是对传统国学的简单回归与重复，而是以现代的理念指导国学的研究与发展。我们力求充满明确的创新意识和与时俱进的当代精神；坚持以历史唯物主义的立场、观点和方法对待中国传统思想与学术，取其精华，弃其糟粕，避免陷入单纯复古的泥淖。

学习国学，对于唤起文化自觉，恢复文化自信，实现文化认同，增强民族凝聚力具有重要意义。一个民族之所以区别于其他民族，主要并不在于这个民族的地域、肤色等先天因素，也不在于这个民族的社会制度和经济发展等后天因素，而主要是在于这个民族独特的历史文化传统。中国的历史文化传统，是中国人之所以为中国人、中华民族之所以为中华民族的根本所在，是中华民族的“根”与“魂”。文化自觉、文化认同是实现民族认同、增强民族凝聚力的基础。重振国学，有利于增强海内外中国人在血脉、文化和情感上的联系；有利于增进台湾同胞与大陆民众的亲和感，从而为最终实现祖国统一奠定坚实的文化基础；有利于国内各民族实现共同的文化认同和民族的大团结。所以说重振国学并不是一件可有可无的小事情，而是关系到能否传承中国文明，实现中国人的文化自觉、文化认同和文化归属的重要基础。

学习国学，对于挖掘国学的当代价值，提高国人道德水准，提升国人的文化素养，建设和谐社会具有重要意义。伴随着市场经济的发展，我们的精神世界出现了一些问题，产生了一些负面现象。中国历史文化，特别是作为其主流的儒家思想，一向重视对人的培养与规范，意在使人成为一个有良心、有道德、有教养的人，成为一个对国家、民族与社会以及家庭有责任感和义务感的人，并由此形成了一系列的道德准则和伦理规范，如“仁义礼智信，温良恭俭让”等。当然，这些道德准则和伦理规范有其时代局限、阶级局限和理论局限，但也不能否认它们具有超越的价值，完全可以在与时俱进的基础上加以改造利用。我们完全有理由期待，国学研究和国学教育将有助于人们了解中国传统文化经典，接受人文精神熏陶，涵养自身德行，提升自身修养，丰富精神世界。我们认为，了解和熟悉一国文化经典，是该国国民获得文化教养的主要方式，是最起码的文明教养。梁漱溟先生曾经指出："中国没有宗教，替代一个大宗教而为中国社会文化中心的，是孔子之教化。"这是很值得我们思考的。"建国君民，教化为先"，古人如此，当代亦然。

学习国学，对增强我国文化竞争力，提升国际影响力具有重要意义。当今时代，文化已经成为国家"核心竞争力"和"软实力"的重要组成部分。中国传统文化应该成为我国软实力建设的重要文化资源。中国传统文化中有很多思想和主张，如璀璨的明珠闪耀在世界文明的天空。比如"仁者爱人"，"和为贵"，"己所不欲，勿施于人"，"忠恕之道"，"中庸之道"，"杂于利害"，"天人合一"，"和而不同"等，对当今世界的重大问题，处理人与人、人与自然、国家与国家之间的关系等都能提供重要的启迪，乃是弥足珍贵的思想文化资源。虽然要求文化多样性已成为全球性的呼声，然而，当代世界的话语霸权、文化霸权同样存在。在与强势文化的争夺中，我们如果放弃自身固有的传统文化，就意味着放弃自己的优势，就意味着辱没自己的国格。从这个意义上来讲，弘扬中华民族传统文化、振兴国学，不仅是我国政治、经济、文化协调发展的需要，而且也是应对日趋激烈的国际竞争，增强综合国力，实现中华民族伟大复兴的需要。中华民族传统文化博大精深，世界各地的汉学家都在积极研究并加以利用，我们更没有丝毫理由不去继承、不去推动、不去发展。[①]

学习国学，对于个人来说，可以传承美德、健全人格、陶冶情操。传统经典中承载的"仁义忠恕孝悌礼信"的道德伦理观，构成中华民族传统文化的核心价值体系，对于我们处理人与人、人与社会、人与自然的关系，至今仍具有现实指导意义。如今，外来文化、网络文化等所谓"流行文化"对人们的影响越来越大，不少孩子不但在文化素养方面出现严重"营养不良"，还不同程度地表现出浮躁、自私、好逸恶劳等不良心态。我们在本国传统文化的滋养中成长，健全人格培育民族精神是非常有必要的。经典国学礼品是我们民族文化教育精神的一个庞大载体，是我们民族赖以生存的根基。为了使孩子们能够从小就汲取优秀传统文化中的营养，继承和发扬中华民族的灿烂文明，实现人的全面发展，必须弘扬国学。

---

① 纪宝成：《国学何为》，《光明日报》，2008 年 7 月 21 日。

三、学习国学的方法

学习国学，就要系统地学习国学经典。要听专家的解读，要读原著，要看专家对国学的解析，尽量做到比较系统地学习国学知识，万万不可一知半解，或望文生义，浅尝辄止。在平时的学习中，往往只学习国学经典中某些片段，这样不能全面了解国学的全部内涵，要从作者生平、贡献、写作背景、原著等多方面把握国学的内涵，做到学一门，掌握一门，不断积累，不断复习巩固，不断提高。

学习国学，要把学习国学经典与个人素质提高结合起来。国学水平的高低是一个人综合素质的体现，要通过国学的学习，提高个人的文化、思想修养，让每个人充满文化气息，体现传统文化的修养。在学校教育中，要把学习国学经典教育与学校教育有机安排在一起，体现由易到难、由简到繁的学习过程，培养师生的学习兴趣，为学生的一生奠定良好的基础。

学习国学，要把学习国学经典与借鉴世界文化精华结合起来。世界文化呈现多元化，文化不断融合，各种思想交替发展，只有学习、借鉴、比较、融合，才能不断发展、创新。国学是世界文化遗产的重要组成部分，丰富多彩的文化遗产各具特色，因此在学习国学的同时，应借鉴世界各国的文化遗产，互相融合，互相促进，将国学发扬光大。

学习国学，要把国学精髓与生活、工作结合起来。学国学要做到活学活用，让国学知识为工作服务，为生活服务。在工作中应用国学智慧，在生活中运用国学知识，让国学经典与生活、工作实际有机结合起来。

本书由程时用、黄巨龙担任主编，李薇、张佩宜、黄叶超担任副主编。其中，程时用编写第一、二、四编，李薇编写第三编，张佩宜编写第五编，黄巨龙负责全书的审稿，黄叶超负责全书的校对。

在本书的编写过程中，得到了暨南大学出版社的大力支持和帮助，同时引用了许多学者的学术成果，在此一并表示衷心感谢！限于编者水平和时间仓促，书中的缺点和错误恳请各位同仁不吝批评指正。

第一编

小学——识字断句

周朝儿童入学，首先学六甲六书（六甲指儿童练字用的笔画较简单的六组以甲起头的干支。六书即指事、象形、形声、会意、转注、假借），把“文字学”称为“小学”。唐宋以后又称“小学”为“字学”。小学，即中国的“传统语言文字学”，必须有“传统”二字，因为它不是指现代的语言文字学，也不指学校。

读书必先识字，掌握字形、字音、字义。训诂学、音韵学、文字学并立，统称小学。

第一章　文字学

第一节　汉字的起源

汉字如何产生？这是汉字学领域里一个颇具魅力的神秘问题，历代许多文字学家都曾对这一问题进行思考，提出了种种推想和猜测，有的虽不无道理，但还无法从根本上解开汉字起源之谜。新中国成立以来，随着科学的发展，汉字起源的神秘外衣正被逐层揭开。

许慎《说文解字·叙》论汉字的起源说：

> 古者庖牺氏之王天下也，仰则观象于天，俯则观法于地，视鸟兽之文与地之宜（仪），近取诸身，远取诸物，于是始作易八卦，以垂宪象。及神农氏，结绳为治而统其事，庶业其（綦）繁，饰伪萌生。黄帝之史仓颉，见鸟兽蹄迒之迹，知分理之可相别异也，初造书契，百工以乂，万品以察，盖取诸“夬”。

许慎认为，在汉字产生之前，曾有过一些过渡阶段。起初是庖牺（伏羲）氏创作八卦符号用来表示“宪象”，即反映客观世界。其后有神农氏结绳再记事，由于不能适应日益繁多的事物，巧饰作伪的事也逐渐萌生了。至黄帝的史官仓颉创造了书契文字，百官由此得到治理，万民由此得到督察，这大约是由易卦中的夬卦得到的启示。从八卦到结绳再到书契，这种文字起源的模式虽不见得符合文字起源的客观实际，但也并非毫不相关。下面分别加以讨论。

一、八卦和汉字

所谓“八卦”，就是古代用于占筮的八种符号：乾、坤、震、巽、坎、离、艮、兑。为便于记忆，朱熹编写成《八卦取象歌》：“乾三连，坤六断；震仰盂，艮覆碗；离中虚，坎中满；兑上缺，巽下断。”《易纬·干·凿度》认为：乾卦，天字的古文；坤卦，地字的古文；离卦，火字的古文；坎卦，水字的古文；巽卦，风字的古文；震卦，雷字的古文；艮卦，山字的古文；兑卦，泽字的古文。

这八种符号两两相叠，又可演绎出六十四卦。八卦或六十四卦的符号，都是由阴（--）阳（—）两爻组合而成，这阴阳两种符号到底源于什么，人们有过各种猜测。郭沫若认为阳和阴两种符号分别是男女生殖器的象征①；高亨认为阴阳是用于占筮的两节或一节的“竹棍”（即蓍草）的象形②；陈道生认为阴阳符号源于结绳时代绳子上“有结”、“无结”的形态③。此外还有人认为它们是由龟卜兆纹演化而来。诸说之中，似以阴阳符号源于蓍草或小竹棍之类较为可信。另外随着地下考古资料的出土，人们从甲骨文、金文和陶文中，发现了以数字组成的原始八卦符号，这种八卦原来所采用的数字是一、五、六、七、八，而在战国中期的楚简，其数字已简化为一和六。据此，有人认为后来的卦符“--”和“—”，就是由数字一和六（古文作∧）演化

① 郭沫若：《周易时代的社会生活》，《中国古代社会研究》，北京：人民出版社，1954 年。

② 高亨：《周易杂论》，济南：山东人民出版社，1962 年。

③ 陈道生：《重论八卦的起源》，《孔孟学报》1966 年第 12 期。

而成的①。

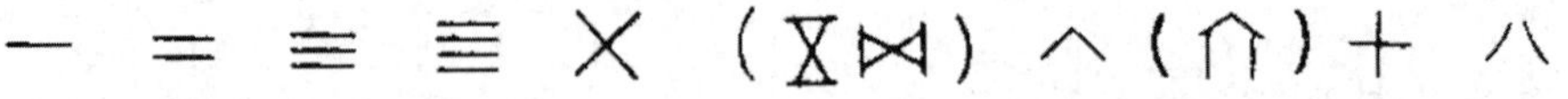

一　二　三　四　五　　　六　　七　八

阴阳符号具体来源于什么，或许比较难以说清。但有一点可以肯定，那就是，阴阳符号的形成，是古人仰观俯察，对自然万物基本形态进行抽象的结果。正如开头说的“古者庖牺氏之王天下也，仰则观象于天，俯则观法于地，视鸟兽之文与地之宜（仪），近取诸身，远取诸物，于是始作易八卦，以垂宪象”。这种说法应该是符合情理的。既然如此，单从“观物取象”的角度来看，汉字的产生与八卦的形成，其思维方式具有一定程度上的相似性是可以肯定的。但文字的萌芽在仰韶文化期间，而八卦占卜的流行则在之后的龙山文化期间，因此八卦的产生和汉字的创造在思维方式上的相似性并不能说明汉字是由八卦而来。再者，汉字的“观物取象”基本上是一种形象的再现（少数指事字除外），而八卦的“观物取象”则是一种抽象；前者用于记录语言，后者用于占卜吉凶，两者性质、功用各不相同，不宜混为一谈，更无所谓源流关系。

在传统的观念中，八卦所反映的内容在某种意义上是中国文化的一个源头，一个缩影。由于八卦和汉字都是反映外在世界的符号系统，八卦符号的形成在思维方式方面与汉字的产生具有相似性，都是“观物取象”的结果；又由于某些原始八卦符号与某些汉字的构字偏旁有着具体联系，因此八卦符号很容易与汉字的产生联系起来。最先把它们联系起来的是东汉的许慎。许慎在《说文解字·叙》中谈到汉字的起源时是先从“八卦”说起的。但从《说文解字·叙》原文来看，许慎先言庖牺氏作八卦“以垂宪象”，次言神农氏“结绳为治而统其事”，再言仓颉作书，“百工以乂，万品以察”，显然是从功用的角度把八卦、结绳和汉字联系起来的，未必视八卦为汉字的前身或源头。到了近代，刘师培在《小学发微》中则明确宣称：“大约《易经》六十四卦，为文字之祖矣。”② 完全肯定了八卦与汉字的源流关系。从以上所述来看，刘氏的话显然过于绝对。

总之，八卦和汉字虽有一定关系，但它们是两种性质不同的符号系统，且汉字产生在前，八卦流行在后，八卦不可能是汉字的源头。

---

① 曾宪通：《四十年来古文字学的新发现与新学问》，《学术研究》1990 年第 2 期。

② 刘师培：《小学发微》，《国粹学报》乙巳七期。

二、结绳说

结绳和契刻都是上古社会的记事方法。

《老子》和《庄子》中都有老百姓“结绳而用”的记载，《易经·系辞下》和《说文解字·叙》也有“结绳而治”、“结绳为治”的话，可见上古社会结绳既用于记事，也用于管理。结绳的具体方法，《周易正义》引郑玄注云：“结绳为约。事大，大结其绳；事小，小结其绳。”李鼎祚《周易集解》引《九家易》云：“古者无文字，其有约誓之事，事大，大其绳；事小，小其绳。结之多少，随物众寡，各执以相考，亦足以相治也。”

结绳的作用在于帮助记忆，它本身不可能完整地记录事件，也不能表示词的读音，因此结绳本身并不具备文字的性质。但是，结绳的一些形象却可能与某些汉字的构形有着直接的联系，比较明显的是“十”和“十”的倍数。如在古文字中，“十”写作丨，“廿”写作，“卅”写作，即是取象于结绳。此外，“世”字金文作，篆文作，是“卅”的变形。《说文解字》云：“世，三十年为一世。”可见也与数目有关。甲骨文里有些符号比较特别，如、等，类似秘鲁的结绳架，也可能与结绳有关。由此可见，结绳对汉字的产生也有一定影响，但如果因此断定“文字之作，肇始结绳”（朱宗莱《文字形义篇》），则又过于绝对，不能使人信服。

三、契刻说

和结绳性质相近的是契刻，即许慎说的“初造书契”中的“书契”。

《诗·大雅·公刘》有“爰契我龟”之语，“契龟”指的是在龟甲上刻契文字（卜辞），现在可见的最早的文字资料恰恰就是殷墟甲骨刻辞，因此人们很容易把许慎所谓“书契”与甲骨刻辞联想到一起。不过，许慎本人只见过山川所出鼎彝文字，并没有见过甚至也未曾听说过商代的甲骨刻辞，因此，许慎所谓“书契”不可能指商代的甲骨契文。“契”的本义许慎释为“大约也”，即“大的契约”。文字结构是“从大从㓞”。许氏又说：“㓞，巧㓞也，从刀丰声。”“栔，刻也，从㓞从木。”其实契、栔、㓞诸字同源，都指刻木为契，从制作的手段看是契刻，从功能作用看则是契约。西周金文中已出现“㓞”字，其文云：

折首执讯，俘车马五乘、大车廿、羊百、㓞用告王。

“契用告王”即“契以告王”，意谓将战绩（俘获品）刻在简册上向周王报告。“**㓞**”字形作㓞，从丰（gài）从刀会意（许氏释为形声，不确切）。丰像刻画契约，中间一竖表示一分为二（古代契约于刻契之后，都要在刻契处剖开，双方各持一半，合券时以刻纹吻合作为凭据）；加上“刀”旁表示用刀刻契；再加“大”旁作“契”，表示大的契约；或加“木”旁作“栔”表示刻木为契；或再加“金”旁作“锲”，表示镂刻金属，即《荀子·劝学》所谓“锲而不舍，金石可镂”。

刻契为约的办法，产生于原始时代发明文字之前。那时候人们在木块上刻画一些简单的纹路或缺口以帮助记忆，其作用与结绳相似。这种办法至现代还保存在一些少数民族中。如红河哈尼族农民给地主交租，按租金多少在木片或竹片上刻缺口，然后一剖为二，地主和农民各执其一。契木为约作为一种传统凭信手段，在文字产生以后仍然继续被采用。

木契上的简单刻画道道，只起帮助记忆的作用，当然不能算是文字。不过，契刻的这种形式，却很可能是最早的文字书写形式之一。古人利用这种形式把一些数字符号或象形符号刻画在陶器或竹木片上，用以传递某种信息，就有可能逐渐演化成类似青铜器上的族徽文或是竹简木牍这类文书，文字和文献也就逐渐地形成了。从这点说，书契比八卦和结绳都更具有促进文字产生的条件。西周《师同鼎》铭文把作册称为“**㓞**”，把常见的“册告”称为“**㓞**告”，似乎正透露出远古时代竹木契演变成竹木册的信息；封建时代把“律师”称为“刀笔”，也反映了以刀为笔的传统观念。由此看来，许慎所谓“初造书契”，大约不是指最原始的刻木为符，而是指最早在竹木简上刻契文字的事情。

四、仓颉造字说

仓颉，一般都被认为是黄帝的史官，其所处时代距今四千五百年左右。造字的说法在战国秦汉间颇为流行，如《荀子·解弊篇》、《吕氏春秋·君守》、《韩非子·五蠹》、《世本·作篇》、《淮南子》、《论衡·骨相篇》、《说文解字·叙》等都有记述。

典籍中关于仓颉造字的记载，有些是比较离奇的，如《论衡·骨相篇》记述“仓颉四目”，《淮南子·修务训》记述仓颉“产而能书”，既生异相，又具异才，实不足信。《淮南子·本经训》又云“昔者仓颉作书，而天雨粟，鬼夜哭”。这一则看似荒诞，实则表现了文字的产生对人类文明的重要意义，剔除其神话的外衣，还可窥见一些历史真实。《淮南子》言及此条材料，意在说明“能愈多而德愈薄”，故高诱注云：“仓颉始视鸟迹之文造书契，则诈伪萌生。诈伪萌生，则去本趋末，弃耕作之业，而务锥刀之得，天知其将饿，故为雨粟；鬼恐为书文所劾，故夜哭也。‘鬼’或作‘兔’，兔恐见取毫作笔，害及其躯，故夜哭也。”作者和注者的理解均过于表面，便成了无稽之谈。

但是也有一些比较平实，如《荀子·解弊篇》云：“故好书者众矣，而仓颉独传者，壹也；好稼者众矣，而后稷独传者，壹也；好乐者众矣，而夔独传者，壹也；好义者众矣，而舜独传者，壹也。”认为仓颉专心致志于文字，因此成为众多“好书者”中能够流传于世的人。又如许慎《说文解字·叙》云：“黄帝之史仓颉，见鸟兽蹄迒之迹，知分理之可相别异也，初造书契。”认为仓颉是从鸟兽的蹄印足迹中得到启示而造出文字，这是完全可能的。

关于仓颉造字的传说，现代学者多持批判态度，认为“文字在人民间萌芽”①，是由劳动人民创造的，不是某个人所能完成的。我们觉得，承认仓颉造字与文字由劳动人民创造的提法并不矛盾。鲁迅先生在《门外文谈》中说：“但在社会里，仓颉也不止一个，有的在刀柄上刻一点图，有的在门户上画一些画，心心相印，口口相传，文字就多起来，史官一采集，便可以敷衍记事了。中国文字的由来，恐怕也逃不出这例子的。”② 史官的采集工作，应该就是仓颉的主要工作。在采集整理的过程中，仓颉（或者巫史集团）依类推衍，继续创造出许多文字来，这不是不可能的事。因为仓颉不仅采集整理民间的文字，又创造了许多字，因此出现了“仓颉造字”的传说，他的名字也流传了下来，这也不是什么奇怪的事。所以我们对于“仓颉造字”之说，应该具体分析，不应完全视为无稽之谈。

五、图画说

许慎《说文解字·叙》云：“书者如也。”《段注》：“谓如其事物之状也。”此“书”字，其意犹今言“依样画葫芦”，实与绘画无别。而“书”字又可指称文字，如仓颉作书，即指仓颉造字。从这里我们便可看出汉字与绘画的密切关系，即所谓“书画同源”。比较明确地从汉字起源的角度阐明“书画同源”观点的人是宋代的郑樵。他在《六书略·象形第一》中说：“书与画同出……凡象形者，皆可画也，不可

① 鲁迅：《鲁迅文集·杂文集·且介亭杂文·门外文谈》，长春：吉林大学出版社，2011 年。

② 鲁迅：《鲁迅文集·杂文集·且介亭杂文·门外文谈》，长春：吉林大学出版社，2011 年。

画则无其书矣……六书也者，皆象形之变也。”后来孙诒让、沈兼士、唐兰、蒋善国等人都曾明确指出图画和象形文字的源流关系。如唐兰先生在《古文字学导论》说“文字的起源是图画”，在后来的《中国文字学》中，他又说：

> 文字本于图画，最初的文字是可以读出来的图画，但图画却不一定能读。

这句话说明了文字与图画的联系和区别。文字起源于图画，但图画并不等于文字。所谓“可以读出来的图画”，是指这种图画已经具有固定的读音，与语言中的词挂上了钩，也就是说，它成为记录语言的符号了，这时，图画才转化为文字。这就是图画和文字的主要区别。文字起源于图画，我们可以从汉字的众多“初文”中得到证明。因为大部分的象形字都是照着它所表现的物体形状画出来的，即所谓“画成其物，随体诘诎”，如太阳写作⊙，月亮写作☽等。现在，“图画说”已是为学术界所普遍接受的一种主要的汉字起源因素了。

第二节　汉字的结构

《说文解字》，简称《说文》，由东汉的经学家、文字学家许慎编撰而成。《说文解字》成书于汉和帝永元十二年（100）到安帝建光元年（121）之间，是我国第一部按部首编排的字典。全书正文以小篆为主，收字 9353 个，古文、籀文等异体重文 1163 个，解说词 133 科 1 字，是我国乃至世界上最早、影响最大的字典。“文”在古代是指独体象形字和指事字，这些字基本能显示事物的原有形象。而“字”则指由“文”引申与衍生的形旁和声旁相结合的形声字或会意字。“说文解字”就是对所有汉字的本原加以阐释，故此得名。

《说文解字》开创了部首检字的先河，后世的字典大多采用这个方式，段玉裁称这部“此前古未有之书，许君之所独创”。对于《说文解字》，历代都有许多学者研究，清朝时研究最为兴盛。其研究成果有段玉裁的《说文解字注》、朱骏声的《说文通训定声》，桂馥的《说文解字义证》说文唐抄本（25 张），另有王筠的《说文释例》、《说文句读》尤被推崇。段玉裁、朱骏声、桂馥、王筠四人也被尊称为“说文四大家”。

“六书”理论是最传统的、影响最深远的一种关于汉字结构的学说。“六书”一词，最早见于战国时期的《周礼·地官·保氏》：“保氏掌谏王恶，而养国子以道。

乃教之六艺：一曰五礼，二曰六乐，三曰五射，四曰五驭，五曰六书，六曰九数。”“六艺”是周代用来教育贵族子弟的六种科目，其中的“六书”，一般认为就是分析汉字结构的，但具体内容无从得知。汉代学者把这进一步细化，有的列出细目，有的加以解释。东汉班固在《汉书·艺文志》中说：“古者，八岁入小学，故周官保氏掌养国子，教之六书，谓象形、象事、象意、象声、转注、假借，造字之本也。”其后，郑众在《周礼·地官·保氏》注中说：“六书，象形、会意、转注、处事、假借、谐声也。”

《说文解字·叙》里对“六书”做了全面的、权威性的解释：

> 《周礼》：八岁入小学，保氏教国子，先以六书，一曰指事。指事者，视而可识，察而见意，“上”、“下”是也。二曰象形。象形者，画成其物，随体诘诎，“日”、“月”是也。三曰形声。形声者，以事为名，取譬相成，“江”、“河”是也。四曰会意。会意者，比类合谊，以见指㧑，“武”、“信”是也。五曰转注。转注者，建类一首，同意相受，“考”、“老”是也。六曰假借。假借者，本无其字，依声托事，“令”、“长”是也。

汉代班固、郑众、许慎三家六书之说，后人讲“六书”时，“名称以许为优，次第以班为胜”。顺序方面，一般认为象形字产生较早，应居于六书之首。指事字产生的时间，总体上说可能与象形字相当，但有一部分指事字是在象形字的基础上形成的，因而列于象形字之后比较恰当。会意形声为合体之字，当然要在独体的象形指事之后，因为合体之字是由独体之文拼合而成的。会意形声两者之间，当以会意居前，形声居后。

一、象形字

“象形者，画成其物，随体诘诎，‘日’、‘月’是也。”“诎”通“屈”，“诘诎”即弯曲。许慎定义的大意是说，按照物体的轮廓，用弯曲的线条把它画出来，就是象形字。简单说，象形字就是“依样画葫芦”，其特点就是“随物赋形”。如日字写作，月字写作。这就是象形字。

象形字源于图画，但又不同于图画。古人造象形字，很善于抓住对象特点，寥寥几笔，形神俱现。“日”、“月”本都可作圆形，但“日”字作圆形，“月”字作月牙形，一是为了互相区别，二也正是抓住了对象的主要特征，因为“月有阴晴圆缺”，而缺是经常的状态。又如“燕”字甲骨文作，燕子之剪刀似的尾巴，轻盈的体态，均跃然纸上。此外如“犬”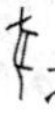之翘尾、“象”之长鼻、“虎”之斑纹利齿、“鱼”之鳞片等等都是以特征来表现对象的。

象形字可以简单记录语言，比之只能笼统表意的图画来说，自然是一个很大的进步。但是，它毕竟是刚从图画脱胎出来的，只能反映人类思维最初阶段的、最为原始的造字方法，不可避免地会有它的缺陷和局限性。其一，象形字一般是对具体事物的描写，所以多半是名词，远远不能满足记录语言的需要；其二，一些物体的局部不易用象形表现，如要画刀口，不画刀背是很难显出刀口来的；其三，一些抽象的意思无形可象，看不见的东西也无法描绘，如果要用象形法把“南方”的“南”和“风雨”的“风”画出来，那是怎么也办不到的；其四，靠略描轮廓，形近事物易生混淆，例如，“狗”与“狼”、“马”与“驴”、“虎”与“猫”等，只有语法意义而没有词汇意义的虚词更加无法象形。

由于汉字形体的不断演变，现在的所谓象形字其实只是徒有其名。在商周古文字里，象形字个个宛然如绘，与图画差不多。到了小篆阶段，由于仍然用圆转的笔画，象形字的象形意味仍多少保留着。经过隶变，圆转的笔画变成了方折的笔画，象形的意味大大丧失，象形字就成了不象形的象形字了。因此我们分析象形字一定要用古文字材料，最好能追溯到最原始的写法。下面我们举一些象形字的例子。

子　甲骨文作，金文作，象婴儿之形，头较大，两手在外舞动，下肢裹在襁

褓里。

人 甲骨文作，金文作，象侧立的人形。

大 甲骨文作，金文作，象正面而立的大人形。此字唐兰先生认为是象意字，因为它在语言里表示的不是大人的意思，而是表示一般的大。但从字形本身来看，应该是象大人之形的象形字。

女 甲骨文作，金文作，象女人敛手跪坐之形。

身 甲骨文作，金文作，篆书作，象人怀孕之形。后指身体，又造“娠”字表示其本义。《诗·大雅·大明》：“大任有身，生此文王。”俗语谓怀孕为“带身”，均可证其古义。

首 甲骨文作，金文作，象人头之形。此字如附带画出人身，就是（页）字。以页为形符的字，意义大都跟头部有关。如顾、领、颈、项、颠、顶、额等。表示“人头”的还有“元”字，此字甲骨文作，下部的人身是为了衬托人头而连带画出的。《左传·僖公三十三年》“狄人归其元，面如生”，正用其本义。“元首”一词亦可见其本义所在。

耳 甲骨文作，金文作，象人耳之形。

目 甲骨文作，金文作，象眼睛之形。本为横写，小篆为了行款整齐，改为竖写，变成竖眼，形已失真。“臣”字甲骨文作，金文作，却真是竖眼之形。郭沫若独具慧眼，认出是人俯首时从侧视角度所看到的眼睛状态。这是家臣或奴隶头目向其主子低头时的一个重要特征。家臣或奴隶监工地位比主子低，但又比一般奴隶高，故可引申为“官吏”。

须 甲骨文作，金文作，象胡须之形。“页”也是为了衬托胡须而连带画出的。《说文·须部》：“须，面毛也。从页从彡。”把它看作会意字是不对的。（“须”字用作“必须”是它的假借用法，有人以为是引申，因为“在古人心目中，‘髭须’对男子是‘必须’的”，这显然是牵强附会的，不足为据。）表示胡须的象形字还有“而”字，此字小篆作，《说文·而部》：“颊毛也，象毛之形。《周礼》曰‘作其鳞之而’。”

自 甲骨文作，金文作，象鼻子之形。此字后用作“自己”、“自从”之“自”，表本义之字遂写作“鼻”，变成形声字。

又 甲骨文作，金文作，象侧视的右手之形。手的象形字还有，甲骨文作，象左手之形。手，金文作，为人手的正视形，五指俱全。

鸟　甲骨文作，金文作，篆书作，象鸟之形。此字繁体作“鳥”，简化作“鸟”，可以看出，即使是笔画已经平直化了的繁体字和简化字“鸟”，还依稀可见鸟的侧视之形的轮廓。英语“鸟”写作bird，由形而知音，形义毫无联系；而汉字的“鸟”字，其形义关系至今还相当清晰，表意和表音两种文字体系的不同性质，由此可见一斑。象“鸟”的象形字还有一个“隹”字，金文作，也是鸟的侧视之形。“鸟”和“隹”在用作表意偏旁时往往可以通用。

象　甲骨文作，小篆作，象大象之形，突出其长鼻的特点。

龟　甲骨文作，金文作，象龟的侧面之形。

木　甲骨文作，金文作，象树木之形，上象枝干，下象树根。

来　甲骨文作，小篆作，象麦之形。假借为“来往”之“来”，假借义成为常用义。

麦　甲骨文作，是个形声字，从夂，来声。从夂之字与脚的动作有关，故朱骏声在《说文通训定声》中认为“往来之来正字是麦，菽麦之麦正字是来”。

门　金文作，小篆作，象两扇门。“门”与“户”是同义词，一扇叫户，两扇曰门。《说文·门部》：“从二户，象形。”

弓　甲骨文作，金文作，小篆作，象弓形。

箕　本作“其”，甲骨文作，金文作，象簸箕之形。后“其”被借为代词、副词，表本义之字附加“竹”字头。

车　甲骨文作、，金文作、，象车之形，写法有详有略，多为俯视形。

斤　甲骨文作，金文作、，象古代的一种斧类工具，类似后代的锛。《孟子·梁惠王上》：“斧斤以时入山林，材木不可胜用也。”正用其本义。“斤”用作“斤两”义，是假借用法。

鼎　甲骨文作、，金文作、，象鼎之形。鼎是古代炊具，三足两耳，多用青铜铸成。《左传·宣公三年》云：“昔夏之方有德也，远方图物，贡金九牧，铸鼎象物，百物而随之备，使民知神奸。”是说夏禹收九牧之金，铸成九鼎。该鼎后来就成为传国的重器和政权的象征。后因称建立王朝为“定鼎”，图谋王位为“问鼎”。

豆　甲骨文作，金文作，象一种盛食器。《说文·豆部》：“豆，古禽肉器也。”后借为豆麦之“豆”。

衣　金文作，小篆作，象上衣之形。古代上曰衣，下曰裳。《离骚》：“制芰荷以为衣兮，集芙蓉以为裳。”

象形字还有不少，如“口、齿、止、足、心、云、雨、豕、虫、皿、舟、帚、刀、网”等，不备举。

二、指事

“指事者，视而可识，察而见意，上、下是也。”指事字以象形为基础，通常都有一部分构件是象形字，所以，看到字形一般都有一种似曾相识的感觉，这就是所谓的“视而可识”，但指事字的含义，不是直接由事物的形象表现的，它要通过特定符号来提示人们。由于这些特定符号往往都是一些不成字的抽象标记，一般都要经过细心观察才能理解它的确切含义，这就是所谓的“察而见意”。如“上、下”。甲骨文“上”作、，“下”作、。长线表示水平线。短线在上者，表示位置在上，故为“上”；短线在下者，表示位置在下，故为“下”。由于这种“上”、“下”的写法容易与数目字“二”相混，春秋时“上”、“下”开始异化为、。小篆写作、。

亦　　为“腋”的本字。在象大人之形的“大”的基础上增加两点，表示人的腋窝之所在。后造一形声字“腋”从肉夜声。

刃　　在象形字“刀”的基础上增加一个指事符号表示刀锋之所在。

寸　　在象形字“又”的基础上增加一个指事符号，表示手臂上靠近手腕约一寸的部位。后引申为长度单位。

本　　《说文·木部》：“木下曰本，从木，一在其下。”本义是树根。木下的一点或一横表示树根之所在。后来“根”和“本”构成一个联合式合成词，意指“事物的根源或最重要的部分”。

末　　《说文·木部》：“木上曰末，从木，一在其上。”本义是树梢。点或横表示树梢的位置。引申为一般的末梢，指次要的部分。

朱　　郭沫若《金文丛考·释朱》认为“朱”为“株”的本字，意为树干，在木中加一点指示树干之所在，写为一横是圆点的演变。用为赤色义是假借。《说文·木部》：“朱，赤心木，松柏属，从木，一在其中。”若依《说文》对其本义的解

释，则赤色是引申。

三、会意字

“会意者，比类合谊，以见指㧑，武信是也。”“比”本身就是一个会意字，意为“并”，“类”指字类，“合”指会合，“谊”同“义”，“指”即“指挥”，意为指向。所谓会意，是指把两个或两个以上的构字符号（即形符或意符）合并在一起，并把它们的字义会合起来，出现一个新义的指向，记录一个新词。

林 《说文·林部》：“平土有丛曰林。从二木。”又“森”，《说文·林部》：“木多貌，从林从木。”

友 小篆写作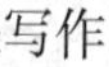，《说文·又部》：“同志为友，从二又相交。”《段注》：“《周礼》注曰：‘同师曰朋，同志曰友。’”

多 《说文·多部》：“多，緟（重）也。从緟夕，夕者相绎也，故为多。”徐中舒在其主编的《汉语古文字字形表》中认为：“多象两块肉形，古时祭祀分胙肉，分两块则多义自见，说文以为从二夕实误。”以重夕为多，正如“因火成烟夕夕多”一样在文字学的原则上是错误的。

炎 《说文·炎部》：“火光上也。从重火。”

轟 《说文·车部》：“群车声也。从三车。”

从 《说文·从部》：“相听也。从二人。”甲骨文有“从”字，后又加走之底增繁为“從”。简化字作“从”是采用了古字。

步 甲骨文作，小篆作，字从二“止”（趾）相承，表示走路时两脚一前一后。按：古代举足两次为一步，相当于现在的两步，《荀子劝学》曰：“不积跬步，无以至千里。”“跬”相当于现在的一步。

北 甲骨文作，小篆作，字从两人相背，为“背”之本字。后假借为方位名词“南北”之“北”，另造“背”字以区别。《说文·北部》：“北，乖也。从两人相背。”其字形分析是对的，但“乖”只是它的引申义。

武 甲骨文作，金文作，小篆作，《说文·叙》作为会意字的例子，在“戈”部“武”字是会合“止”、“戈”二字而成义，“止”有“停止、制止”之意，“戈”指武力、战争，所以“武”字有禁暴止兵、安民定功的意义。其实，这是套用春秋时期“战以止战”的军事思想来说字，以“止”的文字意义来会意，并不符合造字本意。早期的会意字是以形象会意的，“止”是“趾”的本字，为足的象形。唐

兰先生说：“‘武’字在古文字里本是表示有人荷戈行走，从戈形的图画，可以生出‘威武’的意义，从足形的图画里，又可以看出‘步武’的意义，可是总不会有‘止戈’的意义。”（《中国文字学》）这种理解比较符合造字的本意。

信　“信”字也是《说文·叙》会意字的例子。此字以人、言构成，本义是“诚”，但人、言何以会出“诚”义，却有不同的看法。徐锴在《说文解字系传·通论》中认为：“君子先行其言，然后从之……鹦狌能言，不离禽兽，言而不信非为人也。故于文人言为信。”段玉裁在《说文解字注》中则认为：“人言则无不信者，故从人言。”相比较而言，徐锴的说法更为精到，段玉裁的话则疏于深虑，因为人有高尚卑劣之分，人言未必都可信。此外，宋代黄伯思、袁文分别在《东观余论》和《翁牖闲评》中强调“信”为“使人”之意，即今之所谓“信使”。清代徐灏在《说文解字注笺》通过字形分析，把“信使”作为“信”的本义。他说：“使人传言，故从人言会意。信使既通，然后知其事实，因有诚信之义。又因之信使所赍之书谓之信也。”此说虽也符合字形结构，事理上也算畅达，但于先秦文献无征，不足以说明“信”之造字本意。“信”字结构还有形声说，已超出了会意范围，此不赘。

取　甲骨文作，金文作，小篆作，《说文·又部》：“取，捕取也。从又从耳。《周礼》：‘获者取左耳。’”古代战争杀敌，一般取下左耳作为计功的凭证，故字从又从耳会意。后引申为一般的“拿取”、“获取”。

妇　甲骨文作，金文作，小篆作，从女从帚，表示妇女执帚从事家务劳动。《说文·女部》：“妇，服也。从女持帚洒扫也。”

爨　小篆作，本义是“烧火做饭”。上部之“臼”为两只手，其中之“同”为釜甑之类的炊具，“冖”为灶台，“林”为木柴，“大”也是两只手的变化，最下边是“火”字。整个字形形象地表现了这样一个过程：双手把炊具放在灶台上，然后把木柴推进灶口中，点火燃烧，正是“烧火做饭”的意思。古时兄弟分家过日子叫“分居异爨”，或叫“分爨”。所谓“异爨”、“分爨”，就是兄弟分开，各自煮饭吃。

寒　小篆作，字形是一个人在宀（房子）里面，以草莽（茻为“莽”本字）覆盖身体，地下有仌（冰），表示冷的意思。

伐　甲骨文作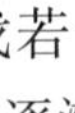，金文作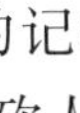，小篆作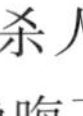，字形本作以戈砍人头，表示杀伐之意。卜辞常有“伐若干人”的记载，即指杀人以祭祀。春秋战国以来，字形中之“人”、“戈”两字逐渐分开，砍人头之意隐晦不明，故《说文·人部》解为“从人持戈”，这是错的。真正“从人持戈”的是“戍”字。甲骨文作，金文作，小

篆作，《说文·戈部》："守边也。从人持戈。"另外，"戒"字甲骨文作，金文作，小篆作，表示两手持戈有所戒备。

毓　甲骨文作，小篆作，字形表示母亲生育孩子：从女（或从母或从每或从人），从倒子，且伴有羊水流出。后来倒子和表示血水的小点合并而成㐬。此字即《说文·𠫓部》"育"的异体"毓"字。"育"字从象倒子之形的"𠫓"（读如突，他骨切），肉声。王国维认为甲骨文"毓"字诸形均象倒子在人后，故引申为君后之后。后字之"厂"为"人"字之讹变，"一"、"口"亦倒子形之讹变，毓、育、后三字本一字。郭沫若说："余谓后当母权时代女性酋长之称。母权时代族中最高之主宰为母，母氏最高德业为毓，故以毓称之也。毓字变为后，仅用于王妃，亦犹其古义之孑遗矣。"（见《卜辞通纂考释》）与"育"字相反的是"弃"字，此字也是一个会意字，甲骨文作，籀文作，表示把婴儿放在箕中抛弃。周始祖后稷名弃，就是因为出生后曾被抛弃而得名的。现在这个简体写法，源于六国古文，省略了"箕"，仍然可以会出弃子之意。

莫　甲骨文作、，小篆作，字形以太阳落在草莽或丛林之中表示黄昏时分。《说文·茻部》："日月冥也。从日在茻中。"经籍中常借为否定性无定代词，如《庄子·秋水》"天下之水，莫大于海。"后另造"暮"字表示本义。

朝　甲骨文作、，金文作、，小篆作，甲骨文字形表示农历下旬时太阳刚出来而月亮尚未落山的清晨景象。"朝"字甲骨文从"月"，而金文"朝"大都从、，后讹为"舟"，小篆从"舟"，秦简的"朝"字也都从"舟"。与"朕"、"服"等字所从的"月"旁本来也是从"舟"演变而来的情况相同，隶、楷"朝"字的"月"旁也是由"舟"字省变而来。这样一来，倒与更古老的甲骨文字形相吻合了。

即　甲骨文作，金文作，字形表示一人席地而坐，靠近准备就食。故"即"有"靠近、就"等意思。与此字字形相关的字还有"既"和"卿"二字。"既"字甲骨文作，与"即"不同的是席地而坐的人不是面向食物，表示饭已吃完。"既"在古代有"尽"、"终了"的意义，又作副词"已经"等，都是从本义引申出来的。"卿"字甲骨文作，金文作，字形表示两人相向而食，是"飨"的初文。用它来表示卿大夫的"卿"，当是引申或假借的用法。方向的"向"，甲骨文、金文是用"卿"来表示，古书则多用"鄉"（乡）字来表示。"鄉"字小篆写作，是由"卿"字分化出来的。另有"嚮"字，是晚出的表示方向之"向"的专用字。

(参见裘锡圭《文字学概要》)

射　甲骨文作，金文作，小篆作，甲骨文、金文字形表示以手张弓搭箭射击。此字中之“弓”作，古文字“身”字有作者，二者形近，“弓”遂讹为“身”。在此基础上，“射”字又往两个方向发展：一种省“又（手）”，变成从身从矢，这就是《说文》小篆“䠶”字的来源。许慎解为“弓弩发于身而中于远也”，是据讹变了的字形来解说，自然是不对的。另外一种是省“矢”，“又”加点变成“寸”，这就是《说文》作异体的“射”，也就是现在通行的字形。

各　甲骨文作，小篆作，“夂”是倒写的“止（趾）”，字的下部是“坎”的本字。字形表示脚踏进门槛，是“𢓜”的本字。《方言》：“𢓜，至也。”此字经常假借“格”字为之。如《尚书·汤誓》：“格尔从庶，悉听朕言。”“各”字作“各自”、“各别”解当是假借用法。与“各”字相反的是“出”字。“出”字甲骨文作，小篆作，字形表示脚跨出门槛。有一对联的上联云：“此木为柴山山出。”把“出”字解为两个“山”，是据隶楷字形进行拆分，自然是不对的。表示脚的还有“正、之、韦（违）、陟、降、企、走、奔”等。

四、形声字

“形声者，以事为名，取譬相成，江河是也。”段玉裁注：“事兼指事之事，象形之物，言物亦事也。名即‘古曰名今曰字’之名。譬者，谕也，谕者，告也。以事为名，谓半义也；取譬相成，谓半声也。江河之字，以水为名，譬其声如工、可，因取工、可成其名。”用通俗的话来说，形声字就是由形符和声符构成的合体字，其形符是用与这个字所代表的词的意义相同或相类的字符来充当，其声符是用与这个字所代表的词的读音相同或相近的字符来充当。比如“江”、“河”是水一类的事物，所以用“水”作它们的形符；“江”、“河”的读音如“工”、“可”，所以就用“工”、“可”作它们的声符。当然这里的读音指的是造字时代的读音。由于形声字的声符与字音相同或相近，所以形声字又叫“谐声字”。

由上可见，形声字的特点是：①它是合体字，这一点与会意字相同，与象形字、指事字相异。②它由形符和声符构成，形符表示意义类别，声符表示读音。有形符，说明形声字不单纯是表音字；有声符，说明形声字具有表音的优越性，这是象形字、指事字和会意字都不具备的，是形声字的独特之处。

当人们对形声结构有了清楚的理解之后，形声字的创造就可根据对象的意义取一个相当的形符，再根据对象的读音取一个相当的声符，构成一个新的形声字。如为“身”的本义而造的“娠”，为“亦”的本义而造的“腋”，都是取形取声创造的形声字。近代以来所创造的化学方面的专有名词，如“氧、氮、氟、氢、镭、铀”等也都是这样的。但是汉字里的形声字，特别是早期的形声字，往往并不是以这种直接取形取声的方式创造出来的，而是通过某种特殊的途径和方式演化而来的。归纳起来，大致有以下几种情况：

1. 增加声符

为了使表意字能够表音，就以原字为形符，通过增加声符形成形声字。这种情况也叫“增益”。

凤　本作，高冠修尾，象凤鸟之形，后加注声符“凡”而写成。因凤属鸟类，凤形遂简化为鸟，声符“凡”移到上方，就成了“鳳”。“鸡”的演变过程与“凤”字相似。鸡本作，象鸡之形，后加注声符“奚”，再后来鸡形简化为“鸟”，就成了“鷄”。

齿　本作，象牙齿之形，后加声符“止”变成形声字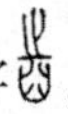。

宝　本作，表示房子内有玉、贝，本是会意字，周代金文开始加声符“缶”变成形声字。不过，现在的“宝”又变成会意字了。

虹　本作，象长虹横空，其形如虫。后加声符“工”，成了形声字。

2. 增加形符

这种情况是以原字为声符，通过加注形符而形成形声字。

暮　本作莫，是个会意字，表示太阳落到草莽中，意思是黄昏。此字被借作否定性无定代词，为了保留本义，增加形符“日”，成为形声字。

背　本作北，也是会意字，表示两人背靠背。后被借为“南北”之“北”，为保留本义，增加形符“肉”，成为形声字。

溢　本作益，是会意字，表示水满出来。引申为“增加”、“利益”等，为明确其本义，增加形符“水”，形成形声字。

娶　本作取，以手取耳会意，引申为“拿取”、“获取”、“娶妻”等。为明确“娶妻”这个引申义，后加形符“女”，成为形声字。

懈　本作解，以刀判牛角会意，引申为“解散”、“松懈”等。后为其引申义“松懈”增加形符“心”，形成形声字。

贞　甲骨文借“鼎”为之，字作，周原甲骨增加形符“卜”，作，成为形声字。后“鼎”又省为“貝”，如金文有作之形者。《说文·卜部》：“贞，卜问也。从卜，贝以为贽。一曰，鼎省声，京房所说。”按，京房所说的“鼎省声”更符合实际。

避　古书多借“辟”为之。如《左传·隐公元年》：“姜氏欲之，焉辟害？”后增加形符“辵”，成为形声字。

3. 改换声符

这种情况可分为两类。

一类是把表意字的偏旁改换成声符，如“囿”字甲骨文作或，本为会意字，表示供田猎用的园子内有很多草木。金文写作，改为从“囗”、“有”声的形声字。“闻”字，甲骨文作，表示一个人在侧耳倾听，小篆改为从“耳”、“门”声的形声字等等，这种情况一般被视为汉字表音化的表现。

另一类是把原有形声字的声符改换成另一声符。有一些字本身就是形声字，随着时间的推移，语音的变化，其声符变得不能准确表音或完全丧失表音作用，于是就以改换声符的方式恢复声符的表音作用。如“耻”字本作“恥”，《说文·心部》：“辱也。从心耳声。”后来变成了从耳止声的形声字。不过这样一改，原来的声符“耳”在“耻”这个字形中就成了既不表音也不表意的记号了。又如“裤”本作“袴”，从夸得声，后改为从“库”得声，表音就更准确了。再如：

护　繁体作“護”，从言蒦声，改为“户”声。

态　繁体作“態”，从心能声，改为“太”声。

惊　繁体作“驚”，从马敬声，改为“京”声。

桩　繁体作“樁”，从木舂声，改为“庄”声。

4. 改换形符

这种情况也可分为两类，一类是通过改换形符形成异体字，如“虹”本从虫工声，马王堆中有从雨工声的，造成异体字。一类是通过改换形符形成分化字，如“振—赈”、“赴—讣”“张—胀、帐”等等。

5. 讹变

有些字本来不是形声字，但在字形的发展过程中，由于各种原因，使用者把某些字的构件偏旁误写成了与之相似而意义不相干的构件偏旁，这个讹变而成的构件偏旁，恰好与这个字的读音相同或相近，充当了这个字的声符，从而变成了形声字。

年　甲骨文本是从禾从人的会意字，后在“人”的竖画上加点为饰画，点拉伸为横，则变成了“千”字，“年”便写作“秊”，《说文》就解为“从禾千声”，成了形声字。

奔　字的下部本从三“止”（“趾”本字），后三“止”讹为三“屮”（芔），与“卉”混同，于是《说文》也视为形声字，解为“从夭，贲省声”。

何　负荷之“荷”的本字，甲骨文作，象人肩上荷一物，其代表所荷之物的形符与“可”字相近，后遂改为从人可声的形声字了。

羞　本作，从又持羊，会进献食物之意。“又”与“丑”的篆文写法相近，后“又”遂讹为“丑”，“羞”就成了从羊丑声的形声字。

耻　上文已说过。一是语音的变化，二是汉隶中“止”、“心”的字形相近。

五、转注

“转注者，建类一首，同意相受，考老是也。”通常的理解是把这里的“类”解释为部类。《说文》中的五百四十部，即五百四十类。“首”即五百四十部的部首。《说文·叙》云：“其建首也，立一为耑。方以类聚，物以群分；同牵条属，共里相贯；杂而不越，据形系联；引而申之，以究万原。毕终于亥，知化穷冥。”这段话中，“方以类聚，物以群分”云云，指的就是“建类”的原则；“其建首也，立一为耑”等等，说的就是“一首”的问题。可见这段话其实就是对“建类一首”的最好解释。其实，所谓的“建类一首”，意思就是建立字类要统一它们的部首，如“考老”同部。所谓“同意相受”，意思就是同组转注字的意义可能互训，如《说文·老部》：“考，老也。”“老，考也。”据此，转注要有两个条件：

（1）同组转注字要有相同的部首；

（2）同组转注字的字义要相同或相近，可以互相解释。

作为转注字，这两个条件应该同时具备，缺一不可。如“松柏”同属“木”部，“福、祸”同属“示”部，“铜、铁”同属“金”部，但它们之间的意义不能互相解释，不能算转注字。又如“问”与“讯”可以互相解释，“杀”与“戮”意义也相同，但它们部首不同，也不应该视为转注字。

舟—船

《说文·舟部》：“舟，船也。古者共鼓、货狄刳木为舟，剡木为楫，以济不通。”《段注》：“《邶风》：‘方之舟之。’传曰：‘舟，船也。’古人言舟，汉人言船。毛以今语释古，故云舟即今年内之船也。”又《说文·舟部》：“船，舟也。”《段注》：

“二篆为转注，古言舟，今年内言船，如古言屦，今言鞋。”可见舟、船为古今转注字。《方言》卷九：“舟，自关而西谓之船，自关而东或谓之舟。”那么舟、船也可算是方言转注字。

身—躬

《说文·身部》：“身，躳也，象人之身。”又《说文·吕部》：“躳，身也。从身，从吕。躬，躳或从弓。”按，《说文·吕部》以“吕”为“脊骨也”，故以“躳”从身从吕为会意。《段注》认为从“弓”的“躬”也是会意，“弓身者，曲之，会意也。”其实，“躳”当是从身吕声的形声字，“躬”当是从身弓声的形声字。《尔雅释诂上》：“躬，身也。”今“鞠躬”之“躬”，尚存“身”之义，“鞠躬”即“弯身”。

履—屦

《说文·履部》：“足所依也。”《段注》：“履，依叠韵。古曰屦，今曰履，古曰履，今曰鞵，名之随时不同者也。引伸之训践，如‘君子所履’是也……”又：“屦，履也。从履省，娄声。”《段注》：“晋蔡谟曰：今时所谓履者，自汉以前皆名屦。”

关于转注的问题，是争论了一千多年的老问题，自唐以来，各抒己见者几近百家，如徐锴、戴震、朱骏声、孙雍长等等，但至今尚无一个大家都乐于遵从的说法。我们在这也不多作说明，感兴趣的同学可以多涉及。

六、假借

“假借者，本无其字，依声托事，令长是也。”许慎给假借字所下的定义是十分清楚的，所谓“本无其字，依声托事”，就是说，语言当中有某个词，但是没有用来记录它的专用字，于是就从已有的文字中选择一个读音跟这个词的读音相同或相近的字来记录这个词，这就是假借。比如语言中有作为代词或语气词用的读作“qí”这个音的词，没有专用字，于是古人就从已有的文字中选择一个读音与之相同的、本来是表示箕畚的“其”字来作为这个词的借用字，这样，一个“本无其字，依声托事”的假借字就产生了。宋戴侗《六书故·六书通释》云：“所谓假借者，义无所因，特借其声”，“其”之所以能被借作表示代词或语气词，就是因为它的读音与要借它为记录符号的词的读音是相同的，所以假借的条件就是声音相同或相近，“依声托事”是很重要的。

语言中需要用假借之法来为之选择记录符号的词，往往都是意义比较复杂或比较虚幻的词，为这些词语造字，往往显得比较困难。假借法借形表音，通过增加原有字的职能的办法，为那些意义比较复杂的词语或虚词解决了记录符号的问题。从这个意义上讲，假借也应该视为造字之法，只不过它是一种比较特殊的造字之法，有人称为“不造字的造字”。另外，某些字被借用后，借义成了常用义，为保留其本义，往往以原字为基础，通过增加偏旁形成新字，如“其”字被借用后，为保留其本义，后加“竹”旁形成“箕”字；“莫”字被借用后，为保留其本义，后加“日”旁形成“暮”字等等，说明即使假借本身不造字，但通过假借，也可促使新字的产生。因此，“四体二用”说认为假借只是单纯的用字之法，也是有偏颇的。

下面我们举一些假借字的例子：

我　疑象兵器，甲骨文作，金文作，小篆作，字形原象刃部有齿的兵器，《说文·我部》：“我，施身自谓也。”王国维认为“我”字形，作为第一人称代词是借义，应该是可信的。可能在上古时期，“我”的读音与第一人称代词的读音是相同或相近的，故可借为表示第一人称。此字后来借义成了常用义。本义倒废弃不用了。

而　金文作，小篆作，字形象颊毛。《说文·而部》：“而，颊毛也。象毛之形。《周礼》曰：‘作其鳞之而。’”《段注》：“颊毛者，须部所谓髯须之类耳……盖‘而’为口上口下之总名，分之则口上为‘髭’，口下为‘须’。”“而”字经常借为第二人称代词，如《论语·微子》：“且而与其从辟人之士也，岂若从辟世之士哉?”《史记·越王句践世家》：“我令而你霸，我又立若。”又常借为连词，如《左传·宣公二年》：“人谁无过，过而能改，善莫大焉。”“而”字作为连词，既可用于顺接，又可用于逆接，使用频率很高。为保留其本义，曾又另造“耏”字，但不常用。

易　甲骨文作，金文作，小篆作，是截取原字之一部分而形成的。关于它的本义，有多种说法。《说文·易部》：“易，蜥易。”以“易”之本义为蜥易（后来写作“蜴”），是错的。经典常借易为难易之易，如《孟子·滕文公上》：“是故以天下与人易，为天下得人难。”与“易”相反的“难”字，《说文》从“鸟”，本是鸟名，作为“难易”之“难”，也是假借。

且　甲骨文作，金文作，一般认为是“祖”的本字，其字形当是祖宗神位之象形。甲骨文、金文中祖先之“祖”即写作“且”，如甲骨卜辞“高且”即“高祖”。典籍中常借为连词，如《左传·僖公二十四年》：“以志吾过，且旌善人。”又借为副词，如《论衡·刺孟》：“禹至汤且千载，汤至周亦然。”为保留本义，后加“示”旁形成“祖”字。

無　甲骨文作，金文作，字形象人两手持物而舞，为“舞”之本字。《吕氏春秋·古乐》：“昔葛天氏之乐，三人操牛尾，投足以歌八阕。”正是此字之写照。卜辞中的“無”均用本义，如，“無，允从雨”，此“無”即求雨的舞祭。典籍常借“無”为有无之“無”，不毋之“毋”，为保留本义，另造从“舛”的“舞”字。“无”字为人挥长袖而舞的形象，为“無”的异体。现作为“無”的简化字。

焉　金文作，小篆作，《说文·鸟部》：“焉，焉鸟，黄色，出于江淮。象形。”本是一种鸟名。段玉裁注：“今未审何鸟也。”典籍中常借为疑问代词，如《左传·隐公元年》：“姜氏欲之，焉辟害?”又借为兼词，如《左传·僖公三十二年》：“余收尔骨焉。”《荀子·劝学》：“积土成山，风雨兴；积水成渊，蛟龙生焉。”后借义成了常用义，本义已废。

自　甲骨文作，金文作，小篆作，本象鼻子之形。《说文·自部》：“自，鼻也。象鼻形。”“自”之本义在典籍中未见，卜辞有“疾自”的记载，用的正是本义。此字在古籍中常被借为代词，表示第一人称，如《易·乾》：“天行健，君子以自强不息。”又被借为介词，如《孟子·滕文公上》：“有为神农之言者许行，自楚之滕，踵门而告文公。”借义成了常用义，为保留本义，就以原字为形符，加上声符畀，形成“鼻”字。

关于假借，还有“本无其字”与“本有其字”之分，前面所举，都是“本无其字”的假借，也就是文字学上的假借。“本有其字”的假借，其实是古人写同音白字。在文字规范还不很严格的古代，这是允许的。不过，古人的同音替代也有一定的习惯，并不是凡同音或音近皆可通用。为了把“本无其字”的假借与“本有其字”的假借区分开来，通常把“本有其字”的假借称为通假。通假现象是比较纯粹的用字问题，与“本无其字”的假借其实是不同的，因为，正如上面所说，“本无其字”的假借本身虽不造字，但还能促使新字的产生，与文字的创造多少还有一些关系。

文字的意义，可以分为三大块：本义、引申义和假借义。当一个字被用作假借字时，它就在本义和引申义之外又多了假借义。假借义和本义、引申义应该没有必然的联系。

第二章　音韵学

音韵学（汉语音韵学）又叫声韵学，是研究汉语各个历史时期的声、韵、调系统及其发展规律的科学。它同文字学、训诂学一样，是传统语言学的一个分支。

音韵学和语音学是两个不同的概念，它们在内容上是有分歧的。语音学是对语音的客观描写，它从生理属性和物理属性两方面去研究语音。语音学研究有三个主要分支：发音语音学、声学语音学、听觉语音学，还有所谓实验语音学。它们是从普通语言学的角度讲述发音器官的作用、各种语音的构成等，适用于全人类所有的语言。而音韵学是研究某种语言的语音和该语言语音系统中语音功能的一门学科。它包括音位学，包括研究某种语言历史上的语音变化等等。音韵总是属于一种具体语言的，它具有很显著的民族特点，不可能有“普通音韵学”。

音韵学和语音学虽然都以语音为研究对象，但它们内容上的分歧决定了它们在观点和方法上也有不同。音韵学侧重于音类的划分，侧重于语音系统的归纳整理；语音学则侧重于发音原理的分析。但是，音韵学跟语音学又是有密切联系的，不能想象一个人不懂发音的道理而能把音韵学研究好，从这个意义上我们又可以说语音学是音韵学的基础。

第一节　音韵学的功用

一、音韵学是建立汉语史的前提

汉语的历史，自汉民族产生以来即已发端，恐怕已有若干万年了。古人没有也不可能给我们留下客观的语音材料，我们今天研究汉语语音的历史情况主要凭借的是书面文字材料。如上所述，人们把汉语语音几千年的历史分成了上古期、中古期、近古期、现代期四个阶段，古代汉语各个时期相应的语音也因而被称为上古音、中古音、近古音，研究各个时期语音的分支学科则分别被称为古音学、今音学、北音学，现代期阶段的语音则属于现代汉语的研究范畴，古代还有一种研究和分析汉语语音的专门学问——等韵学（研究声韵配合规律），这样，汉语音韵学就分成了四个部门：古音学、今音学、北音学和等韵学。

严格地说来，这四个部门只包括了汉语音韵学的一半内容，它只对几个代表时期进行了横向剖析，都属于共时的研究，都不研究汉语语音的发展规律。对汉语语音发展规律的研究，形成了汉语语音史这个部门。整个汉语史的研究，应该是共时和历时的立体交叉，但目前共时研究能够提供的东西不是太多，所以语音史的研究还非常薄弱，目前，汉语语音史方面比较重要的成果是王力先生的《汉语语音史》，比较详细地展示了汉语各个历史阶段的声、韵系统及其拟音，指出了汉语语音发展的某些规律。科学的汉语语音史是构建系统科学的汉语史的一个重要基础，所以，这方面的工作还有待今后的努力。

二、音韵学是进行方言研究的必备知识

汉语方言学是研究汉语地方性口语的一门学科。要对方言进行深入的研究，不能不牵涉到方言的历史，只有从历史的角度找出方言特点的根据，才能弄清方言的来龙去脉，才能对方音的特点及其演变规律作出合乎科学的解释。因此，要从事方言研究，就必须具备一定的音韵知识。

三、音韵学是文字学、训诂学的工具

在传统的语言文字学的三个分支中，音韵学是其他两个学科的基础，古今有成就的语言学家，无一不精通音韵学知识或本身就是音韵学大师。对普通人和初学者来说，音韵学对文字词汇学习的意义体现在以下几个方面：①掌握反切；②认识文字上的通假；③理解汉字构造；④认识声训；⑤有助于古汉语语法的研究；⑥是学习和研究古代诗歌声律的基础。

四、古代主要韵书

所谓韵书，是指按照字音分韵编排文字的一种工具书。汉字是形、音、义的统一体，古代的工具书也是分别按这三个方面来编排的。按意义编排的有《尔雅》，约战

国末期问世；按形体编排的有《说文解字》，公元100年也已问世。按音编排的韵书却出现得较晚，这是因为人们对汉语语音音节特点的认识和分析到南北朝以后才有了较大的自觉和较高的水平。最早的韵书是三国时期魏李登的《声类》，据清谢启昆《小学考》所录，魏晋南北朝时声韵类著作有27种，还有70种音义书，但均已佚。六朝的韵书因"楚夏各异"，各有土风，各自按自己的语音系统编制韵书，甲地的韵书只适用于甲地，乙地的韵书只适用于乙地。隋统一后，要求语言上也有统一的标准，所以，陆法言的《切韵》就应运而生。

1.《切韵》

《切韵》，作者陆法言（字法言，名"词"或"慈"），《隋书》不载，《旧唐书经籍志》、《新唐书艺文志》均有"陆慈《切韵》五卷"的字样。原书已佚，仅存《切韵序》（敦煌残卷）。《切韵》是在研究分析六朝韵书的基础上编辑而成的，它是前代韵书的总结。由于它的完整性、系统性，因而"时俗共重，以为典范"。但到目前，它所反映的音系还是一个有争议的问题（四派）。王力："《切韵》的语言系统是以一个方言的语音体系为基础（可能是洛阳话），同时照顾古音系统的混合物。"① 《切韵》问世以后，基于它较好的适用性，在盛唐发达的文化和科举取士的背景下，不少人为它增字加训，出现了很多增广《切韵》的韵书，到了孙愐的《唐韵》，几乎成了官书，成为押韵的标准和规范。

2.《广韵》

北宋初，陈彭年、丘雍等人据《切韵》及唐人增订本对《切韵》进行了修订，成于真宗大中祥符元年（1008），全名《大宋重修广韵》，习惯上称《广韵》。《广韵》一出，隋唐韵书都渐渐亡佚，这样，《广韵》在汉语音韵学上就有着非常重要的地位。黄侃曾说："音韵之学，必以《广韵》为宗，其在韵书，如《说文》之在字书，轻重略等。"② 它的重要价值体现在三个方面：一是《切韵》系韵书的代表，是研究中古音的重要依据；二是研究上古音的阶梯；三是研究等韵学的参考书。

3.《声类》

据文献记载，我国古代最早的一种韵书是三国时期魏人李登编的《声类》。《声类》一书今已不传，有关李登生平情况亦不详。《隋书·经籍志》著录《声类》为10卷，按我国古代音乐上用的术语，即"宫、商、角、徵、羽"五音编排，不分韵部。《声类》收字11520个，比许慎的《说文解字》多2167个字。此书在训诂方面

① 杨剑桥：《〈切韵〉的性质和古音研究》，《古汉语研究》2004年第2期。

② 黄侃：《黄季刚先生与友人论治小学书》，《唯是》1920年第3册。

有着一定的贡献。

4.《集韵》

宋景祐四年（1037），宋祁、郑戬等认为《广韵》“多用旧文，繁略失当”，建议重修。于是，宋仁宗命北宋文字训诂学家丁度和宋祁等人重修《广韵》，到宋英宗治平四年（1067）终于重修完毕。皇帝赐名为《集韵》，颁行于天下。《集韵》不同于《广韵》之处主要有以下六点。第一，增加了卷次，由原来的5卷增至10卷。第二，调整了韵部，精简注释。《广韵》的注释一般比较繁多，而《集韵》则适当作了删减。第三，增加了字数，《集韵》的收字原则是“务从该广”，一个字不管有多少不同的写法，也不管是所谓的正体、古体、俗体……只要有根据，都一一收集起来。《集韵》共收53525字，比《广韵》多出27331字，它是我国现存收字最多的韵书。第四，纠正和补充字义，增多了古籀和异体。第五，改变了音注顺序，即先注字音，后释字义。第六，引证古书，保存了若干可贵的原文与本义，这是《集韵》最大的成就和功绩。《集韵》现存较早的有宋刊本及影宋抄本若干种，其中以汲古阁影宋抄本最为有名。《集韵》编好以后，流传并不广泛，尤其元、明两代，不为人们所重视。直到清代才被文人学者所垂青。此书在研究语音（指宋代音）、词义等方面都有一定的参考价值。

5.《平水韵》

《礼部韵略》行世后，历代时有增补。宋淳祐十二年（1252），刘渊修编成《壬子新刊礼部韵略》，把原书的206部归并成107部。此书后代亡佚。由于刘渊是江北平水人，有人以为后代流行的《平水韵》就是指刘渊这部韵书。但是根据钱大昕《十驾斋养新录》的说法，应该是金代平水书籍——王文郁所写的《平水韵略》，王书分106部，比刘书少1部，这106韵一直流行到现在。据近人研究，106韵或107韵是金朝科举所定的用韵条例，它是在前代韵书所规定的独用同用条例的基础上加以删并而成。

6.《韵府群玉》

宋阴时夫撰，其兄中夫注。按黄虞稷《千顷堂书目》云：“阴幼遇一作阴时遇，字时夫，奉新人。登宋宝祐九经科，入元不仕。其兄中夫名幼达。康熙中，河间知府徐可先之妾谢瑛，又取其书重辑之，名《增删韵玉定本》。今书肆所刊皆瑛改本。此本为大德中刊板，犹时夫原书也。然元代押韵之书，今皆不传，传者以此书为最古。又《今韵》称刘渊所并，而渊书亦不传世。所通行之韵，亦即从此书录出，是《韵府》、《诗韵》皆以为大辂之椎轮。将有其末，必举其本。”

7.《中原音韵》

《古今韵会举要》之后，完全摆脱正统韵书的束缚而根据实际语音另创编排体例编成的韵书是《中原音韵》。《中原音韵》系元人周德清根据当时戏剧家，如关汉卿、马致远、郑光祖、白朴等人的戏曲作品用韵字编辑而成的。初稿完成于元泰定元年（1324），曾抄写了几十本在外流传。到了元统元年（1333），才加以修改，写成定本，并正式刻印出来。今天所能看到的，就只有刻印出来的那个写定本。《中原音韵》的编排，体例简明而合乎实用，和以前的韵书迥然不同。全书分 19 韵，四声不分立，这和元曲四声通押有关，韵目都用两个字标出。平声分阴、阳，把入声分别派入平、上、去。所以，它的四声是阴平、阳平、上声、去声，和旧有的平、上、去、入是两回事。周德清的这种彻底改革，如果不是正视当时的语音实际，重视戏曲用韵的实际需要，当然办不到。《古今韵会举要》等韵书主要依据的是当时的官话和读书音；而《中原音韵》却是反映当时的口语，是说话音。一般说来，读书音多少有一些因循守旧和人为的色彩，甚至还有一些兼顾方言的味道，忠实地反映了这种读书音的系统，对于研究官话的形成和发展，不能不说有一定贡献。但对于了解当时的语言在声音方面的系统，对于研究某些语音现象的演变规律，就很不足。从这种意义上讲，《中原音韵》更显出它的不可比拟的价值。作为北曲用韵依据的韵书，《中原音韵》是中国语言学史上一部划时代的著作。虽然它是为词曲家作曲服务的，但很大程度上反映了元代中叶北方话的语音系统。这个系统有下面几个特点：①全浊声母消失；②平声分化成阴阳两调；③入派三声。今天中国北方大部分地区普遍使用的北方方言（又称官话）都具备上述特征。

8.《佩文韵府》

我国规模最大之韵典。清康熙年间勒撰，动员七十余人，历时八年。清康熙五十年（1711）十月全书告成，共一百零六卷，一万八千余页。本书依诗韵分卷：以韵统字，以字统事。每字之下，列有韵藻、对语及摘句。韵藻收录，接词尾排比，如：南东、江东、瑶池东、宿西食东诸词，均系于东字下，每一词下，或注其出处意义，或引诗词以明见用，所引用者，经史子集乃至类书皆与焉，搜罗至富；对语则以二字或三字成对者录之，仍以末字系之，如：渭北、江东为对，三岛外、五湖东为对，皆系之东字下；摘句则摘录前人诗句，或五言，或七言，皆单句，仍以末字系之，如：力障百川东、翠华拂天来向东等，皆系东字下。此书乃为赋诗填词，查考典故之工具书也。本书尚有拾遗，约占正编二十分之一，自康熙五十五年四月至五十九年正月，由武英殿词臣奉敕增辑御定而成。正编韵藻所未载而别增者谓之补藻，其韵藻所已载而增注者谓之补注，合正编与拾遗而得全璧也。

另外还有《礼部韵略》、《韵集》、《唐韵》、《古今韵会》、《古今韵会举要》、《洪武正韵》、《韵略易通》、《音韵阐微》、《词林正韵》、《词韵简编》等韵书。

第二节 近体诗格律

近体诗是相对于古体诗而言的一种诗体。唐代以前的诗歌，包括五言诗、七言诗和乐府民歌等，称为古体诗或古诗。古诗的特点是全诗句数不拘，或三言四言，或五言七言，至有杂言；不讲求平仄、对仗；押韵方式较自由等。唐以后产生的讲究平仄和对仗的格律诗（包括律诗、绝句、排律）称为近体诗或格律诗。这里的“近”和“古”是相对于唐代而言的。近体诗是汉魏六朝时期文人受佛经翻译的启发，根据对汉语音韵特点的深入认识，在诗歌创作中自觉探索的产物。

近体诗主要特点有四点：①句数句式（字数）固定；②押韵严格；③讲究平仄；④要求对仗。这四点实际上也就是近体诗的诗律。

一、句数句式

诗歌是韵文，自然讲究形式之美，句子长短、句数多少构成了诗歌最外在的韵律形式。西方有十四行诗，我国古典诗歌中有所谓回文诗、宝塔诗，都是以某种别具风格的诗体形式命名。近体诗和古体诗的区别首先表现在对外在形式的约束与否定上——近体诗句数句式固定，古体诗不然。

古体诗的句数是不限的。一首古体诗，可以很短，如刘邦《大风歌》：“大风起兮云飞扬，威加海内兮归故乡，安得猛士兮守四方！”项羽《垓下歌》：“力拔山兮气盖世，时不利兮骓不逝，骓不逝兮可奈何，虞兮虞兮奈若何！”也可以很长，如《孔雀东南飞》，全诗359句，被称为“古今第一长诗”。和《孔雀东南飞》一道被誉为乐府诗双壁的《木兰辞》也有62句。而近体诗的句数都是固定的。律诗一般是8句，绝句都是4句。超过8句的叫长律或排律。

古体诗的句式（字数）也是不限的，主要有四言、五言、七言还有杂言，一首诗中，从三字到八九字甚至十几个字的句子可以并存。而近体诗严格要求句子的字数，或五言，或七言，且绝对要求纯粹一律。

我们说近体诗的句数、句式是固定的，但不能反过来说，凡五言、七言八句的都是律诗，五言、七言四句的都是绝句，因为近体诗还有其他更为内在的形式要求。如虞姬《和项王歌》：“汉兵已略地，四面楚歌声。大王意气尽，贱妾何聊生！”更不用说歌谣、谜语等民间或通俗体裁的韵语作品了。所以，句数句式固定只是近体诗的一个必要条件。

二、押韵

诗歌都是押韵的，有的是句句相押，如曹丕《燕歌行》：“秋风萧瑟天气凉，草木摇落露为霜。群燕辞归雁南翔，念君客游思断肠。何为淹留寄他方？贱妾茕茕守空房。忧来思君不敢忘，不觉泪下沾衣裳。援琴鸣弦发清商，短歌微吟不能长。明月皎皎照我床，星汉迢迢夜未央。牵牛织女两相望，尔独何辜限河梁？”

有的是隔句相押，如《诗经·周南·桃夭》：“桃之夭夭，灼灼其华。之子于归，宜其室家。桃之夭夭，有蕡其实。之子于归，宜其家室。桃之夭夭，其叶蓁蓁。之子于归，宜其家人。”

而近体诗除有的首句可以入韵外（如《送杜少府之任蜀州》），都是隔句用韵。这是古体诗和近体诗在押韵上的一个重要区别。

但这还不是本质区别，因为古体诗一般也是隔句用韵。我们说近体诗押韵严格，更重要的是指以下两点：

（1）近体诗一般只用平声韵（有极少数仄声韵诗，但非正体），古体诗则既可押平声韵，也可押仄声韵。

（2）近体诗不能“出韵”，也就是说，韵脚必须只用同一个韵中的字，不允许用邻韵的字。

我们要注意，这里的“同韵”、“邻韵”非指《广韵》的206韵，而是指金人王文郁《平水新刊韵略》（又名《平水韵略》）中的106韵。这106韵就是人们常说的“平水韵”，也叫“诗韵”。

诗韵的106个韵包括：平声30韵，上声29韵，去声30韵，入声17韵。律诗一般只用平声韵，在韵书里，平声分为上平声、下平声。

上平声15韵：一东二冬三江四支五微六鱼七虞八齐九佳十灰十一真十二文十三元十四寒十五删。

下平声15韵：一先二萧三肴四豪五歌六麻七阳八庚九青十蒸十一尤十二侵十三覃十四盐十五咸。

韵有宽有窄：字数多的叫宽韵，字数少的叫窄韵。宽韵如支韵、真韵、先韵、阳韵、庚韵、尤韵等，窄韵如江韵、佳韵、肴韵、覃韵、盐韵、咸韵等。窄韵的律诗是比较少见的。有些韵，如微韵、删韵、侵韵，字数虽不多，但是比较合用，诗人们也很喜欢它们。

唐以后一直到现代，尽管实际语音已经发生了很大变化，但人们作近体诗时，还都依照“平水韵”。如《送杜少府之任蜀州》用“真”韵：“秦、津、人、邻、巾。”李白《送友人》和杜甫《春夜喜雨》用“庚”韵：“城、征、情、鸣”、“生、声、明、城”，都没有出韵。

“出韵”的诗不能算标准的近体诗。但近体诗首句入韵的可以用邻韵。如苏轼《题西林壁》，首句用“冬”韵“峰”字，而二、四句用“东”韵“同、中”字。

古体诗不然，它用韵较宽，可以用邻韵的字，还可换韵。如《琵琶行》前面十几句，基本上是平仄相间。

浔阳江头夜送客，枫叶荻花秋瑟瑟。（入声，陌、质合韵）
主人下马客在船，举酒欲饮无管弦。（平声，先韵）
醉不成欢惨将别，别时茫茫江浸月。
忽闻水上琵琶声，主人忘归客不发。（入声，屑、月合韵）
寻声暗问弹者谁，琵琶声停欲语迟。（平声，支韵）
移船相近邀相见，添酒回灯重开宴。
千呼万唤始出来，犹抱琵琶半遮面。（去声，霰韵）

三、平仄

平仄是一种声调的关系，相传沈约最先发现汉语里有四个声调，又相传仄声这个名称也是沈约起的。仄就是侧，侧就是不平。仄声和平声相对立，仄声是上去入三声的总名。平仄是形成近体诗的最重要的因素，毛主席曾在给陈毅谈诗的一封信中说，律诗要讲究平仄，不讲平仄，即非律诗。

（一）相对与相粘

律诗和律绝的平仄格式是有一定的规律的。这个规律就是平仄的相对和相粘（nián）。

相对就是出句和对句的平仄在节奏点上的字要相互对立，也就是第一句和第二句，第三句和第四句，第五句和第六句，第七句和第八句在节奏点上的字的平仄要相互对立。这个规则就是“平仄对立”，如果违反了这个规则就叫“平仄失对”。

相粘就是下一联的出句和上一联的对句的平仄在节奏点上的字要相粘。所谓“粘”就是粘连在一起，平粘平，仄粘仄，也就是平仄一致。这就是说，第二句和第三句，第四句和第五句，第六句和第七句在节奏点上的字的平仄是相粘的。这个规则就是“平仄相粘”，如果违反了这个规则就叫“失粘”。

“对”和“粘”的作用是使诗的声调有变化而不单调，朗读起来和谐，从而加强了音乐美感。如果出句和对句不对，上下两句的平仄就重复了；如果上一联的对句和下一联的出句不粘，上一联和下一联的平仄就重复了。这样的重复就失去了音乐美感。所以，失对和失粘在格律诗中都是绝对要规避的。

同时，我们也可以看到：有了这样的规则，对于记忆平仄格式是十分有利的，只要记忆第一句的平仄，就可以推演出全诗的平仄格式了。对于这一点，我们在创作中会慢慢地学习到。

下面，我们以五言律诗为例加以说明。

仄起首句不入韵的格式是：

㊀仄平平仄，

平平仄仄平。（第二句和第一句平仄对立）

㊉平平仄仄，（第三句和第二句平仄相粘）

㊀仄仄平平。（第四句和第三句平仄对立）

㊀仄平平仄，（第五句和第四句平仄相粘）

平平仄仄平。（第六句和第五句平仄对立）

㊉平平仄仄，（第七句和第六句平仄相粘）

㊀仄仄平平。（第八句和第七句平仄对立）

五言绝句、七言绝句和七言律诗都是遵循这样的规则的。比如第一种七言律诗的粘对格式：

㊉平㊀仄仄平平，

㊀仄平平仄仄平。（第二句和第一句平仄对立）

㊀㊀平平平仄仄，（第三句和第二句平仄相粘）

㊉平㊀仄仄平平。（第四句和第三句平仄对立）

㊉平㊀仄平平仄，（第五句和第四句平仄相粘）

㊀仄平平仄仄平。（第六句和第五句平仄对立）

㊀仄㊉平平仄仄，（第七句和第六句平仄相粘）

㊉平㊀仄仄平平。（第八句和第七句平仄对立）

我们可以自己比较其他格式，以利于自己记忆这些格式。

首句入韵的就不能和第二句完全相对（在七言的第五、第七两字，在五言的第三、第五两字）。对于“粘”的规则，七言诗的第五字和第七字的平仄不可能相粘，五言诗的第三字和第七字不可能相粘。我们可以拿五言诗的第二字、第四字，七言诗的第二字、第四字、第六字的平仄作为衡量是否合乎粘对规则的标准。这就是“二、四、六分明”的意思。

（二）平仄的变格

格律诗除了前面的一些格律规则外，还有一些规则是必须注意的。

（1）避免孤平。孤平就是一句诗中，除了韵脚之外，只有一个平声字。在五言诗中的“平平仄仄平”句式中，如果第一字用了仄声字，就成了“仄平仄仄平”，这种情况是犯了“孤平”。在七言诗“仄仄平平仄仄平”句式中，如果第三字用了仄声字，就成了“仄仄仄平仄仄平”，这种情况也是犯了“孤平”。所以，孤平是写作格律诗（包括律绝和排律）的大忌，应该力求避免犯孤平。这就是说，在这种句式中，五言的第一字，七言的第三字必须用平声字。如果非要用仄声字不可，就要想办法去补救。

（2）三字尾须避免三平或三仄。诗句的末三字称为三字尾。三字尾的平仄安排关系到这句诗的声律是否和谐。所以一般要求三字尾须避免三平或三仄。如果根据内容的需要，出现了三平尾或三仄尾的情况，可以在本句或邻句采取适当的补救办法。

三字尾的标准格式是：①平平仄；②仄仄平；③平仄仄；④仄平平。第一、第二种格式在变格时，就会成为“仄平仄”和“平仄平”；第三、第四种格式如果变格就成了三仄尾和三平尾。在特殊情况下，不可能补救时，三平尾和三仄尾在前人的作品中也是有一些例子的（五言诗中稍多一些，七言诗中非常少）。比如：“积雪浮云端”（祖咏的《终南望馀雪》）；“静听松风寒”（刘长卿的《弹琴》）；“打起黄莺儿”（金昌绪的《春怨》）；“相问良殷勤”（韦应物的《路逢崔元二侍卿避马见招以诗见赠》）；“曲房小院多逢迎”（李商隐的《偶题二首》）等等都是三平尾的诗句。“悲秋宋玉宅”（杜甫的《奉汉中王手札》）；“应似东宫白赞善”（白居易的《白牡丹》）等等是三仄尾的诗句。

（3）变格。凡是平仄不符合正常格律的句子就叫“拗（ào）句”。拗句和律句是反义词。孤平的句子，三平尾、三仄尾的句子都是拗句。为了避免出现“孤平”以及“三平尾”、“三仄尾”的诗句，诗人就采取了一些特殊的规则，特定平仄格式进行补救。这就叫“拗救”，经过拗救的句子就是变格。

①五言的“平⃝平平仄仄”变为“平⃝平仄平仄”；七言的“仄⃝仄平⃝平平仄仄”变为“仄⃝仄平平仄平仄”。比如：

月夜 杜甫

今夜鄜州月，闺中只独看。
遥怜小儿女，未解忆长安。
香雾云鬟湿，清辉玉臂寒。
何时倚虚幌，双照泪痕干。

送人东郊 温庭筠

荒戍落黄叶，浩然离故关。
高风汉阳渡，初日郢门山。
江上几人在，天涯孤棹还。
何当重相见，尊酒慰离颜。

送瘟神（其二） 毛泽东

春风杨柳万千条，六亿神州尽舜尧。
红雨随心翻作浪，青山着意化为桥。
天连五岭银锄落，地动三河铁臂摇。
借问瘟君欲何往，纸船明烛照天烧。

答友人 毛泽东

九嶷山上白云飞，弟子乘风下翠微。
斑竹一枝千滴泪，红霞万朵百重衣。
洞庭波涌连天雪，长岛人歌动地诗。
我欲因之梦寥廓，芙蓉国里尽朝晖。

②五言的“平平仄仄平”变为“仄平平仄平”；七言的“仄仄平平仄仄平”变为“仄仄仄平平仄平”。这是本句自救，又叫孤平拗救。比如：

夜泊山寺 李白

危楼高百尺，手可摘星辰。
不敢高声语，恐惊天上人。

回乡偶书　贺知章

少小离家老大回，乡音无改鬓毛衰。
儿童相见不相识，笑问客从何处来。

咸阳城东楼　许浑

一上高楼万里愁，蒹葭杨柳似汀洲。
溪云初起日沉阁，山雨欲来风满楼。
鸟下绿芜秦苑夕，蝉鸣黄叶汉宫秋。
行人莫问当年事，故国东来渭水流。

③五言的“(仄)仄平平仄”变为“(仄)仄(平)(平)仄”，一般要在对句的第三字改用平声来补救。这样，这一联就成为“(仄)仄(平)(平)仄，(平)平平仄平”。这就是对句相救。

七言就是“(平)平(仄)仄平平仄”变为“(平)平(仄)仄(平)(平)仄”，然后，对句的第五字用平声字来补救，这一联就成为“(平)平(仄)仄(平)(平)仄，(仄)仄(平)平平仄平”。例如：

初月　杜甫

光细弦岂上，影斜轮未安。
微升古塞外，已隐暮云端。
河汉不改色，关山空自寒。
庭前有白露，暗满菊花团。

赋得古原草送别　白居易

离离原上草，一岁一枯荣。
野火烧不尽，春风吹又生。
远芳侵古道，晴翠接荒城。
又送王孙去，萋萋满别情。

江南春绝句　杜牧

千里莺啼绿映红，水村山郭酒旗风。
南朝四百八十寺，多少楼台烟雨中。

也有对句不救的情况，比如：

念昔游三首（其二） 杜牧

云门寺外逢猛雨，林黑山高雨脚长。
曾奉郊官为近侍，分明掫掫（sǒng）羽林枪。

登乐游原 杜牧

长空澹澹孤鸟没，万古销沉向此中。
看取汉家何事业，五陵无树起秋风。

变格是格律诗所容许的格式。我们在学习写作格律诗的时候，尽量使用律句；如果出于内容表达的需要，偶然出现了拗句，可以采取办法去补救；确实无法补救的，以形式服从内容为标准。

四、对仗

所谓对仗，就是修辞手法中的对偶。也就是通常所说的对联。由出句和对句组成一联，要求字数相等，句型相同，平仄相对，词性相同，内容相关或意义相反，出句和对句之间用字不能重复，内容不能重复（合掌）。这种方法在绝句可用可不用，不作要求，但律诗中的颔联与颈联就必须要求对仗。

对仗有工对、宽对、借对、流水对、扇面对（又叫“隔句对”）、错综对等多种对仗方法。简述如下：

诗中的词性大致可分为名词、动词、形容词、数量词、颜色词、方位词、副词、代词与虚词九类，其中名词最为丰富，古人又把名词细分为天文、时令、地理、宫室、服饰、器用、植物、动物、人伦、人事、形体等小门类。

（1）工对：不仅要求同性词相对，而且要求小门类都是相对的。例如：“水落鱼龙夜，山空鸟鼠秋”（杜甫《秦州杂诗》）、“晓战随金鼓，宵眠抱玉鞍”（李白《塞下曲》）、“枫林木脱悲秋瘦，霜菊花开向客圆”（吴继曾《登元辰山》）等都是工对。

（2）宽对：只要词性相对就可以。例如，“情人怨遥夜，竟夕起相思”（张九龄《望月怀远》）、“却看妻子愁何在，漫卷诗书喜欲狂”（杜甫《闻官军收河南河北》）、“三十一年还旧国，落花时节读华章”（毛泽东《和柳亚子先生》）等都是宽对。尤其是毛泽东的这联诗，“三十一年”与“落花时节”分别指时间和时令，应该说是非常宽的宽对了。

（3）借对：借对是借用音义，达到字面工整的对仗。例如，“那堪将凤女，还以嫁乌孙”（沈佺期《送金城公主适西蕃应制》）借“乌”的本义以对“凤”；“辛苦灌园忘我老，未甘伏枥得春先”（吴毓苏《辛未年春联》）借“甘”之甜的意思对“苦”；“酒债寻常行处有，人生七十古来稀”（杜甫《曲江》）古人以八尺为“寻”，两寻为“常”，故借“寻常”为数字以对“七十”。有时是借声音，如：“马骄珠汗落，胡舞白题斜”（杜甫《秦州杂诗》其三）、“事直皇天在，归迟白发生”（刘长卿《新安奉送穆论德》）。

（4）流水对：流水对是出句与对句为一个整体，共同表达一个意思，不能分开来看，也不能倒过来读，仿佛江河之水顺流而下，所以称为流水对。例如，“那堪玄鬓影，来对白头吟”（骆宾王《在狱咏蝉》）、“请看石上藤萝月，已映洲前芦荻花”（杜甫《秋兴》）、“大人怜瘦影，令我惜华年”（谭莺初《忆旧》）、“遥怜小儿女，未解忆长安”（杜甫《月夜》）、“惟将终夜长开眼，报答平生未展眉”（元稹《遣悲怀》）、“可怜无定河边骨，犹是春闺梦里人”（陈陶《陇西行》）等流动自然，摇曳生姿，是典型的流水对。

（5）扇面对：扇面对又叫“隔句对”，即出句与下一出句相对，对句与下一对句相对。例如：在“缥缈巫山女，归来七八年，殷勤湘水曲，留在十三弦”（白居易《夜闻筝中弹潇湘送神曲感旧》）中，“缥缈巫山女”对“殷勤湘水曲”，“归来七八年”对“留在十三弦”，是隔句相对；又如在“昔年共照松溪影，松折溪荒僧已无，今日重思锦城事，雪消花谢梦何殊”（郑谷《将之泸郡旅次遂州遇裴员外谪居于此话旧凄凉因寄》）中，“昔年共照松溪影”对“今日重思锦城事”，“松折溪荒僧已无”对“雪消花谢梦何殊”，也是隔句相对，故上述两例都是扇面对。

（6）错综对：错综对又称“犄角对”或“交股对”，主要是为了适应平仄而颠倒词序，错位相对。例如，“禅宫分两地，释子一为心”（储光羲《题虬上人房》）中，“一”和“两”错位相对；又如在“裙拖六幅湘江水，鬓耸巫山一段云”（李玉群《同郑相并歌姬小饮戏赠》）中，“六幅”和“一段”错位相对，故它们都是错综对。

第三章　训诂学

训诂学、音韵学、文字学并立，统称小学。训诂学既是传统语言文字之学的重要组成部分，又是文字、音韵、语义、历史语法、修辞及校勘等的综合运用。洪诚先生说："训诂学是为阅读古代书面语服务的一门具学科。阅读古书，必须综合运用文字、词汇、语音、语法、修辞、逻辑、篇章结构等知识，因此训诂学与研究汉语的文字词汇、语音语法、修辞等各门学科均有密切的关系。"

第一节　训诂学的意义

训诂学是我国传统语言学的重要组成部分，它以历代的训诂理论和实践为研究对象，是批判地继承我国古代文化遗产首先必须运用的一门基础科学。随着训诂学的发展，训诂学被广泛地应用于各个文化领域，人们逐渐认识到训诂学不仅仅是专家之学，而且是一门具有广泛实用价值的学问。

一、由训诂以考文化

（一）通过名物训诂阐释古代物质文化

早在汉代，训诂学就以经学为基础发展起来，而且有了专门解释词语的训诂学著作。主要有《尔雅》、《方言》、《说文解字》、《释名》四种。这四部训诂专书被后世称为中国训诂学的基石。其中，《尔雅》是最早的训诂专书，也成为后代解词释义的重要依据。《尔雅》3 卷 20 篇（今留 19 篇），书中《释诂》、《释言》、《释训》等 3 篇解释名物以外的语词，主要类聚一般意义相同或相近的词语，用一个通用词作解释。不同品物则用不同的训解方法，很是详尽。其余 16 篇则解释各种事物名称，如亲属、宫室、器物、山川、草木、虫鱼、鸟兽等，其解释对象多是经传古籍中的词语。所谓"名物"是指范围比较固定、性质比较具体的专门名词。通过名物训诂阐释古代物质文化，是训诂学的任务之一。例如，我们可以依据《释宫》阐释古代民居文化和建筑文化，依据《释器》阐释古代各种器制、服饰文化和饮食文化，依据《释乐》阐释古代音乐表现艺术，依据《释天》等推导先秦天文学史研究，依据《释地》、《释丘》、《释山》等推导先秦地理学史研究，依据《释水》推导先秦水文学史研究，依据《释草》、《释木》、《释虫》、《释鱼》、《释鸟》、《释兽》、《释畜》等推导先秦生物学史研究。这些都是我们借以阐释古代物质文化的宝贵文本。

（二）通过训诂阐释古代制度文化

物质文化是活跃的、经常变动的文化，而制度文化则相对稳定一些，它规定着文化的性质，是文化中的权威因素。但是，同语言文化相比，制度文化则更为活跃一些。因此即使现实的人类社会制度已经发生变化，它的消逝了的制度文化的痕迹也仍然可以在语言中沉淀并保留下来。例如，我们可以依据《尔雅》中的《释亲》来阐释古代宗法制度和婚姻制度，依据《释天》阐释古代祭祀制度，依据《释地》阐释古代封建分封制度等等。

二、训诂学在提高中国文化历史学术现代化、国际化进程中的作用

中国现代训诂学的研究，是联系中国历史文化背景，对汉语字词的形音义、汉语字词的内在条理与系统以及语言、文学、史学、哲学、文化学所做的综合研究，是对中国学术文化与外国学术文化实行的贯通的研究，体现了 20 世纪初中国语言研究的民族特点和时代特点，是中国语言研究中既有传统根基又有创新意义的研究范式，为中国文化历史学术的现代化、科学化、国际化开辟了正确的道路。

（一）训诂学在文史研究中的作用

训诂学是文史工作者必须掌握的基础知识之一。在学习和研读文史专著与论文时，常常发现一些有名望的专家学者，由于忽略了训诂学的研究成果而出现常识性的错误。现以文史工具书中的错误为例，阐述训诂学在文史研究中的重要作用，以引起学术界的关注。《辞源》、《辞海》和《现代汉语词典》是文史工作者最常用的工具书，也与训诂学关系最为密切。但是，由于编者对前人训诂学成就关注不够，难免出现失误。

如对“狼狈”一词，三书皆袭唐代的旧说，没有吸收清代与近代学者的训诂学成就。《辞源》：“狼狈：兽名。唐段成式《酉阳杂俎》十六《广动植》：‘或言狼狈是两物，狈前足绝短，每行常驾两狼，失狼则不能动。故世言事乖者称狼狈。’俗谓

互相勾结为非作歹者为狼狈为奸。"《辞海》:"狼狈：比喻彼此勾结，如狼狈为奸。按，旧说狼狈两兽名。狈前脚绝短，每行必驾两狼，失狼则不能动。见段成式《酉阳杂俎·广动植》。"《现代汉语词典》:"狼狈：传说狈是一种兽，前腿特别短，走路时要趴在狼身上，没有狼，它就不能行动，所以用'狼狈'形容困苦或受窘的样子：十分狼狈、狼狈不堪。"对于"狼狈"、"犹豫"这一类联绵词，古人早有训释。王念孙《广雅疏证》:"踌躇，犹豫也。"《广雅疏证》曰："后人误读狐疑二字，以为狐性多疑，故曰狐疑。又因《离骚》犹豫、狐疑相对成文，而谓犹是犬名。犬随人行，每豫在前，待人不得，又来迎候，故曰犹豫。或又谓犹是兽名，每闻人声，即豫上树，久之复下，故曰犹豫。或又以豫字从象，而谓犹豫皆是多疑之兽。以上诸说，具见于《水经注》、《颜氏家训》、《礼记正义》。……本因声以见义，不求诸声而求诸字，故宜其说之多凿也。"王引之继承其父的成果，在《经义述闻·通说上》中，又一次告诫说："其义即存乎声，求诸其声则得，求诸其文则惑矣。"近代人朱凤起在《辞通》中，再一次肯定了王氏父子的见解，学术界已成定论。可见，训诂学在文史研究中起着重要作用，广大文史工作者应当对其予以重视。

（二）训诂学在当代文学创作中的作用

训诂学属于传统语言文字学的范畴，它似乎与当代文学的创作联系不大。事实上，当代作家在以历史为题材从事文学创作时，必将涉及一些古代汉语的词汇、典故和古代文化常识等方面的问题。即使是创作以现实生活为题材的文学作品，也难免运用一些古代的词汇、典故等等。某些作家正是由于缺乏古汉语修养，缺乏训诂学知识，在文学创作中出现了一些误用古语词、误用典故、误解成语和不明古代文化常识等方面的问题。限于篇幅，在此不一一列举。总之，训诂学与当代文学创作之间的确存在紧密联系。如果作家不懂得训诂学知识，缺乏古汉语修养，那么他在写作的过程中需要用到一些古汉语词和成语典故的时候，就可能因理解不准确而造成用词不当，从而影响表达效果。中华民族具有五千年灿烂的文化，作为一位作家，应该也必须从博大精深的古代文化中吸收营养，继承和发扬中华民族的优秀文化传统，同时提高自己的文化修养和文学作品的文化品位。要做到这一点，作家就必须具有一定的古汉语知识，懂得训诂学知识。

训诂的实用价值当然远不止上述这些，但从以上分析可知，训诂学是我们正确理解古代文献、深刻了解古代社会文化的工具和桥梁，同时也对继承和发扬我国古代优秀文化遗产起着至关重要的作用，甚至在当代文学创作中也有不容小觑的地位。训诂学的实用价值决定了当代训诂学要不断建设发展，走向科学化、理论化、系统化，使这门古老学问焕发青春，在民族化和现代化的道路不断前进。[①]

第二节　训诂学的方法

训诂学，虽然内容繁多，但其中心内容是释词。因此，“所谓训诂的方法，主要就是释词的方法。”“我们所说的方法，是指一个陌生的词摆在面前，我们采用什么样的手段，才能使它由未知变为已知。这种由未知求得已知的手段，便是我们所说的方法。”[②] 自20世纪40年代以来，训诂学专著也好，训诂学论文也好，人们研究训诂方法，一般都是这样认识的，也都是这样做的。研究的结果，则认为《说文》的训释是形训，《释名》的训释是声训，而《尔雅》的训释与形、音无直接关联，则定为义训等等。以下简述形训、声训、义训三种基本训诂方法。

一、形训

形训，就是以形说义，即用分析文字形体的方法来解释字的意义。它是基于汉字的表意特征而形成的一种训诂方法。

（一）汉字形义统一的一般规律

最早的汉字是依据字义来绘形的，字形和字义有直接的联系。

如：册，古文字作。秉，古文字作。射，古字形作或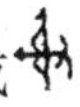。

传统语言文字学用“六书”分析汉字形体。事实上，只有其中前四书是汉字的构造方法，即象形、指事、会意、形声。但就据义绘形的类型看，这四书只有两种类型。

第一种类型包括象形、指事和会意。它们共同的特点是利用字所记录的词义中具体的一面来直接绘形。如上举“册”和“秉”。这类字，形与义的联系是直接的，在以形索义的训诂中，这类字形的参考价值较大。

第二种类型包括形声。形声半标形、半标声。而标形的一半也仅仅是借别的字义

---

① 杜健芳：《训诂学的现代意义解读》，《现代语文》2006年第11期。

② 郭在贻：《训诂学》，长沙：湖南人民出版社，1986年。

来表明它本身意义的类别，而不是直接根据自己的意义构形。如“省”，古文字作。

形声字形与义的联系是间接的。这两类字形，虽然形与义的联系方式和密切程度不同，但它们的形与义都是相统一的。形义统一是早期汉字的客观规律。早期汉字形义统一的特点，使通过分析古文字字形而推求字义成为可能，以形索义便因此成为训诂学最早提出的一个重要方法。形义统一是研究古文字和古文献词义的重要原则。全面系统地贯彻这一原则的实践著作是许慎的《说文解字》。

（二）《说文解字》形训的方式

（1）用指明是象形、指事或说明象某某之形的方法解释字义。（用来解释象形字、指事字。）

仌（冰），冻也。象水凝之形。

牟，牛鸣也。从牛，象其声气从口出。

二，高也。此古文上。指事也。

交，交胫也。从大，象交形：。

（2）用离析字形的方法解释字义。（用来解释会意字。）

（寒），冻也。从人在宀下，以茻荐覆之，下有仌。

（3）用指明义符的方法说明字义所属的意义类别。（用来说明形声字。）

吻，口边也。从口，勿声。

喉，咽也。从口，侯声。

唾，口液也。从口，垂声。

问，迅也。从口，门声。

呦，鹿鸣声也。从口，幼声。

以上皆为从“口”的形声字，本义皆与“口”有关。

囗（wéi），回也，象回帀（zā 匝）之形。

囹，狱也。从囗，令声。

圃，种菜曰圃。从囗，甫声。

圈，养畜之闲也。从囗，卷声。闲，栅栏。

以上形声字，本义都和“囗”有关。

形义统一的规律在造字之初是没有例外的，但是，字形和字形所表示的字义的发展变化，不同程度地破坏了一些字的形义统一。因此，在运用字形来探求词义的具体实践中，必须符合以下几个条件：

（1）只有本义才直接与字形切合，近的引申义与字形的关系只能见其端倪，远引申义与字形的关系则是模糊不清的。

廉，文献常用义为“正直”。《礼记》：“圣人方而不割，廉而不刿，直而不肆，光而不耀。”字形为从广（yǎn），兼声。

广（yǎn），凭借山岩构建的小屋。

所以从“广”的字均与房屋建筑有关。如：府、庖、厨、库等。

廉，本义指房屋基台的四边，这个意义与字形是统一的。因为房屋基台四边的特点是方、平、正、直，因此引申指人正直的品质。这个引申义与字形的联系就不明显了。

（2）只有本字才能直接反映本义，假借字不能说明本义。

《史记》中有“翩翩公子”之句。形容人的风度体态，为何从“羽”呢？实际上，此处的“翩”是一个假借字，本来应该用的是“䯙”。“䯙”，从页，翩省声，义为面貌俊美。从页，表示与人的面貌有关。形容人的容貌风度应该用“䯙䯙”。而“翩”的本义为“疾飞也”。

（3）只有“笔意”才能与字义切合，“笔势”大部分已经游离了字义。“以形索义”要根据“笔意”进行。“笔意”是指能够体现原始造字意图的字形。“笔势”是指经过演变，加以符号化，脱离了原始造字意图的字形。

執，《说文》：“捕罪人也。”西周金文作。

日，西周金文作。齊，《说文》：“禾麦吐穗上平也。”

“形义统一”、“以形说义”的“形”，指的是“笔意”，“形训”只能根据“笔意”进行。如果面对的是已经符号化的“笔势”，就需要利用古文字资料，将其还原为“笔意”。保留“笔意”的是小篆及金文、籀文、古文、甲骨文字。

二、声训

声训又叫“音训”，就是“因声求义”，即用声音相同或相近的字（词）来解释字（词）义的方法。

声训的对象是同源字和假借字。由同一个词分化出来的若干新词，由于有共同的母体，彼此之间具有形异、义通、音同或音近的特点，这样就形成了一个个字形不同、意义相通、语音相同或相近的词族。同一族的词，同出一源，是同源词。记录同源词的汉字就是同源字。假借字，是因读音相同或相近而借用的字。假借字和本字之间以声音为联系，因而可以根据声音的线索去推求本字本义。如《汉书·晁错传》："风雨罢劳，饥渴不困。"颜师古注："罢读曰疲。"用同音的本字来解释假借字在此处的意义。

声训分为说解同源字的声训和说明假借字的声训两类。

说解同源字的声训方式有以下两种。

（一）用音同或音近的同声符的字相训释

（1）以被释字的声符为训。

讹，化也。
帽，冒也。
祫，大合祭先祖亲疏远近也。

（2）以后起形声字为训。

古，故也。
冬，终也。

（3）以声符相同的形声字互训。

富者，福也。
郡者，群也。

（二）用其他音同音近的字为训

（1）以同音字为训。

山顶曰冢。冢，肿也，言肿起也。
山大而高曰嵩。嵩，竦也。

（2）以音近字为训。训释字和被释字或者有双声关系，或者有叠韵关系。

祈，求也。

契，刻也。

设，施陈也。

逢，迎也。

霜，丧也，其气惨毒，物皆丧也。

（3）以音转字相训。

何为音转？在传统的汉语音韵学中，把汉字的韵母分为三大类：

一类叫阳声韵，指今天所说的以鼻音［m］、［n］、［ŋ］收尾的韵母。如："三"的韵母［an］，"邦"的韵母［aŋ］。以［m］收尾的韵母，在现代汉语普通话语音系统中消失了，但保留在某些方言里，如粤语的"三"读［sam］，就是以［m］收尾的。

一类叫阴声韵，指以元音收尾的韵母，如［ai］、［au］。

一类叫入声韵，指以清塞音［p］、［t］、［k］收尾的韵母，这些也在现代汉语普通话语音系统中消失了，但保存在一些方言中，如：闽南话的"压"［ap］。

根据古音学家的研究，在上古汉语中，汉语阴、阳、入三种韵母有相当整齐的对应规律。而由于语音的历史发展和地域的不同，主要元音相同的阴、阳、入三种韵母可以互相发生转化，古人统称之为"阴阳对转"。由于汉字的字音可能由于"对转"而发生变化，训诂学者也就用这种互相转化的字来训释古语和方言，这种训诂方法就叫做"以音转字相训"。

古代学者对"对转"早有认识。如：《礼记·中庸》："壹戎衣而有天下。"郑玄注："衣读如殷，声之误，齐人言殷如衣。"

这里阳声韵的"殷"音转为阴声韵的"衣"，文中的"衣"就是"殷"，指殷朝。

三、义训

在训释词语时，仅从现有意义的角度来选择训释词或作出义界，而不考虑词义来源与形义关系，这种直陈词义的训释方法就叫义训。义训是训诂学上运用得最普遍的一种训诂方法。

义训的表现形式主要有同义为训、反义为训、递相为训三种形式。

1. 同义为训，就是用同义词说解词义

《诗经》："硕鼠硕鼠。"郑笺："硕，大也。"

《尚书》："九族既睦。"孔传："既，已也。"

2. 反义为训，简称"反训"，就是用反义词来解释词义

古代汉语中，有一部分词兼有正反相因的两个意义，这在训诂学上叫"施受同辞"或"美恶同名"。后世只通行其中一个意义，训诂学者为了说明古书中本来的词义，往往就要用反义词来说明词义。如：

《尚书》："予有乱臣十人，同心同德。"孔安国传："我治理之臣虽少而同心同德。"

《尚书》："乱而敬，扰而毅，直而温。"孔安国传："乱，治也。"

"乱"在《尚书》时代有"治理"和"紊乱"两个相反的意义，到汉代只通行"紊乱"一义。

3. 递相为训，就是几个字辗转训释，意义相同

《尔雅·释言》："速，徵也。徵，召也。"邢昺疏："转相解也，皆谓呼召。"使用这种方法时应该注意：如果释词和被释词都是多义词，那么递相训释的义项所表示的概念必须有同一性，否则就会犯张冠李戴的错误。

义训的实质——据文证义。形训是从字形分析寻找解释词义的依据，声训是从读音线索寻找解说词义的依据，义训则不利用语音和字形线索，不考虑词义来源和形义关系，只是就文献中具体的语言材料来解释词义。

第二编

经学——学经养性

第四章　经部概述

经部是记录儒家思想经典的文献。自汉武帝采纳董仲舒“罢黜百家，独尊儒术”的建议后，儒家思想就成为中国保持了两千多年的主流意识形态。不了解经学就很难了解中国历史和思想文化。我们要让传统思想的精华与现代文明相融，首先就要研究儒家思想。

第一节　经学发展史

经之本义，乃指织布、织素时纵向的丝或线。许慎的《说文解字》云：“经，织纵丝也。”段玉裁注解说：“织之纵丝谓之经，必先有经然后有纬。”用“经”指称特定学说的原典著述，乃后起的引申之意。

其一，引申为组织之意，以指称经文之语意错综，如经纬罗列而后可以为织。刘师培《经学教科书·第二课　经字之定义》引《说文》后云：

盖经字之义，取象治丝，纵丝为经，衡丝为纬。引申之，则为组织之义。上古之时，字训为饰，又学术授受多凭口耳之流传，《六经》为上古之书，故经书之名，奇偶相生，声韵相协，以便记诵。而藻绘成章，有三五错综之观。古人见经文多文言也，于是假治丝之义，而赐以六经之名。即群书之用文言者，亦称之为经，以与鄙词示异。

其二，引申为编缀之义，以指经典为书，起于竹帛，以丝连属，方为典策。章太炎《国故论衡·中卷·文学总论》：

经者，编丝缀属之称，异于百名以下用版者。亦犹浮屠书称修多罗，修多罗者，直译为线，译义为经。盖彼以贝叶成书，故用线连贯也，此以竹简成书，亦编丝缀属也。

此二说主要从外在形式上寻求“纵丝”与经典之间的关联，而这一引申实则因义而起。

其三，引申为常，亦即从始至终永久恒定之义，历久而用存。本意是贯穿始终的线，因此，将某类著作叫做“经”，或者“经典”，就是表示它寄托着始终不变的道理和深意，具有永恒的价值。成为后人修习大道的主要典范与著书立说、成一家之言的理论源头和根据。

一、先秦经学：孔子与六经

有孔子而后有儒家，有儒家才有儒家经典，因此说到六经，必然要提孔子。

《白虎通》“孔子定五经”条云：“孔子所以定五经者何？以为孔子居鲁之末世，王道陵迟，礼乐废坏，强陵弱，众暴寡，天子不敢诛，方伯不敢伐，闵道德之不行，故周流应聘，冀行其道德。自卫返鲁，自知不用，故追定五经，以行其道。”皮锡瑞《经学历史》中表达了自己的观点：“经学开辟时代，断自孔子删定六经。孔子以前，不得有经……《仪礼》十七篇……亦自孔子始定；犹之删诗为三百篇，删书为百篇，皆经孔子手定而后列于经也。《易》自孔子作《卦爻辞》、《彖》、《象》、《文言》，阐发羲、文之旨，而后《易》不仅为占筮之用。《春秋》自孔子加笔削褒贬，为后王立法，而后《春秋》不仅为记事之书。此二经为孔子所作，义犹显著。”

孔子与六经之关系，是今古文学家争论的一个焦点。今文学家认为，孔子是政治家、哲学家，六经都是孔子所作，目的是托古改制，经文微言大义，无处不渗透着孔子的政治和哲学思想；古文学家则认为孔子是历史学家，是第一个整理、保存、传授和阐述古代文献的学者，六经是周公旧典，孔子“述而不作”，只是修订而已①。种种史料证明，春秋时期，儒生们就以六经为课本学习儒家思想。在春秋战国时期，六经就已被人们公认为宝典。

二、秦汉经学：大落大起

到了秦代，由于秦始皇采纳李斯焚书坑儒的建议，将全国图书集中到咸阳城。秦亡后，项羽焚烧咸阳，以致大量先秦典籍丢失，六经除了《易经》以外也未能幸免

---

① 周予同：《中国经学史讲义》，上海：上海文艺出版社，1999 年，第 49 页。

于难。

在汉文帝和汉景帝时期，针对秦朝焚书坑儒的后果，开始在民间大收篇籍，振兴学术。首先要明白的是，秦始皇焚书坑儒并非是要消灭一切学术，反而在秦代官职中设立博士之官，有七十余人。这本身在先秦时期也不是孤立现象，齐国稷下学者七十余人，大抵也是博士之制。秦博士淳于越进谏始皇效法先王而遭李斯排议。“臣请史官非秦记皆烧之。非博士官所职，天下敢有藏诗、书、百家语者，悉诣守、尉杂烧之。有敢偶语诗书者弃市。”（《秦始皇本纪》）叔孙通为高祖制定朝仪，而他本事秦官博士。济南伏生，传《尚书》之学，本为秦博士。说明秦汉之际，学者不断如缕。

秦始皇焚书之义，旨在统一文化，但做法残酷，似乎要灭绝文化。汉皇兴文，其旨亦在统一文化，但做法甚妙，先兴文道，然后定为一尊。汉文帝开始从民间收集各家著述和诸家学说。

其实，汉武帝初年，窦太后专权，而窦太后爱好老子之学，也曾挫黜儒家学说。窦太后去世以后，武帝兴儒学。《汉书·董仲舒传》云：“自武帝初立，魏其、武安侯为相而隆儒矣。及仲舒对册，推明孔氏，抑黜百家。立学校之官，州郡举茂材孝廉，皆自仲舒发之。”另外又设置了五经博士。《汉书·儒林传》赞：“自武帝立五经博士，开弟子员，设科射策，劝以官禄，讫于元始，百有余年，传业者寖盛，支叶蕃滋，一经说至百余万言，大师众至千余人，盖禄利之路然也。初，书唯有欧阳，礼后（后仓），易杨，春秋公羊而已。至孝宣世，复立大小夏侯尚书，大小戴礼，施、孟、梁丘易，谷梁春秋。至元帝世，复立京氏易。平帝时，又立左氏春秋、毛诗、逸礼、古文尚书，所以罔罗遗失，兼而存之，是在其中矣。”

所谓五经，即《诗经》、《尚书》、《仪礼》、《周易》、《春秋》，其中《诗经》、《春秋》大体在文景之时已经立学官、置博士了。到了汉武帝时代，则五经皆有。非但如此，武帝还立了博士子弟员，使其跟随博士学习经术，一年完成学业，合格者可以任官，或补为吏，或补为郎。

昭帝时举贤良文学，增博士弟子员满百人，宣帝末增倍之。元帝好儒，能通一经者皆复。数年，以用度不足，更为设员千人，郡国置五经百石卒史。成帝末，或言孔子布衣养徒三千人，今天子太学弟子少，于是增弟子员三千人。岁余，复如故。

直到东汉时期，太学之内二百四十房，千八百五十室，有游学者至三万余生。

西汉公孙弘以经术位至三公，后来以经术成名而位极人臣者层出不穷，如韦玄成父子，匡衡、贡禹等，直到宰相必须任用读书人的程度。到了东汉，其开国诸人，都是经学出身。其中刘秀在王莽时期于长安学习《尚书》，邓禹13岁学《诗经》于长安，与刘秀结识。耿纯、卓茂等皆如是。

然而，经学之昌盛，虽说是政治、文化之需要，但是，天下士人，汲汲于此者，实乃关于利禄。刘师培《国学发微》："自汉武表章六经，罢黜百家，托通经致用之名，在下者视为利禄之途，在上者视为挟持之具。降及王莽，饰奸文过，引经文以济己私，由是崇古文而抑今文，以古文世无传书，附会穿凿，得遂己意所欲为。"

经学在汉代最为兴盛，后来有所谓"汉学"一说。此期经学具有以下特征：

1. 汉代人学习经术，极重家法和师法

汉代时期，书籍是十分难得的财产，不仅仅是精神财富，而且是一笔不小的物质财富。因为那时书籍大多都是用竹简和布帛写成的，能治一套这样的书籍，十分不易。况且汉初书籍短缺，书籍的流传也依靠先师后学口耳相传。尤其是古学微茫，必须依靠经师的讲述才能明白，而没有什么可以钻研的参考书。因此，汉代人求学，往往不远千里，来到京师跟从当代巨儒名师学习。

进而，不同的经师所传授的经文，有可能存在差异，而尤其重要的是不同的经师，对经文的理解和解释也不同，因此就形成了不少流派。如《诗经》就有齐鲁韩三家，后来又有毛诗，是为四家。直到五经分立为十四博士时，则大体有十四家师法相传。因此汉代人治经最重师法，学生弟子严格按照经师的教授来理解，不能轻易变更一字，更不能违背师法。

《宋书·百官志》中云："博士，班固云，秦官。史臣案，六国时往往有博士，掌通古今。汉武建元五年，初置《五经》博士。宣、成之世，《五经》家法稍增，经置博士一人。至东京凡十四人。《易》，施、孟、梁丘、京氏；《尚书》，欧阳、大小夏侯；《诗》，齐、鲁、韩；《礼》，大小戴；《春秋》，严、颜：各一博士。而聪明有威重者一人为祭酒。"

家法之争，则有石渠阁、白虎观之会议，辩论异同。

2. 经学又有所谓今古文之别

所谓今古文之别，首先是书写经文的字体不同。今文是指汉代流行的隶书文字，而古文则是先秦时期的篆籀文字。在这两种不同的文字形成的经典之间，形成不同的学术方法，也就是说形成了不同的理解。因为古文经是由先秦文字写成的，所以解释经文的重点是文字的训释；而今文经学只求推测经文中的深刻内含，所谓"微言大义"。

大体西汉流行今文经学，而东汉流行古文经学。古文在西汉初年较少出现，人们怀疑济南伏生所藏的《尚书》可能就是古文的，但是后来传授给晁错时，转写为今文。历史记载西汉孔安国传过一部古文《尚书》，用今文读之。这也仅仅是文字上的差异和转变而已。后来到了西汉末年的时候，刘歆声称发现了古文《尚书》、《毛诗》、《周礼》、《左传》，为之鼓吹，要求立为学官。其中的古文《尚书》和今文《尚书》可能篇章数目不同，而《毛诗》则自西汉以来在民间流传。古今文经学所包括的内容也出现了差异。尤其是《左传》是古文经学的代表，而《春秋公羊传》是今文经学的代表。

东汉以后，古文经学受到极大重视，出现了不少著名的学者。如卫宏、马融、贾逵等，《说文解字》的作者许慎作《五经异义》。到了东汉末年时期，出现了兼治古文经学和今文经学的学者，尤其以郑玄最为著名，他推动了今文经学和古文经学走向融合。而稍后的王肃认为郑玄混淆师法家法，所以立论反驳，但是其方法也是今文与古文兼收。古今文之不同，东汉末蔡邕立三体石经，以校别文字。

今古文经学在长期的争辩过程中，也在逐渐地互相渗透，互相融合。东汉初年召开的白虎观会议就是一个官方召开的企图弥合今古文经学异同的重要的学术会议。会议的成果由班固写成《白虎通德论》，又称《白虎通义》，简称“《白虎通》”。《白虎通》以今文经学为基础，初步实现了经学的统一。东汉末年，古文经学的集大成者郑玄网罗众家、遍注群经，对今古文经学进行了全面总结，自成一家之言。郑玄以古文经学为基础，吸收今文经学中的优点，态度严谨，实事求是，无征不信，从而超过了前人，自此以后郑学兴盛。这不仅标志着今古文经学之争的终结，也标志着汉代经学的衰亡，之后今文经学也随之消失。

3. 经学中又有所谓谶纬神学

西汉时期，流行一种天人感应的学说，这主要是受到了战国以来齐国学术的影响。在齐国的稷下学派中，就有邹衍一派。这一派学者宣扬阴阳五行的学说，推行五德终始的观点。后来齐国流传的其他学说，也都带上了这种阴阳学的色彩。最具代表的是董仲舒的春秋公羊学。

董仲舒在汉武帝初年的对策文中阐述了一种“天人感应”的理论，认为天际人事之间存在一种阴阳感应的现象。因此，上天将以其灾异、祥瑞等不同的方式来昭示对人事的意志，而人事的是非善恶也必将引起上天的反应，这就形成了一种带有神学意义的天人关系。这种思想在当时影响较大，以至汉代形成了一种学究天人的理想。司马迁所谓“究天人之际”以及认为学兼“天地人”的士人才是儒等观点，都是如此。

与此相关的还有图谶，所谓图谶就是一种带有政治性的预先的征兆，尤其是改朝换代，江山易主时显示天命变动的一种神奇的征兆。汉高祖起兵时斩过白蛇，神妪说刘邦是赤帝之子，后来汉武帝时大范围出现所谓祥瑞。到了西汉后期，很多人认为汉朝的天命即将改换，也借助神奇的阴阳灾异和图谶说事，最后王莽就在全面复古的学术潮流和极度泛滥的祥瑞征兆中革除了汉的天命而建立新朝。汉光武帝刘秀起兵，中兴汉室，也借助了图谶，因此他对图谶十分迷信，致使汉代的许多学者都开始钻研这类学术。

然而，两汉之际，图谶之学渐盛，并与纬书相染相杂。当时的臣子不但借用天人灾异和图谶等现象评论时事，研究古史，还用它来解释五经，产生了大量的以阴阳五行、图谶、灾异思想为主的“纬书”。

4. 两汉经学的衰败

经学在东汉明帝、章帝时，威望达于顶点，不仅经学大师破例封侯，皇帝本人也以能亲自讲经，充当经学大师与经学弟子为荣幸，但到安帝时就骤然衰落了。经过党锢之祸，经学之士被大批囚禁、打击，汉代经学就彻底衰败了。促使汉代经学由盛骤衰的原因，流行的说法归之于农民起义以及东汉政治黑暗腐败等，但从本质上讲，是它自身内在因素的发展造成的。

首先，经学的政治性格导致了它的毁灭。汉代经学以“三百篇当谏书，以春秋当一王之法”，直接合学术与政治为一。孔子既是圣人，又是素王。经学大师既是学术的权威，又是政治的官僚，以至于皇帝本人也成为政教合一的化身。经学的是非常由政治权利来裁判，政治上的意图也借经学名义来推行。经典就是最高的政典与法典。这样，经学的独尊与发展就使经学之士成为兼学术、道义、政治与经济四位一体的社会力量。它与皇权的关系是既相互依赖，又互生分歧与猜疑。因此，当它在东汉充分发展，出现了四世三公、四世太尉等，如袁氏、杨氏那样的名门望族时，分制宰割皇权的野心与危险就出现了（如袁绍），终于出现了摊牌的局面，这就是桓灵之世的“党锢之祸”。经过党锢之祸，皇权对经学连续进行三次猛力的摧残，经学也就奄奄一息了。

其次，经学的道义与政治性格又使经学成为束缚“人性”发展的力量，走向了儒家人学的反面。汉代实行察举制，孝廉、贤良是入仕当官的捷径，以至于许多人为“孝廉”而弄虚作假，又为“孝廉”而从小成为“循规蹈矩”、“小心翼翼”、心口不一的伪君子，这也就是程颐讲的“苦节”。这种苦节使儒学成为可怕的人性异化力量，因此，它是注定不能长久而要走向反面的。程颐说：“东汉之士多名节，知名节而不知节之以礼，遂至于苦节……苦节既极，故魏晋之士变而为旷荡，尚浮虚而亡礼法。”（《语录》卷第十八）这概括是符合辩证法的。

再次，经学的烦琐支离与经验主义，使它越来越走向理性发展的反面，成为束缚理性自由创造的枷锁。这种烦琐集中表现于汉代易学的象数学之中，其基本特点是“以历限易”，把易的义理分解为“卦气”，为“爻辰”，为“纳甲”，为“八宫”等等，使人们的思维不是由感性上升为理性，而是使理性被分解为互不联系的孤立的具体对象的存在，从而堵死了认识正常发展的道路。它被扫进垃圾堆而由王弼那样的义理之学取而代之，也是必然的。

最后，谶纬神学的迷信本质发展到极端而矛盾百出，必然由无神的自然论取而代之，所以正当经学权威达到顶点时，王充就引黄老于儒学，使儒学基础发生了变化。郑玄又引老子自然思想以注《周易》，使《周易》发生重大变化。魏晋时期的三玄之学，大畅玄风，《周易》是基础，其玄风正是王郑这种倾向的全面发展。

三、魏晋南北朝经学：玄学化

东汉末年，经学大师郑玄“括囊大典，网罗众家”，[①] 融今古文学于一体，从而结束了汉代的今古文之争而一统天下。但是，汉代的经学，有严格的师法和家法，相承不乱，而郑玄却杂糅今古文，混乱家法，这便引起了王肃的不满，于是出现了王学与郑学之争。王学，是指王肃所创立的经学体系。王肃是司马昭的外祖父，所以王学获得了司马氏的支持，他注解的《尚书》、《诗》、《论语》、三《礼》和《左氏春秋》以及其父所作的《易传》都被列为官学。王学和郑学之间的纷争，并不是纯粹的学术争论，而带有强烈的政治斗争的意味。这场纷争同时也标志着两汉经学的衰落。

王肃之学动摇了郑学在人们心目中的至上权威，使人们对旧的章句之学产生怀疑，从而为玄学对儒家经训之改造提供了自由发挥的丰厚沃土。玄学兴起于曹魏正始年间，史称“正始玄风”。其代表人物首推何晏、王弼。何晏和王弼在思想倾向上较为接近，都是玄学“贵无论”的首倡者。何晏的《论语集解》与王弼的《周易注》，即是玄学理论的奠基之作。何、王站在抽象思维的哲学理论高度，去探索万物之真、万物之本和万物之性，建立起比较完整的“以无为本”的唯心论体系。王弼注《周易》，摆脱了汉代用“象数”和谶纬解说《周易》的老路，开创了用义理、思辨哲学解说《周易》的新路，是经学史上一次重大变革。何晏所作《论语集解》收集了汉以来各家之说，对后世影响很大。这一时期经学的特点是经学逐渐玄学化。

南北朝时期经学也随着政治上的南北对立而分立为南学和北学。从学术风格上讲，南学受玄学和佛学影响比较大，能博取众家之长，又喜标新立异，反映了其哲学

① 范华：《郑玄传》，《后汉书》卷三五。

思辨能力的提高，而北学受北方游牧民族质朴风尚的影响，保持了汉朝经学以章句训诂为宗的特点。总体来说，魏晋时期，经学派别杂多，义理之学、训诂之学并存，所以，未能形成统一的局面而像汉代那样在学术思想界占据绝对优势；但它大都打破了两汉经学今古文壁垒和师法、家法的界域，也破除了其烦琐、迂腐、荒诞、粗俗的内容而力求有所创新，形成了不同于汉儒风格的魏晋经学，为后来经学发展创造了条件。而且，这一时期的经学有较高的学术价值。唐孔颖达作《五经正义》，所用魏晋人经注有三、汉人经注有二。今存《十三经注疏》中，除《孝经》注是唐玄宗所作外，汉注与魏晋注各居其半。其中晋注就有王弼、韩康伯注《周易》，何晏集解《论语》，杜预集解《左传》，范宁集解《谷梁传》，郭璞注《尔雅》。此外，孔传本《古文尚书》亦系东晋豫章内史梅赜所作。故魏晋人于儒家经学的贡献，深堪称道。

四、隋唐经学：从分立到统一

迄至唐代，将《春秋》、《礼经》各分为三，立三传、三礼之名，儒家经典演变为九部，即《诗》、《书》、《易》、《仪礼》、《周礼》、《礼记》、《左传》、《公羊传》、《谷梁传》，称为《九经》。

隋朝代周而有天下，政治上实现了统一，也必然要求思想文化上的统一。为了使经学统一，唐太宗从贞观四年（630）开始，就下令对经书进行整理。他以经籍年代久远，文字讹谬，诏令前中书侍郎颜师古于秘书省考订《五经》，贞观七年（633）告成。又诏尚书省左仆射房玄龄召集诸儒重加评议。但诸儒均守所习旧说，皆共非之。于是师古引晋、宋以来古今本，随意晓答，援据详明，皆出诸儒义表，莫不叹服。由此可知，考订后的《五经》版本，便成为当时的最佳版本。之后，唐太宗“又以儒学多门，章句繁杂”，于贞观十二年（638）令孔颖达与诸儒撰定《五经义疏》，以求得对经文做出统一解释。贞观十五年（641）《五经义疏》撰成，并命名为《五经正义》。自《五经正义》颁布之后，学士和举子都奉为圭臬，一直沿袭至宋，这是经学统一最长的一个时期。

唐代经学的第二次变化，是在武则天到玄宗时期。武则天统治时期，随着庶族地主在政治上取得胜利，经学领域也吹进一股新风。当时，守先儒章句的一派便遭到了魏知古、徐坚、刘知几等一派的批判，并掀起了一股疑经思潮。长安三年（703），博士王元感表上所撰《尚书纠谬》10卷、《春秋振滞》20卷、《礼记绳想》30卷。当时武则天“诏令弘文、崇贤两馆学士及成均博士详其可否”，却遭到了“专守先儒章句”的学士祝钦明、郭山挥、李宪等人非议，他们“深讥元感搞拔旧义”。王元感对他们的非难却能“随方应答，竟不之屈”。这件事得到了凤阁舍人魏知古、司封郎中徐坚、左史刘知几、右史张思敬等人的支持。在这次斗争中，批判章句之学的一派得到了武则天的支持。刘知几《疑古》、《惑经》等篇对儒家经典《尚书》、《春秋》讳恶失实、褒美过当等问题提出怀疑、批判，虽为论史，却从根本上动摇了经学的基础和地位。更何况《惑经》篇，虽为论史，实际正是在谈经。因此，在武则天至玄宗时期，疑经思潮的兴起，对经学界产生了深远重大的影响。

唐代经学的第三次演变是在中唐以后。这次经学演变是以《春秋》三传为其始，继而引发了其他经学的变化。而唐之啖助、赵匡、陆淳杂采三传，不主一家，以意去取，开宋儒春秋学派的先声。当时的儒家学者开始从各个方面研究安史之乱爆发的原因，以图救治天下。如贾至指出：“夫先王之道消，则小人之道长，小人之道长，则乱臣贼子由是出焉。臣弑其君，子弑其父，非一朝一夕之故，其所由来者渐矣。渐者何？儒道不举。”这就是说，儒学不振，经学衰败，统治者削弱了对思想领域的控制，是安史之乱爆发的原因之一。这种论说是有一定道理的。为了恢复专制主义中央集权统治，必须重视经学，并对经学做出合乎时代要求的解释，在这种情况下，陆淳春秋学便应运而生了。①

五、宋朝经学：经学变古

清末学者皮锡瑞将经学史上的宋代时期称为“经学变古时代”。所谓“经学变古”，即宋学变汉学之“古”。宋初，于《九经》外，复加《论语》、《孝经》、《尔雅》、《孟子》四部，“《十三经》之名，遂一定而不可复易矣”。从大的方面说，宋代经学变古主要包括三项内容，它们既是一个整体，又互相促进，互相影响。

一是经学观念的转变。宋儒经学观念的转变主要体现在两个方面。首先，在宗经与重道的问题上，重视对经典所蕴含的“圣人之道”的发掘和阐发。在处理经典文本与圣人之道关系的问题上，一方面强调文本的重要性，另一方面又主张“以心明经”，在“典册”之外去寻求“圣人之心”。其次，在通经与致用的问题上，宋儒将二者更加紧密地结合在一起。很多宋儒认为，通经只是手段，致用才是目的。李觏、王安石以及薛季宣、陈亮、叶适、陈傅良等浙东学者的经学研究，就具有鲜明的通经致用特征。经世致用，其本质是以社会效用衡量学术的价值。

二是经学解释方法的革命。在儒学革新运动中，宋代学者建立了一套舍传求经、

① 杨荫楼：《唐代经学略论》，《求是学刊》，1992 年第 8 期。

义理至上、六经注我、我注六经的经学解释方法，或者叫宋学方法。在宋儒的经典注释中，着重凸显主体意识，不仅诠释经典的本意，更注重对文本“意义”的发掘。宋代学者通过对汉唐经学的批判与超越，对儒家经典进行重新诠释，建立了一套以心性论为核心的“道德性命之学”，称之为“新儒学”，这是孔孟儒学在宋代的新发展。

三是经学怀疑思潮的兴起。经学怀疑思潮的兴起与经学变古是同步的，事实上，经学怀疑思潮是经学变古的重要内容和必然产物。“变”的前提是“疑”，“疑”的结果是“变”。怀疑精神是宋学的基本特征之一。宋代疑古思潮涉及经、史、子、集各个领域，而以疑经改经最为突出。因此，我们讲宋代疑古思潮，主要是指经学怀疑思潮。

经学变古的起点，应当追溯到中唐天宝、大历之际（公元8世纪中后期），这段时期是旧经学（汉学）与新经学（宋学）的一个分水岭。北宋中期的经学变古，实际上是中唐以来儒学新风的延续与发展。可以说经学变古始于中唐，成于庆历之际。通过经学变古，宋儒建立起一套与汉唐传注之学不同的新的经学范式——宋学[①]。

六、明朝经学：积衰时代

清代经学家皮锡瑞认为，“论宋、元、明三朝之经学，元不及宋，明又不及元”。“故论经学，宋以后为积衰时代。”[②] 以下根据社会思潮的变迁，分三个阶段简述。

明初，经学沿袭宋、元，朱熹经学是当时学术的主流。明代朱熹经学始盛于洪武年间。明初太祖为了整顿战乱后的社会风气，除施以严刑峻法外，又恢复道统秩序，敦厚民俗。明太祖朱元璋即信用儒生宋濂、范祖干、叶仪等，参与谋议，宋濂等洪武诸儒学宗程朱，更从“道统”角度将朱熹经学奉为嫡传，适应元末明初由乱而渐趋于治的社会现实需要，洪武诸儒不尚性理空谈，力倡经世致用之学。

明朝中期，社会稳定和谐，经济发展。在经学研究上，朱熹经学日趋式微，阳明心学逐渐取代朱熹经学，广为流传。同时，自明中叶起，学者开始检讨“宋学之失”，重新肯定汉人传经的功劳，体现在经书注解方面的趋向是逐渐突破宋人经说的束缚，扬弃宋人空发议论的解经方式，注意文字、声韵的研究，以杨慎为首的经学家所倡导的考据学风悄然兴起。

明朝后期，政治腐败，经济秩序混乱，民生凋敝，乱民四起。在这段时期，占据

---

① 杨世文：《宋代经学中的几个问题》，《四川大学学报（哲社版）》2006年第6期。

② 皮锡瑞：《经学历史》，北京：中华书局，2004年。

思想界统治地位数百年之久的宋明理学迅速走向衰颓，王阳明的心学却日益走向极端，形成一种清谈空疏的风气。士子不读群书，不讲经世，只知空言心性，造成了严重的学术危机。为反对空谈心性、谈玄弄虚的王门后学之流弊，晚明求实思潮兴起，考据学风逐渐盛行，成为清代“朴学”之先启。①

七、清朝经学：实学

明清之际，经学出现了求是致用的倾向，顾炎武、黄宗羲等著名学者治经，取汉、唐注疏及宋、元、明人之说，亦多择善而从，不分汉、宋；至乾嘉时期，汉学（即清代复兴的古文经学）完全脱离宋学成为专门的学问，与宋学对立。在汉、宋两派互相对垒之际，今文经学逐渐兴起，与汉学对立。具体表现在以下四方面：

一是经世之风的突起。明清之际的经学家，无论是学宗程朱，抑或是左祖陆王的，无不力惩宋学末流空谈心性之弊，倡导经世致用。一大批志士仁人在清末的资产阶级民主主义运动中，利用手中的经学宣扬民主思想，反对封建专制主义，使经世之风发展到一个前所未有的高度。

二是疑古、考证之风的兴盛。以戴震为代表的皖派汉学家，不仅信古，且亦疑古，敢于突破古说，实事求是，断以已见。章炳麟将汉学的研究方法归纳为：审名实、重佐证、戒妄牵、守凡例、断情感、汰华辞。清代学者这种怀疑与考证相表里的学风，无疑有利于人们从封建儒学经典的桎梏下解放出来，终至在清末学潮中激荡起一阵阵惊涛巨浪，而有康有为对古文经学进行总攻击。

三是以复古求解放。清初学者力反明末之所为，于是学风为之一变，即由明末之空疏转变为清初之敦实；由明末之束书不观转变为提倡经术；由明末之轻忽践履转变为注重躬行，几无不为明学之反动。清初理学家如孙奇逢、李颂、唐甄等虽承王学余绪，却力求修正王学，主实用，重践履，教人切己反躬，把日常行事视作“致良知”的源头，强调事功，其学与明学大不相同。而多数理学家则以程朱为宗，张履祥、陆世仪、陆陇其、李光地、汤斌、魏象枢、魏裔介、熊赐履、张伯行等，或以学有声名，或身居显位，相互呼应，力挽明季学风，回归于宋。就总体而言，清初理学，多趋于复宋之古。

四是对垒、融合与经学的总结。清代经学一方面是宋学、古文经学、今文经学先后复兴，取此前两千多年学术“倒卷而缥演之”，出现历史上经学各派并显于世的局

① 郭素红：《明代经学的发展》，山东大学博士学位论文，2008 年。

面；另一方面，各派既互相对垒，又相互融合。清初大儒顾炎武、黄宗羲等倡导经世匡时，大体汉、宋兼采。乾嘉时期，汉学鼎盛，汉学家中戴震、汪中一派人物，除考证外，亦言义理；理学家中，姚卿则以义理、辞章、考证相标榜。道咸年间，曾国藩等大张其帜，务使理以明道，言之有据，吸取汉学家考证求是之长，避免蹈空虚覆辙，义理、辞章、考证遂为士子治学不易之道，至此汉宋两派大有融合之势。黔中名儒郑珍治古文经学，则以考证、辞章、义理为定式。[①]

八、民国以后的经学

到民国时代以后，西学、政治运动思潮强烈冲击了传统经学地位，古代经书的权威性遂下降，经学也逐渐式微。

两岸分治之后，经学在中国大陆受到破坏与毁灭，特别是文化大革命期间。相对之下，当时的台湾对于经典思想的保存则较为完整妥善。

第二节　十三经略说

经典本身是逐步形成的，特别是儒家的经典，是对古代典籍的删定“损益”而成，加上秦代的焚书事件，所以古代经典有一个不断演变的过程。当然也有一些书是在不同的朝代被尊为经的。现在所谓的儒家经典一般指儒学十三经，即《周易》、《尚书》、《诗经》、《周礼》、《仪礼》、《礼记》、《春秋左传》、《春秋公羊传》、《春秋谷梁传》、《论语》、《孝经》、《尔雅》、《孟子》，但早期的儒家经典并不是这十三经。

一、《诗经》

《诗经》是中国最早的诗歌总集。是中华民族的瑰宝。《诗经》原本叫《诗》，共

① 吴雁南：《清代经学的特点》，《中州学刊》，1990年第2期。

有诗歌305首（另外还有6篇有题目无内容，即有目无辞，称为《笙诗》），因此又称“诗三百”。从汉朝汉武帝开始，儒家将其奉为经典，因此称为《诗经》。汉朝毛亨、毛苌曾注释《诗经》，因此又称《毛诗》。《诗经》中的诗的作者绝大部分已经无法考证。

《诗经》所录诗歌多来自民间，据说周朝设有专门的采诗官，采集民歌，以体察民俗风情、政治得失。《诗经》中大部分诗歌都出于此。另一部分则为公卿、士大夫向周天子所献之诗，歌功颂德、粉饰太平。其中，部分诗歌曾有人考证其作者，有臆断者，有有理有据者，不过不是很重要。至于《诗经》编撰者，有以为周公者，现在看来无法成立。另有孔子删诗的说法，也没有说服力。

《诗经》所录诗歌时间跨度长，展现从西周初年（公元前11世纪）直至春秋中叶（公元前6世纪）五百多年的社会生活，涵盖地域广泛，黄河以北直至江汉流域的都有。汉时，先有鲁、齐、韩三家时，立于学官，后有《毛诗》。《毛诗》盛行后，齐、鲁、韩三家诗先后亡佚。历代解《诗经》者颇多，较好的有宋朱熹《诗集传》、清王夫之《诗经俾疏》、马瑞辰《毛诗传笺通释》、王先慊《诗三家义集疏》等。

《诗经》存305篇，分《风》、《雅》、《颂》三部分。《风》有十五国风，是出自各地的民歌，这一部分文学成就最高，有对爱情、劳动等美好事物的吟唱，也有怀故土、思征人及反压迫、反欺凌的怨叹与愤怒。《雅》分《大雅》、《小雅》，多为贵族祭祀之诗歌，祈丰年、颂祖德，是西畿正音。《小雅》中也有部分民歌。《颂》则为宗庙祭祀之诗歌。《雅》、《颂》中的诗歌，对于我们考察早期历史、宗教与社会有很大价值。孔子曾概括《诗经》宗旨为“无邪”，并教育弟子、孩子读《诗经》以作为立言、立行的标准。先秦诸子中，引用《诗经》者颇多，如孟子、荀子、墨子、庄子、韩非子等人在说理论证时，多引述《诗经》中的句子以增强说服力。在汉朝，《诗经》被儒家奉为经典，成为《六经》（包括《诗》、《书》、《礼》、《乐》、《易》、《春秋》）及《五经》（无《乐》）之一。

《诗经》作品所涉及的地域，主要是黄河流域，西起山西和甘肃的一部分，北到河北省西南，东到山东，南到江汉流域。

《诗经》中最早的作品大约成于西周初期，根据《尚书》所说，《豳风·鸱鸮》为周公姬旦所作。据郑玄《诗谱序》记载，最晚的作品成于春秋时期中叶，是《陈风·株林》。

关于《诗经》的收集和编选，有“王官采诗”和“孔子删诗”的说法：

王官采诗:《汉书·食货志》中记载，周朝朝廷派出专门的使者在农忙时到全国各地采集民谣，由周朝史官汇集整理后给天子看，目的是了解民情。

孔子删诗：这种说法见于《史记》，据说原有古诗3000篇，孔子根据礼义的标准编选了其中300篇，整理出了《诗经》。

现在通常认为《诗经》是由各诸侯国协助周朝朝廷采集，之后由史官和乐师编纂整理而成。孔子也参与了这个整理过程。

二、《尚书》

《尚书》原称《书》或《书经》，到汉代改称《尚书》。这是我国第一部上古历史文献和部分追述古代事迹著作的汇编，是我们了解商周特别是西周初期历史的一部重要典籍。

尚书的文体，现在一般将之总结为六类，即①典，如《尧典》，记述尧舜的事迹和言论；②谟，如《大禹谟》，意思是商议；③训，如《伊训》，意思是训导、教诲；④诰，如《康诰》，是执政者发布的号令；⑤誓，如《汤誓》，主要是战争之前的誓言；⑥命，如《文侯之命》，主要是一些帝王奖励臣子的命令；还有一些篇目不一定能列入这些范围，但却是十分重要的，如《洪范》。

传说孔子时期《尚书》还存三千多篇，是孔子将其删定至一百多篇作为教材。事实上《尚书》确切有多少篇现在已无法了解，在可见的先秦诸子中征引《尚书》最多的是墨子。

汉朝初年，有一个叫伏生的人，将自己保存的《尚书》整理出28篇，并在齐鲁之间传授，逐渐形成了欧阳高的“欧阳尚书”和夏侯胜的“大夏侯尚书”。此两者再加上夏侯建的“小夏侯尚书”，这三家在西汉陆续被立于学官。

这三家《尚书》用汉代通行的文字隶书抄写，称“《今文尚书》”。受汉代的谶纬之风的影响，《尚书》的《洪范》篇中的五行思想被改造成五行和灾异思想的源头，西汉末年的儒生甚至把《洪范》“九畴”说成是上天命神龟驮着在洛水上授予大禹，因此成为《洛书》。

《古文尚书》的情况更为复杂，《史记·儒林传》记载孔子的第十一世孙孔安国藏有先世留下的《尚书》，随后陆续有各种《古文尚书》被发现的传闻。晋元帝时，梅颐献伪《古文尚书》及孔安国《尚书传》。这部《古文尚书》比《今文尚书》多出25篇，又从《今文尚书》中多分出5篇，而当时今文本中的《秦誓》篇已佚，所以伪古文与今文合共58篇。唐太宗时，孔颖达奉诏撰《尚书正义》，就是用古今文真伪混合的本子。

历来注释和研究《尚书》的著作很多，有唐孔颖达的《尚书正义》、宋蔡沈的

《书集传》以及清孙星衍的《尚书今古文注疏》等。

三、《仪礼》、《周礼》、《礼记》

中国素称礼仪之邦，主要是因为有十分发达的礼乐教化传统，尤其是礼制十分完备。

古代丰富而复杂的礼制主要记载在《周礼》、《仪礼》、《礼记》中，通称“三礼”。一般认为《周礼》、《仪礼》是周公所作，《礼记》则系汉戴德（人称大戴）、戴圣（人称小戴）叔侄所删记。

《周礼》又名《周官》，是三礼之首，因为《尚书》有《周官》篇，所以也有人将之混为一书，改为《周官经》。西汉末列为经而属于礼，所以称为《周礼》。唐代的陆德明在《经典释文序录》中说：“王莽时，刘歆为国师，始建立《周官经》，以为《周礼》。”

《周礼》记述的是中国古代的官制及制度，以儒家的政治理想加以增减取舍汇编而成。《周礼》共分六篇，包括《天官冢宰》、《地官司徒》、《春官宗伯》、《夏官司马》、《秋官司寇》、《冬官司空》。其中，《冬官司空》一篇早已散佚，西汉时补以“考工记”，称为“《冬官考工记》”。全书共42卷。

《周礼》因为在三礼中形成最晚，又没有明确的传经谱系，所以关于其作者，说法众多。最流行的说法认为是周公所作，称之为“周公致太平之迹”、“太平经国之书”；但也有人认为虽为周公所作，但未曾付诸实行或局部为后人添入。第二种说法则认为非周公所作，而是西汉晚期刘歆校书时，加以整理补充而伪造成书，或与王莽合作窜改；但汉代的何休就怀疑《周礼》作于六国之时，宋代儒者也多对这个说法持怀疑态度。不过，刘歆、郑玄信为周公致太平之书。清代以来也有人认为《周礼》是刘歆伪造，清方苞《周官义》已开其端，康有为在其影响广泛的《新学伪经考》一书中，断言为刘歆伪造。

还有人认为既不是周公所作，也不是刘歆窜改，而是出于他人之手，作者可能是一人，也可能是多人。时间为西周初，晚至西汉之末。近代学者根据考古出土文物的周秦铜器铭文所载官制，参考该书中的政治、经济制度和学术思想，基本上可以断定为战国时代的作品。

《仪礼》最早称为《礼》，因书中主要记述春秋战国时期士大夫阶层的礼仪，所以汉代又称《士礼》。而相对于《礼记》，《仪礼》又被名之为“《礼经》”，到晋时始有“《仪礼》”之名，唐文宗开成年间（836—840）石刻九经，用《仪礼》之名，成为通称。

《仪礼》的作者也有多种说法，一说是周公所作，另一说为孔子所作，均难以成为定论。

《仪礼》共十七篇，包括《士冠礼》、《士昏礼》、《士相见礼》、《乡饮酒礼》、《乡射礼》、《燕礼》、《大射仪》、《聘礼》、《公食大夫礼》、《觐礼》、《丧服》、《士丧礼》、《既夕礼》、《士虞礼》、《特性馈食礼》、《少牢馈食礼》、《有司彻》。内容遍及上古贵族生活的各个方面。宋人王应麟依照《周礼·春官大宗伯》对于礼的分类，将十七篇分为四类：《特性馈食礼》、《少牢馈食礼》、《有司彻》等三篇是关于祭祀鬼神、祈求福佑之礼，属于吉礼；《丧服》、《士丧礼》、《既夕礼》、《士虞礼》等记述丧葬之礼，属于凶礼；《士相见礼》、《聘礼》、《觐礼》等记述宾主相见之礼，属于宾礼；《士冠礼》、《士昏礼》、《乡饮酒礼》、《乡射礼》、《燕礼》、《大射仪》、《公食大夫礼》记述冠婚、宾射、燕飨之礼，属于嘉礼。①

《礼记》是战国至秦汉年间儒家学者解释说明经书《仪礼》的文章汇集。其中很多篇章可信是孔子的七十二弟子及再传弟子们的作品。

《礼记》的内容主要是记载和论述先秦的礼制、礼意，解释《仪礼》，由郑玄作注而传世的《礼记》共四十九篇，郑玄和刘向曾经把《礼记》的内容分为八类，即通论类的十六篇：《檀弓》上下、《礼运》、《玉藻》、《大传》、《学记》、《经解》、《哀公问》、《仲尼燕居》、《孔子闲居》、《坊记》、《中庸》、《表记》、《缁衣》、《儒行》、《大学》；制度类五篇：《曲礼》上下、《王制》、《礼器》、《少仪》；明堂阴阳两篇：《月令》、《明堂位》；丧物类十二篇：《曾子问》、《丧物小记》、《杂记》上下、《丧大记》、《丧物大记》、《奔丧》、《问丧》、《服问》、《间传》、《三年问》、《丧服四制》；子法（为王子示范）两篇：《文王世子》、《内则》；祭祀类的四篇：《郊特牲》、《祭法》、《祭义》、《祭统》；吉事类七篇：《投壶》、《冠义》、《昏义》、《乡饮酒礼》、《射义》、《燕义》、《聘义》；乐记类一篇：《乐记》。

四、《周易》

《周易》素来被视为群经之首，即使是“易”之名，本身就充满辩证的气息，《易纬乾凿度》认为，“易”本身就有三种含义：易简、变异、不易。

对于周易的作者，《汉书·艺文志》有一个说法叫“人更三圣，世历三古”，即

① 彭林：《〈三礼〉说略》，《经史说略》，北京：燕山出版社，2002 年，第 105 页。

认定伏羲画八卦，周文王演为六十四卦作卦爻辞，孔子作传来解释易之精义。后来又有人说，文王演卦而作“卦辞”，周公又祖述文王的思想，著“爻辞”，所以朱熹便说是“人更四圣”。将重要的著作与历史上最伟大的人物联系起来是中国古代的一个重要的现象，与实际的作者并非有必然的关系。

现在一般看法认为《周易》的基本素材来自于西周的初期，当时掌管卜筮的人将每次占卜过程中所得的兆象和占断的词句记录下来，然后不断整理结集，最后形成了我们现在所看到的《易经》。

《易经》分为经和传两部分。对于《易传》，历史上一直认定是孔子所作，但是现代的考证基本上可以确定《易传》十篇并非孔子所作，而是战国时期陆续形成的。

《周易》的卦最基本的构成为阴阳，一般由阳爻“—”和阴爻“- -”来表示阴阳。将上述阴阳两爻按照由下往上重叠三次，就形成了八卦，即“乾、坤、坎、离、震、艮、巽、兑”八个基本卦，称为八经卦。每一卦形代表一定的事物：乾代表天，坤代表地，坎代表水，离代表火，震代表雷，艮代表山，巽代表风，兑代表沼泽。再将八经卦两两重叠，就可以得到六个位次的易卦，共有六十四卦，这六十四卦称为“六十四别卦”，每一卦都有特定的名称。

总体来说，这些卦爻试图以自然的现象来说明人事变幻，提出一些基本的行为准则。

孔子显然沉迷于《周易》的这些卦爻的复杂变化和其中所蕴含的哲理，有记载说他甚至“韦编三绝”，即他看的次数太多，以致连缀这些书的线都断了三次。

孔子之后的儒生不断地以各种方式来解读这本书，逐渐形成了《易传》，《易传》共十篇，汉儒郑玄将之称为“十翼”，“翼”，即羽翼。其中包括《彖传》、《象传》、《系辞》、《文言》、《说卦》、《序卦》、《杂卦》。

现在也不断有人论证《易传》是道家的著作，对于这个问题我们可以这样看，因为《周易》中涉及宇宙和自然的观念，而这些观念在战国时期已经得到广泛的传播，对诸子百家的思想都有一定的影响。

到汉代，《周易》被尊为五经之首，在不断传承和演化的过程中，属于今文经学的施雠、孟喜、梁丘和京氏四家被立于学官；而以费直为代表的费氏易，属于古文经学，是民间易学的代表。

除了古文与今文的差异之外，《周易》因其著作的特殊性，历代解易的方式也分为象数和义理两派。象数派以阴阳奇偶之数和八卦所象征的物像来解释《周易》文本，而义理派则注重阐发《周易》文辞中所包含的哲理。

五、《春秋》三传

“春秋”曾经被用来指称古代记载各国历史的典册，所以，各自有各自的“春秋”。然“春秋”由普通的名词变为专门的名词，可能起自《孟子》,[①] 孟子说过孔子作《春秋》，使得那些乱臣贼子深感恐惧而不敢作乱。

作为儒家经典的《春秋》其实是一部鲁国的编年史书，记载了上起鲁隐公元年（前722）到鲁哀公十四年（前481）之间鲁国的重大事件。

《春秋》是否真的是孔子所作？在现代或许是一个不容易得出结论的问题，但是在古代，大多数人坚信《春秋》为孔子所作。与此相关，出现了一个小问题，即《春秋》的下限在哪一年？《左传》中的《春秋》经文到鲁哀公十六年孔子卒为止，而《史记·孔子世家》说孔子作《春秋》所记录的时间到鲁哀公十四年“获麟”为止。所以，更相信司马迁的人，认为哀公十五年与哀公十六年两年的经文是孔子的弟子所补。

对于孔子为什么要作《春秋》，司马迁在《太史公自序》中有具体的说明：

上大夫壶遂曰：“昔孔子何为而作《春秋》哉?”太史公曰：“余闻董生曰：‘周道衰废，孔子为鲁司寇，诸侯害之，大夫壅之。孔子知言之不用，道之不行也，是非二百四十二年之中，以为天下仪表，贬天子，退诸侯，讨大夫，以达王事而已矣。’子曰：‘我欲载之空言，不如见之于行事之深切著明也。’夫春秋，上明三王之道，下辨人事之纪，别嫌疑，明是非，定犹豫，善善恶恶，贤贤贱不肖，存亡国，继绝世，补敝起废，王道之大者也。……是故礼以节人，乐以发和，书以道事，诗以达意，易以道化，春秋以道义。拨乱世反之正，莫近于春秋。春秋文成数万，其指数千。万物之散聚皆在春秋。”

正因为《春秋》是王道之大要，所以无论是当国者还是为臣者，都必须了解《春秋》。

正如司马迁自己所说的，他对于《春秋》意义的说法，来自于董仲舒，而董仲舒是“公羊学”的代表。说到“公羊学”，我们必须对《春秋》三传做一个简略的

---

① 本节关于《春秋》部分的内容参考了孙玉成、刘宁著《春秋左传学史》，南京：江苏教育出版社，1992 年。

介绍。

据《汉书·艺文志》记载，西汉传《春秋》的有五家，其中《左传》最早，而被列入官学的是《公羊传》和《谷梁传》。在刘歆的努力之下，西汉末年《左传》也被列入官学。

《公羊传》因其作者可能是公羊高而得名，但阐发公羊家义理最为重要的人物是董仲舒和何休。他们提出了“三统”、“三世”、“黜周王鲁”、“三科九旨”等命题，发挥大一统、尊王攘夷、君臣之道、上下尊卑等道德观念，深刻地影响了中国人的历史观和价值观。晚清时康有为倡导变法，所依据的“据乱世、升平世、太平世”三世说，即是公羊学的原则的发展。

与《公羊传》同为今文经学的《谷梁传》据说为谷梁赤所作，但其影响要小于《公羊传》，相对而言不受重视。

在《春秋》三传中，《左传》的作者左丘明是与孔子同时代的人物，左丘明恐怕后人不了解孔子的意图，所以详细记录史实来说明。因此，与《公羊传》和《谷梁传》主要以阐述经义为主、间或涉及史事不同的是，《左传》的着重点在于从史实上“解经”或“补经”。换而言之，《左传》也并非如另两传那样与经文一一对应，而是有一些独立的内容。当然，《左传》虽是从事实出发，但也贯穿着儒家的观念，特别是对“礼”的强调和“重民”思想的彰显。

六、《论语》

《论语》是记录孔子和他的门人弟子言行的文集，可能是在孔子死后由他的弟子和再传弟子将这些谈话内容加以收集和整理编辑而成。

古代的《论语》也有今文和古文不同的版本，根据《汉书·艺文志》，《齐论》二十二篇和《鲁论》二十篇，属于今文，而古文的《论语》有二十一篇。

现在通行的《论语》是根据《张侯论》逐渐形成的。《张侯论》的作者张禹在西汉末年做过博士，官至汉成帝时的丞相。他对《鲁论语》和《齐论语》做了比较以后，选择了其中二十篇编成一个定本，称为《张侯论》。

有一个说法认为郑玄根据《张侯论》，并参照《齐论语》和古文《论语》作了《论语注》，但后来《齐论语》和古文《论语》失传了，郑玄的《论语注》也只有一部分留传下来，所以《张侯论》便成为最重要的本子。

后来何晏为之作了《论语集解》，这样便是我们现在所阅读到的《论语》，虽然何晏自己承认根据前人的不同的本子，对《论语》做了一些“改易”，不过后人似乎并不进行“再创造”，只在何晏的集解的基础上做进一步的解释和考证。

在《论语》的发展史上，有一些重要的注疏类著作，比如南朝皇侃的《论语义疏》、宋代邢昺的《论语正义》、宋代朱熹的《论语集注》、清代刘宝楠的《论语正义》等，近人程树德和杨伯峻等人的注释也值得注意。

《论语》的篇章，一般取其第一句话的前二三字为标题，全书比较全面地体现出孔子关于仁、礼、孝等观念的看法，也提供了孔子对于自然、社会及生活态度的基本认识，是我们研究孔子思想的最重要的资源之一。

七、《孟子》

这是记录孟轲言行的一部著作，也是儒家重要经典之一。《孟子》是十三经中唯一一部以作者名字命名的经典，它在相当长的时间里是属于“子部”的作品。据说秦始皇焚书的时候，就因为《孟子》属于诸子而免于劫难，这也使得《孟子》能够被比较完整地保存下来。

按照赵岐的说法，《孟子》在汉孝文帝的时候与《论语》、《孝经》、《尔雅》等一并设置博士，但后来汉武帝独尊五经而废置传记博士，所以《孟子》一书又重新回到诸子的地位，但其地位略高于诸子。

孟子的地位在唐代有一个质的变化，因为在韩愈的道统谱系中，孟子是接续道统的最后一个人，故言“求观圣人之道者，必自孟子始”。

而到宋代，孟子的地位进一步升级。由于宋代兴盛起来的理学系统更加侧重于心性之学，《孟子》书中的许多范畴均成为理学的关键词。宋代理学史上的另一个举措是将《论语》，《孟子》、《大学》、《中庸》一起合称“四书”，其地位与五经并列。

同时，在政治层面，孟子的地位也日隆一日。自宋神宗熙宁四年（1071）改革科举制度后，《孟子》成为经书。其后孟子被封为邹国公，与颜回一起被供奉到孔庙。

到元文宗时（1330），孟子被封为邹国亚圣公，这样亚圣便成为孟子的官方称呼。

不过《孟子》书中强烈的民本思想也使其著作被朱元璋等人所顾忌。据传有一次，朱元璋在《孟子》中读到“君之视臣如手足，则臣视君如腹心；君之视臣如犬马，则臣视君如国人；君之视臣如土芥，则臣视君如寇仇”，认为这不是臣子所应该说的话，因此罢免了孟子配享孔庙的资格，同时让翰林院的学士刘三吾删除《孟子》书中不利于确立君主绝对权力的言论，新编一部《孟子节文》，并下令被删掉的部分不准用来命制科举试题。

后来在明世宗嘉靖九年（1530）的礼制改变中，孟子的地位被恢复甚至进一步提高，因为他直接被称为“亚圣”。

《孟子》的注本中，东汉赵岐的《孟子章句》、宋朱熹的《孟子集注》、清焦循的《孟子正义》最受人重视。

孟子所提倡的性善论和王道仁政思想，是儒家思想中极为重要的组成部分。

八、《孝经》

在儒家经典中，《孝经》因为主要是对儒家所看重的“孝道”进行阐述，所以一直受人重视。

《孝经》的作者，传统的说法集中在孔子与曾子两个人身上。司马迁在《史记·仲尼弟子列传》中认定《孝经》为曾子所作。他说：“曾参少孔子四十六岁，孔子以为能通孝道，故授之业，作《孝经》。”而《汉书·艺文志》则说：“《孝经》者，孔子为曾子陈孝道也。”从《孝经》的文本看，这样的说法似乎很有一些道理，因为孝经的文本主要就是孔子和曾子之间的对话。

但根据文中对孔子和曾子的称呼方式与内容，可以断定它成书于孔子、曾子之后，《吕氏春秋》之前。①

在中国传统社会里，家庭伦理是社会伦理的基础，因此《孝经》一书虽只有一千多字，但一直拥有非同一般的地位。汉代的儒生在政治合法性的建设上主要依据《春秋》，而在社会行为层面则依据《孝经》，故在纬书《孝经钩命诀》中，孔子自称“志在春秋、行在《孝经》”，而《隋书·经籍志》又云：“孔子既叙六经，题目不同，指意差别，恐斯道离散，故作《孝经》以总汇之。明其枝流虽分，本萌于孝者也。”

鉴于孝道与社会秩序之间的关系，历代的封建帝王十分热衷于注解和讲解《孝经》。《孝经》开宗明义地提出，孝由家到社会，再到成就自己的历程，即所谓“始于事亲，中于事君，终于立身”。《孝经》规定了各阶层的人对孝的要求，指出不孝是最大的罪行。

《孝经》并不强调“顺”，而是认为在父母和君主有过失的时候，应勇于谏诤；君父如能从善而改过，则可有福报。

---

① 彭林：《〈孝经〉说略》，《经史说略》，北京：燕山出版社，2002 年，第 265 页。

《孝经》鼓励通过事功而使父母得以显耀，这可以看作是光宗耀祖观念的一种体现。《孝经》对于“忠”和“孝”之间的关系也有巧妙的解释，即《广扬名章》所说的“君子之事亲小，故忠可以移于君”。这既是儒家家庭和社会国家的一致性的观念的延伸，同时也使儒家的观念和权力阶层的需求之间有一个协调。

九、《尔雅》

《尔雅》是十三经中比较特殊的著作，因为《尔雅》本身并不提供任何儒家的观念，它的主要功能是古代治经的工具书。王宁说：“《尔雅》是一部古代经典的词语解释之书，它在释词上有三大任务：①标准语释方言俗语。②当代语释古语。③常用语释难僻词语。对文献语言做出的解释，我们古代称作‘故训’，又称‘训诂’，《尔雅》实际上是一部训诂的汇编。它不像一般的经书，是供阅读的；而像古代的字书，是供查检的。”①

《尔雅》的作者历来说法不一。有的人认为是孔子门人所作；有的人认为是周公所作，经后人增益而成；更多的人则认为是秦汉时人所作，经过代代相传，各有增益，在西汉时被整理加工而成。

班固在《汉书·艺文志》著录有《尔雅》3卷20篇。唐朝以后将它列入“经部”，成了儒家经典之一。现存《尔雅》为19篇，与班固所说的20篇不同。具体来看，《释诂》、《释言》是对古代的一些单词的训释，而《释训》则主要是训释迭字和联绵字；《释亲》是对古代的亲属关系称谓的解释；《释宫》、《释器》、《释乐》这三部分是对宫室建筑的形制、日常的用具和服饰、乐器等器物的名称的解释；《释天》是对天文历法等名词的训释；《释地》主要是对古代的行政区划的训释；《释丘》、《释山》、《释水》是对自然地理的名词解释；《释草》、《释木》是对植物的名词的训释；《释虫》、《释鱼》、《释鸟》、《释兽》、《释畜》等顾名思义是对动物的名称的训释。

对《尔雅》的注疏具有代表性的有晋郭璞所作的《尔雅注》、清邵晋涵的《尔雅正义》、清郝懿行的《尔雅义疏》等。

---

① 王宁：《〈尔雅〉说略》，《十三经说略》，北京：燕山出版社，2002年，第283页。

第五章 《论语》选读

《论语》是儒家学派的经典著作之一，由孔子的弟子及其再传弟子编撰而成，集中体现了孔子的政治主张、理论思想、道德观念及教育原则。其与《大学》、《中庸》、《孟子》、《诗经》、《尚书》、《礼记》、《易经》、《春秋》并称为“四书五经”。

《论语》属语录体散文，是记录孔子及其弟子言行的书，共 20 篇，共 512 章，12700 多字。它有语录体（也叫格言体）、对话体、叙事体三种体式。《论语》是研究孔子思想的主要依据。南宋时，它被朱熹列为“四书”之一，成为儒家的重要经典。宋朝宰相赵普曾赞颂说“半部《论语》治天下”。

孔子（前 551—前 479），名丘，字仲尼，鲁国陬邑（今山东曲阜）人，春秋时期的伟大的思想家、教育家，儒家学派的创始人。先世为宋国贵族，父叔梁纥是鲁国著名的武士，以勇气闻于诸侯。孔子 3 岁丧父，16 岁丧母，家境贫寒，但他勤奋好学，获“礼、乐、射、御、书、数”等多方面的知识和技能；30 岁左右开始收徒讲学，开创中国教育史上私人办学的先河。51 岁起，他先后担任中都宰，鲁国的司空、大司寇（掌管刑罚的最高长官）等职。55 岁辞去官职，开始周游列国，推行自己的政治主张（不少弟子亦随行），到过卫、晋、陈、蔡、楚等国，风尘仆仆，历时十四年，在饱尝人世冷暖后又回到鲁国，“不知老之将至”，与弟子坐而论道。孔子一生培养出大批优秀人才，同时系统整理了古代遗留文献，如后世儒家的重要经典《诗》、《书》、《礼》、《乐》、《易》、《春秋》等。孔子是“其前数千年文化的继承者”和“其后数千年文化的开创者”，是影响极其深远的世界级文化名人。

第一节 论仁

孔子是我国古代伟大的思想家，“仁”是他伦理思想的核心，也是他人格理想的根本。孔子把“仁”看作最高道德原则和人生理想。以下从仁的内涵、仁的意义、仁的标准、行仁的原则四方面构建了孔子“仁学”思想体系。

一、何为仁

【原文】

樊迟问仁。子曰：“爱人。”（《论语·颜渊篇第十二》）

【译文】

樊迟问仁，孔子说：“对人慈爱。”

【原文】

子曰：“刚、毅、木、讷[1]，近仁。”（《论语·子路篇第十三》）

【注释】

[1] 讷：说话简洁。

【译文】

孔子说：“刚强、坚毅、朴实、话少，这四种品德接近于仁。”

【原文】

子张问仁于孔子。孔子曰：“能行五者于天下，为仁矣。”“请问之。”曰：“恭、宽、信、敏、惠。恭则不侮，宽则得众，信则人任焉，敏则有功，惠则足以使人。”（《论语·阳货篇第十七》）

【译文】

子张问仁，孔子说：“能在天下推行五种品德，就是仁了。”“哪五种？”（孔子）说：“庄重、宽厚、诚实、勤敏、慈惠。庄重就不会受侮辱，宽厚就会得到拥护，诚实就会受到重用，勤敏就会获得成功，慈惠就会有本钱使用人。”

【启示】

《论语》中论“仁”有五十八章，谈到“仁”共一百零五次。“爱人”是樊迟问孔子什么是“仁”时，孔子所作的回答。这简简单单的两个字，包含了很多为人的道理。孔子认为“爱人”要由近及远，首先要“亲亲”，做到“入则孝，出则悌”，然后才能达到“泛爱众”。

一个人有了刚强、坚毅、质朴、说话谨慎这四种品质，只是“近于仁”，还没有达到仁。要想做到仁，还需要具有恭、宽、信、敏、惠这五种道德：①在日常生活中，人们虽然在礼节方面没有以前那些条条框框，但“恭”仍是人必须具备的品德。

比如，我们对人要有礼貌，注意个人卫生，穿衣要整洁，等等。②“海纳百川，有容乃大。”我们为人要有宽大容物的气度。如果有宽大的气度，众人就愿意与之交往。这样，才能做到广结良朋。一个人要想成就大事业，也需要集众人之力、众人之智才行。单枪匹马，只会让自己遍体鳞伤。③人之为人的一个重要方面，就是重承诺，说到做到，肯负起责任。孔子认为，“信”是人的立身之本，如果没有诚信，人也就失去了做人的基本条件。④再做到“敏”，就是应对事情反应灵敏，行动迅速，讲求效率。不迟钝，不拖拉，不懒散，处事干练，作风果断。⑤“惠”即有宽广温柔的胸怀，对人有爱心，爱护弱者，并珍惜一切美好的东西；与人相处，或为官居职时，要有恩情，有恩惠。一个人要想做到这五条，成为仁者，一定要下苦功才行。

二、仁重于泰山

【原文】

子曰：“民之于仁也，甚于水火。水火，吾见蹈而死者矣，未见蹈仁而死者也。”（《论语·卫灵公篇第十五》）

【译文】

孔子说：“人民对仁政的需要，比水火更迫切。水火虽有利于人，人有时却会蹈之而死，我没见过蹈仁而死的。”

【原文】

子曰：“人而不仁，如礼何？[1]人而不仁，如乐何？”（《论语·八佾篇第三》）

【注释】

[1] 如……何：拿……怎么办。

【译文】

孔子说：“对于不仁的人，礼法有何用？音乐有何用？”

【原文】

子曰：“富与贵，是人之所欲也；不以其道得之，不处也。贫与贱，是人之所恶也；不以其道得之，不去也。君子去仁，恶乎[1]成名？君子无终食之间违仁，造次[2]必于是，颠沛必于是。”（《论语·里仁篇第四》）

【注释】

[1] 恶乎：怎么。

［2］造次：匆忙。

【译文】

孔子说："富和贵，人人向往，不以正当的方法得到的，不要享受；贫和贱，人人厌恶，不以正当方法摆脱的，不要逃避。君子扔掉了仁爱之心，怎么算君子？君子时刻不会违反仁道，紧急时如此，颠沛时如此。"

【启示】一个人失去了"仁"，其实也就失去了一颗仁爱之心，失去了恭、宽、信、敏、惠五项优秀的品质。如果没有了仁爱之心，那人就谈不上什么"己所不欲，勿施于人"了，也就更不会有"己欲立而立人，己欲达而达人"的心态了。一个人失去了"仁"，面对富与贵的诱惑，很可能因为抵挡不住而走上犯罪的道路。

一个企业，作为一个群体要想有广阔的发展前景，也像国家这样，需要"仁人"以"仁"的方式经营。不仅管理者要以"仁"严格要求自己向"仁者"靠拢，员工也需不断约束自己向"仁者"看齐。这样的企业一定能在市场上立于不败之地。

在我们今天这个社会中，没有贤人，没有仁政，一个国家的官僚主义定会肆意横行。官僚主义主要表现为：高高在上，滥用权力，脱离实际，脱离群众，好摆门面，好说空话，思想僵化，墨守成规，人浮于事，办事拖拉，不讲效率，不负责任，不守信用，公文例行，互相推诿，以致官气十足，动辄训人，打击报复，欺上瞒下，专横跋扈，徇私行贿，贪赃枉法，等等。

三、行仁的原则

【原文】

子曰："其为人也孝悌[1]，而好犯上者，鲜[2]矣；不好犯上，而好作乱[3]者，未之有也。君子务本，本立而道生。孝悌也者，其为仁之本与？"（《论语·学而篇第一》）

【注释】

［1］悌（tì）：尊敬师长。

［2］鲜（xiǎn）：很少。

［3］犯上……作乱：冒犯尊长，颠覆国家。

【译文】

子说："孝敬父母、尊敬师长，却好犯上的人，少极了；不好犯上，却好作乱的人，绝对没有。做人首先要从根本上做起，有了根本，就能建立正确的人生观。孝敬父母、尊敬师长，这是仁的根本吧！"

【原文】

颜渊问仁。子曰："克己复[1]礼为仁。一日克己复礼，天下归仁焉。为仁由己，而由人乎哉?"颜渊曰："请问其目?"子曰："非礼勿视，非礼勿听，非礼勿言，非礼勿动。"颜渊曰："回虽不敏，请事斯语矣。"(《论语·颜渊篇第十二》)

【注释】

[1] 复：实现。

【译文】

颜渊问仁。孔子说："用坚强的意志、顽强的拼搏精神，主持正义、捍卫道德、维护和平，这就是仁。一旦做到了这一点，普天下的人都会崇敬你、追随你、向你学习。为崇高理想而奋斗，要靠的是自己，难道还能靠别人吗?"颜渊说："请问其详。"孔子说："违反礼法的事不要看、不要听、不要说、不要做。"颜渊说："我虽不才，愿照您的话去做。"

【原文】

仲弓问仁。子曰："出门如见大宾，使民[1]如承大祭。己所不欲，勿施于人。在邦[2]无怨，在家[3]无怨。"仲弓曰："雍虽不敏，请事[4]斯语矣。"(《论语·颜渊篇第十二》)

【注释】

[1] 使民：役使百姓。

[2] 邦：诸侯统治的国家。

[3] 家：卿大夫统治的封地。

[4] 事：从事，照着去做。

【译文】

仲弓问怎样做才是仁。孔子说："出门办事如同去接待贵宾，使唤百姓如同去进行重大的祭祀（都要认真严肃）。自己不愿意要的，不要强加于别人。做到在诸侯的朝廷上没人怨恨（自己），在卿大夫的封地里也没人怨恨（自己）。"仲弓说："我虽然笨，也要照您的话去做。"

【启示】

孔子说："孝悌也者，其为仁之本与!"并非说孝悌就是仁，因为仁是事物的本质，而孝悌则是事物的表象。"道"在孔子那里是一种思想境界，也是孔子思想的核心——"仁"。"仁"是指一个人与生俱来的善性，相当于佛教中所说的人人具有的佛性。用古人的话来说，仁是体，孝悌是用。通过实践孝悌，便可以走向仁的境界。"人之初，性本善。"孝悌是恢复人本来面目的方法之一，而且是走向仁的境界的最根本的方法，所以孔子说："君子务本，本立而道生。""道生"也就等于"仁生"。一个人在生活中做到了孝悌，那么他就能够初步在社会上站稳脚跟了，终究会大彻大悟，发现大道的本源，体悟"仁"的真谛。

我们身边的很多"恶人"，其实并非生来就是个作恶多端的人，只是因为他们没有把他们的"仁心"从自己的本性中开发出来而已。虽然说可以靠别人帮忙，挖掘内心的"仁心"，但最重要的是靠自己。所以，当见到那些不仁者时，我们不应该唾弃他们，对其嗤之以鼻，而应该用真心来感化他们，将他们本真的东西激发出来。

第二节　论学

孔子是我国古代伟大的教育家，有"弟子三千，贤人七十二"的美谈。孔子的理想是要建立人与人之间充满仁爱的大同世界，因此他的教育目标是：为了实现大同世界，关键要把仁爱思想灌输到广大群众中去，为此需要培养一大批有志于弘扬与推行仁道的志士和君子。在教育的作用上，孔子既重视其社会作用，也重视其在个人发展中的作用；为达到上述培养目标而确定的教学内容是六艺，即礼、乐、射、御、书、数等六门课程；关于教学内容的实施（即教学过程），孔子明确提出应划分为学、思、习、行等四个阶段；关于教学方法，孔子更有诸多辉煌创造，如循循善诱、因材施教，学思结合、知行统一，不愤不启、不悱不发，温故知新、循序渐进，叩其两端、举一反三等行之有效的方法千古流传，至今仍在各级各类学校的教学中发挥作用。以上内容共同构成了孔子的教育思想。

一、学以致道

【原文】

子曰："见贤思齐[1]焉，见不贤而自省[2]也。"（《论语·里仁篇第四》）

【注释】

[1] 齐：看齐。

[2] 自省（xǐng）：自我反省。

【译文】

孔子说："见到贤人，要向他看齐；见到不贤，要反省自己。"

【原文】

子曰："吾尝终日不食，终夜不寝，以思。无益，不如学也。"（《论语·卫灵公篇第十五》）

【译文】

孔子说："我曾整天不吃、整夜不睡，来思考。结果没好处，还不如学习。"

【原文】

子曰："由也，汝闻六言六蔽矣乎？"对曰："未也。""居[1]，吾语汝。好仁不好学，其蔽也愚[2]；好智不好学，其蔽也荡[3]；好信不好学，其蔽也贼[4]；好直不好学，其蔽也绞[5]；好勇不好学，其蔽也乱；好刚不好学，其蔽也狂。"（《论语·阳货篇第十七》）

【注释】

[1] 居：坐。

[2] 愚：受人愚弄。

[3] 荡：放荡。

[4] 贼：害。

[5] 绞：说话尖刻。

【译文】

孔子说："仲由啊，你听说过六种品德六种弊病吗？""没有。""坐下，我对你说。好仁不好学，弊病是愚蠢；好智不好学，弊病是放纵；好信不好学，弊病是害人；好直不好学，弊病是刻薄；好勇不好学，弊病是破坏；好刚不好学，弊病是狂妄。"

【原文】

子夏曰："百工居肆以成其事，君子学以致其道。"（《论语·子张篇第十九》）

【译文】

子夏说："工人在工厂中生产商品，君子在学习中掌握道义。"

【启示】

学习知识就像百工学习技艺，不通过学习就不可能掌握，更不用说理解知识的内涵和融会贯通了。人要取得一定成就，就必须学习。学习不单纯是一个知识积累的过程，更是修身养性的一个重要途径。

二、学习的方法

【原文】

子曰："学而不思则罔[1]，思而不学则殆[2]。"（《论语·为政篇第二》）

【注释】

[1] 罔（wǎng）：迷惑。

[2] 殆：危害。

【译文】

孔子说："学习而不知道思考，就会被知识表象迷惑；只空想而不学习，就会对学习有害。"

【原文】

冉求曰："非不悦子之道，力不足也。"子曰："力不足者，中道而废，今汝划[1]。"（《论语·雍也篇第六》）

【注释】

[1] 划：划定界线，停止前进。

【译文】

冉求说："我不是不喜欢您的学说，而是能力不足。"孔子说："如果是能力不足的话，会半途而废，现在你还没开始，就不想前进了。"

【原文】

子曰："三人行，必有我师焉。择其善者而从之，其不善者而改之。"（《论语·述而篇第七》）

【译文】

孔子说："三人走路，必有人可作为我的老师。选择他的优点向他学习，借鉴他的缺点进行自我改正。"

【原文】

子夏曰："博学而笃[1]志，切问而近思，仁在其中矣。"（《论语·子张篇第十九》）

【注释】

[1] 笃（dǔ）：忠实。

【译文】

子夏说："广泛学习并且不停地朝着目标前进，认真地提出问题并且联系实际去思考，仁就在其中了。"

【启示】

孔子认为，学习必须与思考结合起来，既要重视"学"，也要重视"思"，二者不可偏废其一。学习不能只是被动地接受知识、死记硬背、机械练习，而是要开动脑筋、积极思考。如果只是一味地学而不加以思考，我们就会迷惘不解。但是，思考也绝对不能是离开学的胡思乱想，而是要以学为基础的真正的思索。孔子主张博学，要求我们要通过多种途径广泛学习，即学习文献、书本知识，善于"温故而知新"；多闻、多见，"多闻，择其善者而从之，多见而识之"；多问，有疑则"疑思问"，不懂则"每事问"，还要"不耻下问"；多行，"敏于行"或"敏于事"是"好学"的表现，并要"行有余力则以学文"。

三、乐在学中

【原文】

子[1]曰[2]："学而时[3]习之[4]，不亦[5]说乎[6]？有朋[7]自远方来，不亦乐乎？人不知而不愠[8]，不亦君子乎？"（《论语·学而篇第一》）

【注释】

[1] 子：对男子的尊称，这里特指孔子。

[2] 曰（yuē）：说。

[3] 时：时常。

[4] 习：用于实践，实习。

[5] 亦：也是。

[6] 乎：吗。

[7] 朋：同学为朋，同志为友。

[8] 愠（yùn）：怨恨，恼怒。

【译文】

孔子说："经常学习，不也喜悦吗？远方来了朋友，不也快乐吗？得不到理解而不怨恨，不也是君子吗？"

【原文】

子曰："朝[1]闻道，夕死可矣。"（《论语·里仁篇第四》）

【注释】

[1] 朝（zhāo）：早上。

【译文】

孔子说："早上理解真理，晚上死也值得。"

【原文】

子曰："贤哉，回也！一箪[1]食，一瓢饮，在陋巷，人不堪其忧，回也不改其乐。贤哉，回也！"（《论语·雍也篇第六》）

【注释】

[1] 箪（dān）：古代用来盛饭食的竹器。

【译文】

孔子说："颜回真贤德！一筐饭，一瓢水，在陋巷，人人都愁闷，他却乐在其中。颜回真贤德！"

【原文】

子曰："知之者不如好之者，好之者不如乐之者。"（《论语·雍也篇第六》）

【译文】

孔子说："知道学习不如喜欢学习，喜欢学习不如以学习为快乐。"

【启示】

孔子本人便是因"好学"而对学习充满兴趣，他说："知之者不如好之者，好之者不如乐之者。"这正是孔子以学为乐，好学不倦，安贫乐道，自强不息的生动写照。知之者是被动接受，好之者已是主动追求，乐之者则达到痴迷执着的状态。如果说"好之"、"乐之"是孔子主张的学习态度的话，那么"好问"就应该是学习的重要方法之一了。

四、为学的境界

【原文】

子夏曰："贤贤[1]易色，事[2]父母能竭其力，事君能致其身，与朋友交言而有信。虽曰未学，吾必谓之学矣。"（《论语·学而篇第一》）

【注释】

[1] 贤贤：第一个贤为动词，第二个贤为名词。

[2] 事：为……做事，侍奉。

【译文】

子夏说："重贤轻色、尽心孝顺父母、尽力献身国家、交朋友言而有信的人，即使没有高等学历，我也认为他已经受到了良好的教育。"

【原文】

子曰："君子食无求饱，居无求安，敏于事而慎于言，就有道而正焉[1]，可谓好学也已[2]。"（《论语·学而篇第一》）

【注释】

[1] 焉（yān）：语气词。

[2] 也已：语气词。

【译文】

孔子说："君子吃不求饱，住不求安，做事灵敏，言谈谨慎，积极要求上进，就算好学了。"

【原文】

哀公问："弟子孰为好学？"孔子对曰："有颜回者好学，不迁怒，不贰[1]过。不幸短命死矣，今也则无，未闻好学者也。"（《论语·雍也篇第六》）

【注释】

[1] 贰：重复。

【译文】

哀公问："您的学生中谁好学？"孔子答："有个叫颜回的好学，不对人发怒，不重复犯错。不幸短命死了，现在却没有，没听说过谁好学。"

【启示】

孔子的一生是自强不息的一生。自强不息这种崇高的精神，孔子毕生都追求它，践履它，恪守它，信奉它。孔子把这种可贵的精神作为人生态度，定为行为准则，视为教育原则，奉为人生理想。自强不息是我国优良的传统，也是中华民族的精神支柱，我们在求学过程中要不怕苦、不怕累，安心读好书，提升自我综合素质，为走入社会实现人生理想打下扎实的基础。

第三节　论礼

和对“仁”的态度一样，孔子也十分重视“礼”的功用与作用。孔子之“礼”与“仁”的学说共同构成了其人道思想的两条主要脉络。孔子认为，一个人要真正成为有学问、有道德修养的人，学习和运用“礼”是一个根本条件。在社会交往、治理人民、处理国家大事方面，人们应该以“礼”来对待他人。而以“礼”治天下还体现为“孝悌”原则。

一、不学礼，无以立

【原文】

子曰：“不知命，无以为君子也；不知礼，无以立也；不知言，无以知人也。”（《论语·尧曰篇第二十》）

【译文】

孔子说：“不懂得客观规律，就不能做君子；不懂得道德规范，就无法建功立业；不懂得分辨言论，就不能了解人。”

【原文】

子曰：“恭而无礼则劳，慎而无礼则葸[1]，勇而无礼则乱，直而无礼则绞[2]。君子笃[3]于亲，则民兴于仁；故旧不遗，则民不偷[4]。”（《论语·泰伯篇第八》）

【注释】

［1］葸（xǐ）：胆怯。

［2］绞：说话尖刻。

［3］笃（dǔ）：忠实。

［4］偷：淡薄。

【译文】

孔子说：“恭敬而无礼则徒劳，谨慎而无礼则胆怯，勇猛而无礼则闯祸，直率而无礼则尖刻。如果领导能真心爱护亲属，则百姓就会崇尚仁爱；如果领导能真心爱护故旧，则百姓就不会冷漠无情。”

【原文】

子曰："居上不宽，为礼不敬，临丧不哀，吾何以观之哉？"（《论语·八佾篇第三》）

【译文】

孔子说："作为领导，对群众不宽容，对规章不严肃，办丧事不悲哀，我怎能看得下去？"

【启示】

礼仪是一个人乃至一个民族、一个国家文化修养和道德修养的外在表现形式，是做人的基本要求。中华民族自古以来就非常崇尚礼仪，号称"礼仪之邦"。礼仪教育对培养文明有礼、道德高尚的高素质人才有着十分重要的意义。在当今的学生中，不少人对应有的礼仪不重视，礼仪观念淡薄，导致思想品德滑坡。一些人在学校里，不会尊重他人，不会礼让，不讲礼貌；在社会上不懂怎样称呼他人，甚至随心所欲、满口粗言滥语；在家里不懂孝敬长辈、唯我独尊、为所欲为等形象屡见不鲜，这些现象不得不引起我们的深思。

二、从礼以成事

【原文】

子贡曰："贫而无谄，富而无骄，何如？"子曰："可也。未若贫而乐，富而好礼者也。"子贡曰："《诗》云：'如切如磋，如琢如磨。'其斯之谓与？"子曰："赐也，始可与言《诗》已矣，告诸[1]往而知来者。"（《论语·学而篇第一》）

【注释】

[1] 诸：之于的合音。

【译文】

子贡说："贫穷却不阿谀奉承，富贵却不狂妄自大，怎样？"孔子说："可以。不如穷得有志气，富得有涵养的人。"子贡说："《诗》云：'修养的完善，如同玉器的加工：切了再磋，琢了再磨。'对吧？"孔子说："子贡啊，现在可以与你谈《诗》了。说到过去，你就知道未来。"

【原文】

定公问曰："君使臣，臣事君，如之何？"孔子对曰："君使臣以礼，臣事君以忠。"（《论语·八佾篇第三》）

【译文】

定公问："上级怎样对待下级？下级怎样对待上级？"孔子答："上级尊重下级，下级忠于上级。"

【原文】

子曰："导之以政，齐之以刑，民免而无耻；导之以德，齐之以礼，有耻且格[1]。"（《论语·为政篇第二》）

【注释】

[1] 格：正。

【译文】

孔子说："以政令来管理，以刑法来约束，百姓虽不敢犯罪，但不以犯罪为耻；以道德来引导，以礼法来约束，百姓不仅遵纪守法，而且引以为荣。"

【启示】

通过学习礼仪，可以提高自身道德修养和文明水平，更好地显示自身的优雅风度和良好形象。一个彬彬有礼、言谈有致的人，在其人生道路上将会如沐风，受到人们的尊重和赞扬，而且他自己就是一片春光，给别人、给社会带来温暖和欢乐。礼仪教育是培养造就成功人士的重要内容，其作用是其他形式不可替代的。

三、礼与时俱进

【原文】

子张问："十世可知也？"子曰："殷因[1]于夏礼，所损益，可知也；周因于殷礼，所损益，可知也；其或[2]继周者，虽百世，可知也。"（《论语·为政篇第二》）

【注释】

[1] 因：沿用。

[2] 或：有人。

【译文】

子张问："十代以后的社会制度和道德规范可以知道吗？"孔子说："商朝继承夏朝，改动了多少，可以知道；周朝继承商朝，改动了多少，也可以知道；以后的朝代继承周朝，即使百代，同样可以推测。"

【原文】

子曰："夏礼，吾能言之，杞不足证也；殷礼，吾能言之，宋不足证也。文献不足故也。足，则吾能证之矣。"（《论语·八佾篇第三》）

【译文】

孔子说："夏朝的礼，我能说清楚，杞国不足以证明；商朝的礼，我能说清楚，宋国不足以证明。现在无法证明是由于文献不足，不然我就能证明了。"

【原文】

子曰："麻冕，礼也；今也纯，俭，吾从众。拜下[1]，礼也；今拜乎上，泰也。虽违众，吾从下。"（《论语·子罕篇第九》）

【注释】

[1] 拜下：在堂下拜。

【译文】

孔子说："用麻布做礼帽，是以前的规定；现在都用丝绸，比较节约，我随大众。在堂下拜见君主，是以前的规定；现在都在堂上拜，没有礼貌。虽然违反大众，我还是赞同在堂下拜。"

【启示】

不同的时代，礼的内容与形式都有所发展，我们不能恪守书本上死的教条，需要灵活运用。

第四节　论友

孔子把封建社会人与人之间的基本关系分为五种，即父子、夫妇、兄弟、君臣和朋友，并制定了相应的制约这些人伦关系的道德规范。每个人交友都是有目的的，孔子的目的从小处说是为了取友之贤加强个人道德修养，把学习朋友的贤能作为提升修养的方法之一；从大处讲则是为了扩大儒家思想的影响，实现自己的政治理想，推行仁道。在择友标准上孔子注重的是"志同道合"、"益友"，朋友要"合志同方，营道同求"，共同发扬儒家的仁义之道，这是由交友的目的所决定的。在交友的方法上，孔子提出了仁义、忠信、恭敬、和的原则。

一、为人以忠，待人以信

【原文】

子曰："君子不重则不威，学则不固[1]，主忠信，毋[2]友不如己者，过[3]则勿惮[4]改。"（《论语·学而篇第一》）

【注释】

［1］固：固执。

［2］毋（wú）：不要。

［3］过：过失。

［4］惮（dàn）：害怕。

【译文】

孔子说："君子不稳重就不会有威严，经常学习就不会固执，一切要以忠信为本，不要结交不如自己的朋友，有错误不要怕改正。"

【原文】

子曰："人而无信，不知其可也。大车无輗，小车无軏[1]，其何以行之哉？"（《论语·为政篇第二》）

【注释】

［1］輗（ní）、軏（yuè）：都是车上关键部位。

【译文】

孔子说："人无信誉，不知能干什么？就像大车没有活销，小车没有销钉，怎么能启动？"

【原文】

樊迟问仁。子曰："居处恭、执事敬、与人忠，虽之夷狄，不可弃也。"（《论语·子路篇第十三》）

【译文】

樊迟问仁。孔子说："在家守规矩、工作上一丝不苟，待人忠心耿耿，即使到了愚昧之地，也不可背弃这个做人的准则。"

【原文】

曾子曰："吾日三省[1]吾身：为人谋而不忠乎？与朋友交而不信乎？传[2]不习乎？"（《论语·学而篇第一》）

【注释】

[1] 吾（wú）：我。日：每天。三：多次。省（xǐng）：检查，反省。

[2] 传：老师传授的知识。

【译文】

曾子说："我每天都要多次反省自己：工作是否敬业？交友是否守信？知识是否用于实践？"

【启示】

诚实守信，是中华民族的传统美德。讲诚信已成为个人、企业、社会发展的需要，树立诚实守信意识，具有诚实的品德是时代进步的标志。古今中外无数名人都以诚信为做人之本，可见诚信是一个人做人的根本。诚信是我们工作与学习的好帮手，是优秀人生的基石。

二、处邻之德

【原文】

子曰："德不孤，必有邻。"（《论语·里仁篇第四》）

【译文】

孔子说："高尚的人不会孤独，必有志同道合者相聚。"

【原文】

子贡问友。子曰："忠告而善导之，不可则止，毋自辱焉。"（《论语·颜渊篇第十二》）

【译文】

子贡问怎么交友。孔子说："忠心地劝告，善意地引导，不听则止，不要自取其辱。"

【原文】

子曰："见贤思齐[1]焉，见不贤而自省[2]也。"（《论语·里仁篇第四》）

【注释】

[1] 齐：看齐。

[2] 自省（xǐng）：自我反省。

【译文】

孔子说："见到贤人，要向他看齐；见到不贤，要反省自己。"

【启示】

品格高尚的人身边一定有很多朋友，在与朋友相处时，对朋友的错误要以适当的方式劝告，同时看到朋友身上的优点，并虚心学习，这样才会相互进步。

三、君子之交

【原文】

子曰："岁寒，然后知松柏之后凋[1]也。"（《论语·子罕篇第九》）

【注释】

[1] 后凋：最后凋谢。

【译文】

孔子说："天冷时，才知道松柏最后凋谢。"

【原文】

曾子曰："君子以文会友，以友辅仁。"（《论语·颜渊篇第十二》）

【译文】

曾子说："君子以知识结交朋友，以朋友辅助仁义。"

【原文】

司马牛忧曰："人皆有兄弟，我独无。"子夏曰："商闻之矣：'死生有命，富贵在天。'君子敬而无失，与人恭而有礼。四海之内，皆兄弟也。君子何患乎无兄弟也？"（《论语·颜渊篇第十二》）

【译文】

司马牛忧伤地说："别人都有兄弟，唯独我没有。"子夏说："我听说过：'死生有命，富贵在天。'君子敬业而不犯错误，对人恭敬而有礼。四海之内，皆兄弟。君子怎么会担心没有兄弟？"

【启示】

做一个仁人君子，必须在德行和学问两个方面下功夫。一方面要陶冶情操，成为一个道德高尚、人格刚正的人；另一方面，君子还要学习知识，培养才干，练就治国经邦的本领。修身养性需要研讨学问，而研讨学问是为了修身养性，两者相辅相成，不可偏废其一。

第五节　论孝悌

孔子的“孝”思想是儒家伦理中基本的行为规范和重要的道德范畴，对中华民族产生了深远而巨大的历史影响。“孝”是子女仁爱父母的道德要求，“孝”思想的基本内涵有养亲与敬亲、关怀与思念、顺从与继志、孝丧和孝祭。孔子的“孝”的思想还有一个根本性的方面就是“守礼”。这里的礼是周公所制定的一整套宗法等级制度和行为规范，是周代孝行、孝礼的高度概括，即“周礼”。孔子的“孝”思想的内容便是在遵循“周礼”的过程中得以实现。

一、孝悌，仁之本也

【原文】

子游问孝，子曰：“今之孝者，是谓能养。至于犬马，皆能有养。不敬，何以别乎？”（《论语·为政篇第二》）

【译文】

子游问孝，孔子说：“现在的孝顺，只是能赡养老人。即使是犬马，都会得到饲养。不敬重，有何区别？”

【原文】

季康子问：“使民敬忠以劝[1]，如之何[2]？”子曰：“临之以庄，则敬；孝慈，则忠；举善而教不能，则劝。”（《论语·为政篇第二》）

【注释】

［1］劝：勉励。

［2］如之何：怎么办。

【译文】

季康子问："怎样使人尊敬、忠诚、勤勉？"孔子说："举止端庄，能赢得尊敬；敬老爱幼，能赢得忠诚；任用贤良、培养人才，能使人勤勉。"

【原文】

齐景公问政于孔子。孔子对曰："君君、臣臣、父父、子子。"公曰："善哉！信如君不君、臣不臣、父不父、子不子，虽有粟，吾得而食诸？"（《论语·颜渊篇第十二》）

【译文】

齐景公问政。孔子说："君像君、臣像臣、父像父、子像子。"齐景公说："说得好极了！如果君不像君、臣不像臣、父不像父、子不像子，即使粮食再多，我能吃到吗？"

【启示】

中国传统儒学提倡仁道，仁就是爱人。孝是仁爱的具体体现。家庭是社会的细胞，父母兄弟是每一个人最亲近的人，爱人总是从爱父母兄弟开始。如果对父母不能孝敬，对兄弟不能友爱，又怎么可能对其他人有爱心，怎么可能谈其他的道德要求呢？所以说孝悌是仁的根本。儒家认为要做到仁，最重要的就是忠和孝，历代皇帝无不倡导"孝治天下"。

二、行孝的标准

【原文】

子曰："父母在，不远游，游必有方。"（《论语·里仁篇第四》）

【译文】

孔子说："父母在世时，不要走远；必须远走时，一定要留下准确的地址。"

【原文】

子夏问孝，子曰："色[1]难。有事，弟子[2]服其劳；有酒食，先生馔[3]；曾[4]是以为孝乎？"（《论语·为政篇第二》）

【注释】

[1] 色：脸色。

[2] 弟子：晚辈。

［3］先生：长辈。馔（zhuàn）：吃喝。

［4］曾：难道。

【译文】

子夏问孝，孔子说："和颜悦色很难。有事情，子女都去做；有酒肉，老人随便吃；这样就是孝吗？"

【原文】

子曰："父母之年，不可不知也。一则以喜，一则以惧。"（《论语·里仁篇第四》）

【译文】

孔子说："父母的年龄，不能不知道。一因长寿而喜，一因年高而惧。"

【原文】

孟懿子问孝[1]，子曰："勿违。"樊迟御，子告之曰："孟孙问孝于我，我对曰：'勿违。'"樊迟曰："何谓也？"子曰："生，事之以礼；死，葬之以礼、祭之以礼。"（《论语·为政篇第二》）

【注释】

［1］问孝：问怎样做才是孝。

【译文】

孟懿子问怎样做才是孝，孔子说："不违礼。"樊迟驾车时，孔子告诉他："孟孙问我怎样做才是孝，我说：'不违礼'。"樊迟说："什么意思？"孔子说："活着时按礼侍奉；死之后按礼安葬、按礼纪念。"

【启示】

21世纪的今天，人类社会是个多元化的社会，各种文明相互交错与激荡。我们应该用辩证的眼光来看《论语》所肯定的尊老、敬老、养老、送老的原则，并从如下方面去思考：①学会感恩，培育善良的道德品质。感恩包括对父母、对老师、对他人、对社会、对国家、对万事万物的感恩。②赡养父母，感怀普世的人文关爱。在现代社会中，孔子的"孝"思想所要求的赡养父母以法律的形式被确定下来。其实，就赡养父母而言，孔子的"孝"思想所包含的内容远不止于物质上的供养，更重要的是其所包含的"敬"的感情和具有普世性的"爱"。③慎终追远，要有对生命的永恒敬畏。孝丧和孝祭便是要求人们要慎终追远，对祖先慎终追远就是感念祖先对个体生命的给予。孝丧和孝祭的礼仪让人们对生命肃然起敬，它要求人们认真地对待每一个生命；它也要求人们认祖归宗，追根溯源，感悟生命繁衍的不易，从而唤起对生命的珍爱，懂得敬畏生命；同时，它更要求每个人要有传递生命的责任意识。

第六节　论处世

作为在中国流传千古、为后世所敬仰的圣人，孔子有自己独特的处世之道，他以“中庸之道”为指导思想，以“忠恕之道”作为处世最基本原则，以“以德服人”为基本手段。时至今日，孔子的言行依旧是个传奇，圣人之名，绝非虚言。他的宝贵思想影响了中华文化两千多年，他的一言一行被后世学者奉为楷模。孔子的为人处世之道，恰恰就是孔子思想在其行为中的集中表现，简短而精粹，却为万世表率，非常值得我们借鉴学习。

一、中庸之道

【原文】

子曰：“中庸[1]之为德也，其至乎！民鲜[2]久矣。”（《论语·雍也篇第六》）

【注释】

[1] 中庸：恰到好处。

[2] 鲜（xiǎn）：很少。

【译文】

孔子说：“中庸作为道德标准，可算至高无上了！人们缺少它很久了。”

【原文】

子贡问：“师与商孰贤？”子曰：“师也过，商也不及。”曰：“然则师愈与？”子曰：“过犹不及。”《论语·先进篇第十一》）

【译文】

子贡问：“子张与子夏谁能干些？”孔子说：“子张做事总是过头，子夏总是差点火候。”（子贡）说：“那么是子张强些喽？”孔子说：“过头和差点一样。”

【原文】

子曰：“君子和而不同，小人同而不和。”（《论语·子路篇第十三》）

【译文】

孔子说："君子和睦相处而不同流合污，小人同流合污而不能和睦相处。"

【启示】

中庸之道不是简单的中立，不作为，甘于平庸；更不是庸俗，和稀泥，隔岸观火。有人认为，保持中立就是中庸，甚至举例说既不做坏事也不做好事是中庸。那是完全错误的，中庸之道不是麻木之道，它很注重人的主动性，只不过它侧重一个"度"，不能强出头，但也不是麻木不仁，而是量力而行。

二、仁者无忧

【原文】

子曰："莫我知也夫！"子贡曰："何为其莫知子也？"子曰："不怨天，不尤人，下学而上达。知我者其天乎？"（《论语·宪问篇第十四》）

【译文】

孔子说："没人了解我啊！"子贡说："怎么说没人了解您呢？"孔子说："不埋怨天，不责备人，我学了些平凡的知识，从中领悟了高深的道理。了解我的，大概只有天吧！"

【启示】

仁者，心中有爱，处世有义。如果说外在世界很大程度是内心世界的映射，那么一个内心充满慈爱、友爱、关爱、真爱的人，也将生活在仁爱的心境和环境中；如果一个人内心有生活的原则，不抱怨，不强求，以同理之心待人处事，也必然会减少很多纷扰。善良与仁义是生命的美德，更是生活的勇气，因此有什么好忧虑的呢？

三、以德服人

【原文】

有子曰："礼之用，和为贵。先王之道，斯[1]为美，小大[2]由之。有所不行：知和而和，不以礼节[3]之，亦不可行也。"（《论语·学而篇第一》）

【注释】

[1] 斯：这。

[2] 小大：小事大事。

[3] 节：约束。

【译文】

有子说："礼法的运用，以和为贵。这是最美好的传统，适用于一切事情。但仅知道'和为贵'是不行的，违反礼法而讲'和'也是绝对不行的。"

【原文】

子曰："其身正，不令而行；其身不正，虽令不从。"（《论语·子路篇第十三》）

【译文】

孔子说："领导自己身正，即使不下达命令，群众也会自觉去做；领导自身不正，即使下达了命令，群众也不会服从。"

【启示】

人有三种，一种是仗势欺人，一种是恃才压人，最后一种是以德服人。以德服人的人以自己的修养和品德感染人，勇于吃亏，乐于助人，以德报怨，也只有这样才能使你对立面的人都不忍心伤害你，团结一切可以团结的人，拥有这样的环境，你怎么可能不成功？以德服人就是要勇于吃亏、乐于助人、以德报怨。那么如何做到以德服人呢？首先你要有较高的道德修养，较高的道德修养是能够以德服人的基础；其次要有一定的气质，那种气质就要先感染人，才会有说话的余地；然后你要有学识，才讲得出道理；最后还要有说话技巧。这样你就是一个智者，以德服人肯定没问题。

四、识时务者为俊杰

【原文】

季文子三思而后行。子闻之曰："再，斯可矣。"（《论语·公冶长篇第五》）

【译文】

季文子遇事总要思考三次，然后才行动。孔子听说后，说："思考两次就可以了。"

【原文】

子在川上曰："逝者如斯夫！不舍昼夜。"（《论语·子罕篇第九》）

【译文】

孔子在河边说："时光如流水！日夜不停留。"

【原文】

子曰："巧言乱德，小不忍则乱大谋。"(《论语·卫灵公篇第十五》)

【译文】

孔子说："听从花言巧语就会丧失自己的美德，小事不忍耐就会搅乱大事情。"

【启示】

时务是指世事中的"主旋律"或主流，而不是某种"小插曲"或支流。这要求我们为人处事中善于审时度势，这对于一个人获得成功是极为重要的。成功人士都是识时务者，醉生梦死的人则很少成功。

第六章　《诗经》选读

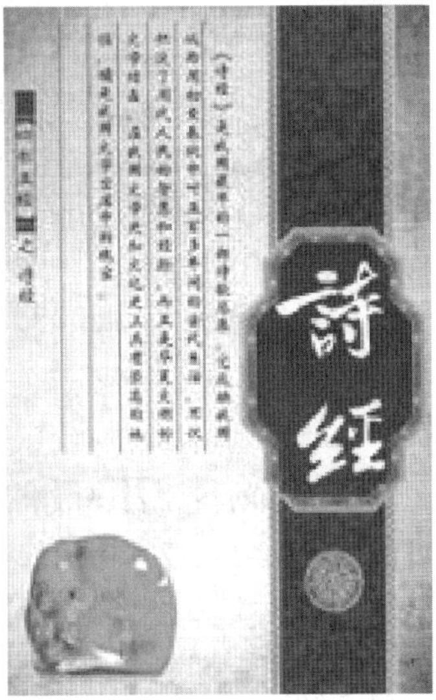

我国是个诗的国家，中国诗歌的历史源远流长，如果从《诗经》算起，也有三千多年了。“不学诗，无以言”，诗同社会生活密切结合，祭神唱诗，送别吟诗，恋爱赠诗，盟会赋诗，盖房奏诗，农会歌诗，科举考诗，生了小孩贺诗……散文、小说、戏剧都有诗化现象，中国文学简直就是诗化的文学。

关于《诗经》中诗的分类，有“四始六义”之说。“四始”指《风》、《大雅》、《小雅》、《颂》的四篇列首位的诗。“六义”则指“风、雅、颂，赋、比、兴”。“风、雅、颂”是按音乐的不同对《诗经》的分类，“赋、比、兴”是《诗经》的表现手法。

一、风、雅、颂

（1）《风》又称《国风》，一共有15组，“风”本是乐曲的统称。15组《国风》并不是15个国家的乐曲，而是十几个地区的乐曲。国风包括周南、召南、邶、鄘、卫、王、郑、桧、齐、魏、唐、秦、豳、陈、曹的乐歌，共160篇。国风是当时当地流行的歌曲，带有地方色彩。从内容上说，大多数是民歌。作者大多是民间歌手，但也有个别是贵族。

（2）对于《雅》的认识有各种不同的观点。一种观点认为是指周朝直接统治地区的音乐，“雅”有“正”的意思，把这种音乐看作“正声”，意在表明和其他地方音乐的区别；也有人说“雅”与“夏”相通，夏是周朝直接统治地区的称呼；还有观点认为，《雅》是指人人能懂的典雅音乐。《雅》共105篇，分为《大雅》31篇和《小雅》74篇。《雅》多数是朝廷官吏及公卿大夫的作品，有一小部分是民歌。其内容几乎都是关于政治方面的，有赞颂好人好政的，也有讽刺弊政的，只有几首表达个人感情的诗，但是没有情诗。

（3）《颂》是贵族在家庙中祭祀鬼神、赞美治者功德的乐曲，在演奏时要配以舞蹈。又分为《周颂》、《鲁颂》和《商颂》，共40篇。其中《周颂》31篇，被认为可能是西周时的作品，多作于周昭王、周穆王以前；《鲁颂》4篇，被认为可能是鲁僖公时的作品；《商颂》则被认为是春秋以前宋国的作品。

二、赋、比、兴

“赋、比、兴”是诗的表现手法。“赋”是直陈其事，描述一件事情的经过。“比”是打比方，用一个事物比喻另一个事物。“兴”是从一个事物联想到另外一件事物。

（1）赋是最基本的、最常用的一种表现手法。它的特点就是敷陈、直言，即直接叙述事物，铺陈情节，抒发感情。

（2）比分为比喻和比拟。比体诗的特点是以彼物写此物，诗中所描写的事物并不是诗人真正要歌咏的对象，而是借用打比方的方法，来表达诗人的思想感情。例如，《硕鼠》一诗中，就是运用了比的表现手法，通过描写令人憎恶的老鼠，将奴隶主贪婪残忍的本性表现得淋漓尽致。为什么不直接表达而要用比呢？运用比拟表达喜爱的事物，可以使它栩栩如生，给人亲切之感；用它表现丑恶的事物，可以使它原形毕露，给人厌恶之感。

（3）兴，即起兴，在一首诗的开头或一章诗的开头托物起兴，先言他物，然后借以联想，引出诗人要表达的事物、思想或感情。先让我们来看一首诗，《风雨》中运用起兴的表现手法的句子是“风雨凄凄，鸡鸣喈喈；风雨潇潇，鸡鸣胶胶；风雨如晦，鸡鸣不已”。为什么不直接说出要写的内容，而要先言他物呢？通过对《诗经》的研究，有些诗中的兴起到了渲染气氛的作用。例如，《风雨》写的是在傍晚时节，外面下着小雨，刮着风，女主人公正在思念着自己的夫君，此时，听见了外面的鸡鸣声，烘托出女主人公的相思、惆怅之情。兴在这里就渲染了一种凄凉的气氛，加深抒情女主人公的相思之情。在研究中，我们发现，有些诗中的兴没有起到渲染气氛的作用，与下文也没有什么联系。例如，《黄鸟》的“交交黄鸟，止于棘，止于楚，止于桑”与下文的子车家的三个儿子为秦穆公殉葬没有联系，这时兴就起到了提示、渲染一种气氛，帮我们完成从日常生活过渡到诗歌欣赏的作用。

人们常常把比、兴两种表现手法截然分开，在研究中我们认为，比兴两种表现手法并不是截然分开的，在有些诗中有一定的联系。例如，《氓》就是用自然现象来比喻女主人公感情生活的变化，由起兴的诗句来引出表达感情生活的诗句，由叶子的鲜嫩至枯黄，来比喻感情生活的幸福至痛苦，这里的兴就具有了比的作用。

三、《诗经》的特点

《诗经》章法特征是重章叠句，词句回环复沓，一唱三叹，既借此强化感情的抒发，利于突出主题，又便于歌唱记诵，符合民歌谣谚的特点。

《诗经》的基本句式是四言，间或杂有二至九言的各种句式。以四言句为主干，二拍子节奏，旋律较为平稳简单。

《诗经》的语言简洁朴素，精练准确，流畅明快。大量使用重言叠字和双声叠韵，象声状物，绘声绘色，声韵流美。其诗韵灵活自由，对诗歌格律的民族形式有重大影响。

四、评价与影响

《诗经》对中国的文学史、政治、语言，甚至思想上都起着非常深远的影响。

孔子对《诗经》有很高的评价。对于《诗经》的思想内容，他说“诗三百，一言以蔽之，思无邪”。对于它的特点，他则认为“温柔敦厚，诗教也”（即以为《诗经》使人读后有澄清心灵的功效，作为教化的工具实为最佳良策）。孔子甚至说“不学诗，无以言”，显示出《诗经》对中国古代文学的深刻影响。孔子认为，研究诗经可以培养联想力，提高观察力，学习讽刺方法，可以运用其中的道理侍奉父母，服侍君主，从而达至齐家，治国，平天下。

在古代，《诗经》还有政治上的作用。春秋时期，各国之间的外交，经常用歌诗或奏诗的方法来表达一些不想说或难以言喻的话，类似于现在的外交辞令。

《诗经》开启了中国数千年来文学的先河，亦开创了中国多年以现实主义为主的文学作品。

现在对《诗经》的研究更多被用来考察古今音韵的不同，或者被用来研究上古时期的历史。而古今研究《诗经》的著述更是汗牛充栋。

秦代曾经焚毁包括《诗经》在内的所有儒家典籍，但由于《诗经》是易于记诵的、士人普遍熟悉的书，所以到汉代又得到流传。汉初传授诗经学的共有四家，也就是四个学派：齐之辕固生，鲁之申培，燕之韩婴，赵之毛亨、毛苌，简称齐诗、鲁诗、韩诗、毛诗（前二者取国名，后二者取姓氏）。齐、鲁、韩三家属今文经学，是官方承认的学派；毛诗属古文经学，是民间学派。但到了东汉以后，毛诗反而日渐兴盛，并为官方所承认；前三家则逐渐衰落，到南宋就完全失传了。今天我们看到的

《诗经》，就是毛诗一派的传本。

第一节　农事诗

我国农业有悠久的历史，很早就出现了农业种植活动，新石器晚期的仰韶文化和龙山文化，标志着农业的初步发展。周人将自己的始祖与农业的发明联系在一起，可见农业在周人社会和经济生活中的地位。《诗经》中《七月》、《臣工》、《噫嘻》、《丰年》、《载芟》、《良耜》等作品，不仅在道德观念和审美情趣上打上了农业文明的烙印，而且直接描写了农业生产生活和相关的政治、宗教活动。

《豳风·七月》是直接反映周人农业生产生活的作品，无论在内容上还是在艺术上，都是《诗经》农事诗中最优秀的作品。

《豳风·七月》

【原文】

七月流火[1]，九月授衣[2]。一之日觱发[3]，二之日栗烈[4]。无衣无褐[5]，何以卒岁[6]？三之日于耜[7]，四之日举趾[8]。同我妇子，馌彼南亩[9]，田畯至喜[10]。

七月流火，九月授衣。春日载阳[11]，有鸣仓庚[12]。女执懿筐[13]，遵彼微行[14]。爰求柔桑，春日迟迟。采蘩祁祁[15]，女心伤悲，殆及公子同归[16]。

七月流火，八月萑苇[17]。蚕月条[18]桑，取彼斧斨[19]。以伐远扬[20]，猗彼女桑[21]。七月鸣鵙[22]，八月载绩[23]。载玄载黄，我朱孔阳[24]，为公子裳。

四月秀葽[25]，五月鸣蜩[26]。八月其获，十月陨萚[27]。一之日于貉，取彼狐狸，为公子裘。二之日其同[28]，载缵武功[29]。言私其豵[30]，献豜[31]于公。

五月斯螽动股[32]，六月莎鸡[33]振羽。七月在野，八月在宇。九月在户，十月蟋蟀入我床下。穹窒[34]熏鼠，塞向墐[35]户。嗟我妇子，曰为改岁[36]，入此室处。

六月食郁及薁[37]，七月亨葵及菽[38]。八月剥枣，十月获稻。为此春酒，以介眉寿[39]。七月食瓜，八月断壶[40]。九月叔苴[41]，采荼薪樗[42]，食我农夫。

九月筑场圃，十月纳禾稼。黍稷重穋[43]，禾麻菽麦。嗟我农夫，我稼既同，上入执宫功[44]。昼尔于茅[45]，宵尔索绹[46]。亟其乘屋[47]，其始播百谷。

二之日凿冰冲冲[48]，三之日纳于凌阴[49]。四之日其蚤[50]，献羔祭韭。九月肃霜[51]，十月涤场[52]。朋酒斯飨[53]，曰杀羔羊。跻彼公堂[54]，称彼兕觥[55]，万寿无疆。

【注释】

［1］流：落下。火：星名，又称大火。

［2］授衣：叫妇女缝制冬衣。

［3］一之日：周历一月，夏历十一月。以下类推。觱（bì）发：寒风吹起。

［4］栗烈：寒气袭人。

［5］褐（hè）：粗布衣服。

［6］卒岁：终岁，年底。

［7］于：为，修理。耜（sì）：古代的一种农具。

［8］举趾：抬足，这里指下地种田。

［9］馌（yè）：往田里送饭。南亩：南边的田地。

［10］田畯（jùn）：农官。喜：请吃酒菜。

［11］载阳：天气开始暖和。

［12］仓庚：黄鹂。

［13］懿筐：深筐。

［14］遵：沿着。微行：小路。

［15］蘩：白蒿。祁祁：人多的样子。

［16］公子：诸侯的女儿。归：出嫁。

［17］萑（huán）苇：芦苇。

［18］蚕月：养蚕的月份，即夏历三月。条：修剪。

［19］斧斨（qiāng）：装柄处圆孔的叫斧，方孔的叫斨。

［20］远扬：向上长的长枝条。

［21］猗（yī）：攀折。女桑：嫩桑。

［22］鵙（jú）：伯劳鸟，叫声响亮。

［23］绩：织麻布。

［24］朱：红色。孔阳：很鲜艳。

［25］秀葽（yāo）：秀是草木结籽，葽是草名。

［26］蜩（tiáo）：蝉，知了。

［27］陨：落下。萚（tuò）：枝叶脱落。

［28］同：会合。

［29］缵：继续。武功：指打猎。

［30］豵（zōng）：一岁的野猪。

［31］豜（jiān）：三岁的野猪。

［32］斯螽（zhōng）：蚱蜢。动股：蚱蜢鸣叫时要弹动腿。

［33］莎鸡：纺织娘（虫名）。

［34］穹窒：堵塞鼠洞。

［35］向：朝北的窗户。谨：用泥涂抹。

［36］改岁：除岁。

［37］郁：郁李。薁（yù）：野葡萄。

［38］亨：烹。葵：滑菜。菽：豆。

［39］介：求取。眉寿：长寿。

［40］壶：同“瓠”，葫芦。

［41］叔：拾起。苴（jū）：秋麻籽，可吃。

［42］荼（tú）：苦菜。薪：砍柴。樗（chū）：臭椿树。

［43］重：晚熟作物。穋（lù）：早熟作物。

［44］上：同“尚”。宫功：修建宫室。

［45］于茅：割取茅草。

［46］索绹（táo）：搓绳子。

［47］亟：急忙。乘屋：爬上房顶去修理。

［48］冲冲：用力敲冰的声音。

［49］凌阴：冰室。

［50］蚤：早，一种祭祖仪式。

［51］肃霜：降霜。

［52］涤场：打扫场院。

［53］朋酒：两壶酒。飨（xiǎng）：用酒食招待客人。

［54］跻（jī）：登上。公堂：庙堂。

［55］称：举起。兕觥（sì gōng）：古时的酒器。

【译文】

七月里大火星儿向西流，九月里妇女把衣授。十一月北风哗哗响，十二月寒气冷飕飕。粗布衣裳都没有，残冬腊月怎能熬到头？正月里修好锄和耙，二月里举足到田头。老婆孩子莫忘记，晌午送饭村南头。监工的田官乐悠悠。

七月里大火星儿向西流，九月里妇女把衣授。三春太阳暖洋洋，黄莺儿欢唱在枝头。姑娘们手挽深竹篮，沿着小路向前走，采下了片片桑叶嫩又柔。春天太阳升起慢悠悠，采蒿人多似水流。姑娘不禁暗悲愁，怕公子把人抢了走。

七月里大火星儿向西流，八月里芦花满汀洲。三月里桑树要整枝，拿起刀锯和斧头。除掉高枝与长条，轻采柔桑片片收。七月里伯劳成对鸣，八月里纺纱织布不停手。染成黑色染成黄，我染的大红颜色最艳秀，为那公子制衣缝又绣。

四月里草药远志穗儿抽，五月里知了声声叫不休。八月里家家户户庆丰收，十月里纷纷黄叶坠枝头。十一月里打狗獾，猎得狐狸取下皮，为那公子做轻裘。十二月农闲人欢聚，继续练武要戈矛。留下小猪自家吃，大猪公家去享受。

五月里蚱蜢齐鸣两腿抖，六月里蝈蝈双翅颤悠悠。七月里蟋蟀鸣郊野，八月里它在檐下唱不休。九月里它怕冷躲门后，十月里它藏到床下不再走。家家清除垃圾熏老鼠，堵起北窗塞紧门缝防风透。干完关照妻和子：不久新年逢岁首。进入屋里歇个够。

六月里野李葡萄尝尝鲜，七月里烹煮葵菜烧大豆。八月里齐把枣子打，十月里又将稻谷收。新米新谷酿春酒，好给老爷去做寿。七月里好瓜吃在口，八月里葫芦摘在手，九月里苎麻种子留。多采苦菜多砍柴，养活自己忙不够。

九月里筑好打谷场，十月里喜把庄稼收。小米高粱和谷子，粟麻小麦加大豆。哎呀我们种田人，庄稼活儿没尽头，又为公家宫室修。白天野外割茅草，夜里搓绳忙不休。急忙上房盖屋顶，春要播种到田畴。

腊月里凿冰咚咚响，正月里藏进冰窖冷飕飕。二月里取出冰块行祭礼，韭菜羔羊供案头。九月霜降天气爽，十月里清扫场地把谷收。满斟美酒敬客人，宰杀羔羊争献酬。登上公堂同聚会，牛角杯儿举过头。高声齐祝万年寿！

【赏析】

《七月》是西周初年豳地（在今陕西旬邑县、邠县一带）的奴隶所作的诗歌。全诗 8 章，每章 11 句，共 880 字，基本上是按季节的先后，逐年逐月地来写男女奴隶们的劳动和生活的。这首诗按时序叙事，很像是一首农历诗，类似后世民歌中的四季调或十二月歌。

此诗向我们展示了一幅古代奴隶社会阶级压迫的图画。男女奴隶们一年到头无休止地劳动，结果都被贵族们剥夺得一干二净。读着这悲歌式的诗篇，我们眼前仿佛出现了一位被压迫的老年奴隶，面对面地向人们叙说着自己的生活境况，倾诉着血泪斑斑的历史。他对自家和邻居们年复一年繁重劳动的苦难生活倾诉得那么详细，那么悲切，虽然不敢流露出强烈的愤懑感情，但在倾诉中不时地夹杂着怨叹和悲哀，用活生生的事实来揭露奴隶主的罪恶和残酷。这些奴隶们虽然暂时慑于奴隶主的淫威，精神呈现出麻木状态，但总有一天他们会怒吼起来，把积压在胸中的愤懑像火山似的喷泻出来。

此诗语言朴实无华，完全是用铺叙的手法写成的。全篇围绕着一个“苦”字，按照季节的先后，从年初写到年终，从种田养蚕写到打猎凿冰，反映了一年四季多层次的工作面和高强度的劳动。语词凄切清苦，仿佛是在哭诉着一部沉重的历史。但值得我们仔细体味的是，这首诗在哀哀诉苦的同时，也表现了一定的阶级意识。“女心伤悲，殆及公子同归”、“我朱孔阳，为公子裳”、“取彼狐狸，为公子裘”、“献豣于公”、“上入执宫功”等，都表现了奴隶们对贵族不劳而食、蛮横霸道的疑惑和暗恨。

在表现阶级压迫时，诗篇还采用了对比的描写来昭示，比如：奴隶们在辛勤劳动，而“田畯至喜”，苦与乐的对比；奴隶们无衣无褐，却在为“公子裳”，“为公子裘”，冷与暖的对比；“言私其豵，献豜于公”，少与多的对比；等等。这种描写，是在有意识地揭示阶级压迫的不平等。

诗篇善于抓住各种物候的特征，来表现节令的演变，使全诗充满了自然风光和强烈的乡土气息。特别是第五章：“五月斯螽动股，六月莎鸡振羽。七月在野，八月在宇，九月在户，十月蟋蟀入我床下。”用昆虫的鸣叫和蟋蟀的避寒迁徙，非常形象地表现了季节变迁的过程。这几句没有一个“寒”字，但却让我们感受到天气在一天天地变冷，以至于寒气逼人了。这种手法在《七月》中应用得很普遍，再如“一之日觱发，二之日栗烈”，用风声的愈演愈烈来显示季候的愈加寒冷，也很形象生动。

第二节　征役诗

战争和徭役作为周代社会历史生活中一重要内容贯穿始终。《诗经》中反映的战争，有抵抗狸狁、蛮族、徐方、淮夷等部族侵扰的战争，也有春秋时期诸侯间的兼并战争，因此在《诗经》这类诗歌中我们既可以听到将士们同仇敌忾，共御外侮的高歌，如秦风中的《无衣》、《小戎》，小雅中的《出车》、《六月》，大雅中的《江汉》、《常武》等，也可以听到士兵们厌战思乡的心声和对穷兵黩武的怨恨。而繁重不堪的徭役则给人民的生活带来了田园荒芜、妻离子散、家破人亡的苦难，人民的怨声哀歌表达了强烈的不满，如《邶风·击鼓》、《魏风·陟岵》、《唐风·鸨羽》、《豳风·东山》、《小雅·采薇》、《何草不黄》、《卫风·伯兮》、《王风·君子于役》，《周南·卷耳》等。

一、《秦风·无衣》

【原文】

岂曰无衣？与子同袍[1]。王于[2]兴师，修我戈矛[3]。与子同仇[4]。
岂曰无衣？与子同泽[5]。王于兴师，修我矛戟[6]。与子偕作[7]。
岂曰无衣？与子同裳。王于兴师，修我甲兵。与子偕行。

【注释】

[1] 袍：长衣。行军者日以当衣，夜以当被。就是今之披风，或名斗篷。“同袍”是友爱

之辞。

［2］于：语助词，犹“曰”或“聿”。兴师：出兵。秦国常和西戎交兵。

［3］戈矛：都是长柄的兵器，戈平头而旁有枝，矛头尖锐。

［4］仇：《吴越春秋》引作“讐”。“讐”与“仇”同义。

［5］泽：汗衣。

［6］戟：兵器名。古戟形似戈，具横直两锋。

［7］作：起来。

【译文】

谁说没有衣服穿？你我共同披战袍。国王兴兵要作战，修好我们戈和矛，同仇敌忾赴战壕。

谁说没有衣服穿？你我共同穿汗衫。国王兴兵要作战，修好我们矛和戟，并肩携手齐向前。

谁说没有衣服穿？你我共同穿战裙。国王兴兵排战阵，修好我们甲和兵，同心协力杀敌人。

【赏析】

本诗共三章，采用了重叠复沓的形式。每一章句数、字数相等，但结构的相同并不意味简单的、机械的重复，而是不断递进、有所发展的。如首章结句“与子同仇”，是情绪方面的，说的是“我们”有共同的敌人；二章结句“与子偕作”，作是起的意思，这才是行动的开始；三章结句“与子偕行”，行训往，表明诗中的战士们将奔赴前线共同杀敌了。这种重叠复沓的形式固然受到乐曲的限制，但与舞蹈的节奏起落和回环往复也是紧密结合的，而构成诗中主旋律的则是一股战斗的激情，激情的起伏跌宕自然地形成了乐曲的节奏与舞蹈动作，正所谓：“长言之不足，故嗟叹之。嗟叹之不足，故不知手之舞之足之蹈之也。”（《礼记·乐记》）

二、《豳风·东山》

【原文】

我徂东山[1]，慆慆[2]不归；我来自东，零雨其濛[3]。我东曰归，我心西悲[4]。制彼裳衣[5]，勿士行枚[6]。蜎蜎者蠋[7]，烝[8]在桑野；敦[9]彼独宿，亦在车下。

我徂东山，慆慆不归；我来自东，零雨其濛。果臝[10]之实，亦施[11]于宇；伊威[12]在室，蠨蛸在户[13]；町畽鹿场[14]，熠燿宵行[15]。不可畏也？伊可怀也[16]。

我徂东山，慆慆不归；我来自东，零雨其濛。鹳鸣于垤[17]，妇叹于室。洒扫穹室，我征聿[18]至。有敦瓜苦[19]，烝在栗薪[20]。自我不见，于今三年！

我徂东山，慆慆不归；我来自东，零雨其濛。仓庚[21]于飞，熠燿其羽；之子[22]于归，皇驳[23]其马。亲结其缡[24]，九十其仪[25]。其新孔嘉[26]，其旧[27]如之何？

【注释】

［1］东山：诗中军士远戍之地。相传本诗和周公伐奄有关，东山当在奄国（今山东省曲阜市境）境内。

［2］慆慆：一作“滔滔”，久。

［3］零雨：徐雨，小雨。濛：微雨貌。

［4］悲：思念。

［5］裳衣：言下裳和上衣。古代男子衣服上衣下裳，但戎服不分衣裳。

［6］士：读为“事”。就是从事。行：读为“衡”，就是横。横枚等于说衔枚。古人行军袭击敌人时，把一根筷子似的东西横衔在嘴里以防止出声，叫做衔枚。以上两句是设想回家后换上贫民服装，不再从事征战。

［7］蜎蜎（yuān）：蚕蠋屈曲之貌。蠋（zhú）：字本作“蜀”，蛾蝶类幼虫。这里所指的是桑树间野生的蚕。

［8］烝（zhēng）：久。

［9］敦：团。敦本是器名，形圆如球。这句连下句是说在车下独宿，身体蜷曲成一团。

［10］果臝（luǒ）：葫芦科植物，一名栝（guā）楼或瓜蒌。

［11］施（yì）：移。栝楼蔓延到檐上是无人剪伐的荒凉景象。

［12］伊威：虫名。椭圆而扁，多足，灰色，今名土鳖，常在潮湿的地方。

［13］蟏蛸（xiāo shāo）：虫名，蜘蛛类，长脚。

［14］町畽（tīng tuǎn）：平地被兽蹄所践踏处。鹿场：鹿经行的途径。

［15］熠燿（yì yào）：光明貌。宵行：磷火。

［16］不可畏也？伊可怀也：这两句设为问答，上句说“这样不可怕吗”？下句说“是可怀念的啊”。

［17］鹳（guàn）：鸟名，涉禽类，形似鹤，又名冠雀。俗名又叫“老等”，因其常在水边伫立，等待游鱼。垤（dié）：小土堆。

［18］征：行。聿：语词，同“曰”。聿、曰都有将意，《七月》篇“曰为改岁”言将改岁。

［19］瓜苦：即瓜瓠（hù），也就是匏（páo）瓜，葫芦类。古人结婚行合卺（jǐn）之礼，就是以一匏分作两瓢，夫妇各执一瓢盛酒漱口，这诗“瓜苦”似指合卺的匏。

［20］栗薪：聚薪，和《唐风·绸缪》篇的“束薪”同义。

［21］仓庚：鸟名，见《七月》篇注。

［22］之子：指妻。

［23］皇：黄白色。驳：赤白色。

［24］亲：指“之子”的母亲。缡（lí）：古读如“罗”。结缡：将佩巾结在带上。古俗嫁女时

母为女结缡。

［25］九十：言其多。仪：古读如“俄”。

［26］嘉：古读如“歌”，美。

［27］旧：犹“久”。以上二句言“之子”新嫁来的时候很好，隔了三年不晓得怎样了。

【译文】

打我远征到东山，一别家乡好几年。今儿打从东方来，毛毛雨儿尽缠绵。听得将要离东方，心儿西飞奔家乡。家常衣裳缝一件，从此不再把兵当。山蚕屈曲树上爬，桑树地里久住家。人儿团团独自睡，独自睡在车儿下。

打我远征到东山，一别家乡好几年。今儿打从东方来，毛毛雨儿尽缠绵。栝楼藤长子儿大，子儿结在房檐下。土鳖儿屋里来跑马，蟢蛛儿做网拦门挂。场上鹿迹深又浅，磷火来去光闪闪。家园荒凉怕不怕？越是荒凉越牵挂。

打我远征到东山，一别家乡好几年。今儿打从东方来，毛毛雨儿尽缠绵。墩上老鹳不停唤，我妻在房唉声叹。快把屋子收拾起，行人离家可不远。有个葫芦团又团，撂在柴堆没人管。葫芦在家我不见，不见葫芦整三年。

打我远征到东山，一别家乡好几年。今儿打从东方来，毛毛雨儿尽缠绵。记得那天黄莺忙，翅儿闪闪映太阳。那人过门做新娘，马儿有赤也有黄。娘为女儿结佩巾，又把礼节细叮咛。回想新婚真够美，久别重逢可称心？

【赏析】

这是一篇分为四章的行役诗。行役有兵役、劳役和事役。行役诗在《诗经》中占着重要的位置，说明行役在当时人民身上和心上压力之大。反映这一史实的诗，有广泛的社会意义。这篇所写，属于兵役，是写诗中的主人公从军出征，经过三年之久，才得以回来时的悲喜交加的心情的。

每章的开头，都是“我徂东山”等四句。这虽是音乐叠章的惯例，但就本篇各章的意义看，这种写法，却不是简单的重复，而是层层推进。一章写将归，二章写归途，三章写归至（到家），四章写归后，而以重叠的前四句为总纲。前四句，从“徂东山”到“来自东”，是从“不归”到“归来”，也是从过去到现在。“慆慆”，极言“不归”的时间之久，细“雨”迷“濛”，却是到家时的气候特征，这是印象很深，难于忘掉的时刻。而长期的苦闷和当前的喜悦，尽在不言之中。在第一章里，像电影镜头一样，刚显出了细雨衣归人，就转对过去的回忆。回忆的首先是将归时的心情：决定要回去了，却面向着西方伤感。没有亲身的感受，是体味不到这一点的。因为人们对没有希望的事，可以不去想；而希望到眼前，情绪却会立刻波动起来。于是，他从心底发出了愿望：从今以后，再不要穿军装了！接着又把思想拉回现实。现实的具体生活，是大家还像聚集在桑叶下的野蚕那样，仍蜷缩在兵车下露宿啊！第二章重复前四句，再展现了一下现景，回头转写归途看到的荒凉景象：栝蒌虽然仍蔓延在人家的房上，但没有人！你看，土鳖在室内爬，蜘蛛网在门口，田边留着野兽的蹄印，夜里闪烁的鬼火。一幅幅画面，组织成一片凄凉！但征人认为没有什么可怕，倒很值得想一想。想什么？没有说。可是眼前的荒凉残破景象，“孰实为之，孰令致之”？不正是想的主要内容吗！第三章首四句和下八句，联系得更为密切，一个画面是细雨归人，另一个画面是“鹳鸣”、“妇叹”。妇不只叹，而是行动起来，忙着迎接亲人。她刚把房屋打扫修补好，征人恰好进门。真像柴堆上垂下的一个个苦瓜，受尽了苦！在悲喜交集的情况下，千言万语，无从说起，唯一的寒暄，只是一句：“自我不见，于今三年！”语是那么淡，情却是无限深。第四章是征人到家后的事了。也许已隔了一段时间，和平为人们带来了幸福。年轻人纷纷结婚，就是标志。黄莺闪耀着美丽的羽毛，比翅齐飞；青年女子出嫁，热闹非凡，仪式隆重，一片欢乐！与第一、二章，形成强烈对比。难道这欢乐只限于年轻人？最后用反问语气说：新婚诚然是美好的，但那久离重聚的夫妻，不是更感到欣慰吗？没有歌颂和平，没有歌颂为取得和平而付出代价的人，但却是最切实、最真挚的歌颂。

这篇抒情诗写作上的主要特点，就是通过所见、所闻、所感、所想，来体现具体环境经历中的思想感情。诗的着笔点是第三章细雨迷蒙中到家的那一刻。因为那是出征三年的结束。“我徂东山”等四句，概括了出征的全过程，而“我征聿至”一句是转折点。由此倒推，便有未归、将归、途中、到家各阶段；由此下推，便出现了后来的新生活。诗的具体写作时间，是在第四章所写情景之后，但着笔点却定在第三章，因为这是从全部回忆中总结得来的表现方式。值得注意的是，这首诗不单形象地写了感官接触到的事物，更描写了人物的意识活动。而意识活动，正是精神面貌的依据，也是艺术作品的灵魂。一个作者能如实地把所经、所见、所闻、所感、所想通过形象思维，具体地写出来，就会成为佳作。我们正可以从三千年前的作者那里得到启发。

三、《王风·君子于役》

【原文】

君子于役[1]，不知其期。曷至哉[2]？鸡栖于埘[3]。日之夕矣，羊牛下来[4]。君子于役，如之何勿思！

君子于役，不日不月[5]。曷其有佸[6]？鸡栖于桀[7]。日之夕矣，羊牛下括[8]。君子于役，苟[9]无饥渴？

【注释】

［1］君子：妻对夫的称谓。于：往。役：指遣戍远地。

［2］曷至哉：言何时归来。

［3］埘（shí）：凿墙做成的鸡窠叫做“埘”。

［4］来：古读如“厘”。

［5］不日不月：不可以日月计算。这是“不知其期”的另一种说法。

［6］有：读为“又”。佸（huó）：会。“有佸”就是再会。

［7］桀（jié）：“榤”的省借，鸡栖息的横木。

［8］括：与“佸”字变义同。牛羊下来而群聚一处叫做“下括”。

［9］苟：且。且无饥渴是指希望他无饥渴而又不敢确信。

【译文】

丈夫当兵去远方，谁知还有几年当。哪天哪月回家乡？鸡儿上窠，西山落太阳，羊儿牛儿下了冈。丈夫当兵去远方，要不想怎么能不想！

丈夫当兵去得远，多少月呀多少天。几时团来几时圆？鸡儿上窠，太阳落了山，羊儿牛儿进了栏。丈夫当兵去得远，但愿他粗茶淡饭不为难。

【赏析】

《君子于役》以徭役和战争为题材，写一个妇女思念在外服徭役的丈夫。全诗分为两章。

第一章陈述丈夫在外面服役之事，抒发妇女盼夫归来的感情。此章又分为三层：第一层（“君子于役，不知其期”）用“赋”的手法点明所要吟咏的事，极言役期之长，直抒胸臆，亟盼丈夫归来；第二层（从“鸡栖于埘”到“羊牛下来”）从侧面烘托，家畜尚且出入有时，而人外出却无归期；第三层（“君子于役，如之何勿思”）极言思念之深，不能自已。

第二章直接承上章，希望能够和丈夫相见，表达了妇女对服役丈夫的惦念。此章分三层：第一层（从“君子于役”到“曷其有佸”）再次重申役期漫长，“曷其有佸”承上章“曷至哉”；第二层（从“鸡栖于桀”到“羊牛下括”）和第一章的语意相同；第三层（“君子于役，苟无饥渴”）细腻地传达了这位妇女的矛盾心理，君子既然没有归期，只好退一步想，希望他在外面不要受饥受渴。

诗中写这位妇女的心理非常细致真实，她看到羊牛归来，自然会联想到久役不归的丈夫，她极力抑制这种思念之情——“君子于役，不知其期”，思念也无济于事，不如不去思念吧。但这又怎能做得到呢？她是那样爱着自己的丈夫，时刻都在惦记着他。最后，在无可奈何之中，她只能以“苟无饥渴”来寄托自己对丈夫的深情。这首诗风格细腻委婉，诗中没有一个“怨”字，而句句写的都是“怨”，它从一个侧面写出了繁重的徭役给千百个家庭带来的痛苦。

《君子于役》抒写在家的思妇盼望久役在外的丈夫回家的感情，诗选用了夕阳下山、牛羊牧归的场景触动的情感，所谓触景生情，自然会引起一番惆怅，但她又把思念化为对丈夫苟无饥渴的祝愿，聊以慰藉，又可叫人体味这位思妇的温存了。

《诗经》常在风中雨中写思，《君子于役》却不是，甚至通常的“兴”和“比”也没有，它只是用了不着色泽的、极简极净的文字，在一片安宁中写思。“鸡栖于埘，日之夕矣，羊牛下来”，固有空间的阔远和苍茫，但家之亲切，在黄昏的背景中更伸向亘古之邈远。“日出而作，日入而息”（《击壤歌》），“自古在昔，先民有作”（《商颂·那》），不是古来如此么？今亦何殊？然而，“君子于役，不知其期”，本来的平静安宁中，偏偏没有道理地荒荒地空了一块。夕阳衔山，羊牛衔尾的平常原来是无常，于是一片暖色的亲切中泛起无限伤心，所谓“诗意正因思而触物，非感物而兴思也”（沈守正），而由“不知其期”把忧思推向更远，“日之夕矣”之暮色也因此推向无边无际。

第三节　婚恋诗

婚姻诗与爱情诗在《诗经》中占有重要的地位。人类在两性关系中产生爱情，随着爱情的产生，便出现了男女爱情诗。《诗经》305 篇，其中婚恋诗 50 余首，占总数的六分之一。《诗经》中的婚恋诗真实地反映了周代的男女关系、恋爱、结婚、家庭生活的各个方面。甜蜜动人的恋歌有《周南·关雎》、《邶风·静女》、《郑风·溱洧》、《卫风·木瓜》、《郑风·子衿》、《王风·采葛》、《郑风·风雨》、《郑风·褰裳》、《陈风·东门之枌》、《郑风·萚兮》、《召南·野有死麇》、《摽有梅》等，苦恼迷惘的情歌有《郑风·狡童》、《秦风·蒹葭》、《郑风·将仲子》、《鄘风·柏舟》等，美满婚姻的赞歌有《周南·桃夭》、《郑风·出其东门》、《郑风·女曰鸡鸣》、《唐风葛生》等，不幸婚姻的悲歌有《卫风·氓》、《邶风谷风》等。

一、《周南·关雎》

【原文】

关关雎鸠[1]，在河之洲[2]。窈窕淑[3]女，君子好逑[4]。参差荇菜[5]，左右流[6]之。窈窕淑女，寤寐[7]求之。求之不得，寤寐思服[8]。悠[9]哉悠哉，辗转反侧[10]。

参差荇菜，左右采之。窈窕淑女，琴瑟友之[11]。参差荇菜，左右毛[12]之。窈窕淑女，钟鼓乐之。

【注释】

［1］关关：水鸟鸣叫的声音。雎（jū）鸠：一种水鸟。

［2］洲：水中的陆地。

［3］窈窕（yǎo tiǎo）：内心、外貌美好的样子。淑：好，善。

［4］君子：这里指女子对男子的尊称。逑（qiú）：配偶。

［5］参差（cēn cī）：长短不齐的样子。荇（xìng）菜：一种多年生的水草，叶子可以食用。

［6］流：用作“求”，意思是求取，摘取。

［7］寤（wù）：睡醒。寐（mèi）：睡着。

［8］思：语气助词，没有实义。服：思念。

［9］悠：忧思的样子。

［10］辗转：转动。反侧：翻来覆去。

［11］琴瑟：琴和瑟都是古时的弦乐器。友：友好交往，亲近。

［12］毛：拔取。

【译文】

关关鸣叫的水鸟，栖居在河中沙洲。善良美丽的姑娘，好男儿的好配偶。长短不齐的荇菜，姑娘左右去摘采。善良美丽的姑娘，醒来做梦都想她。思念追求不可得，醒来做梦长相思。悠悠思念情意切，翻来覆去难入眠。长短不齐的荇菜，姑娘左右去摘采。善良美丽的姑娘，弹琴鼓瑟亲近她。长短不齐的荇菜，姑娘左右去摘取。善良美丽的姑娘，敲钟击鼓取悦她。

【赏析】

《关雎》这首短小的诗篇，在中国文学史上占据着特殊的位置。它是《诗经》的第一篇，而《诗经》是中国文学最古老的典籍。虽然从性质上判断，一些神话故事产生的年代应该还要早些，但作为书面记载，却是较迟的事情。所以差不多可以说，一翻开中国文学的历史，首先遇到的就是《关雎》。

《论语》中多次提到《诗》（即《诗经》），但做出具体评价的作品，却只有《关雎》一篇，谓之“乐而不淫，哀而不伤”。在孔子看来，《关雎》是表现“中庸”之德的典范。而汉儒的《毛诗序》又说：“《风》之始也，所以风天下而正夫妇也。故用之乡人焉，用之邦国焉。”这里牵涉到中国古代的一种伦理思想：在古人看来，夫妇为人伦之始，天下一切道德的完善，都必须以夫妇之德为基础。《毛诗序》的作者认为，《关雎》在这方面具有典范意义，所以才被列为“《风》之始”。它可以用来感化天下，既适用于“乡人”即普通百姓，也适用于“邦国”即统治阶层。

《关雎》的内容其实很单纯，是写一个“君子”对“淑女”的追求，写他得不到“淑女”时心里苦恼，翻来覆去睡不着觉；得到了“淑女”就很开心，叫人奏起音乐来庆贺，并以此让“淑女”快乐。作品中人物的身份十分清楚：“君子”在《诗经》的时代是对贵族的泛称，而且这位“君子”家备琴瑟钟鼓之乐，那是有相当地位的人家才有的。以前常把这诗解释为“民间情歌”，恐怕不对头，它所描绘的应该是贵族阶层的生活。另外，说它是情爱诗当然不错，但恐怕也不是一般的爱情诗。这原来是一首婚礼上的歌曲，是男方家庭用于赞美新娘、祝颂婚姻美好的。《诗经·国风》中的很多歌谣，都是既具有一般的抒情意味、娱乐功能，又兼有礼仪上的实用性，只是有些诗原来派什么用处后人不清楚了，就仅当作普通的歌曲来看待。把《关雎》当作婚礼上的歌来看，从“窈窕淑女，君子好逑”，唱到“琴瑟友之”、“钟鼓乐之”，也是喜气洋洋的、很合适的，当然这首诗本身，还是以男子追求女子的情歌的形态出现的。之所以如此，大抵与在一般婚姻关系中男方是主动的一方有关。就是在现代，一个姑娘看上个小伙，也总要等他先开口，古人更是如此。娶个新娘回来，夸她是个美丽又贤淑的好姑娘，是君子的好配偶，说自己曾经想她想得害了相思病，必定很讨新娘的欢喜。然后在一片琴瑟钟鼓之乐中，彼此相互靠近，美满的婚姻就从这里开了头。即使单从诗的情绪结构来说，从见关雎而思淑女，到结成琴瑟之好，中间一番周折也是必要的：得来不易的东西，才特别可贵，特别让人高兴。

这首诗可以被当作表现夫妇之德的典范，主要是由于有这些特点：首先，它所写的爱情，一开始就有明确的婚姻目的，最终又归结于婚姻的美满，不是青年男女之间短暂的邂逅、一时的激情。这种明确指向婚姻、表示负责任的爱情，更为社会所赞同。其次，它所写的男女双方，乃“君子”和“淑女”，表明这是一种与美德相联系的结合。“君子”是兼有地位和德行双重意义的，而“窈窕淑女”，也是兼有体貌之美和德行之善。这里“君子”与“淑女”的结合，代表了一种婚姻理想。再次，是诗歌所写恋爱行为的节制性。细读可以注意到，这诗虽是写男方对女方的追求，但丝毫没有涉及双方的直接接触。“淑女”固然没有什么动作表现出来，“君子”的相思，也只是独自在那里“辗转反侧”，什么攀墙折柳之类的事情，好像完全不曾想到，爱得很守规矩。这样一种恋爱，既有真实的颇为深厚的感情（这对情诗而言是很重要的），又表露得平和而有分寸，使读者所产生的感动，也不致过于激烈。以上种种特点，恐怕确实同此诗原来是贵族婚礼上的歌曲有关，那种场合，要求有一种与主人的身份地位相称的有节制的欢乐气氛。而孔子从中看到了一种具有广泛意义的中和之美，借以提倡他所尊奉的自我克制、重视道德修养的人生态度，《毛诗序》则把它推举为可以“风天下而正夫妇”的道德教材。这两者视角有些不同，但在根本上仍有一致之处。

《关雎》既承认男女之爱是自然而正常的感情，又要求对这种感情加以克制，使其符合于社会的美德，后世之人往往各取所需的一端，加以引申发挥，而反抗封建礼教的非人性压迫的人们，也常打着《关雎》的权威旗帜，来伸张满足个人情感的权利。譬如《牡丹亭》中的杜丽娘，在被锁深闺、为怀春之情而痛苦时，就从《关雎》中为自己的人生梦想找出了理由——当然，实际上她已经走得很远了。

二、《秦风·蒹葭》

【原文】

蒹葭苍苍[1]，白露为霜。所谓伊人[2]，在水一方[3]，溯洄从[4]之，道阻[5]且长。溯游[6]从之，宛[7]在水中央。

蒹葭萋萋[8]，白露未晞[9]。所谓伊人，在水之湄[10]。溯洄从之，道阻且跻[11]。溯游从之，宛在水中坻[12]。

蒹葭采采[13]，白露未已。所谓伊人，在水之涘[14]。溯洄从之，道阻且右[15]。溯游从之，宛在水中沚[16]。

【注释】

［1］蒹（jiān）：荻。葭（jiā）：芦。苍苍：鲜明貌。《传疏》："蒹葭，即萑（huán）苇之未秀者。"《毛传》："苍苍，盛也。"

［2］所谓：所念。伊人：犹"是人"或"彼人"。指诗人所思念追寻的人。《集传》："伊人，犹言彼人也。"

［3］方：边。在水一方：在水的另一边。

［4］溯（sù）：逆水而行。这里是说傍水走向上游。看下文"道阻且跻"可知是陆行而非水行。洄：回曲盘纡的水道。从：就。

［5］阻：难。

［6］游：通"流"，流是直流的水道。

［7］宛：可见貌，犹言"仿佛是"。从以上四句见出彼人所在的地点似是一条曲水和一条直流相交之处。诗人如沿直流上行，就看见彼人在曲水的彼方，好像被水包围着；如走向曲水的上游，虽然可绕到彼人所在的地方，但道路艰难而且遥远。

［8］萋萋：犹"苍苍"。

［9］晞（xī）：干。

［10］湄（méi）：水草交接之处。

［11］跻（jī）：升，升高。

[12] 坻（chí）：水中高地。

[13] 采采：犹“萋萋”。

[14] 涘（sì）：水边。

[15] 右：古读为“yǐ”，迂曲。

[16] 沚（zhǐ）：小渚（zhǔ），水中间的小块陆地。

【译文】

芦花一片白苍苍，清早露水变成霜。心上人儿她在哪，人儿正在水那方。逆着曲水去找她，绕来绕去道儿长。逆着直水去找她，彷佛在水的中央。

芦花一片白翻翻，露水珠儿不曾干。心上人儿她在哪，那人正在隔水滩。逆着曲水去找她，越走越高道儿难。逆着直水去找她，像在小小洲上水中间。

一片芦花照眼明，太阳不出露水新。心上人儿她在哪，隔河对岸看得清。逆着曲水去找她，曲曲弯弯道儿拧。逆着直水去找她，好像藏身小岛水中心。

【赏析】

如果把诗中的“伊人”认定为情人、恋人，那么，这首诗就是表现了抒情主人公对美好爱情的执着追求和追求不得的惆怅心情。精神是可贵的，感情是真挚的，但结果是渺茫的，处境是可悲的。

然而这首诗最有价值意义、最令人产生共鸣的东西，不是抒情主人公的追求和失落，而是他所创造的“在水一方”——可望难即这一具有普遍意义的艺术意境。好诗都能创造意境。意境是一种格局、一种结构，它具有包容一切具备相似格局、类同结构的异质事物的性能。“在水一方”的结构是“追寻者—河水—伊人”。由于诗中的“伊人”没有具体所指，而河水的意义又在于阻隔，所以凡世间一切因受阻而难以达到的种种追求，都可以在这里发生同构共振和同情共鸣。

由此看来，我们不妨把《蒹葭》的诗意理解为一种象征，把“在水一方”看作是表达社会人生中一切可望难即情境的一个艺术范型。这里的“伊人”，可以是贤才、友人、情人，可以是功业、理想、前途，甚至可以是福地、圣境、仙界；这里的“河水”，可以是高山、深堑，可以是宗法、礼教，也可以是现实人生中可能遇到的任何其他障碍。只要有追求、有阻隔、有失落，就都是它的再现和表现天地。如此说来，古人把《蒹葭》解为劝人遵循周礼、招贤、怀人之诗，今人把它视作爱情诗，乃至有人把它看作是上古之人的水神祭祖仪式，恐怕都有一定道理，似不宜固执其一而否决其他，因为它们都包蕴在“在水一方”的象征意义之中。自然，当我们处在与“在水一方”类似的境遇时，应当欣赏的是它的锐意追求，而不是它的悲观失望。

这首诗以水、芦苇、霜、露等意象营造了一种朦胧、清新又神秘的意境。早晨的薄雾笼罩着一切，晶莹的露珠已凝成冰霜。一位羞涩的少女缓缓而行。诗中水的意象正代表了女性，体现出女性的美，而薄薄的雾就像是少女蒙上的面纱。她一会出现在水边，一会又出现在水之洲。寻找不到，急切而又无奈的心情正如蚂蚁爬一般痒，又如刀绞一般痛。就像我们常说的“距离产生美感”，这种美感因距离变得朦胧、模糊、不清晰。主人公和伊人的身份、面目、空间位置都是模糊的，给人以雾里看花、若隐若现、朦胧缥缈之感。蒹葭、白露、伊人、秋水，越发显得难以捉摸，构成了一幅朦胧淡雅的水彩画。诗的每章开头都采用了赋中见兴的笔法。通过对眼前真景的描写与赞叹，绘画出一个空灵缥缈的意境，笼罩全篇。诗人抓住秋色独有的特征，不惜用浓墨重彩反复进行描绘、渲染深秋空寂悲凉的氛围，以抒写诗人怅然若失而又热烈企慕伊人的心境。诗每章的头两句都是以秋景起兴，引出正文。它既点明了季节与时间，又渲染了蒹苍露白的凄清气氛，烘托了人物怅惘的心情，达到了寓情于景、情景交融的艺术境地。“蒹葭”、“水”和“伊人”的形象交相辉映，浑然一体，用作起兴的事物与所要描绘的对象形成一个完整的艺术世界。开头写秋天水边芦苇丛生的景象，这正是“托象以明义”，具有“起情”的作用。因为芦苇丛生，又在天光水色的映照之下，必然会呈现出一种迷茫的境界，这就从一个侧面显示了诗的主人公心中的那个“朦胧的爱”的境界。王夫之《姜斋诗话》说：“关情者景，自与情相为珀芥也。情景虽有在心在物之分。而景生情，情生景，哀乐之触，荣悴之迎，互藏其宅。”《蒹葭》这首诗就是把暮秋特有的景色与人物委婉惆怅的相思感情交织在一起，从而渲染了全诗的气氛，其创造的一个扑朔迷离、情景交融的意境，正是“一切景语皆情语”的体现。总之，《蒹葭》诗的丰富美感，不论是从欣赏的角度，还是从创作的角度，颇值得我们重视和予以认真的探讨。

三、《周南·桃夭》

【原文】

桃之夭夭[1]，灼灼其华[2]。之子于归[3]，宜其室家[4]。桃之夭夭，有蕡[5]其实。之子于归，宜其家室。桃之夭夭，其叶蓁蓁[6]。之子于归，宜其家人。

【注释】

[1] 夭夭：桃花含苞欲放的样子。

[2] 灼灼：花开鲜明的样子。华：花。

[3] 之子：指出嫁的姑娘。归：女子出嫁。

[4] 宜：和顺，和善。室家：指夫妇。

[5] 蕡（fén）：果实很多的样子。

[6] 蓁蓁（zhēn）：树叶茂盛的样子。

【译文】

桃树含苞满枝头，花开灿烂如红霞。姑娘就要出嫁了，夫妻和睦是一家。桃树含苞满枝头，果实累累坠树丫。姑娘就要出嫁了，夫妻和睦是一家。桃树含苞满枝头，桃叶茂密色葱绿。姑娘就要出嫁了，夫妻和睦是一家。

【赏析】

这首诗非常有名，即便只读过几篇《诗经》中的作品的人，一般也都知道"桃之夭夭，灼灼其华"。这是为什么呢？无非有这样几个原因：第一，诗中塑造的形象十分生动。拿鲜艳的桃花，比喻少女的美丽，实在是写得好。谁读过这样的名句之后，眼前会不浮现出一个像桃花一样鲜艳、像小桃树一样充满青春气息的少女形象呢？尤其是"灼灼"二字，真给人以照眼欲明的感觉。著有《诗经通论》的清代学者姚际恒说，此诗"开千古辞赋咏美人之祖"，并非过当的称誉。第二，短短的四字句，传达出一种喜气洋洋的气氛。这很可贵。"桃之夭夭，灼灼其华。之子于归，宜其室家"，细细吟咏，一种喜气洋洋、让人快乐的气氛，充溢字里行间。"嫩嫩的桃枝，鲜艳的桃花。那姑娘今朝出嫁，把欢乐和美带给。"你看，多么美好。这种情绪，这种祝愿，反映了人民群众对生活的热爱，对幸福、和美的家庭的追求。第三，这首诗反映了这样一种思想：一个姑娘，不仅要有艳如桃花的外貌，还要有"宜室"、"宜家"的内在美。这首诗祝贺人新婚，但不像一般贺人新婚的诗那样，或者夸耀男方家世如何显赫，或者显示女方嫁妆如何丰厚，而是再三再四地讲"宜其家人"，要使家庭和美，确实高人一等。这让我们想起孔子称赞《诗经》的话："《诗》三百，一言以蔽之，曰：'思无邪。'"（《论语·为政》）孔子话的内容当然十分丰富，但其中是否也包括了《桃夭》篇所反映出的思想呢？陈子展先生说："辛亥革命以后，我还看见乡村人民举行婚礼的时候，要歌《桃夭》三章……"（《国风选译》）联系到这首诗所表达的思想，农民娶亲"歌《桃夭》三章"，便是很可理解的了。

《桃夭》篇的写法也很讲究。看似只变换了几个字，反复咏唱，实际上作者是很用心的。头一章写"花"，第二章写"实"，第三章写"叶"，利用桃树的三变，表达了三层不同的意思。写花，是形容新娘子的美丽；写实，写叶，不是让读者想得更多更远吗？密密麻麻的桃子，郁郁葱葱的桃叶，真是一派兴旺景象啊！

四、《卫风·氓》

【原文】

氓之蚩蚩[1]，抱布贸丝。匪来贸丝，来即我谋[2]。送子涉淇，至于顿丘[3]。匪我愆期，子无良媒[4]。将[5]子无怒，秋以为期。

乘彼垝垣，以望复关[6]。不见复关，泣涕涟涟[7]。既见复关，载笑载言[8]。尔卜尔筮，体无咎言[9]。以尔车来，以我贿迁[10]。

桑之未落，其叶沃若[11]。于嗟鸠兮，无食桑葚[12]！于嗟女兮，无与士耽[13]！士之耽兮，犹可说也[14]。女之耽兮，不可说也。

桑之落矣，其黄而陨[15]。自我徂尔，三岁食贫[16]。淇水汤汤，渐车帷裳[17]。女也不爽，士贰其行[18]。士也罔极，二三其德[19]。

三岁为妇，靡室劳矣[20]；夙兴[21]夜寐，靡有朝矣。言既遂[22]矣，至于暴矣。兄弟不知，咥其笑矣[23]。静言思之，躬自悼矣[24]。

及尔偕老，老使我怨[25]。淇则有岸，隰则有泮[26]。总角之宴，言笑晏晏[27]。信誓旦旦，不思其反[28]。反是不思，亦已焉哉[29]！

【注释】

[1] 卫国大致在今河南安阳、鹤壁、濮阳一带，由封康叔建国定都于朝歌（今河南淇县）。氓(méng)：《说文》："氓，民也。"本义为外来的百姓，这里指自彼来此之民，男子之代称。蚩(chī)蚩：憨厚、老实的样子。一说无知貌，一说戏笑貌。

[2] 匪：读为"非"。贸：交易。抱布贸丝是以物易物。即：就。谋：古音"咪"(mī)，商量。"匪来"二句是说那人并非真来买丝，是找我商量事情来了。所商量的事情就是结婚。

[3] 淇：水名（今河南淇河）。顿丘：地名（今河南清丰）。丘：古读如"欺"。

[4] 愆(qiān)：过，误。这句是说"并非我要拖延约定的婚期而不肯嫁，是因为你没有找好媒人"。

[5] 将(qiāng)：愿，请。

[6] 垝(guǐ)：倒塌，倒塌的。垣(yuán)：墙。复：返。关：在往来要道所设的关卡。女望男到期来会。他来时一定要经过关门。一说"复"是关名。

[7] 涟涟：涕泪下流貌。她初时不见氓回到关门来，以为他负约不来了，因而伤心泪下。

[8] 载：语助词。载笑载言：（因为高兴而）又说又笑。

[9] 卜筮(shì)：烧灼龟甲的裂纹以判吉凶，叫做"卜"。用蓍(shī)草占卦叫做"筮"。体：指龟兆和卦兆，即卜筮的结果。无咎言：就是无凶卦。

[10] 贿：财物，指妆奁(lián)。以上四句是"说你从卜筮看一看吉凶吧，只要卜筮的结果

好，你就打发车子来迎娶，并将嫁妆搬去”。

［11］沃若：犹“沃然”，像水浸润过一样有光泽。以上两句以桑的茂盛时期比喻自己恋爱满足，生活美好的时期。

［12］于嗟鸠兮：于，通“吁”（xū），本义为表示惊怪、不然、感慨等，此处与“嗟”皆表感慨。鸠：斑鸠。传说斑鸠吃桑葚过多会醉。

［13］耽（dān）：沉溺，贪乐太甚。

［14］说：读为“脱”，解脱。

［15］陨（yǔn）：陨落。黄：变黄。其黄而陨：犹《裳裳者华》篇的“芸其黄矣”，芸也是黄色。

［16］徂（cú）尔：嫁给你。徂，往。食贫：过贫穷的生活。

［17］汤汤：水势浩大的样子。渐：浸湿。帷裳：车旁的布幔。以上两句是说被弃后渡淇水而归。

［18］爽：差错。贰：“貣”（tè）的误字。“貣”就是“忒”（tè），和“爽”同义。以上两句是说女方没有过失而男方行为不对。

［19］罔极：没有定准，变化无常。二三其德：言行前后不一致。

［20］室劳：家务劳动。靡：无。靡室劳矣：言所有的家庭劳作一身担负无余。

［21］夙：早。兴：起。这句连下句就是说起早睡迟，朝朝如此，不能计算了。

［22］“言”字无义。既遂：就是《谷风》篇“既生既育”的意思，言生活既已过得顺心。

［23］咥（xì）：笑貌。以上两句是说兄弟还不晓得我的遭遇，见面时嬉笑如常。

［24］静言思之：好好地想一想；躬自悼矣：真为自己感到悲伤。

［25］“及尔”二句言当初曾相约和你一同到老，现在偕老之说徒然使我怨恨罢了。

［26］隰（xí）：低湿的地方；当作“湿”，水名，就是漯河，黄河的支流，流经卫国境内。泮（pàn）：通“畔”，水边，边岸。以上二句承上文，以水流必有畔岸喻凡事都有边际。言外之意是如果和这样的男人偕老，那就苦海无边了。

［27］总角：男女未成年时结发成两角，称总角。宴：快乐。晏晏（yàn）：和悦貌。

［28］旦旦：诚恳的样子。反：即“返”字。不思其反：不想那样的生活再回来。

［29］反是不思：是重复上句的意思，变换句法为的是和下句叶韵。哉（古读如“兹”）：语气词。末句等于说“撇开算了罢”！

【译文】

憨厚农家小伙子，怀抱布匹来换丝。其实不是真换丝，找个机会谈婚事。送郎送过淇水西，到了顿丘情依依。不是我愿误佳期，你无媒人失礼仪。望郎休要发脾气，秋天到了来迎娶。

爬上那垛破土墙，遥向复关凝神望。复关远在云雾中，不见情郎泪千行。情郎既从复关来，又说又笑喜洋洋。你去卜卦求神仙，没有凶兆心欢畅。赶着你的车子来，为我搬运好嫁妆。

桑树叶子未落时，缀满枝头绿萋萋。嘘嘘那些斑鸠儿，别把桑葚吃嘴里。哎呀年轻姑娘们，别对男人情依依。男人若是恋上你，要丢便丢太容易。女人若是恋男子，要想解脱难挣离。

桑树叶子落下了，枯黄憔悴任飘摇。自从嫁到你家来，三年穷苦受煎熬。淇水茫茫送我归，水溅车帷湿又潮。我做妻子没差错，是你男人太奸刁。反复无常没准则，变心缺德耍花招。

婚后三年守妇道，繁重家务不辞劳。起早睡晚不嫌苦，忙里忙外非一朝。谁知家业已成后，渐渐对我施凶暴。兄弟不知我处境，个个见我哈哈笑。静下心来细细想，独自伤神泪暗抛。

当年发誓偕白头，如今未老心先忧。淇水滔滔终有岸，沼泽虽宽有尽头。回想少时多欢乐，谈笑之间露温柔。海誓山盟犹在耳，哪料反目竟成仇。莫再回想背盟事，既已终结便罢休！

【赏析】

《卫风·氓》是一首距今二千七百余年的民间歌谣，以一个女子之口，率真地述说了其情变经历和深切体验，是一幅情爱画卷的鲜活写照，也为后人留下了当时风俗民情的宝贵资料。

《氓》的结构，是和它的故事情节与女子叙述时激昂波动的情绪相适应的。全诗共六章，每章十句。第一、二两章是追叙：第一章，叙述自己由初恋而定的；第二章，叙述自己陷入情网，冲破了媒妁之言的桎梏而与氓结婚。诗人叙述到这里，情绪极度激昂，悲愤与悔恨交并，使叙述中断。第三章：她对一群年轻貌美的天真少女，现身说法地规劝她们不要沉醉于爱情，并指出男女不平等的现象。第四章：对氓的负心表示怨恨，她指出，这不是女人的差错，而是氓的反复无常。第五章：接着追叙，叙述她婚后的操劳、被虐和遭兄弟的讥笑而自伤不幸。第六章：叙述幼年彼此的友爱和今日的乖离，斥责氓的虚伪和欺骗，坚决表示和氓在感情上一刀两断。这些都是女子的经历、内心活动、感情变化的再现，结构严整，形成一首千古动人的诗篇。

《氓》在艺术上，也有较高的成就。主要表现在如下几个方面：

（一）现实主义的创作方法

《氓》是诗人现实生活典型情绪的再现，诗人不自觉地运用了现实主义的创作方法，歌唱叙述自己悲惨的遭遇，起了反映、批判当时社会现实的作用。《氓》是民歌，是口头创作。最初广泛地流传于民间，经过无数劳动人民的反复歌唱、不断修改，才形成现在这样的完整诗篇。人们在流传中，把自己在恋爱婚姻方面的感受，渗透到歌唱中去，所以作品富于现实性。诗中女主人公所叙述的是自己的切身经历、自己的感受，都是真情实感。而这种真情实感在阶级社会中是带有普遍性、典型性的。诗人善于把握题材的各种复杂的矛盾。她抓住自己和氓的矛盾，氓是夫权的代理人，他们从夫妻关系而变为压迫与被压迫的关系，透露了男尊女卑、夫权制度的压迫女性社会现实。从她和兄弟之间的矛盾中，反映了当时社会道德、舆论以夫权为中心和弃妇孤立无援的现实。她抓住自己内心的矛盾：婚前没有通过父母之命、媒妁之言是否可以同居呢？见了氓就开心，不见氓就伤心，如何解决见与不见的矛盾呢？这些错综复杂的矛盾，结成诗的主要矛盾——封建礼法制度与妇女对过上幸福家庭生活的愿望的矛盾。这是当时社会中极为显著和普遍的现象。

（二）比兴艺术手法

诗人是农村妇女，农村四周的自然景物是她每天所接触的、熟悉的，诗人触物联想，便歌唱起来。第三章的“桑之未落，其叶沃若”是起兴，比喻年轻貌美的少女初婚的幸福。第四章的“桑之落矣，其黄而陨”也是起兴，比喻弃妇面容憔悴与被弃的痛苦。第三章的“吁嗟鸠兮，无食桑葚”是对喻，喻下两句“吁嗟女兮，无与士耽”。第六章的“淇则有岸，隰则有泮”是反比，以比喻氓的变心是无边无际、不可捉摸的。这些，对于塑造形象，突出主题，加强诗的思想意义，都起了积极作用。

（三）对比的表现手法

这是由于现实矛盾在人们头脑中的反映。其形式有二：①句法对比者，如“女也不爽，士贰其行”；“士之耽也，犹可说也女之耽兮，不可说也”。这是士和女两种不同人物的对比。“桑之未落”与“桑之落矣”的对比，“不见复关”与“既见复关”的对比，都是互相映衬，收到更好地塑造形象、抒发感情的效果。②前后对比者，如氓在未婚时是“言笑晏晏，信誓旦旦”；在婚后则“言既遂矣，至于暴矣”。前后不同的态度互相映衬，描绘出氓虚伪的本质。

（四）借代修辞

诗是形象思维，不是抽象的说教，要用具体的事物抒写抽象的意境。形象的语言，容易引起读者想象、共鸣，增强诗的魅力。《氓》表氓，用“总角”代表幼年；《氓》中诗人以送行之远、乘垣望关表多情；以车来贿迁表同居，以“淇水汤汤，渐车帷裳”表大归；以“三岁”表多年，以“二三”表反复。这和《采薇》的作者用“杨柳依依”代春，“雨雪霏霏”代冬，性质是一样的，收到语言隽永，耐人寻味的效果。

（五）顶真修辞

陈望道《修辞学发凡》说：“顶真是用前一句的结尾来做后一句的起头，使邻接的句子头尾蝉联，而有上递下接趣味的一种修辞法。”这种修辞，多见于歌曲。这可能由于集体歌唱，口耳相传，此唱彼和，互相衔接，便于记诵所产生的一种句式。如“抱布贸丝，匪来贸丝”，“以望复关，不见复关”，“无与士耽，士之耽兮”，“及尔偕老，老使我怨”，“不思其反，反是不思”等，都是《氓》诗中的顶真句。蝉联词不一定都在句首，有的在句中，它们的作用是一样的，都是加强诗的音乐性。

（六）叹辞的应用

诗人抒发强烈的感情或深沉的思想的时候，经常用一种呼声或感叹辞来表达。如当她追叙婚前恋爱生活的时候，感情比较稳定，没有使用叹辞。第三章转入抒情，感情激昂，连用两个“于嗟”（哎呀），四个“兮”（啊）字，两个“也”（呀）字。第四章对“桑落”有所感，用了一“矣”字。第五章诉说被丈夫虐待，被兄弟讥笑，情绪最激动，连用六个“矣”字，借表她沉痛的心情。最后一章对氓表示愤慨和决绝，加强了语气，拖长了音调，坚决地唱出“亦已焉哉”（也就算了吧）！“焉哉”二字连用，就像歌剧幕终，使人有余音袅袅，不绝如缕之感。

（七）呼告的表现手法

由于诗人感情的强烈，对所爱者或所憎者，虽不在面前，却犹在面前，向他陈诉或斥责，这就是呼告的特征。它在抒情诗中用得最普遍。《氓》第三章，诗人叙述她的被弃，心情愤激，把个人的命运和当时一般女子的命运联系起来，仿佛有一群青年女子在她面前，她把自己的痛苦告诉她们，在恋爱过程中，要警惕男子将来会变心，自己将难摆脱祸害：“于嗟女兮，无与士耽！士之耽兮，犹可说也。女之耽兮，不可说也。”这几句呼告，唱出了对男女不平等的社会现象的强烈悲愤。第六章又转为呼告的形式，“及尔偕老，老使我怨”，这时好像氓站在面前，斥责他的誓言是个谎言。接着以少时两情融洽，言笑晏晏，信誓旦旦的情景，反衬氓今日的负心。悲愤之情，又达到了高潮。最后又高呼“不思其反，反是不思，亦已焉哉”！如果这里不用呼告手法向氓发出斥责，是不足以解恨的。

这首诗音调铿锵自然，富有真情实感。诗中用了不少“蚩蚩”、“涟涟”、“汤汤”、“晏晏”、“旦旦”等叠字形容词，它们不但起了摹声绘貌的作用，且加强了诗的音乐性。《诗经》民歌的章法，多半是叠章复唱的。由于《氓》的作者感情复杂，叙事曲折，故分章而不复唱，这在《国风》民歌中是少见的。

第四节　怨刺诗

西周在文武成康时代，史称盛世，其后传至厉王，暴虐无道，上下离心，后汉郑玄《诗谱序》指出："自是而下，厉也、幽也，政教尤衰，周室大坏，《十月之交》、《民劳》、《板》、《荡》，勃然俱作，众国纷然，刺怨相寻。"这些怨刺诗主要是"二雅"之中厉王、幽王时代的作品，作者是统治阶级内部不得志者和士人，诗歌内容是针砭时弊，直刺朝政，忧国忧民，或祈求王朝复兴，或哀叹国运将尽。《板》、《荡》指责厉王无道，变先王之法度，横征暴敛，正告他"殷鉴不远，在夏后之世"。《节南山》将造成王朝危难的责任归于太师尹氏，说他处事不公，结党营私，以致国家濒危，篇末指出，"以究王讻"，乃刺幽王。《正月》、《十月之交》对权臣弄权，宵小当道，祸国殃民十分痛恨，《正月》哀叹国运将尽，痛心疾首："燎之方扬，宁或灭之！赫赫宗周，褒姒灭之！"《瞻卬》直刺幽王宠爱褒姒，以致任用小人，酿成大乱。还有一些诗对自己勤于王事却屡遭谗毁，劳逸不均的现象发泄了自己的不满。

一、《魏风·硕鼠》

【原文】

硕鼠[1]硕鼠，无食我黍！三岁贯女[2]，莫我肯顾。逝将去女[3]，适彼乐土。乐土乐土，爰得我所[4]。

硕鼠硕鼠，无食我麦！三岁贯女，莫我肯德[5]。逝将去女，适彼乐国。乐国乐国，爰得我直[6]。

硕鼠硕鼠，无食我苗！三岁贯女，莫我肯劳[7]。逝将去女，适彼乐郊。乐郊乐郊，谁之永号[8]？

【注释】

[1] 硕鼠：就是《尔雅》的鼫（shí）鼠，又名田鼠，啮（niè）齿类动物，穴居河川沿岸，吃豆粟等物。今北方俗称地耗子。这里用来比喻剥削无厌的统治者。"硕鼠"解作"肥大的鼠"亦可。《郑笺》："硕，大也。大鼠大鼠者，斥其君也。"

[2] 贯：侍奉。三岁贯女：侍奉你多年。三岁言其久，女：汝，指统治者。方玉润《诗经原

始》："三岁，言其久也。"

［3］逝：读为"誓"（《公羊传》徐彦疏引作誓）。去女（汝）：言离汝而去。杨树达《小学述林》卷一："此诗本表示决绝之辞。三家作誓，用本字也。《毛诗》作逝，用假字也。"

［4］爰：犹"乃"。所：指可以安居之处。

［5］德：恩惠。

［6］直：即"值"。得我直：就是说使我的劳动得到相当的价值。

［7］劳：慰问。

［8］之：犹"其"。永号：犹"长叹"。末二句言既到乐郊，就再不会有悲愤，谁还长吁短叹呢？

【译文】

大老鼠啊大老鼠，千万莫吃我黄黍！三年小心服侍你，无人肯把我照顾。发誓就要离开你，去那遥远新乐土。新乐土啊新乐土，那儿有我好住处！

大老鼠啊大老鼠，千万莫吃我麦子！三年小心服侍你，我的恩德谁记起？发誓就要离开你，去那遥远新乐地。新乐地啊新乐地，我的位置在哪里？

大老鼠啊大老鼠，千万莫吃我禾苗！三年小心服侍你，无人肯把我慰劳。发誓就要离开你，去那遥远新乐郊。新乐郊啊新乐郊，谁人还会长哀号？

【赏析】

这首诗出自《国风·魏风》，是一首劳动者之歌。

老鼠偷吃庄稼，因此除掉老鼠是古代先民经常的活动。《礼记·郊特牲》记载，岁末腊祭，"迎猫，为其食田鼠也"。人们呼唤猫的到来，以便把田鼠都吃掉。这首诗把不劳而获的贵族比作大老鼠，它吞食农奴的劳动果实，对农奴的生活却漠不关心，根本没有感恩之心。在这种情况下，农奴们幻想离开这些吸血鬼，到没有剥削的乐土生活。

老鼠作为负面形象出现，这篇作品首开其例。后来出现的文学作品，大多沿袭《硕鼠》的传统，把老鼠作为揭露鞭挞的对象。《韩非子·外储说右上》把依托君主做坏事的奸臣比作社鼠。当然，也有羡慕老鼠那种寄生方式的人，李斯就是典型。《史记·李斯列传》记载，李斯有感于厕鼠和仓鼠悬殊的生存状态，决心做一只仓鼠，这说明其人格之低下，最终落得身死家破的下场。

《硕鼠》的作者幻想逃离现实的社会，前往没有剥削的乐土。这种幻想在《山海经·大荒西经》已经初见端倪："有沃之国，沃民是处。沃之野，凤鸟之卵是食，甘露是饮。凡其所欲，其味尽存。"这是人间理想在神话中的呈现。到了陶渊明的《桃花源记》，则描绘出一幅男耕女织、没有剥削的乐土。不过这片乐土却最终没有被找到。

这首诗不但写出了奴隶们的痛苦，和反抗同时还写出了奴隶们的追求和理想。因此，对比单纯揭露性的作品，它有更高的思想意义，有更大的鼓舞力量。

二、《小雅·北山》

【原文】

陟彼北山，言[1]采其杞。偕偕士子[2]，朝夕从事。王事靡盬[3]，忧我父母。

溥[4]天之下，莫非王土；率土之滨[5]，莫非王臣。大夫不均，我从事独贤[6]。

四牡彭彭[7]，王事傍傍[8]。嘉我未老，鲜我方将[9]。旅力[10]方刚，经营[11]四方。

或燕燕居息[12]，或尽瘁[13]事国；或息偃[14]在床，或不已于行[15]。

或不知叫号[16]，或惨惨劬劳[17]；或栖迟[18]偃仰，或王事鞅掌[19]。

或湛[20]乐饮酒，或惨惨畏咎[21]；或出入风议[22]，或靡事不为。[23]

【注释】

[1] 言：语助词。杞：枸杞，落叶灌木，果实入药，有滋补功用。

[2] 偕偕：健壮貌。士：周王朝或诸侯国的低级官员。周时官员分卿、大夫、士三等，士的职级最低，士子是这些低级官员的通名。

[3] 靡盬（gǔ）：无休止。

[4] 溥（pǔ）：古本作“普”。

[5] 率土之滨：四海之内。古人以为中国大陆四周环海，自四面海滨之内的土地是中国领土。《尔雅》：“率，自也。”

[6] 贤：多、劳。马瑞辰《毛诗传笺通释》：“贤之本义为多……事多者必劳，故贤为多，即为劳。”

[7] 牡：公马。周时用四马驾车。彭彭：形容马奔走不息。

[8] 傍傍：急急忙忙。

[9] 鲜（xiǎn）：称赞。郑笺：“嘉、鲜，皆善也。”方将：正壮。

[10] 旅力：体力。旅通“膂”。

[11] 经营：规划治理，此处指操劳办事。

[12] 燕燕：安闲自得貌。居息：家中休息。

[13] 尽瘁：尽心竭力。

[14] 息偃：躺着休息。偃，仰卧。

[15] 不已：不止。行（háng）：道路。

[16] 叫号：毛传曰“叫呼号召。”吴闿生《诗义会通》：呼召也，不知上有征发呼召。

[17] 惨惨：又作“懆懆”，忧虑不安貌。劬（qú）劳：辛勤劳苦。

［18］栖迟：休息游乐。

［19］鞅掌：事多繁忙。钱澄之《田间诗学》：“鞅掌，即指勤于驰驱，掌不离鞅，犹言身不离鞍马耳。”

［20］湛（dān）：同“耽”，沉湎。

［21］畏咎：怕出差错获罪招祸。

［22］风议：放言高论。傅恒等《诗义折中》：“或出入风议，则己不任劳，而转持劳者之短长。”

［23］靡事不为：无事不作。《诗义折中》：“勤劳王事之外，又畏风议之口而周旋弥缝之也。”

【译文】

爬上高高的北山，去采山上枸杞子。体格健壮的士子。从早到晚要办事。王的差事没个完，忧我父母失侍奉。

普天之下每寸泥，没有不是王的地。四海之内每个人，没有不是王的臣。大夫分派总不公，我的差事多又重。

四马驾车奔驰狂，王事总是急又忙。夸我年龄正相当，赞我身强力又壮。体质强健气血刚，派我操劳走四方。

有人安逸家中坐，有人尽心为王国。有人床榻仰面躺，有人赶路急星火。有人征发不应召，有人苦累心烦恼。有人游乐睡大觉，有人王事长操劳。有人享乐贪杯盏，有人惶惶怕责难。有人溜达闲扯淡，有人百事都得干。

【赏析】

《北山》这篇诗着重通过对劳役不均的怨刺，揭露了统治阶级上层的腐朽和下层的怨愤，是怨刺诗中突出的篇章。

诗的前三章陈述士的工作繁重、朝夕勤劳、四方奔波，发出“大夫不均，我从事独贤”的怨愤。钟惺《诗评》曰：“‘独贤’字不必深解，‘嘉我未老’三句，似为‘独贤’二字下一注脚，笔端之妙如此。”妙是妙在这三句典型地勾画了大夫役使下属的手腕，他又是赞扬，又是夸奖：“你正年龄相当，你的身体这么棒，真是前程不可限量，你多出几趟差，多做些贡献!”统治者驭下的嘴脸活灵活现。后三章广泛运用对比手法，十二句接连铺陈十二种现象，每两种现象是一个对比，通过六个对比，描写了大夫和士这两个对立的形象。大夫成天安闲舒适，在家里高枕无忧，饮酒享乐睡大觉，什么征发号召不闻不问，吃饱睡足闲磕牙，自己不干，谁干却去挑谁的错，说谁的闲话。士却被这样的大夫役使，他尽心竭力，奔走不息，辛苦劳累，忙忙碌碌，什么事都得去干，还成天提心吊胆，生怕出了差错，被上司治罪。这样两种对立的形象，用比较的方式对列出来，就使好与坏、善与恶、美与丑在比较中得到鉴别，从而暴露了等级社会的不合理和不平等的事实及其不合理性。在对比之后全诗戛然而止，没有评论，也没有抒发感慨。姚际恒《诗经通论》评论曰："'或'字作十二叠，甚奇；末句无收结，尤奇。"通过鲜明的对比，读者可以自然地得出结论，多让读者去体味涵咏，不必直写。所以，吴闿生《诗义会通》评论这是"妙笔"。

三、《大雅·生民》

【原文】

厥初生民[1]，时维姜嫄[2]。生民如何？克禋克祀[3]，以弗无子[4]。履帝武敏歆[5]，攸介[6]攸止，载震载夙[7]。载生载育，时维后稷[8]。

诞弥厥月[9]，先生如达[10]。不坼不副[11]，无菑[12]无害，以赫[13]厥灵。上帝不宁，不康[14]禋祀，居然生子[15]。

诞寘之隘[16]巷，牛羊腓字[17]之。诞寘之平林[18]，会[19]伐平林。诞寘之寒冰，鸟覆翼之。鸟乃去矣，后稷呱[20]矣。实覃实订[21]，厥声载[22]路。

诞实匍匐[23]，克岐克嶷[24]，以就[25]口食。蓺之荏菽[26]，荏菽旆旆[27]。禾役穟穟[28]，麻麦幪幪[29]，瓜瓞唪唪[30]。

诞后稷之穑，有相[31]之道。茀[32]厥丰草，种之黄茂[33]。实方实苞[34]，实种实褎[35]。实发实秀[36]，实坚实好[37]。实颖实栗[38]，即有邰[39]家室。

诞降[40]嘉种，维秬维秠[41]，维穈维芑[42]。恒之秬秠[43]，是获是亩[44]。恒之穈芑，是任[45]是负，以归肇[46]祀。

诞我祀如何？或舂或揄[47]，或簸或蹂[48]。释之叟叟[49]，烝之浮浮[50]。载谋载惟[51]，取萧祭脂[52]。取羝以軷[53]，载燔载烈[54]，以兴嗣岁[55]。

卬[56]盛于豆，于豆于登[57]，其香始升。上帝居歆[58]，胡臭亶时[59]。后稷肇祀，庶无罪悔，以迄[60]于今。

【注释】

[1] 民：人，指周人。

[2] 时：是。姜嫄（yuán）：传说中远古帝王高辛氏（帝喾）之妃，周始祖后稷之母。姜是姓。"嫄"亦作"原"，是谥号，取本原之义。

[3] 禋（yīn）、祀：一种野祭。祭时用火烧牲，使烟气上升。这里似指祀天帝。一说指祀郊禖（méi）。禖是求子之神，祭于郊外。

[4] 弗："祓（fú）"的借字。祓是除不祥，祓无子就是除去无子的不祥，也就是求有子。

[5] 履：践，踩。帝：天帝。武：指足迹。敏：脚拇指，"武敏"就是足迹的脚拇指。歆：欣喜。姜嫄践巨人脚印而感生后稷的故事是周民族的传说。

[6] 介：读为"愒"（qì），息。这句是说祭毕休息。

［7］震：娠，就是怀身。夙：肃，言谨守胎教。

［8］时维后稷：即是为后稷。后稷又名弃。

［9］诞：发语词，有叹美的意思。弥：满。弥厥月：言满了怀孕应有的月数。

［10］先生：犹言“首生”。如：读为“而”。达：滑利。这句是说头生子很顺利地出生。

［11］坼（chè）：裂。副（pì）：裂开，剖开。这句是说生得滑利不致产门破裂。

［12］菑（zāi）：“灾”的异体字。

［13］赫：显。这句是说因上述的情况而显得灵异。

［14］宁、康：都训“安”，言上帝莫非不安享我的禋祀吗？这是写姜嫄的惴惧。践大人迹而生子是大怪异的事，姜嫄疑为不祥，所以下文又说“居然生子”。

［15］居然：徒然。生子而不敢养育所以为徒然。这里三句辞义和下章紧相连接。

［16］寘（zhì）：即“置”，搁。隘：狭。这句是说将婴儿弃置在狭巷。

［17］腓（féi）：隐蔽。见《小雅·采薇》篇。字：乳育。

［18］平林：平原上的树林。

［19］会：适逢。这句是说适逢有人来伐木，不便弃置。

［20］呱（gū）：啼哭。

［21］实：与“寔”同，作“是”解。覃（tán）：长。訏（xū）：大。

［22］载：满。以上两句言婴儿哭声壮大。

［23］匐：古音“必”。匍匐：伏地爬行。

［24］岐：知意。嶷：古音“逆”，认识。克岐克嶷：能有所识别。

［25］以：同“已”。就：求。以上三句是说后稷刚能匍匐的时候就很聪颖，能自求口食。

［26］蓺（yì）：种植。荏（rěn）菽：大豆。这句的“蓺之”两字贯下“禾役”、“瓜瓞（dié）”等句。

［27］旆旆（pèi）：即“芾芾（fèi）”，茂盛。

［28］役：《说文》引作“颖”，禾尖。穟穟（suì）：美好。

［29］幪幪（méng）：茂盛覆地。

［30］唪唪（béng）：《说文》引作“菶菶（běng）”，多果实貌。

［31］相：助。以上二句是说后稷的收获有助成之道，即指下文茀草等事。

［32］茀（fú）：拔除。

［33］黄茂：指嘉谷。

［34］方：整齐。苞：丰茂。

［35］种：犹“肿”，肥盛。褎（yòu）：禾苗渐长貌。引申为出众。

［36］发：舒发。秀：初长穗。

［37］坚好：言谷粒充实。

［38］颖：垂穗。栗：犹“栗栗”，众。

［39］邰（tái）：地名，又作“斄”，音同。邰故城在今陕西省武功县西南。

［40］降：天赐。

［41］秬（jù）：黑黍。秠（pī）：一种黑黍。《尔雅·释草》："秠，一稃二米。" 稃（fú）：指米粒的外壳。

［42］穈（mén）：赤苗嘉谷（初生时叶纯色）。芑（qǐ）：白苗嘉谷（初生时色微白）。

［43］恒（gèng）：遍，满。"恒之秬秠" 言遍种秬秠。

［44］是获是亩：收割而分亩计数。

［45］任：犹"抱"。

［46］肇：始。以上五句言遍种四种谷，成熟后收获抱负而归，始祭上帝。

［47］揄（yú）：《说文》引作"舀"，取出。

［48］蹂（róu）：通"揉"，揉搓。

［49］释：淘米。叟叟：亦作"溲溲（sōu）"，释米之声。

［50］烝：同"蒸"。浮浮：《说文》引作"烰烰（fú）"，热气上升貌。

［51］惟：思。言思念于祭祀的事。

［52］萧：香蒿。祭脂：即牛肠脂。祭祀用香蒿和牛肠脂合烧，取其香气。

［53］羝（dī）：公羊。軷（bá）：祭道路之神。

［54］燔（fán）、烈：烧烤。这句是说将萧与脂烧燎起来。

［55］岁：古读如"雪"。嗣岁：来年。

［56］卬（áng）：我。

［57］豆：盛肉食器，木制。登：瓦豆。

［58］居：安。歆：享。

［59］胡：犹"何"。臭：气息，即指上文"其香始升"的香。亶：诚。时：得其时。

［60］迄：到。

【译文】

是谁生下第一代周人，姜嫄就是那位母亲。且说周人怎样降生？有一天姜嫄行禋祭，因为无儿求上帝。她踩着上帝的脚拇指印，心里欢喜。就在那里停下来休息。她怀孕了，不敢大意。后来生了孩子，那就是后稷。

姜嫄怀足了十月胎，头生子像只小羊滑下来。不破也不裂，无灾又无害。这些事情显得多奇怪。莫非上帝不愉快，我的祭祀他不爱。教我有儿不敢养，白白生下来。

把他扔在胡同里，牛羊一起来喂乳；把他扔在树林里，恰巧有人来砍树；把他扔在寒冰上，鸟儿展翅将他护。鸟儿飞去了，后稷哇哇哭。哭声又长又洪亮，大路上听得很清楚。

后稷才会爬，就显出智慧，能把食物找到嘴。他去种大豆，大豆棵棵肥。满田谷穗个个美，麻和麦子盖田野。大瓜小瓜都成堆。

后稷种庄稼，有他的好方法，先把乱草除，后把好种下。苗儿齐整又旺盛，长高又长大。慢慢发育出穗子，结结实实谁不夸。无数的谷穗沉沉挂，后稷到邰地成了家。

天降好种真出奇：两种黑黍叫做秬和秠，又有赤苗的穈和白苗的芑。黑黍遍地仗，收割按亩来算计。抱起背起送家里，回家开始把神祭。

要问祭神怎么祭？有人忙舂米，有人忙舀米，有人舂二道，有人簸糠皮，呴嗖嗖是淘米，气腾腾是蒸米。然后商量好主意，采些香蒿和油脂，公羊先把道神祭。烧起来，烤起来，祈求来年丰产如人意。

祭品盛在木碗里，木碗瓦罐都盛些。香气开始升上天，上帝安然来受祭，这香气为何真正合时宜？自从后稷创祭礼，无灾又无难，直到今日里。

【赏析】

《毛诗序》说："《生民》，尊祖也。后稷生于姜嫄，文武之功起于后稷，故推以配天焉。"它是一首周人叙述其民族始祖后稷事迹的长诗，带有浓厚的传说色彩，而对农业生产的详细描写，也反映出当时农业已同畜牧业分离而完成了第一次社会大分工的事实。

诗共八章，每章或十句或八句，按十字句章与八字句章前后交替的方式构成全篇，除首尾两章外，各章皆以"诞"字领起，格式严谨。从表现手法上看，它纯用赋法，不假比兴，叙述生动详明，写实性很强。然而从它的内容看，尽管后面几章写后稷从事农业生产富有浓郁的生活气息，却仍不能脱去前面几章写后稷的身世所显出的神奇气氛，这无形中也使其艺术魅力大大增强。

诗的第一章写姜嫄神奇地受孕。这章最关键的一句话是"履帝武敏歆"，对这句话的解释众说纷纭，历来是笺注《诗经》的学者最感兴趣的问题之一。《毛传》把这句话纳入古代的高禖（古代帝王为求子所祀的禖神）祭祀仪式中去解释，云："后稷之母（姜嫄）配高辛氏帝（帝喾）焉。……古者必立郊禖焉，玄鸟至之日，以大牢祠于郊禖，天子亲往，后妃率九嫔御，乃礼天子所御，带以弓韣（dú），授以弓矢于郊禖之前。"也就是说高辛氏之帝率领其妃姜嫄向生殖之神高禖祈子，姜嫄踏着高辛氏的足印，亦步亦趋，施行了一道传统仪式，便感觉怀了孕，求子而得子。唐代孔颖达的疏也执此说。但汉代郑玄的笺与《毛传》的说法不同，他认为姜嫄是踩了天帝的足迹而怀孕生子的。其云："姜嫄之生后稷如何乎？乃禋祀上帝于郊禖，以祓除其无子之疾，而得其福也。帝，上帝也；敏，拇也。……祀郊禖之时，时则有大神之迹，姜嫄履之，足不能满履其拇指之处，心体歆歆然，其左右所止住，如有人道感己者也。于是遂有身。"这样的解释表明君王的神圣裔传来自天帝，是一个神话。然在后世，郑玄的解释遭到了王充、洪迈、王夫之等人的否定。现代学者闻一多对这一问题写有《姜嫄履大人迹考》专文，认为这则神话反映的事实真相，“只是耕时与人野合而有身，后人讳言野合，则曰履人之迹，更欲神异其事，乃曰履帝迹耳”。

诗的第二章和第三章写后稷的诞生与屡弃不死的灵异。后稷名弃，据《史记·周本纪》的解释，正是因为他在婴幼时曾屡遭遗弃，才得此名。此篇对他三次遭弃又三次获救的经过情形叙述十分细致。第一次，后稷被扔在小巷里，结果是牛羊跑来用乳汁喂养了他；第二次，后稷被扔进了大树林，结果正巧有樵夫来砍柴，将他救出；第三次后稷被扔在了寒冰之上，结果天上飞来只大鸟，用温暖的羽翼覆盖他、温暖他。初生的婴儿经历了如此大的磨难，终于哇哇哭出了声，声音洪亮有力，回荡在整条大路上，预示着他将来会创造辉煌的业绩。那么，对于后稷遭弃之谜，历代经史学家有许多解释。贱弃说在鲁诗中就已产生，刘向《列女传》和郑玄笺都执此说。另一较早的说法是遗腹说，最早由马融提出。此后，苏洵持难产说，朱熹持易生说，王夫之持避乱说，臧琳持早产说，胡承珙持速孕说。另外又有晚生说、怪胎说、不哭说、假死说、阴谋说等等。近世学者则多从民俗学角度出发，各倡轻男说、杀长说、宜弟说、触忌说、犯禁说等。英雄幼时蒙难是世界性的传说故事母题，一连串的被弃与获救实际上是仪式性的行为。古代各民族中常有通过弃置而对初生婴儿体质作考验或磨炼的习俗，这种做法名为“暴露法”，弃子传说则是这种习俗遗迹的反映。弃子神话正是为了说明一个民族的建国始祖的神圣性而创造的，诞生是担负神圣使命的英雄（具有神性）最初所必经的仪式，他必须在生命开始时便接受这一考验。而所有的弃子神话传说都有这么一个原型模式：①婴幼期被遗弃；②被援救并成长为杰出人物；③被弃和获救都有神奇灵异性。此诗第三章中的弃子故事，自然也不例外。

诗的第四至第六章写后稷有开发农业生产技术的特殊禀赋。他自幼就表现出这种超卓不凡的才能，因有功于农业而受封于部。他种的农作物品种多、产量高、质量好，丰收之后便创立祀典。这几章包含了丰富的上古农业生产史料，其中讲到的农作物有荏菽、麻、麦子、瓜、秬、秠、穈、芑等；对植物生长周期的观察也很细致，发芽、出苗、抽穗、结实，都有详细的描述；而对除杂草和播良种的重视，尤其引人注意。这说明周民族已经开始成为以农耕为主要生产方式的民族。甲骨文中，“周”字写作，田是田地，四点像田中密植的农作物，可见周民族的命名是与农业密切相关的。据史载，弃因善于经营农业，被帝尧举为农师，帝舜时他又被封到部地。弃号后稷，后是君王的意思，稷则是一种著名的农作物名。周人以稷为始祖，以稷为谷神，以社稷并称作为国家的象征，这一切都表明周民族与稷这种农作物的紧密联系。那么对于稷具体究竟是哪一种谷物的问题，唐宋人多以为稷即穄，是黍的一种，清代经学家、小学家则普遍认为就是高粱，这几乎已成定论。今人又有新说，认为它是禾的别名，也就是粟，去种皮则称小米。这几章修辞手法的多样化，使本来容易显得枯燥乏味的内容也变得跌宕有致。修辞格有叠字、排比等，以高密度的使用率见其特色，尤以“实……实……”格式的五句连用，最富表现力。

诗的最后两章，承第六章末句“以归肇祀”而来，写后稷祭祀天神，祈求上天永远赐福，而上帝感念其德行业绩，不断保佑他并将福泽延及他的子子孙孙。诗中所述的祭祀场面很值得注意，它着重描写粮食祭品而没有提到酒（虽然也是用粮食制成），这大约也表明后稷所处的尧舜时代酒还没有发明吧。据《战国策·魏策》记载：“昔者帝女令仪狄作酒而美，进之禹。禹饮而甘之，遂疏仪狄，绝旨酒，曰：后世必有以酒亡其国者。”中国酒的发明在夏代，此诗的叙述当可作为一个重要的旁证。而烧香蒿和动物油脂这一细节，恐怕也是后稷所创祭典的特殊之处。“上帝居歆”云云，则反映出当时可能有人扮的神尸来享用祭品，可供研究上古礼制参考。全诗末尾的感叹之词，是称道后稷开创祭祀之仪得使天帝永远佑护周民族，正因后稷创业成功才使他有丰硕的成果可以作为祭享的供品，后稷作为广为赞颂的对象也是当之无愧的。

第三编

史学——学史明智

第七章　史部概说

在中国传统的古典目录学体系中，史部的出现和定型有独特的历史过程。史部不仅并非同传统目录学相伴随，而且在产生之后，其内部的门目划分还一直不断调整。《汉书·艺文志》中记载，上古有“左史记言，右史记事”的说法。虽然“言”与“事”都随时会成为历史，但是后来目录学中的史部，却都是以记事的内容为主。包括诏令奏议之类的“言论”，也是因其所言属朝政世事而被编入史部；至于谈思想、讲理论，或阐释某种技艺的言论，则有些入经部，有些入子部，均与史部无涉。

从四部内容上看，史部是四部分类当中最晚出现的一个部。现在所知我国古代最早的图书目录《七略》，是西汉末年成帝时刘向等编纂、汉哀帝时刘歆最后纂辑成书的。《七略》原书久已佚失，但东汉班固编著的《汉书》在《艺文志》中完全采用了《七略》的分类方法，并且沿承了《七略》诸略的名称。

《汉书·艺文志》之后，直到唐初纂修《隋书》之前，正史中均再未设立艺文志。曹魏时人郑默，编著了一部名为《中经》的目录书籍。至西晋，荀勖在此基础上，撰著了一部新的典籍目录，名为《晋中经》或《晋中经簿》，为与郑默的《中经》相区别，史称“《中经新簿》”。

《中经新簿》在我国古代目录学史上占有重要地位，即由此初步创立了四部分类法。它把所有典籍划分为甲、乙、丙、丁四部，大略相当于后世的经、子、史、集，另外把佛经附录于四部之外。当时，把相当于后世史部的书籍列入丙部，排在乙部子书的后面。至东晋李充编制《晋元帝四部书目》，才开始把后世的史部书列为乙部，子部书列为丙部，由此确立了经、史、子、集的排列次序。与李充约略同一时期的葛洪，在《抱朴子外篇》的自序中，谈到各类书籍时，其排列次序，为“五经七史百家之言，兵事杂技”，其中也是把史部书籍列在子部之前。这说明经、史、子、集的排列次序，在东晋时已经成为普遍定制。在这之后，最迟在梁元帝校定秘阁图书时，已经采用了经、史、子、集的名称。

由荀勖创立并经李充排定次序的经、史、子、集四部分类法，成为此后各种书目特别是官修书目的主流，一直沿袭到清末。

第一节　史部体例

中国古代史学于先秦时期肇始与形成，于秦汉至隋唐时期发展和成熟，于两宋至明清时期日益深化并出现了变革的趋势。史部的书有多种体裁，我们现在按照《四库全书总目》的分类方式列出以下15种。

一、纪传体史

纪传体是由司马迁的《史记》所创立、后为中国历代正史所遵循的一种体裁，也是中国史书中地位最高、包容量最大的一种体裁。

纪传体史书是以人物传记为中心，本纪、列传、世家（载记）、书志、表和史论等多种形式相配合的综合体史书。其中，本纪基本上是编年体，也有关于帝王本人的事迹；列传，是各个领域代表人物的传记；世家，是诸侯和贵族的历史；载记，是割据政权的历史；书志，是关于典章制度和社会文化生活各方面的历史；表，是用表的形式来表述错综复杂的社会情况；史论，是关于历史人物和历史事件的议论。更具体地说，列传里有人物的专传、合传、杂传，书志里包括经济史、地理书、法制史和学术史。纪传体把这些体裁综合起来，形成一个相互配合的整体。因此，它既是多种体裁的混合，又有自己特殊的规格，形成了一种新的体裁。

唐代刘知几所著的《史通》是世界上第一部系统的史学理论著作，其中对中国史书的体裁有详尽的论述，指出纪传体史书的优点是以记述历史人物为中心，可以更多反映各类人物在历史上的活动，同时因记述的范围比较广泛，便于通观一个时期历史的发展形势；缺点是难以清楚表述历史发展的时间顺序和各事件、各人物之间的相互联系。故唐皇甫湜在《编年纪传论》中称其“举其大纲而简于叙事，是以多阙载、多逸文”。

纪传体、编年体各有优缺点，无法互相代替。刘知几在《史通》的《二体》篇中总结说：“然则班、荀二体，角力争先，欲废其一，固亦难矣。”他认为编年体、纪传体是中国史学中最有发展潜力的两种体裁，两者互相补充，不可偏废其一。史学的发展也证明了刘知几的先见之明，在此后很长一段时间内，纪传体和编年体成为记述历史的主要体裁，只是各个时代流行的程度不一样。《史记》、《汉书》相继问世后，纪传体就成为历代王朝正史的主要模式，编年体一度式微；但自《资治通鉴》

问世后，编年体史书再度振兴。

二、编年体史

编年体是较早出现的一种史书体裁，其最早的一部完整作品是《春秋》，此后有《左传》、《竹书纪年》等，或出现于春秋末期，或出现于战国时期。这种体裁以时间为线索，按年、月、日顺序记述史事。刘知几同样指出编年体的优缺点，优点是按照时间顺序记载史事，线索清晰、易于掌握；缺点是因以记事为原则，很多重要历史人物因与所记史事无关而无法记载。另外，编年体以时间为经，以事件为纬，比较容易反映同一时期各个历史事件的联系，但不易于集中反映同一历史事件前后的联系。白寿彝分析道："编年体的好处是可以在同一年代内看出不同方面的史实，有利于对历史之总的考察。而且，史事之年代顺序的排列，可以发现记载上的分歧和错误，更利于对史事真相的考核。它的缺点是，在同一年代记载的史事，头绪较多，对于一般的读者来说，往往不容易看出一个眉目来。"① 编年体为了弥补以上缺陷，在按年代记载史事的同时，有时追叙往事，有时附带记述后事，并不严格按时间的先后来叙述。其中东汉末荀悦的《汉纪》运用连类列举，即历史人物的"言行趣舍，各以类书"的方法，扩大了编年史可容纳的范围。北宋司马光主编的《资治通鉴》进一步丰富了编年体的编撰方法，取得了辉煌的成就，使编年体史书一度兴盛。在它的影响下，出现了南宋李焘的《续资治通鉴长编》、李心传的《建炎以来系年要录》，清毕沅的《续资治通鉴》、夏燮的《明通鉴》等一系列编年体史著。从此，编年体与纪传体史书相颉颃，成为中国史书中的另一大宗。此外，汉代以后出现的历朝的"起居注"和"实录"，也是一种编年体史书，是从编年体演化出来的一个重要分支。

三、纪事本末体

纪事本末体出现得较晚，是由南宋袁枢在《通鉴纪事本末》中创立的。《通鉴纪事本末》把《通鉴》中的记载归纳为239个事目，分别详其本末，归类叙述。《四库全书总目提要》赞曰："纪传之法，一事而复见数篇，宾主莫辨。编年之法，一事而隔越数卷，首尾难稽。编年纪传贯通为一，实前古所未见。"这是说，纪事本末体把

---

① 白寿彝：《谈史书的编撰》，《中国史学史论集》，北京：中华书局，2001年，第496页。

一件一件的史事，分着纪其本末，可以弥补编年和纪传二体之缺失。此书出现以后，有很多效仿者。因袁枢之书以《通鉴》为限，只到五代，于是就有《宋史纪事本末》，以至《元史纪事本末》、《明史纪事本末》、《清史纪事本末》、《辽史纪事本末》、《金史纪事本末》、《西夏纪事本末》和《左传纪事本末》。此一体例，共有9部书，合称“九朝纪事本末”，是中国史学体裁上的一个创新。纪事本末体的特点是以记事为主，把历史上的大事，详其首尾，集中表述其过程。它的优点是克服了编年体和纪传体“首尾难稽”的缺点，便于读者掌握历史事件的完整脉络，与今日流行的章节体史书有异曲同工之妙。因此，清代史学理论家章学诚很推崇这种史书体裁，称之“文省于纪传，事豁于编年”。但是，纪事本末并不容易写，它需要作者先分清事情的轻重，识历史大体，否则会遗漏掉一些重要的历史信息。例如，《通鉴纪事本末》在内容上把《通鉴》中的记载归纳为239个事目，对于经济、文化等非“事”的历史内容则无法记述。钱穆分析此书之“事目”后指出，袁书“重变不重常，重外不重内，并亦没有制度，没有人物”①，明确地指出了《通鉴纪事本末》的缺点。

四、别史

别史，私人撰写、记录历代或一代史实并关系当朝执政的史书。例如孔子编订《尚书》时将一部分被剔除的、不重要的内容（《史记》中这样记载，不一定符合史实）保存在《逸周书》里，《逸周书》就是别史。

五、杂史

杂史不受体例限制，博录所闻，虽杂荒疏浅，却可弥补官修史书的疏漏与不足，包括家史、外史、小史、稗史、野史、逸史等类别。整理纵横家到各国游说的资料而编成的《战国策》就是杂史。

六、诏命奏议

诏命奏议是文件汇编，像《唐大诏令集》。

---

① 钱穆：《中国史学名著》，北京：生活·读书·新知三联书店，2004年，第200页。

七、传记

传记，正史之外根据各种书面的、口述的回忆、调查等相关材料，加以选择性地编排、描写与说明，形成的主要记述人物生平事迹的著作，像《唐才子传》。

八、史钞

史钞是将一些卷帙浩繁的历史书改编或删减而形成的节选本史书，便于大家学习。

九、载记

载记，记载不属于正统王朝的割据政权的事迹。这种题材主要是记载少数民族、中央政权控制比较薄弱的地方的历史。例如在春秋战国时期吴越还比较边远，未归王化政权，所以《吴越春秋》就是载记。

十、时令

时令，有关时令的书籍，上自国家典制，下至民间风俗，像《岁时广记》。

十一、地理

地理，即地理书。按传统的分类，地理书是放在史部的，比如《水经注》、《大唐西域记》和《徐霞客游记》都是在史部。

十二、职官

职官，就是政治制度，像《唐六典》。

十三、政书

政书，主要记载典章制度沿革变化及政治、经济、文化发展状况的专书。“三通”——《通志》、《通典》和《文献通考》，影响较大。

十四、目录

目录，“目录之学，学中第一紧要事，必从此问途，方能得其门而入”。像《四库全书总目》，本来是编订《四库全书》的一个副产品，但是在学界的作用非常大，成为阅读古代文献的“地图”，研究学术的导航定位系统。有了目录，对图书有总体的把握，才知道读每种书是什么地位，有多大价值。

十五、史评

史评，以评论史籍为宗旨的著述，一般认为始于刘知几《史通》，后来还有《文史通义》等。史评范围有评史事、评史书、评史法、评史家、评编纂等。

第二节 “二十四史”略论

“二十四史”总共3249卷，约有4000万字。它记叙的时间，从第一部《史记》记叙传说中的黄帝起，到最后一部《明史》记叙到明崇祯十七年（1644）止，前后历时四千多年，用统一的本纪、列传的纪传体编写。二十四史的内容非常丰富，记载了历代经济、政治、文化艺术和科学技术等各方面的事迹。

一、《史记》

西汉司马迁著，130卷。

《史记》最初没有固定书名，或称“太史公书”，或称“太史公记”，其作者司马迁也被称作“太史公”。“史记”本来是古代史书的通称，从三国开始，“史记”由通称逐渐成为“太史公书”的专名。

作者司马迁，字子长，左冯翊夏阳人。生于汉景帝中元五年（前145），大约卒于汉武帝征和三年（前90）。司马迁的父亲司马谈在汉中央政府做太史令，负责管理皇家图书和收集史料，研究天文历法。司马谈打算编写一部通史，愿望没有实现就死去了。临死的时候，嘱咐司马迁完成他未竟的事业。

司马迁幼年时就很刻苦，10岁开始学习当时的古文，后来跟着董仲舒、孔安国学过《春秋公羊传》、《古文尚书》。汉武帝元朔三年（前126），司马迁20岁，满怀求知的欲望，游遍了祖国的名山大川，到处考察古迹，采集传说。通过对历史遗迹和西汉建国前后的史实的实地调查，司马迁开阔了胸襟，增长了知识，为后来编写《史记》做了充分的准备。司马谈死后，司马迁承袭父职，做了太史令，看到了大量的图书文献和国家档案，这对司马迁编写《史记》是一个不可缺少的条件。

汉武帝太初元年（前104），司马迁开始编写《史记》。天汉二年（前99），李陵率兵随李广利出击匈奴，兵败投降。汉武帝向司马迁询问对李陵的看法，于是，司马迁说，李陵投降，是因为寡不敌众，又没有救兵，责任不全在李陵身上。汉武帝认为司马迁有意替李陵庇护开脱，贬责汉武帝的爱姬李夫人的哥哥李广利。于是，把司马迁投进监狱，处以腐刑。三年后他被赦出狱，更加发奋写作《史记》。大约在征和二年（前91），基本上完成了编撰工作。司马迁死后许多年，他的外孙杨恽才把这部52万多字的不朽名著公之于世。

二、《汉书》

东汉班固著，100卷。

继司马迁撰写《史记》之后，班固撰写了《汉书》。班固，字孟坚，扶风安陵人，生于东汉光武帝建武八年（32）。父亲班彪是一个史学家，曾作《后传》65篇来续补《史记》。《汉书》就是在《后传》的基础上完成的。和帝永元元年，班固随从车骑将军窦宪出击匈奴，参与谋议。后因事入狱，永元四年（92）死在狱中。那时《汉书》还有八表和《天文志》没有写成，汉和帝叫班固的妹妹班昭补作，马续协助班昭作了《天文志》。班昭是“二十四史”中唯一的女作者。

《汉书》包括本纪12篇，表8篇，志10篇，列传70篇，共100篇，后人划分为120卷。它的记事始于汉高帝刘邦元年，止于王莽地皇四年。

与《史记》相比，《汉书》的体例已经发生了变化。《史记》是一部通史，《汉书》则是一部断代史。《汉书》把《史记》的“本纪”省称“纪”，“列传”省称

"传"，"书"改曰"志"，取消了"世家"，汉代勋臣世家一律编入传。这些变化，被后来的一些史书沿袭下来。

《汉书》记载的时代与《史记》有交叉，汉武帝中期以前的西汉历史，两书都有记述。这一部分，《汉书》常常移用《史记》，但由于作者思想境界的差异和材料取舍标准不尽相同，移用时也有增删改易。

《汉书》新增加了《刑法志》、《五行志》、《地理志》、《艺文志》。《刑法志》第一次系统地叙述了法律制度的沿革和一些具体的律令规定；《地理志》记录了当时的郡国行政区划、历史沿革和户口数字，有关各地物产、经济发展状况、民情风俗的记载更加引人注目；《艺文志》考证了各种学术派别的源流，记录了存世的书籍，它是我国现存最早的图书目录；《食货志》是由《平准书》演变来的，但内容更加丰富了。它有上下两卷，上卷谈"食"，即农业经济状况；下卷论"货"，即商业和货币的情况，是当时的经济专篇。

《汉书》中有一篇《古今人表》，从太昊帝记到吴广，有"古"而无"今"，因此引起了后人的诟病。后人非常推崇《汉书》的《百官公卿表》，这篇表首先讲述了秦汉分官设职的情况，各种官职的权限和俸禄的数量，然后用分为 14 级、34 官格的简表，记录汉代公卿大臣的升降迁免，详细地展现了当时的官僚制度和官僚的升迁。

从思想内容来看，《汉书》不如《史记》。班固曾批评司马迁"论是非颇谬于圣人"，这集中反映了两人的思想分歧。所谓"圣人"，就是孔子。司马迁不完全以孔子思想作为判断是非的标准，正是值得肯定的，而班固的见识却不及司马迁。从司马迁到班固的这一变化，反映了东汉时期儒家思想作为封建正统思想，已在史学领域站稳了脚跟。

三、《后汉书》

南朝宋范晔著，120 卷。

《后汉书》90 卷，南朝宋范晔撰。范晔字蔚宗，顺阳人。出生于一个世族家庭。他的祖父范宁曾任晋豫章太守，著《谷梁集解》一书。《十三经注疏》中的《谷梁传注疏》就是以《谷梁集解》为基础写成的。他的父亲范泰官拜金紫光禄大夫，加散骑常侍，是宋武帝刘裕的得力助手。他博览群书、潜心著述，作《古今善言》24 篇。所以范晔有很深的家学渊源，一直以名门之后自居，生性孤傲，不拘小节，仕宦不甘居人后，著述也不甘居人后。他以此成名，也以此丧身。

元嘉九年（432），范晔在为彭城太妃治丧期间，行为失检而得罪了司徒刘义康，被贬为宣城太守，范晔郁郁不得志，就借助修史来寄托他的志向，开始写作《后汉书》。元嘉二十二年（446），当他完成了本纪、列传的写作，并与谢俨共同完成《礼乐志》、《舆服志》、《五行志》、《天文志》、《州郡志》等五志的时候，有人告发他参与了刘义康的篡位阴谋，因此被捕入狱而死。谢俨怕受牵连，毁掉了手中的志稿，使《后汉书》只有纪传部分流传了下来。

在范晔《后汉书》之前，已问世的有关东汉历史的重要著作不下十部，范晔以《东观汉记》为基本史料依据，以华峤书为主要蓝本，吸收其他各家书的长处，删繁补缺，整齐故事，超越众家，后来居上。所以到了唐代，范晔《后汉书》取代《东观汉记》，与《史记》、《汉书》并称“三史”，盛行于世。而诸家《后汉书》，除袁宏《后汉纪》外，都相继散亡。于是范晔《后汉书》成为我们现在研究东汉历史的最基本的依据。范晔《后汉书》的记述，起于刘秀起兵推翻王莽，止于汉献帝禅位于曹丕，详载了东汉一百九十五年的历史。

四、《三国志》

西晋陈寿著，65卷。

《三国志》65卷，包括《魏书》30卷，《蜀书》15卷，《吴书》20卷，主要记载魏、蜀、吴三国时期的历史。作者陈寿，字承祚，巴西安汉（今四川南充）人，生于汉后主刘禅建兴十一年（233），死于晋惠帝元康七年（297）。他在蜀汉做过官，30岁时，蜀汉政权灭亡，入晋后做过晋平令、著作郎。陈寿写《三国志》之前，社会上已出现了一些有关魏、吴的史作，如王沈的《魏书》、鱼豢的《魏略》、韦昭的《吴书》等。《三国志》中的《魏书》、《吴书》，主要取材于这些史书。蜀政权没有设置史官，无专人负责搜集材料，编写蜀史。《蜀书》的材料是由陈寿采集和编次的。陈寿写书的年代靠近三国，可供利用的成果并不多，加上他是私人著述，没有条件获得大量的文献档案。我们阅读《三国志》时，就会发现有史料不足的缺陷，内容显得不够充实。由于陈寿没有编写志，我们要了解三国时代的典章制度，只好借助于《晋书》。《三国志》善于叙事，文笔简洁，剪裁得当，当时就受到赞许。与陈寿同一时期的夏侯湛写作《魏书》，看到《三国志》，认为没有另写新史的必要，就毁弃了自己的著作。后人对《三国志》更是推崇备至，认为在记载三国历史的史书中，独有陈寿的《三国志》可以同《史记》、《汉书》相媲美，可惜的就是内容太少。因此，其他各家的三国史相继泯灭无闻，只有《三国志》一直流传至今。

五、《晋书》

唐房玄龄等著，130 卷。

《晋书》130 卷，包括帝纪 10 卷，志 20 卷，列传 70 卷，载记 30 卷，记载了始于司马懿止于晋恭帝元熙二年（420），包括西晋和东晋的历史，并用“载记”的形式兼述了十六国割据政权的兴亡。

唐太宗是一位有作为的君主，他非常重视史书的撰修工作。而在唐太宗以前，有关晋代的史料，没有一家令人满意。唐太宗在修晋书诏中对各家史著逐一进行了批评，并提出撰写一部系统、完整、旨趣较高的晋史，这是唐太宗的一大心愿。贞观二十年（646），他下诏让房玄龄、褚遂良、许敬宗担任监修，组织编写《晋书》。

众人撰写《晋书》，从受命到成书，仅历时两三年。成书时间之所以较短，主要有两个原因，一是《晋书》由于有政府作后盾，人力、物力、财力和图书档案资料都有保证，这些条件，是私人修史无法比拟的；二是有多种晋史著述可供参考，成书自然较为容易。

在取材方面，《晋书》没有十分注意史料的甄别取舍，喜欢采用小说笔记里的奇闻轶事，对《搜神录》、《幽明录》中一些荒诞不经之谈也加以收录，有损它的史料价值。另外，书中有记事前后矛盾和疏漏遗脱的地方。《晋书》的执笔人，大多擅长诗词文赋，撰史过程中，有片面追求辞藻华丽的倾向。因此，后人批评它“竞为绮艳，不求笃实”，这也是《晋书》的缺点之一。

六、《宋书》

南朝梁沈约著，100 卷。

《宋书》是一部纪传体断代史著，记述南朝刘宋王朝自刘裕建基至刘准收尾六十年的史实。全书 100 卷，纪 10 卷，志 30 卷，列传 60 卷。作者根据何承天、徐爰等所著宋史旧本，旁采注纪，撰续成书。

《宋书》纪传部分成于南齐永明六年（488），诸志成于隆昌元年之后。全书以资料丰富而著称于史林，为研究刘宋一代历史的基本史料。

各志工程巨大，内容详备，篇幅几乎占全书之半。志前有《志序》，详述前代修志情况，并上溯各志所记制度源流，可为考补前史缺志之助。《州郡志》记三国以来地理沿革及东晋以来侨州郡县情况，有补于史事考证。《律历志》全载景初、元嘉、大明三历文字，为历法学的珍贵资料。

《乐志》记叙汉魏及两晋乐府情况，乐府诗章有分类开录，并保存有汉魏以来大量乐府诗篇及乐舞文辞，其中“古辞”多为汉代遗篇，是研究乐府及诗史的重要文献。纪传叙事详密，列目入载 230 多人。纪传中收录的大量诏令、奏疏、书札及文章，虽冗长，但具有多方面的史料价值。

沈约，是南朝著名史学家、文学家、声律学家，字休文，吴兴武康人。父沈璞，刘宋时为淮南太守，于元嘉末年皇族争权夺位之乱中被害，此时沈约只有 13 岁。少年时代，沈约横遭家难，潜窜流寓，家境孤贫。他笃志好学，读书昼夜不倦，遂博通群籍，善属诗文。卒于天监十二年（513），享年 73 岁，谥曰“隐”，后世亦称“隐侯”。

七、《南齐书》

南朝梁萧子显著，59 卷。

《南齐书》现存 59 卷，其中帝纪 8 卷，志 11 卷，列传 40 卷，所缺一卷为《自序》。《南齐书》记述南朝萧齐王朝自齐高帝建元元年（479）至齐和帝中兴二年（502）共二十三年的历史，是现存最早的关于南齐的纪传体断代史。原名《齐书》，至宋代为区别于李百药所著《北齐书》，改称为《南齐书》。

萧子显，字景阳，南朝历史学家、文学家。萧子显为皇族出身，博学多识，擅长写作；又是自齐入梁的贵族人物，对南齐许多史事、王室情况非常熟悉，有些甚至亲身经历过，加之梁朝取代南齐，未经重大战乱，许多图书文籍得以保存，这些都为萧子显撰著史书提供了有利条件。

八、《梁书》

唐姚思廉著，56 卷。

《梁书》记载自梁武帝萧衍建国至梁敬帝萧方智亡国共五十六年间的历史，是姚察及其子姚思廉两代人辛勤撰写而成。

姚察，字伯审，吴兴武康人，南朝历史学家。历经梁、陈、隋三朝，于陈朝任秘书监、领大著作、吏部尚书等职，于隋朝任秘书丞。入隋后于文帝开皇九年（589）又受命编撰梁、陈两代历史，未竟而卒。临终时嘱其子姚思廉继续完成撰史工作。

姚思廉，字简之，姚思廉在撰史工作中，充分利用了其父已完成的史著旧稿。自贞观三年（629）至贞观十年（636），历时七年最终完成了《梁书》与《陈书》的撰写工作。

姚察及姚思廉父子虽为史学家，但都有较深厚的文字素养，于史文撰著方面，文字简洁朴素，力戒追求辞藻的华丽与浮泛，继承了司马迁及班固的文风与笔法，在南朝诸史中是难能可贵的。

九、《陈书》

唐姚思廉著，36 卷。

《陈书》全书帝纪 6 卷，列传 30 卷，共 36 卷，无表志。《陈书》是南朝陈的纪传体断代史著作，记载了自陈武帝陈霸先即位至陈后主陈叔宝被隋文帝灭国首尾三十三年间的史事，由姚察及其子姚思廉两代人撰写完成。姚察，字伯审，吴兴武康人；姚思廉，字简之，陈亡后，迁家关中，为万安人。两人事迹可参阅本书的《梁书》的介绍。

陈朝封建政权只存在了三十三年，在政治、经济、文化方面没有特别的建树。或许与此有关，《陈书》内容比不上《梁书》那样充实，本纪和列传都过于简略。

十、《魏书》

北齐魏收著，130 卷。

《魏书》全书共 124 卷，其中本纪 12 卷，列传 92 卷，志 20 卷。因有些纪、列传和志篇幅过长，又分为上、下或上、中、下三卷，实共 130 卷。

鲜卑族是我国古代东北大兴安岭东麓一个古老的民族。公元 1 世纪末，随着匈奴帝国的解体，鲜卑族逐渐向西迁徙，成为大漠一个强大的民族集团，公元 3 世纪初，鲜卑拓跋部首领猗卢在塞北建立了代国。公元 376 年，代政权被氐族建立的前秦消灭。公元 386 年，拓跋鲜卑各部复拥拓跋珪为代王，重建政权。拓跋珪解散了拓跋鲜卑原有的部落组织，定居农耕，迁都平城，于公元 398 年改称魏，史称北魏。由于吸收先进的汉族文化，北魏国力日益强盛，终于在公元 439 年统一中国北方，结束了十六国时期的动荡局面。公元 493 年，孝文帝拓跋宏迁都洛阳，改姓元氏，推行了一系列汉化改革措施。到宣武帝元恪时，北魏达到鼎盛时期，在西边夺取汉中，进窥巴蜀，在东边巩固了洛阳周边的防御，并与梁朝争夺淮南，但不久就由于政治腐败和人民的反抗而崩溃，分为东魏和西魏两个对峙的政权。《魏书》记载了鲜卑拓跋部早期至公元 550 年东魏被北齐取代这一阶段的历史。

拓跋时就曾命令邓渊撰《代记》10卷，按年月编次本朝史事。太武帝拓跋焘神嘉二年，诏撰《国记》，由崔浩定为编年体，成书30卷。

《魏书》在流传过程中亡佚甚多，本纪缺2卷，列传缺22卷，此外又有3卷残缺不全，分别由后人取其他史书补足。

魏收，北齐钜鹿下曲阳人，字伯起，小字佛助。他机警能文，与温子升、邢子才号称“三才子”，但生性轻薄，人称“惊蛱蝶”。他奉命著《魏书》时曾声称：“何物小子，敢共魏收作色，举之则使上天，按之则使入地。”书成之后，众口喧嚷，指为“秽史”，魏收三易其稿，方成定本。

十一、《北齐书》

唐李百药著，50卷。

北魏末年，北方六镇发生声势浩大的反叛浪潮，后怀朔镇低级武官出身的高欢获得了对20余万鲜卑人的领导权，控制了北魏朝政。公元534年，高欢所立的孝武帝元修被逼西奔长安，高欢于是另立孝静帝元善见，迁都邺城，史称东魏。公元550年，高欢之子高洋废孝静帝自立，建立北齐。东魏、北齐统治区域南至长江，与梁、陈两朝先后对峙，西边在今山西、河南、湖北，与西魏、北周分界。公元577年，北齐被北周吞并。

《北齐书》本名《齐书》，宋时才加一“北”字而成今名。它虽以记载北齐历史为主，但实际上记述了从高欢起兵到北齐灭亡前后约八十年的历史，集中反映了东魏、北齐王朝的盛衰兴亡。

李百药（565—648），字重规，定州安平（今河北安平）人，出生于仕宦之家。李百药从小好学，博览经史著作，隋初曾任太子舍人，袭父爵为安平公。卒于贞观二十二年（638），享年84岁。

北齐政权中，皇族内部叔侄、兄弟相互残杀，使这个只有二十年历史的短命王朝换了六个皇帝。《北齐书》对封建统治者之间的权势争夺有较多的叙述。《北齐书》在流传过程中缺失严重，现在只有17卷保持原貌，其他都是后人用《北史》等著作增补，这使《北齐书》的价值大大降低。

十二、《周书》

唐令狐德棻等著，全书共50卷。

《周书》全书共53卷，其中本纪8卷，列传42卷。唐令狐德棻主编，参加编写的还有岑文本和崔仁师。

北魏末年，政治动荡，乱事遍起。出生于北魏北方六镇中武川镇的宇文泰，率领一批以武川镇人为主的鲜卑族军队，联合关陇地区的汉人豪族武装，建立起西魏政权。后宇文泰的第三子宇文觉在公元557年代魏建周，史称北周。西魏、北周这两个前后相续的政权，统治区域大致包括今天陕西、宁夏、甘肃和四川的大部，山西西南部、湖北西部及河南西部。与东边的东魏、北齐和江南的梁、陈成鼎足之势。公元577年，北周灭北齐，统一中国北方。公元581年，杨坚代周，建立隋朝。

《周书》虽以"周"题名，但实际上记述了从公元534年东、西魏分裂到杨坚代周为止四十八年的西魏、北周的历史。

《周书》由于根据的资料贫乏，再加上它所记载的人物多是当朝显官的祖先，因而显得单薄且不尽合事实。但它基本上反映了宇文政权的建立，建立后三个封建政权之间的战争，以及宇文政权上层集团内部斗争的情况，是了解和研究西魏、北周历史最基本、最原始的一部史书。

十三、《隋书》

唐魏征等著，85卷。

《隋书》共85卷，其中帝纪5卷，列传50卷，志30卷。本书由多人共同编撰，分两阶段成书，从草创到全部修完共历时三十五年。唐武德四年（621），令狐德棻提出修梁、陈、北齐、北周、隋等五朝史的建议。次年，唐朝廷命史臣编修，但数年过后，仍未成书。贞观三年（629），重修五朝史，由魏征"总知其务"，并主编《隋书》。《隋书》的作者都是饱学之士，具有很高的修史水平。

《隋书》是现存最早的隋史专著，也是《二十四史》中修史水平较高的史籍之一。

首先，它有明确的指导思想。下令修隋史的唐太宗亲历了灭隋的战争，在执政之后，他经常谈论隋朝灭亡的教训，明确提出"以古为镜，可以见兴替"的看法。汲取历史教训，以史为鉴就成了修隋史的指导思想。其次，《隋书》弘扬秉笔直书的优良史学传统，品评人物较少阿附隐讳。主编魏征刚正不阿，他主持编写的纪传，较少曲笔，不为尊者讳。如隋文帝之刻薄专断、不悦诗书、暗于大道，隋炀帝矫情饰貌、"锄诛骨肉，屠剿忠良"等情况，都照实写来，了无隐讳。再次，《隋书》保存了大量政治、经济以及科技文化资料。其中十志记载梁、陈、北齐、北周和隋五朝的典章制度，有些部分甚至能追溯到汉魏。

十四、《南史》

唐李延寿著，80 卷。

《南史》是合南朝宋、齐、梁、陈四代历史为一编的纪传体史著，始于南朝宋武帝刘裕永初元年（420），止于陈后主陈叔宝祯明三年（589），记述了南朝四代一百七十年的历史。《南史》与《北史》为姊妹篇，是由李大师及其儿子李延寿两代人编撰完成的。

李大师（570—628），相州（今河南安阳）人，南朝末期由隋入唐的历史学家。他认为南北朝时期各朝的断代史，彼此孤立，记事重复，又缺乏联系，打算采用编年体，撰写《南史》与《北史》，使南朝与北朝各代的历史分别统编于这两部史著之中。隋末，李大师曾参加农民起义领袖窦建德建立的夏政权，任尚书礼部侍郎。因此，在唐初被流放到西会州（今甘肃境内），后遇赦放回，卒于唐太宗贞观二年（628），所撰《南史》与《北史》未能成书。此后，由李延寿继续撰成，合称为“南北史”。

李延寿，字遐龄，生卒年代已不可确知，卒于唐高宗仪凤年间（676—679），唐初历史学家，曾任崇贤馆学士，官至符玺郎。唐太宗时，李延寿曾参加《隋书》纪、传、志和《晋书》的编写，又参与唐朝国史的编纂工作。但他的主要成就在于承接其父未竟的事业，完成《南史》与《北史》的写作。

《南史》以《宋书》、《南齐书》、《梁书》及《陈书》为本，删繁就简，重新编纂，成为史林新著，成书于唐高宗显庆四年（659）。《南史》有本纪和列传，无表、志。本纪 10 卷，列传 70 卷，共 80 卷。其编撰方法按朝代顺序、帝王在位的先后顺序，排列各朝帝王、宗室、诸王、大臣等纪传。

本纪中有《宋本纪》3 卷、《齐本纪》2 卷、《梁本纪》3 卷和《陈本纪》2 卷。列传中除专传外，列“类传”九种。

《南史》文字简明，事增文省，在史学上占有重要地位。其不足处在于作者突出门阀士族地位，过多采用家传形式。例如将不同朝代的一族一姓人物不分年代集中于一篇中叙述，实际成为大族族谱。《南史》与《北史》中，某些传文亦有重复现象。

十五、《北史》

唐李延寿著，100卷。

《北史》100卷，其中本纪12卷，列传88卷。记述北朝从公元386年到618年，魏、齐（包括东魏）、周（包括西魏）、隋四个封建政权共233年的历史。作者李延寿，唐初相州（今河南安阳）人，曾任史官，参与修撰《隋书》、《晋书》，并另外著有《南史》。

《北史》主要在魏、齐、周、隋四书基础上删订改编而成，但也参考了当时所见的各种杂史，增补了不少材料。

总的来看，《北史》虽有内容偶呈芜杂之弊，但毕竟体例完整、材料充实、文字简练，在后代颇受重视，因此《魏书》、《齐书》、《周书》三书唐以后皆残缺不全时，后人又多取《北史》加以补足。作为研究北朝历史的资料，《北史》与《魏书》、《齐书》、《周书》、《隋书》四书有互相补充的作用，不可偏废。

十六、《旧唐书》

后晋刘昫等著，200卷。

唐代（618—907）是中国封建社会的一个重要时期。五代后晋时官修的《旧唐书》，是现存最早的系统记录唐代历史的一部史籍。它原名《唐书》，宋代欧阳修、宋祁等编写的《新唐书》问世后，才改称《旧唐书》。《旧唐书》共200卷，包括本纪20卷，志30卷，列传150卷。后晋高祖天福六年（941），石敬瑭命修唐史，由当时的宰相赵莹负责监修。赵莹立即组成修纂班子，到出帝开运二年（945），全书修成仅历时四年多。

《旧唐书》的作者去唐不远，有条件接触到大量的唐代史料，所以能在短短的4年多时间里修成这样一部200卷的大书。但是，由于肃宗以后的国史尚未编出，宣宗以后的实录也未修成，所以《旧唐书》的作者在修书时，唐代晚期的史料相当缺乏。虽然作者曾做过大量搜集史料的工作，但由于成书仓促，对于唐代晚期史事的记述仍显得粗糙，在材料、体例、文字等方面都存在不少缺点。

《新唐书》行世后，《旧唐书》在很长一段时间里几乎被人们废弃。等到明朝嘉靖十七年（1538）闻人诠等重新刊印后，才又广泛流传开来。《旧唐书》传布过程中的兴衰，既反映了它的缺点，也说明它有自己的长处，非《新唐书》所能取代。

十七、《新唐书》

宋欧阳修、宋祁著，全书共225卷。

《新唐书》全书共225卷，包括本纪10卷，志50卷，表15卷，列传150卷。宋仁宗认为原有的《唐书》浅陋，下诏重修。前后参与其事的有欧阳修、宋祁、范镇、吕夏卿、王畴、宋敏求、刘羲叟等人。其中列传主要由宋祁负责，本纪、志、表主要由欧阳修负责，所以《新唐书》署“欧阳修、宋祁撰”。宋祁有文名，曾任知制诰、翰林学士等职。他历时十余年完成列传，于嘉祐三年（1058）交齐列传的全部稿子。欧阳修是北宋著名的文学家，擅长古文，他因参加推行“庆历新政”，被贬为地方官，至和元年（1054）才调到朝廷任翰林学士，主持修史工作，等到他写定本纪、志、表，已是嘉祐五年（1060）的事了。列传与本纪、志、表合在一起时，并没有经过严格的整理统一。

《新唐书》比起《旧唐书》来，确有自己的优点。首先，《新唐书》的作者对志下了一番功夫，增加了以前各史所没有的《仪卫志》、《兵志》。其他几篇志也各增补了新资料，质量多在《旧唐书》之上。

十八、《旧五代史》

宋薛居正等著，150卷。

《旧五代史》全书150卷，包括本纪61卷，列传77卷，志12卷，另有目录两卷。原名《五代史》，也称《梁唐晋汉周书》，后人为区别于欧阳修的《新五代史》，便习称《旧五代史》。

这是宋太祖诏令编纂的官修史书。薛居正（912—981）监修，卢多逊、扈蒙、张澹、刘兼、李穆、李九龄等同修。宋太祖开宝六年（973）四月，至次年闰十月甲子日完竣呈上，前后只用了一年半左右的时间。成书如此迅速，主要由于宋太祖十分重视，组织的撰修班子规格高、阵容强；同时也因为去古未远，可供参考的史料相当齐备。五代各朝均有实录，范质又在此基础上整理出实录简编——《建隆五代通录》，从而为修史提供了极大便利。

在我国历史上，唐朝和宋朝之间，曾有过封建社会历史中最后一次的大规模分裂割据时期。从公元907年朱温代唐称帝到公元960年北宋王朝建立的53年间，中原地区相继出现后梁、后唐、后晋、后汉、后周等五代王朝，中原以外存在过吴、南唐、吴越、楚、闽、南汉、前蜀、后蜀、南平、北汉等十个小国，周边地区还有契丹、吐蕃、渤海、党项、南诏、于阗、东丹等少数民族建立的政权，习惯上称之为“五代十国”。《旧五代史》记载的就是这段历史。

十九、《新五代史》

宋欧阳修著，74卷。

《新五代史》，原名《五代史记》，是唐代设馆修史之后唯一的私修正史。撰者欧阳修（1007—1072），大约于景祐三年（1036）至皇祐五年（1053）的十八年间编成此书。

欧阳修，字永叔，号醉翁、六一居士，是北宋古文运动的领袖，唐宋八大家之一，也是著名的史学家，奉命和宋祁领衔编撰《新唐书》。崇儒复古是他的政治主张，也是他修史的指导思想。他秉承孔子的春秋笔法、褒贬义例，对《旧五代史》改编重修。在编排体例上，推翻《旧五代史》一朝一史的基本格局，取法《南史》《北史》，打破朝代界线，把五朝的人事按时间顺序排列，综合统编在一起。

《新五代史》全书共74卷，包括本纪12卷，列传45卷，考3卷，世家及世家年谱11卷，四夷附录3卷。其中列传最有特色。它采用类传的形式，设立《家人传》、《臣传》、《死节传》、《死事传》、《一行传》、《唐六臣传》、《义儿传》、《伶官传》、《宦者传》、《杂传》等名目。每类传目，内寓特定含义，用以贯彻作者的褒贬义例。譬如将相大臣，凡专事一朝的在《臣传》，历事几朝的则列《杂传》。又如根据死者忠的不同程度，分为两等，头等的进《死节传》，次等的入《死事传》。

一般史书的“志”，《新五代史》称作“考”，仅有《司天考》、《职方考》，分别相当于《旧五代史》的《天文志》、《郡县志》。作者认为五代是个名分纲常颠倒的乱世，其典章制度一无可取，所以将《旧五代史》的“志”删除。这也是为了体现以“礼”修史的原则。

本书的世家及世家年谱，大致相当于《旧五代史》的《世袭列传》和《僭伪列传》，明确将中原以外的割据政权分为吴、南唐、前蜀、后蜀、南汉、楚、吴越、闽、南平、东汉等十国。各小国的划分编排，条理清晰，首尾完具，显然胜于旧史。《四夷附录》相当于旧史的《外国列传》。

就整体而论，《新五代史》的史料价值比《旧五代史》要略逊一筹，这是欧阳修在删繁就简时，将不少具体资料也一同删去所造成的。至于他对旧“志”部分的大事砍削，人为造成史料空白，更是不足为训。但《新五代史》后出，采用了实录以外的笔记、小说等多种材料，在删削的同时也新增了一些史料，尤其是对十国部分的补充。由于《旧五代史》已非原帙，残缺不全，《新五代史》特有的价值就更不应低估。再从其他角度来着眼，欧阳修撰史，浑然一体，结构严谨，选材讲究，文字凝练；思想上不像旧史那样大肆渲染“天命”而是注重人事；创《职方考》，独树一帜，提纲挈领，颇受称道。平心而论，两部《五代史》各有短长，可以互为补充，不应偏废。

《新五代史》问世后，即有徐无党注。但徐注旨在解释春秋笔法、阐述微言大义，对读者并无多少裨益。

二十、《宋史》

元脱脱等著，496 卷。

《宋史》撰修于元朝末年，全书有本纪 47 卷，志 162 卷，表 32 卷，列传 255 卷，共计 496 卷，约 500 万字，是二十四史中篇幅最庞大的一部官修史书。早在元初，元世祖忽必烈就曾诏修宋史，因体例未定而未能成书。元朝末年，丞相脱脱主张分别撰修宋、辽、金三史，各自独立，这一意见得到元顺帝的同意，于至正三年（1343）三月开局，三史同时修撰。

经过两年半时间，至正五年（1345）十月，《宋史》匆匆成书。

《宋史》是在原宋《国史》的基础上删削而成的。两宋时期，史官组织完备，雕版印刷术广泛应用，书籍的流传和保存都较为便利，积累了大量史料。这就为元修《宋史》提供了良好的基础。但是由于修撰者匆匆急就，使《宋史》在史料的裁剪、史实的考订、文字的修饰、全书体例等方面存在不少缺点，如一人两传，无传而说有传，一事数见，有目无文，纪与传、传与传、表与传、传文与传论之间互相抵牾等，这使它在二十四史中有繁芜杂乱之称。尽管《宋史》存在不少缺点，但是它卷帙浩繁，仅《列传》就有二千多篇，比《旧唐书·列传》多出一倍；叙事详尽，就史料的学术价值而言详胜于略。同时《宋史》的主要材料是宋代的国史、实录、日历等书，这些史籍现在几乎全部佚失了，而《宋史》是保存宋代官方和私家史料最系统的一部书。

二十一、《辽史》

元脱脱等著，116 卷。

《辽史》全书116卷，包括本纪30卷，志32卷，表8卷，列传45卷，国语解1卷。本书较系统地记载了我国古代契丹族建立的辽朝两百多年的历史，并兼载辽立国以前契丹的状况，以及辽灭亡后耶律大石所建西辽的概况，是研究辽和契丹、西辽的重要史籍。

辽太祖耶律阿保机建国之初，依仿汉人制度，设立监修国史官，并且仿照中原的做法，撰修《起居注》、《日历》、《实录》等。辽代曾先后四次撰修《实录》。

金朝建立后，很注意总结前朝的兴衰得失，着力修撰《辽史》，前后撰成两部《辽史》。第一次是熙宗皇统年间（1141—1149），耶律固主持修纂，最后由萧永祺完成，此《辽史》有纪30卷，志5卷，传40卷，但未曾刊发。

第二次撰修《辽史》，由廉惠山海牙、王沂、陈绎曾分撰，从至正三年四月开始撰写，至正四年三月即告脱稿，仅用了11个月的时间。这是因为前人所撰《辽史》和《实录》提供了良好的基础。

一般人认为，元修《辽史》失之简略，但不应否定它特有的长处。《辽史》的志、表多有特色，其中一些志、表是其他正史所没有的。

二十二、《金史》

元脱脱等著，135卷。

《金史》全书135卷，其中本纪19卷，志39卷，表4卷，列传73卷，是反映女真族所建金朝的兴衰始末的重要史籍。

《金史》是元修三史之一，最早议修于元世祖中统二年（1261），以后在至元元年（1264）、至元十六年（1279），以及仁宗朝、文宗朝都分别议论过修史的事，都因义例难定未付诸实行，直到元顺帝至正三年（1343），才决定“各与正统”，《辽》、《金》、《宋》三史分别撰修。翌年十一月，《金史》告成，前后用了不到一年的时间。修三史的都总裁官是右丞相脱脱，参加修《金史》的有铁木尔塔识、张起岩、欧阳玄、王沂、杨宗瑞等，其中欧阳玄的贡献最为突出，他制定《金史》撰修的发凡举例，书中的论、赞、表、奏皆他属笔。

二十三、《元史》

明宋濂等著，210卷。

《元史》是系统记载元朝兴亡过程的一部纪传体史书，成书于明朝初年。

明太祖洪武元年（1368），元朝灭亡，朱元璋下令编修《元史》。洪武二年（1369），宋濂、王为裁、汪克宽等16人纂修，开史局于南京天界寺，进行编写。从洪武二年（1369）二月到八月，用188天的时间，修成顺帝以前各朝的历史，共159卷。接着，明朝政府派欧阳佑持等12人到全国各地征集顺帝一朝的资料。洪武三年（1370）二月重开史局，仍由宋濂、王为裁主修，但纂修人员作了大幅度的调整，这一次纂修共15人，只有赵埙曾参与第一次工作，其余都是新人。八月书成，共53卷，历时143天。前后两次修成的文稿经过统一加工，共210卷，内本纪47卷，志58卷，表8卷，列传97卷。两次开局共历时331天。

朱元璋在建国之初，立即着手组织《元史》的编纂，而且在很短的时间内成书，主要出于政治上的需要。他的意图是以此来说明元朝的灭亡和明朝的兴起都出于“天命”，而他自己则是“奉天承运”的真命天子。

清代著名学者钱大昕说：“古今史成之速，未有如《元史》者；而文之陋劣，亦无如《元史》者。”《元史》问世后，很多学者对它表示了不满，钱大昕则是不满者中持激烈否定态度的一个。对《元史》的批评，主要认为它的编纂工作过于草率，没有认真地融会贯通，基本上都是利用已有的文献资料，略加删削修改而成。但是，尽管存在很多问题，《元史》仍是我们今天了解、研究元代历史的极其珍贵的文献。它是最早的全面、系统记述元代历史的著作。

二十四、《明史》

清张廷玉等著，332卷。

《明史》332卷，包括本纪24卷，志75卷，列传220卷，表13卷。它是一部纪传体明代史，记载了自朱元璋洪武元年（1368）至朱由检崇祯十七年（1644）两百多年的历史。清朝顺治二年（1645）设立明史馆，纂修明史，因国家初创，诸事丛杂，未能全面开展。康熙四年（1665），重开明史馆，因纂修《清世祖实录》而停止。康熙十八年（1679），以徐元文为监修，开始纂修明史。于乾隆四年（1739）最后定稿，进呈刊刻。从第一次开馆至最后定稿刊刻，前后经过九十多年，是官修史书历时最长的一部。在二十四史中，《明史》以编纂得体、材料翔实、叙事稳妥、行文简洁为史家所称道，是一部水平较高的史书。这反映出编者在史料的考订和运用、史事的贯通、语言的驾驭等方面都达到较高的水平。

第八章 《史记》选读

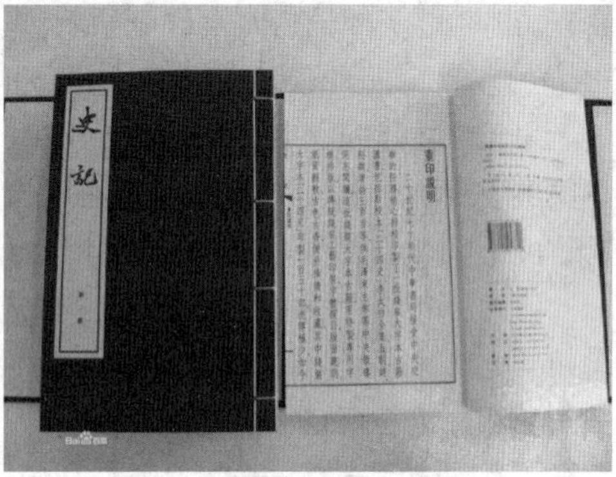

《史记》是司马迁一生的智慧结晶。司马迁（前145—?），字子长，又称“太史公”，汉朝著名的史学家，与司马光并称“史界两司马”，与司马相如合称“文章西汉两司马”。以其“究天人之际，通古今之变，成一家之言”的史识，成就了中国历史上第一部纪传体通史——《史记》。《史记》被称为“实录、信实”，被鲁迅誉为“史家之绝唱，无韵之《离骚》”，史学“双壁”之一，前“四史”之首。

全书130篇，52万余字，包括12本纪、10表、8书、30世家和70列传，对后世的影响极为巨大。本纪12篇，自黄帝讫于五帝，构成了《史记》通史的骨架，是作者“通古今之变”的主要内容，主要仅映王朝兴衰的历史，记叙帝王事迹，兼以统理众事，主要采用编年纪事的方式，提挈一代大事，可以看作是各朝代的历史大纲。表十篇，以朝代发展阶段为线索，集中反映了作者对历史分期的观点，并以编年的形式记载国家大事，表列王侯将相公卿大夫，使历史在历时性和共时性两个方面都得到鲜明集中的反映。书8篇，主要着眼于政治，记载典章制度及与国计民生有密切关系的经济、文化专题，以进一步扩大反映社会生活的层面。世家30篇，主要记诸侯国之事，也兼载少数对历史发展具有重要影响的人物，兼用编年和传记的形式。列传70篇，所载人物最为广泛，上至公卿大夫，下至庶民百姓，都在载录之列，它占全书篇幅半数以上，五体之中，要数列传的内容最为丰富、具体。其中也涉及少数民族以及域外国家的传记，非常翔实。

第一节　论帝王：高祖本纪

《史记》一书中最有文学价值的是人物传记，各层次人物传记的排列基本上是以时间为序，但又兼顾各传记之间的内在联系，遵循着“以类相从”的原则，为我们展现了一条丰富多彩的悲剧英雄人物的画廊。《史记》中的人物之所以能写得如此成功，一是注意刻画细节，二是特别注意人物形象的统一性，常常把一些不宜在本传写的材料安排到别的篇章中，这就使《史记》中人物形象的个性特征更加鲜明了。司马迁在描写这些人物的同时，融入了他真挚的爱憎感情，带有一种强烈的主观色彩，这是《史记》文章充满激情的最重要的原因。

《史记》在人物形象塑造方面，具有数量众多、类型丰富、个性较鲜明三大特点。它以大量的个人传记组合成一部宏伟的历史，其中写得比较成功、能够给人留下深刻印象的，如项羽、刘邦、张良、韩信、李斯、屈原、孙武、荆轲等等，就有近百人。这些人物来自社会的各个阶层，从事各不相同的活动，经历了不同的人生命运。从帝王到平民，有成功者，也有失败者，有刚烈的英雄，有无耻的小人，共同组成了一条丰富多彩的人物画廊。这些人物各有较鲜明的个性，就算身份和经历相似，也并不相互混淆。在描写人物一生的过程中，司马迁特别注重表现人物命运的巨大变化，如写那些建功立业的大人物，常写他们在卑贱时受人轻视的情形；而写那些不得善终的大人物，又常写他们在得志时是不可一世的情形。前者如刘邦、韩信、苏秦，后者如项羽、李斯、田横。司马迁在书写这一变化的过程中，充分暴露出当事人的诸如势利、报复心之类普遍的弱点。如刘邦卑贱时嫂子不给他饭吃，父亲也不喜欢他，成功之后刘邦不肯忘记把他们嘲弄一番。这些命运变化和恩怨相报的故事，最能够表现人与环境、地位的关系，揭示出人性的复杂性，使其形象更加丰满。在叙述时多采用第三人称的客观叙述。司马迁作为叙述者，几乎完全站在事件之外，只在最后表现出自己的看法，为充分叙述提供广阔空间。而在客观叙述时，则不显露出作者的立场和倾向，通过事件的展开和不同人物在事件中的对比，寄托叙述者的情感倾向。

《史记》中的本纪主要是围绕帝王朝政兴衰，通过编年体的形式，勾勒国家大事总纲。“罔罗天下放失旧闻，王迹所兴，原始察终，见盛观衰，论考之行事，略推三代，录秦汉，上计轩辕，下至于兹，著十二本纪，既科条之矣。”（《太史公自序》）本纪共计12篇，包括五帝、夏、殷、周、秦、秦始皇、项羽、汉高祖、吕太后、孝文、孝景、孝武。

【原文】

高祖，沛丰邑中阳里[1]人，姓刘氏[2]，字季。父曰太公，母曰刘媪。[3]其先，刘媪尝息大泽之陂[4]，梦与神遇。是时雷电晦冥[5]，太公往视，则见蛟龙于其上。已而有身[6]，遂产高祖。

高祖为人，隆准[7]而龙颜[8]，美须髯[9]，左股有七十二黑子[10]。仁而爱人，喜施，意豁如[11]也。常有大度，不事家人生产作业[12]。及壮，试为吏，为泗水亭长[13]，廷中吏无所不狎侮[14]。好酒及色。常从王媪、武负贳[15]酒，醉卧，武负、王媪见其上常有龙，怪之。高祖每酤留饮，酒雠[16]数倍。及见怪，岁竟，此两家常折券弃责[17]。

高祖常徭咸阳，纵观[18]，观秦皇帝，喟然[19]太息曰："嗟乎，大丈夫当如此也！"

……

高祖以亭长为县送徒骊山[20]，徒多道亡[21]，自度比[22]至皆亡之。到丰西泽中，止饮，夜乃解纵[23]所送徒。曰："公等皆去，吾亦从此逝[24]矣！"徒中壮士愿从者十余人。高祖被酒[25]，夜径[26]泽中，令一人行前。行前者还报曰："前有大蛇当径，愿还。"高祖醉，曰："壮士行，何畏！"乃前，拔剑击斩蛇，蛇遂分为两，径开。行数里，醉，因卧。后人来至蛇所，有一老妪夜哭。人问何哭，妪曰："人杀吾子，故哭之。"人曰："妪子何为见杀？"妪曰："吾子，白帝子也，化为蛇，当道，今为赤帝[27]子斩之，故哭。"人乃以妪为不诚，欲告之，妪因忽不见。后人至，高祖觉。后人告高祖，高祖乃心独喜，自负[28]。诸从者日益畏之。

……

【注释】

[1] 沛：秦县名，即今江苏省沛县。丰邑：即今江苏省丰县。中阳里：丰邑的一个里巷名。

[2] 姓刘氏：即指姓刘。

[3] 父曰太公，母曰刘媪（ǎo）：太公、刘媪均不是人的姓名，估计是其名不雅，故以此称之。

[4] 大泽之陂（bēi）：水泽边上的堤岸。

[5] 晦冥：天色昏暗的样子。

[6] 有身：有身孕。

[7] 隆准：高鼻梁。准，鼻梁。

[8] 龙颜：上额突起状。颜，上额。

[9] 美须髯（rán）：胡须长得很好看。

[10] 黑子：黑痣。

［11］豁如：豁然阔达的样子。

［12］不事家人生产作业：不愿干平民百姓所从事的谋生职业。

［13］泗水亭长：泗水，在当时的沛县城东。亭长，最基层的吏役。

［14］廷中吏：县廷里的吏役。狎（xiá）侮：戏弄、耍笑。

［15］武负：姓武的老妇。贳（shì）：赊欠。

［16］雠（chóu）：售，卖出。

［17］岁竟：年终。券：赊欠的字据。责：同“债”。折券弃责：毁掉借据，免除债务。

［18］常：同“尝”，曾经。咸阳，秦王朝的都城，在今陕西省咸阳市东北，西安市之西北。纵观：正好赶上许可百姓观看。

［19］喟（kuì）然：动心的样子。

［20］徒：苦役犯。骊山：在今陕西省临潼市东南，其地为秦始皇的陵墓工地。

［21］亡：逃走。

［22］比：及，等到。

［23］解纵：解开绳索，任其逃走。

［24］逝：潜逃。指刘邦从此亦脱离官场而去。

［25］被：同“披”。被酒：带着酒意。

［26］径：原指小路，此处用为动词，指抄小路走。

［27］白帝：白帝为古代传说的五天帝之一，于五行为金，居于西方，秦朝祭祀白帝，以为自己和天上的白帝相应。此处暗喻秦朝的帝王。赤帝：亦为古代传说的五天帝之一，于五行为火，居于南方，汉代自称是赤帝的子孙。此处暗喻刘邦将取代秦朝。

［28］自负：心中有了仗恃。

【译文】

高祖姓刘，字季，沛郡丰邑县中阳里人。父亲是太公，母亲是刘媪。刘媪在大泽的坡上休息，梦中与神相遇。太公去找她时，电闪雷鸣，他看见一条蛟龙趴在她的身上。后来刘媪就有了身孕，产下高祖。高祖颇有帝王之相，额头高高隆起，鬓角胡须很漂亮，左边大腿有 72 颗黑痣。高祖仁义爱人，喜好施舍，大方豪爽，在家里不愿干平民百姓所从事的职业。到壮年时通过考试成为一名官吏，当泗水的亭长，亭中的小吏没有不被他欺侮的。他还喜好酒色，常常到武妇、王媪酒肆赊酒喝。醉了就睡，武妇和王媪看到高祖的上方常常有龙盘旋，觉得很奇怪。高祖每次留在酒肆里喝酒，买酒的人就会增加，酒的销量达到平常的好几倍。直到看见了有龙出现的怪现象，年终时这两家就毁掉借据，免除债务，不再向高祖讨账。

高祖曾经到咸阳去服徭役，有一次秦始皇出巡，允许人们随意观看，他看到了秦始皇，长叹一声说：“唉，大丈夫就应该像这样！”

……

高祖以亭长的身份为沛县押送苦役犯去骊山，有很多苦役犯在半路就逃走了。高祖估计等到了骊山他们就会都逃光，所以走到丰西大泽中时，就停下来饮酒，趁着夜色把所有苦役犯都放了。高祖说："你们都逃命去吧，从此我也要远离官场了！"苦役犯中有十多个壮士愿意跟随他。高祖乘着酒意，夜里抄小路通过沼泽地，让一个壮士走在前边。走在前边的壮士回来报告说："前边有条大蛇挡在路上，还是回去吧。"高祖已醉，说："大丈夫走路，有什么可怕的！"于是赶到前面，拔剑斩大蛇。大蛇被斩成两截，道路打开了，他们继续往前走了几里。高祖醉得厉害，躺倒在地上。后边的人来到斩蛇的地方，看见一老妇在暗夜中哭泣。有人问她为何而哭，老妇说："有人杀了我的孩子，我在为他而哭。"有人问："你的孩子为何被杀？"老妇说："我的孩子是白帝之子，变化成蛇，挡在道路中间，如今被赤帝之子所杀，我就是为这个哭啊。"众人以为老妇在说谎，正要打她，老妇却忽然不见了。后面的人赶上了高祖，高祖醒了。那些人把刚才的事告诉了高祖，高祖心中暗暗高兴，心中有了仗恃。那些追随他的人也开始畏惧他了。

【赏析】

以上写刘邦起义前的经历。

【原文】

秦二世元年秋，陈胜等起蕲[1]，至陈[2]而王，号为张楚。诸郡县皆多杀其长吏以应陈涉。沛令恐，欲以沛应涉。掾、主吏萧何、曹参[3]乃曰："君为秦吏，今欲背之，率沛子弟，恐不听。愿君召诸亡在外者，可得数百人，因劫众[4]，众不敢不听。"乃令樊哙[5]召刘季。刘季之众已数十百人矣。

于是樊哙从刘季来。沛令后悔，恐其有变，乃闭城城守[6]，欲诛萧、曹。萧、曹恐，逾城保刘季[7]。刘季乃书帛射城上，谓沛父老曰："天下苦秦久矣。今父老虽为沛令守，诸侯并起，今屠沛[8]。沛今共诛令，择子弟可立者立之，以应诸侯，则家室完[9]。不然，父子俱屠，无为[10]也。"父老乃率子弟共杀沛令，开城门迎刘季，欲以为沛令。刘季曰："天下方扰，诸侯并起，今置将不善，一败涂地。吾非敢自爱，恐能薄[11]，不能完父兄子弟。此大事，愿更相推择[12]可者。"萧、曹等皆文吏，自爱，恐事不就，后秦种族其家[13]，尽让刘季。诸父老皆曰："平生所闻刘季诸珍怪[14]，当贵，且卜筮之，莫如刘季最吉。"于是刘季数让。众莫敢为，乃立季为沛公。祠黄帝，祭蚩尤[15]于沛庭，而衅鼓[16]，旗帜皆赤。由所杀蛇白帝子，杀者赤帝子，故上赤[17]。于是少年豪吏如萧、曹、樊哙等皆为收沛子弟二三千人，攻胡陵、方与[18]，还守丰。

秦二世二年，陈涉之将周章军西至戏而还[19]。燕、赵、齐、魏皆自立为王。项氏起吴[20]。秦泗川监平[21]将兵围丰，二日，出与战，破之。命雍齿[22]守丰，引兵之薛。泗川守壮败于薛，走至戚[23]，沛公左司马得泗川守壮，杀之。沛公还军亢父[24]，至方与（周市[25]来攻方与），未战。陈王使魏人周市略地。周市使人谓雍齿曰："丰，故梁徙[26]也。今魏地已定者数十城，齿今下魏[27]，魏以齿为侯守丰。不下，且[28]屠丰。"雍齿雅[29]不欲属沛公，及魏招之，即反为魏守丰。沛公引兵攻丰，不能取。沛公病，还之沛。……

从项梁月余，项羽已拔襄城[30]还。项梁尽召别将居薛。闻陈王定死，因立楚后怀王孙心为楚王，治盱台[31]。项梁号武信君。居数月，北攻亢父，救东阿[32]，破秦军。齐军归，楚独追北[33]，使沛公、项羽别攻城阳[34]，屠之。军濮阳[35]之东，与秦军战，破之。

秦军复振，守濮阳，环水。楚军去而攻定陶[36]，定陶未下。沛公与项羽西略地至雍丘[37]之下，与秦军战，大破之，斩李由[38]。还攻外黄[39]，外黄未下。

项梁再破秦军，有骄色。宋义谏[40]，不听。秦益章邯兵，夜衔枚[41]击项梁，大破之定陶，项梁死。沛公与项羽方攻陈留[42]，闻项梁死，引兵与吕将军俱东[43]。吕臣军彭城[44]东，项羽军彭城西，沛公军砀。

章邯已破项梁军，则以为楚地兵不足忧，乃渡河[45]，北击赵，大破之。当是之时，赵歇为王，秦将王离围之钜鹿[46]城，此所谓河北之军也。

秦二世三年，楚怀王见项梁军破，恐，徙盱台都彭城[47]，并吕臣、项羽军自将之。以沛公为砀郡长，封为武安侯，将砀郡兵。封项羽为长安侯，号为鲁公。吕臣为司徒[48]，其父吕青为令尹[49]。

赵数请救，怀王乃以宋义为上将军[50]，项羽为次将，范增为末将，北救赵。令沛公西略地入关[51]。与诸将约，先入定关中者王之。

当是时，秦兵强，常乘胜逐北，诸将莫利[52]先入关。独项羽怨秦破项梁军，奋[53]，愿与沛公西入关。怀王诸老将皆曰："项羽为人僄悍猾贼[54]。项羽尝攻襄城，襄城无遗类[55]，皆坑之，诸所过无不残灭。且楚数进取[56]，前陈王、项梁皆败。不如更遣长者扶义[57]而西，告谕秦父兄。[58]秦父兄苦其主久矣，今诚得长者往，毋侵暴，宜可下。今项羽僄悍，今不可遣。独沛公素宽大长者，可遣。"卒不许项羽，而遣沛公西略地[59]，收陈王、项梁散卒。乃道砀至成阳[60]，与杠里[61]秦军夹壁[62]，破秦二军。楚军出兵击王离，大破之[63]。

沛公引兵西，遇彭越昌邑[64]，因与俱攻秦军，战不利。还至栗[65]，遇刚武侯，夺其军，可四千余人，并之。与魏将皇欣、魏申徒[66]武蒲之军并攻昌邑，昌邑未拔。

西过高阳[67]，郦食其为监门，[68]曰："诸将过此者多，吾视沛公大人长者。"乃求见说沛公。沛公方踞床[69]，使两女子洗足。郦生不拜，长揖[70]，曰："足下必欲诛无道秦，不宜踞[71]见长者。"于是沛公起，摄衣谢之，延[72]上坐。食其说沛公袭陈留，得秦积粟。乃以郦食其为广野君，郦商[73]为将，将陈留兵，与偕攻开封[74]，开封未拔。西与秦将杨熊战白马[75]，又战曲遇[76]东，大破之。杨熊走之荥阳[77]，二世使使者斩以徇[78]。南攻颍阳[79]，屠之。因张良遂略韩地轩辕[80]。

当是时，赵别将司马卬[81]方欲渡河入关，沛公乃北攻平阴[82]，绝河津[83]。南，战雒阳[84]东，军不利，还至阳城[85]，收军中马骑[86]，与南阳守齮[87]战犨[88]东，破之。略南阳郡，南阳守走保城守宛[89]。沛公引兵过而西。张良谏曰："沛公虽欲急入关，秦兵尚众，距险。[90]今不下宛，宛从后击，强秦在前，此危道也。"于是沛公乃夜引兵从他道还，更旗帜，黎明，[91]围宛城三匝[92]。南阳守欲自刭。其舍人[93]陈恢曰："死未晚也。[94]"乃逾城见沛公，曰："臣闻足下约，先入咸阳者王之。今足下留守宛。宛，大郡之都也，连城数十，人民众，积蓄多，吏人自以为降必死，故皆坚守乘城[95]。今[96]足下尽日止攻[97]，士死伤者必多；引兵去宛，宛必随足下后。足下前则失咸阳之约，后又有强宛之患。为足下计，莫若约降，封其守，因使止守[98]，引其甲卒与之西。诸城未下者，闻声争开门而待，足下通行无所累[99]。"沛公曰："善。"乃以宛守为殷侯，封陈恢千户。引兵西，无不下者。至丹水[100]，高武侯鳃、襄侯王陵降西陵。[101]还攻胡阳[102]，遇番君别将梅[103]，与皆[104]，降析、郦[105]。遣魏人宁昌使秦，[106]使者未来[107]，是时章邯已以军降项羽于赵矣。

初，项羽与宋义北救赵，及项羽杀宋义，代为上将军，诸将黥布皆属，破秦将王离军，降章邯，诸侯皆附。及赵高已杀二世，使人来，欲约分王关中。沛公以为诈，乃用张良计，使郦生、陆贾往说秦将，啖以利，[108]因袭攻武关[109]，破之。又与秦军战于蓝田[110]南，益张疑兵旗帜，诸所过毋得掠卤[111]，秦人憙[112]，秦军解[113]，因大破之。又战其北，大破之。乘胜，遂破之。

汉元年十月，沛公兵遂先诸侯至霸上[114]。秦王子婴素车白马，系颈以组[115]，封皇帝玺符节，降轵道[116]旁。诸将或言诛秦王。沛公曰："始怀王遣我，固以能宽容；且人已服降，又杀之，不祥。"乃以秦王属吏[117]。遂西入咸阳。欲止宫休舍，[118]樊哙、张良谏，乃封秦重宝财物府库，还军霸上。召诸县父老豪桀曰："父老苦秦苛法久矣，诽谤者族，偶语者弃市[119]。吾与诸侯约，先入关者王之，吾当王关中。与父老约，法三章耳：杀人者死，伤人及盗抵罪[120]。余悉除去秦法。诸吏人[121]皆案堵如故[122]。凡吾所以来，为父老除害，非有所侵暴，无恐！且吾所以还军霸上，待诸侯至而定约束耳。"乃使人与秦吏行县乡邑，告谕之[123]。秦人大喜，争持牛羊酒食献飨[124]军士。沛公又让不受，曰：“仓粟多，非乏，不欲费人。”人又益喜，唯恐沛公不为秦王。

【注释】

［1］蕲（qí）：秦县名，在今安徽省宿州东南。

［2］陈：秦县名，即今河南省淮阳。

［3］掾：县令的属吏，指曹参。主吏：指萧何。萧何、曹参皆为刘邦的开国功臣。

［4］因劫众：借着那些逃亡者的力量来挟制县里的这些民众。

［5］樊哙（kuài）：沛县人，为刘邦的开国元勋。

［6］城守：据城而守。

［7］保：依，投靠。逾城保刘季：越城而出，往投刘邦。

［8］今：即，行将。此句指等各路的起义大军一到，沛县将遭屠城。

［9］完：保全。

［10］无为：无谓，无意义，无价值。

［11］能薄：能力不强。

［12］推择：推选。

［13］种族其家：意指灭其家，绝其种。

［14］平生：向来，素来。珍怪：奇怪的征象。

［15］黄帝：五帝之首。蚩尤：部族首领。

［16］衅鼓：古代的一种祭祀仪式，以人血或动物之血涂在鼓上，以祈求战事得胜。

［17］上赤：以红色为贵。

［18］方与：秦县名，在今鱼台县西。

［19］周章：也称“周文”。西至戏而还：周章率军西行入关，直至咸阳附近的戏水，被秦将章邯击败，东退至渑池，又被章邯击破，周章自杀。

［20］吴：吴县，今苏州市。

［21］泗川：秦郡名，入汉后，改称沛郡，郡治在相县，今安徽省濉溪县西北。监：监督官。平：泗川监之名。

［22］雍齿：刘邦的部将。

［23］戚：地名，方位不详，应离薛县不远。

［24］亢父（kàng fù）：秦县名，在今山东省济宁市南。

［25］周市：陈胜的部将。

［26］故梁徙：曾是梁国迁都过的地方。

［27］今：若。下魏：降魏。

［28］且：将。

［29］雅：平素、向来。

［30］襄城：秦县名，今河南省襄城县。

［31］治盱台（xū yí）：以盱台（今江苏省盱眙东北）为都城。
［32］东阿：秦县名，今山东省阳谷东北。
［33］北：背，败。追北：追击败走的秦军。
［34］城阳：秦县名，今山东省鄄城东南。
［35］濮阳：秦县名，今河南省濮阳县西南，当时为东郡的郡治所在地。
［36］定陶：秦县名，今山东省定陶县西北。
［37］雍丘：秦县名，今河南省杞县之城关镇。
［38］李由：秦丞相李斯之长子，时为三川郡（治洛阳）的郡守。
［39］外黄：秦县名，今河南省民权县西北。
［40］宋义：项梁身边的谋士。谏：劝阻。
［41］衔枚：枚者其状如箸，横衔之，以小绳结之于颈，用于夜间奔袭时防止喧哗。
［42］陈留：秦县名，今河南省开封市东南。
［43］俱东：一齐向东撤退。
［44］彭城：今江苏省徐州市。
［45］乃渡河：谓渡黄河。
［46］钜鹿：秦县名，今河北省平乡县西南。
［47］徙盱台都彭城：将都城更迁向西北前线。
［48］司徒：古官名，掌管教化。
［49］令尹：楚官名，职同丞相。
［50］上将军：当时最高的武官名。
［51］入关：指攻入函谷关。
［52］莫利：不以入关为利。
［53］奋：愤激。
［54］僄悍：迅疾勇猛。猾贼：狡猾残忍。
［55］无遗类：全部绝种，杀得一个没剩。
［56］楚数进取：楚兵已经多次向西方发动过进攻。
［57］扶义：仗义，一切行事以仁义为本。
［58］告谕秦父兄：对秦地父老讲清道理，令其投降。
［59］略地：扩取地盘。
［60］道：经由。成阳：城阳。
［61］杠里：秦县名，在当时的成阳之西。
［62］夹壁：对垒。
［63］大破之：此即钜鹿之战。
［64］昌邑：秦县名，今山东省巨野县东南。
［65］栗：秦县名，今河南省夏邑县。

［66］申徒：官名，即司徒。

［67］高阳：古邑名，今河南省杞县西南。

［68］郦食其（yì jī）为监门：郦食其在高阳为闾里监门。

［69］踞床：坐在床边。

［70］揖：拱手。长揖：深深地作了一个揖。

［71］踞：同“倨”，傲慢。

［72］摄（shè）衣：整理衣襟。谢：道歉。延：引，请。

［73］郦商：郦食其之弟，后为刘邦的开国功臣。

［74］开封：秦县名，今河南省开封市。

［75］白马：秦县名，今河南省滑县城东。

［76］曲遇：古邑名，今河南省中牟县东。

［77］荥阳：秦县名，今河南省荥阳市东北的古荥镇。

［78］斩以徇：斩其人头，持之巡行示众。

［79］颍阳：秦县名，县治在今河南省许昌市西南。

［80］轩辕，山名，今河南省偃师县东南。

［81］赵别将司马卬：赵国派出的向南略地的将军司马卬。

［82］平阴：黄河上的渡口名，今河南省孟津县东北。

［83］津：渡口。绝河津：封锁黄河渡口。

［84］雒阳：同“洛阳”，旧城在今河南省洛阳市东北。

［85］阳城：古邑名，今河南省登封东南之告城镇。

［86］收军中马骑（jì）：集中军中的马匹，组成一支强有力的骑兵。

［87］南阳守齮（yǐ）：南阳郡的郡守名。

［88］犨（chōu）：秦县名，今河南省鲁山县东南。

［89］走保城守宛：走，退向。保，往依。城，筑城。守，防守。宛，秦县名，当时为南阳郡的郡治所在地，今河南省南阳市。

［90］距险：守险以拒敌。

［91］黎明：天亮时。黎：比及，待至。

［92］三匝：三层。匝：周遭。

［93］舍人：半宾客、半仆役的左右亲信人员。

［94］死未晚也：意谓现在还不到寻死的时候。

［95］坚守乘城：登城坚守。

［96］今：若，倘。

［97］止攻：停军于此攻打宛城。

［98］止守：留守。

［99］通行无所累：即通行无阻。累：牵扯，挂累。

［100］丹水：秦县名，今河南省淅川县西南。

［101］高武侯鳃、襄侯王陵降西陵：高武侯鳃与襄侯王陵在丹水归附了刘邦。

［102］胡阳：同“湖阳”，秦县名，今河南省唐河县西南。

［103］番（pó）君别将梅（juān）：番君派出的将领梅。番君：即吴芮，当时为番县（今江西省波阳）县令。

［104］皆：同“偕”，一道。

［105］析、郦：二县名。析，今河南省西峡县。郦，今河南省镇平县东北。

［106］遣魏人宁昌使秦：谓使人入秦与赵高密谋勾结。

［107］使者未来：谓宁昌尚未自秦返回。

［108］啖以利：以利诱之。啖，喂以食物。

［109］武关：旧址在今陕西省丹凤县城东四十公里，是河南省南部通往关中地区的交通要道。

［110］蓝田：秦县名，今陕西省蓝田县西南。

［111］掠卤：同“掠虏”，谓抢物抢人。

［112］憙：同“喜”，喜悦。

［113］解：同“懈”。

［114］霸上：地名，今陕西省西安市东南，因其地处于霸水西侧的高原上而得名。

［115］系颈以组：用丝绳系着脖子，这是古代帝王向人投降时自己表示认罪服罪的样子。

［116］轵（zhǐ）道：轵道亭，今西安市东北。

［117］属吏：交由主管人员看管。属：交付，委托。

［118］欲止宫休舍：想在秦王朝的宫廷中住下来。休、舍二字同义，动词连用。

［119］偶语：相聚而语。偶：相对、相聚。弃市：指将罪犯处死于市场，以表与人共弃之。

［120］与父老约，法三章耳：与大家说好，法令只有三条，指下述以惩杀人、伤人及偷盗者。伤人及盗抵罪：谓按其伤人及偷盗的情节轻重，而处以相应之罪。抵：当，判处。

［121］诸吏人：各官吏与各处的黎民百姓。

［122］案堵如故：各就各位，一切照常。案堵：同“安堵”，不迁动，不变更。

［123］使人与秦吏行县乡邑，告谕之：派自己的人跟着已经“安堵”的各县、乡的官吏去四处巡行，发布安民告示。

［124］献飨：犒劳。飨，以酒食招待人。

【译文】

秦二世元年秋，陈胜等在蕲县起事，打到陈的时候，自称为王，定国号为张楚，取张大楚国之意，许多郡县的百姓都杀了他们的长官来响应陈涉。沛县县令非常惊恐，也想率领沛县的人响应陈涉。于是狱椽曹参、主吏萧何说：“您作为秦朝的官吏，现在想率领沛县的子弟起义背叛秦朝，恐怕没有人会听从命令。希望您召回那些在外逃亡的人，大约可召集到几百人，用他们来胁迫众人，众人就不敢不从了。”于是派樊哙去叫刘季。这时，刘季的追随者已经有几十到一百人了。

樊哙跟着刘季一块儿回来。沛县县令在樊哙走后后悔了，害怕刘季来了会发生什么变故，就关闭城门，据守城池，不让刘季进城，而且想杀掉萧何、曹参。萧何、曹参害怕了，越过城池依附刘季，以求保护。刘季用帛写了封信射到城上去，向沛县的老百姓宣告说："天下百姓为秦政所苦已经很久了。现在父老们虽然为沛令县县守城，但是各地诸侯全都起来了，现在很快就要屠戮到沛县。如果现在沛县父老一起把沛县县令杀掉，从年轻人中选择可以拥立的人立他为首领，来响应各地诸侯，那么你们的家室就可得到保全。不然的话，全县老少都要遭屠杀，那时就什么也做不成了。"于是沛县父老率领县中子弟一起杀掉了沛县县令，打开城门迎接刘季，想要让他当沛县县令。刘季说："如今正当乱世，诸侯纷纷起事，如果将领人选安排得不妥当，就将一败涂地。我并不是顾惜自己的性命，而是怕自己能力弱，不能保全父老兄弟。这是一件大事，希望大家一起推选能胜任的人。"萧何、曹参等都是文官，皆顾惜性命，害怕起事不成招致满门抄斩，于是极力地推让刘季。城中父老也都说："平素听说刘季那么多奇异之事，必当显贵，而且占卜没有谁比得上你刘季最吉利。"刘季还是再三推让。众人没有敢当沛县县令的，就立刘季做了沛公。于是在沛县祭祀能定天下的黄帝和善制兵器的蚩尤，把牲血涂在旗鼓上祭旗祭鼓，旗帜都是红色的。这是由于被杀的那条蛇是白帝之子，而杀蛇的人是赤帝之子，所以崇尚红色。那些年轻有为的官吏如萧何、曹参、樊哙等都为沛公去招收沛县中的年轻人，共招了两三千人，一起攻打胡陵、方与，然后退回驻守丰邑。

秦二世二年，陈胜的将领周章率军向西到了戏水，兵败而还。燕、赵、齐、魏都自立为王。项梁、项羽叔侄在吴中起兵。秦朝泗水郡的郡监平率兵围攻丰邑。两天后，沛公出兵应战，打败秦军。沛公命令雍齿守卫丰邑，自己引兵到薛县。泗川郡的郡守壮在薛县战败，逃到戚县，被沛公的左司马捉住杀了。沛公领军回亢父，到了方与，没有交战。陈胜派魏人周市攻城略地。周市派人对雍齿说："丰邑这个地方，以前魏王迁居这里，现在魏国已占有几十个城邑。你如果投降魏国，魏国就封你为侯，仍然守卫丰邑。不投降的话，我们攻破丰邑，就要进行屠杀。"雍齿本来不愿意隶属沛公，等到魏国招降，就背叛沛公，为魏国防守丰邑。沛公率兵攻打丰邑，没有攻下，后因病回到沛县。……

沛公跟随项梁一个多月，项羽攻克襄城回来了。项梁召集所有将领到薛县来，听说陈胜确实死了，就立楚怀王的孙子熊心为楚王，建都盱眙。项梁号为武信君，过了几个月，向北攻打亢父，救援东阿，大破秦军。齐军收兵回去，楚军单独追击败兵，让沛公、项羽进攻城阳，攻克后屠杀城阳，驻军濮阳东面，与秦军交战，打败了秦军。

秦军又振作起来，在濮阳的四周挖掘河沟，据兵固守。楚军撤走，转战定陶，没有攻下。沛公和项羽西进到了雍丘城下，与秦军交战，大破秦军，斩杀李由。回军进攻外黄，没有攻下。

项梁一再打败秦军，脸上有了骄傲的神色。宋义劝说，他不听，秦朝派军增援章邯，趁夜偷袭项梁，在定陶击溃项梁的军队，项梁战死。这时沛公和项羽正在进攻陈留，听说项梁死了，就带兵与吕臣将军向东进发。吕臣的军队驻扎在彭城东面，项羽的军队驻扎在彭城西面，沛公的军队驻扎在砀山。

章邯打败了项梁的军队，以为楚地的军事不必担心了，于是渡过黄河，北进进攻赵国，大破赵军。当时，赵歇为赵王，秦将王离在钜鹿城把他包围起来，这就是河北之军。

秦二世三年，楚怀王熊心见项梁的军队大败，心里害怕，于是把都城从盱眙迁到彭城，合并吕臣、项羽的军队，亲自统领。任沛公为砀郡长，封为武安侯，统率唐砀郡的军队。封项羽为长安侯，号称鲁公。任吕臣为司徒，吕臣的父亲吕青为令尹。

赵国多次请求救援，楚怀王就任命宋义为上将军，项羽为次将，范增为末将，北上救赵。任命沛公向西攻城略地，打入关中。楚怀王与将领们约定，谁先攻进关中，就封为关中王。

这时的秦军还很强大，常常打胜仗，将领们认为先入关不利。唯独项羽痛恨秦军打败项梁，愤激争先，愿意与沛公一起西进入关。怀王下面的一些老将都说："项羽为人凶猛狡黠。以前攻打襄城，襄城的军民几乎杀尽，没剩几个活口，他所经过的地方没有不遭到残灭的。况且楚军往往轻率出兵打仗，以前陈胜、项梁都失败了，不如另派能够按仁义行事的忠厚长者率军西进，向秦的父兄讲明道理。秦的父兄遭受他们的君主带来的痛苦已经很久了，如今要是能够派个忠厚长者前去，不用暴虐手段对付他们，较为容易攻下关中。如今项羽凶猛，不可派遣，只有沛公素来宽大仁爱，可以派遣。"结果不答应项羽去，而是派沛公西进，同时收集陈胜、项梁的散兵。沛公从砀县到城阳，与杠里的秦军对垒，打败了秦军的两支部队，楚军出兵袭击王离，打了大胜仗。

沛公领兵西进，在昌邑与彭越相遇，共同攻打秦军，没有取胜。回军到栗县，遇到刚武侯，把他率领的四千余人合并过来。与魏国的将领皇欣，申徒武蒲的军队联合攻打昌邑，没有攻下。

西进路过高阳，看守城门的郦食其说："经过这里的将领很多，我看沛公是个做大事的忠厚长者。"就来求见沛公，沛公正坐在床上伸着两条腿，让两个女子给他洗脚。郦生见了沛公不下拜，只作了个长辑，说："足下要推翻不得人心的秦朝，不应该这样不礼貌地接见长者。”于是沛公站了起来，整理好衣服，向他道歉，请他坐在上座。郦食其劝沛公袭击陈留，夺取秦的粮仓。沛公封郦食其为广野君，郦食其的弟弟郦商为将军，率领陈留的军队，共同进攻开封，没有攻下。向西与秦将杨熊在白马作战，又在曲遇东面打了一仗，大破秦军。杨熊逃到荥阳，秦二世派人把他斩首示众。沛公向南进攻，屠了颖阳城，因得到张良的协助，又占领了韩国的轩辕山。

这时，赵将司马卬正要渡过黄河，进军关中，沛公就向北进攻平阴，切断黄河渡口。又向南在洛阳东面与秦军作战，战事不利，退回阳城，把军中的骑兵集中起来，在犨东面与南阳郡郡守吕齮打了一仗，取得了胜利。攻下了南阳郡，吕齮退守宛城。沛公率军绕过宛城西进。张良进言：“我们虽然急于入关，但秦军还很多，又凭险抵抗。如果不攻下宛城，宛城的军队从后面追击，强大的秦军在前面阻挡，这是很危险的。”于是沛公当夜率军绕道回来，更换了旗帜，天亮时，层层包围了宛城。南阳郡守想要自杀，他的门客陈恢说：“要寻死还早。”于是翻过城墙求见沛公，说：“我听说足下接受怀王的约定，先攻入咸阳的人就做关中王。如今足下停留在宛城，宛城是大郡的治所，连城数十，人民众多，粮食充足，官吏和民众都以为投降就是死路一条，所以大家都登城固守。如果足下留下来整天攻城，士兵死伤一定很多；率军解围而去，宛城的军队一定跟踪追击。这样，足下前则失去先入咸阳的约定，又有强大的宛城在后面追击的祸患。为足下着想，不如明约招降，封南阳郡守，让他留守南阳，足下带领宛城的士兵一道西进。没有降服的城邑，听到这个消息，就会争先打开城门，等候足下，足下就可以畅行无阻了。”沛公说：“好。”封郡守为殷侯，封给陈恢一千户。沛公率军西进，所过城邑无不降服。到了丹水，高武侯戚鰓、襄侯王陵也都在西陵归附。回军进攻胡阳，遇到鄱君吴芮的部将梅锏，与他一起攻下了析县和郦县。派遣魏国人宁昌到关中去，尚未回来。这时，章邯已在赵地率军向项羽投降了。

起初，项羽和宋义向北救援赵国，等到项羽杀了宋义，替代他成为上将军，黥布与将领们都归属项羽，进而打败秦军王离的军队，招降了章邯，诸侯们也都归附于他。赵高杀了秦二世，派人来联系，希望与沛公订约，分割关中，各自称王。沛公认为是个阴谋，就用张良的计策，派郦食其和陆贾去说服秦将，并用利益引诱他们，同时袭击武关，大破秦军。又在蓝田南面与秦军交战，增设疑兵，多树旗帜，迷惑敌人。再加上沛公所过各地，不准任意掳掠，秦地百姓高兴，秦军瓦解，沛公乘胜大破秦军，又在蓝田北面与秦军打了一仗，取得大胜。沛公乘胜追击，彻底打垮了秦军。

汉元年（前206）十月，沛公的军队在各路诸侯中最先到达霸上。秦王子婴驾着白车白马，用丝绳系着脖子，封好皇帝的玉玺和符节，在轵道旁投降。有的将领说应该杀掉秦王。沛公说：“当初怀王派我攻关中，就是认为我能宽厚容人；再说人家已经投降了，又杀掉人家，这么做不吉利。”于是把秦王交给主管官吏，就向西进入咸阳。沛公想留在秦宫中休息，樊哙、张良劝阻，这才下令把秦宫中的贵重财物和库府都封好，然后退回来驻扎在霸上。沛公招来各县的父老和德高望重的人，对他们说：“父老们苦于秦朝的苛虐法令已经很久了，批评朝政得失的要灭族，相聚谈话的要处以死刑。我和诸侯们约定，谁首先进入关中就在这里做王，所以我应当当关中王。现在我和父老们约定，法律只有三条：杀人者处死刑，伤人者和抢劫者依法治罪。其余凡是秦朝的法律全部废除。所有官吏和百姓都像往常一样，安居乐业。总之，我到这里来，就是要为父老们除害，不会对你们有任何侵害，请不要害怕！再说，我之所以把军队撤回霸上，是想等着各路诸侯到来，共同制定一个规约。”随即派人和秦朝的官吏一起到各县镇乡村去巡视，向民众讲明情况。秦地的百姓都非常喜悦，争着送来牛羊酒食慰劳士兵。沛公推让不肯接受，说：“仓库里的粮食多，并不缺乏，不想让大家破费。”人们更加高兴，唯恐沛公不在关中做秦王。

【赏析】

以上写刘邦从起义到入关破秦的全过程。

【原文】

或说沛公曰：“秦富十倍天下，地形强。今闻章邯降项羽，项羽乃号为雍王，王关中。今则[1]来，沛公恐不得有此。可急使兵守函谷关[2]，无内诸侯军[3]，稍征关中兵[4]以自益[5]，距[6]之。”沛公然其计，从之。

十一月中，项羽果率诸侯兵西，欲入关，关门闭。闻沛公已定关中，大怒，使黥布等攻破函谷关。

十二月中，遂至戏[7]。沛公左司马曹无伤闻项王怒，欲攻沛公，使人言项羽曰：“沛公欲王关中，令子婴为相，珍宝尽有之。”欲以求封。亚父[8]劝项羽击沛公。方飨士，旦日[9]合战。是时项羽兵四十万，号百万。沛公兵十万，号二十万，力不敌。会项伯欲活张良，夜往见良，因以文谕项羽，项羽乃止。沛公从百余骑，驱之鸿门[10]，见谢[11]项羽。项羽曰：“此沛公左司马曹无伤言之。不然，籍何以至此！”沛公以樊哙、张良故，得解归。归，立诛曹无伤。

项羽遂西，屠烧咸阳秦宫室，所过无不残破。秦人大失望，然恐，不敢不服耳。

项羽使人还报怀王。怀王曰：“如约[12]。”项羽怨怀王不肯令与沛公俱西入关，而北救赵，后天下约[13]。乃曰：“怀王者，吾家项梁所立耳，非有功伐[14]，何以得主约[15]！本[16]定天下，诸将及籍也。”乃详尊怀王为义帝[17]，实不用其命。

正月，项羽自立为西楚霸王，王梁、楚地九郡[18]，都彭城。负约，更立沛公为汉王，王巴[19]、蜀[20]、汉中[21]，都南郑[22]。三分关中，立秦三将：章邯为雍王，都废丘[23]；司马欣为塞王，都栎阳[24]；董翳为翟王，都高奴[25]。楚将瑕丘申阳为河南王，都洛阳。赵将司马卬为殷王，都朝歌[26]。赵王歇徙王代。赵相张耳为常山王，都襄国[27]。当阳君黥布为九江王，都六[28]。

……

四月，兵罢戏下[29]，诸侯各就国[30]。汉王之国，项王使卒三万人从，楚与诸侯之慕从者数万人，从杜[31]南入蚀中[32]。去辄烧绝栈道[33]，以备诸侯盗兵袭之，亦示项羽无东意。至南郑，诸将及士卒多道亡归[34]，士卒皆歌思东归。韩信说汉王曰："项羽王诸将之有功者，而王独居南郑，是迁[35]也。军吏士卒皆山东[36]之人也，日夜跂[37]而望归，及其锋[38]而用之，可以有大功。天下已定，人皆自宁，不可复用。不如决策东乡[39]，争权天下。"

项羽出关，使人徙义帝。曰："古之帝者地方千里，必居上游。"乃使使徙义帝长沙郴县[40]，趣[41]义帝行。群臣稍倍叛之[42]，乃阴令衡山王、临江王击之，杀义帝江南。

项羽怨田荣，立齐将田都为齐王。田荣怒，因自立为齐王，杀田都而反楚；予彭越将军印，令反梁地。楚令萧公角[43]击彭越，彭越大破之。陈余怨项羽之弗王己也，令夏说[44]说田荣，请兵击张耳。齐予陈余兵，击破常山王张耳，张耳亡归汉[45]。迎赵王歇于代，[46]复立为赵王。赵王因立陈余为代王。项羽大怒，北击齐。

八月，汉王用韩信之计，从故道还[47]，袭雍王章邯。邯迎击汉陈仓[48]，雍兵败，还走，止战好畤[49]，又复败，走废丘。汉王遂定雍地。东至咸阳，引兵围雍王废丘，而遣诸将略定陇西[50]、北地[51]、上郡[52]。令将军薛欧、王吸出武关，因王陵兵南阳，[53]以迎太公、吕后于沛。楚闻之，发兵距之阳夏[54]，不得前。令故吴令郑昌为韩王，距汉兵[55]。

二年，汉王东略地，塞王欣、翟王翳、河南王申阳皆降。韩王昌不听[56]，使韩信击破之。于是置陇西、北地、上郡、渭南[57]、河上[58]、中地郡[59]；关外置河南郡[60]。更立韩太尉信为韩王。诸将以万人若以一郡降者，封万户。[61]缮治河上塞。[62]诸故秦苑囿园池，[63]皆令人得田之。正月，虏雍王弟章平。大赦罪人。

汉王之出关至陕[64]，抚关外父老，还，张耳来见，汉王厚遇之。

二月，令除秦社稷[65]，更立汉社稷。

三月，汉王从临晋渡[66]，魏王豹将兵从。下河内[67]，虏殷王，置河内郡。南渡平阴津[68]，至雒阳。新城[69]三老董公[70]遮说汉王以义帝死故[71]。汉王闻之，袒而大哭[72]。遂为义帝发丧，临[73]三日。发使者告诸侯曰："天下共立义帝，北面事之。

今项羽放杀[74]义帝于江南，大逆无道。寡人亲为发丧，诸侯皆缟素。悉发关内兵，收三河士[75]，南浮江汉以下，愿从诸侯王击楚之杀义帝者。”

是时项王北击齐，田荣与战城阳。田荣败，走平原[76]，平原民杀之。齐皆降楚。楚因焚烧其城郭，系虏其子女。齐人叛之。田荣弟横立荣子广为齐王，齐王反楚城阳。项羽虽闻汉东[77]，既已连齐兵[78]，欲遂破之而击汉。汉王以故得劫五诸侯兵[79]，遂入彭城。项羽闻之，乃引兵去齐[80]，从鲁[81]出胡陵至萧，与汉大战彭城灵璧[82]东睢水[83]上，大破汉军，多杀士卒，睢水为之不流。乃取汉王父母妻子于沛，置之军中以为质。当是时，诸侯见楚强汉败，还皆去汉复为楚。塞王欣亡入楚。

吕后兄周吕侯[84]为汉将兵，居下邑[85]。汉王从之，稍收士卒[86]，军砀[87]。汉王乃西过梁地，至虞[88]，使谒者[89]随何[90]之九江王布所，曰：“公能令布举兵叛楚，项羽必留击之。得留数月，吾取天下必矣。”随何往说九江王布，布果背楚。楚使龙且[91]往击之。

……

正月，诸侯及将相相与共请尊汉王为皇帝。汉王曰：“吾闻帝贤者有也，空言虚语，非所守也，[92]吾不敢当帝位。”群臣皆曰：“大王起微细，诛暴逆，平定四海，有功者辄裂地而封为王侯。大王不尊号[93]，皆疑不信[94]，臣等以死守之[95]。”汉王三让，不得已，曰：“诸君必以为便，便国家。”甲午，乃即皇帝位汜水之阳[96]。

……

高祖置酒雒阳南宫。高祖曰：“列侯诸将无敢隐朕[97]，皆言其情[98]。吾所以有天下者何？项氏之所以失天下者何？”高起、王陵对曰：“陛下慢而侮人，项羽仁而爱人。然陛下使人攻城略地，所降下者因以予之，与天下同利也。项羽妒贤嫉能，有功者害之[99]，贤者疑之，战胜而不予人功，得地而不予人利，此所以失天下也。”高祖曰：“公知其一，未知其二。夫运筹策[100]帷帐之中，决胜于千里之外，吾不如子房；镇国家，抚百姓，给馈饷[101]，不绝粮道，吾不如萧何；连百万之军，战必胜，攻必取，吾不如韩信。此三者，皆人杰也，吾能用之，此吾所以取天下也。项羽有一范增而不能用，此其所以为我擒也。”

高祖欲长都雒阳，齐人刘敬说，及留侯劝上入都关中，高祖是日驾，入都关中。六月，大赦天下。

【注释】

[1] 则：若。

[2] 函谷关：今河南省灵宝县东北，是河南通往关中地区的关隘。

[3] 内：同“纳”。无内诸侯军：不要让项羽等其他路兵马进来。

［4］稍征关中兵：再从关中征调一些兵员。

［5］以自益：以补充自己的兵力。

［6］距：同“拒”。

［7］遂至戏：于是前进至戏水。戏水在今陕西省临潼以东。

［8］亚父：指范增。亚父是指项羽对其尊敬的礼数仅次于父。

［9］旦日：太阳出来的时候。

［10］鸿门：地名，今陕西省临潼以东，其地今称项王营。

［11］谢：道歉。

［12］如约：按照原来的约定办事，即“先入关者王之”。

［13］后天下约：意即按约定说，项羽落在了其他诸侯的后面。

［14］功伐：犹言“功劳”、“功勋”。

［15］主约：主持约定的兑现，即主持分封之事。

［16］本：根本，真正，说到底。

［17］义帝：“义”即“仁义”之“义”。

［18］梁、楚地九郡：指战国时梁国与楚国的部分地区，今河南省东部、山东省西部和与之邻近的江苏省、安徽省北部地区。

［19］巴：秦郡名，今四川东部一带。

［20］蜀：秦郡名，今四川西部地区。

［21］汉中：秦郡名，今陕西秦岭以南地区。

［22］南郑：今陕西省汉中市。

［23］废丘：秦县名，今陕西省兴平东南。

［24］栎阳：秦县名，今陕西省临潼北。

［25］高奴：秦县名，今陕西省延安市东北。

［26］朝歌：殷代故都，今河南省淇县。

［27］襄国：秦县名，今河北省邢台市。

［28］六：秦县名，今安徽省六安北。

［29］兵罢戏下：各路诸侯皆从戏下解散离去。戏下：戏水之滨，即项羽等诸军当时驻扎之地。

［30］就国：到自己的封地去。

［31］杜：秦县名，今西安市西南。

［32］蚀中：山谷间的通道名，也称子午谷。

［33］栈道：崖壁上架木构成的空中通道。

［34］多道亡归：半路上有许多人开小差逃回去了。

［35］迁：贬官，流放。

［36］山东：崤山（今河南省灵宝县东南）以东，古代用以泛指今河南省以及河北省南部，安

徽、江苏省北部，以及山东省等广大地区。

[37] 跂（qǐ）：翘起脚跟，形容思念心情之急切。

[38] 锋：锋芒、锐气。

[39] 东乡：即向东方杀出。乡，同“向”。

[40] 郴（chēn）县：秦县名，今湖南省郴县。

[41] 趣：同“促”，催促。

[42] 稍：渐。倍叛：同“背叛”。

[43] 萧公角：项羽的部将，曾为萧县县令，其名为角。

[44] 夏说（yuè）：赵国的将领。

[45] 张耳亡归汉：张耳早在秦朝未乱时，就与刘邦相识，刘邦曾“数从张耳游”。

[46] 迎赵王歇于代：项羽封张耳为常山王，居原赵地，而将赵歇迁为代王，今陈馀已击走张耳，故迎赵歇回赵。

[47] 故道：即陈仓道，自汉中入褒谷，经凤县、散关，而北出陈仓（今陕西省宝鸡市东）。

[48] 陈仓：秦县名，今陕西省宝鸡市东。

[49] 好畤（zhì）：秦县名，今陕西省乾县东。

[50] 陇西：秦郡名，今甘肃省临洮南。

[51] 北地：秦郡名，今甘肃省庆阳西南。

[52] 上郡：秦郡名，今陕西省榆林东南。

[53] 因王陵兵南阳：就近使用驻扎在南阳一带的王陵的人马。

[54] 阳夏：秦县名，今河南省太康县。

[55] 距汉兵：阻挡刘邦出函谷关东下。

[56] 韩王昌不听：谓不接受刘邦的招降。

[57] 渭南：后来的京兆尹，今西安市西北。

[58] 河上：后来的左冯翊（píng yì），郡治亦在长安。

[59] 中地郡：后来的右扶风，郡治亦在长安。以上三郡合称“三辅”，谓辅卫京畿。

[60] 河南郡：郡治雒阳，今洛阳市东北。

[61] 诸将以万人若以一郡降者，封万户：凡率领万人或一个郡投降者，封之为万户侯。若，或。

[62] 缮治河上塞：整修与匈奴人交界线上的防御工事。

[63] 诸故秦苑囿园池：秦时皇家的各个园林猎场。

[64] 陕：秦县名，今河南省三门峡市西北。

[65] 社稷：指社稷坛，是古代帝王祭祀土神和谷神的坛台。社：土神。稷：谷神。

[66] 从临晋渡：从临晋关渡黄河进入今山西省西南部。临晋：关名，也叫蒲津关，今陕西省大荔县城东的黄河西岸。

[67] 河内：今河南省黄河以北地区。

［68］平阴津：渡口名，今河南省孟津县东北。

［69］新城：秦县名，今河南省伊川县西南。

［70］三老董公：身为三老的董先生。三老：乡官名，掌教化。

［71］遮说汉王以义帝死故：拦路把怀王被杀的消息告诉刘邦。遮说：拦路告诉。

［72］袒而大哭：对尊者长者的哭丧之礼。

［73］临（lìn）：哭吊。

［74］放杀：放逐并杀害。

［75］三河士：指河东、河内、河南的三郡之众，当时此三郡已皆为刘邦占领。

［76］平原：秦县名，今山东省平原县西南。

［77］虽闻汉东：虽然得知刘邦的军队已向东方杀来。

［78］连齐兵：与齐交战。连兵：交战。

［79］劫：劫持，统领。五诸侯兵：指归附刘邦的各国诸侯的兵马。

［80］去齐：离开齐地。

［81］鲁：秦县名，今山东省曲阜市。

［82］灵璧：古邑名，今安徽省濉溪县西北。

［83］睢水：古代鸿沟的支流之一，自今开封市东由鸿沟分出，经睢阳、濉溪、睢宁，东入泗水。

［84］周吕侯：吕后之兄，以佐刘邦开国功，后被刘邦封为周吕侯。周吕，封国名。

［85］下邑：秦县名，彭城的正西偏北，今安徽省砀山县东。

［86］稍收士卒：渐渐地聚合被打散的军队。稍：逐渐。

［87］军砀：驻扎于砀县。

［88］虞：秦县名，今河南省虞城北。

［89］谒者：官名，帝王身边主管赞礼与收发传达的官员。

［90］随何：刘邦部下的参谋人员，与郦食其、陆贾等皆以辞令、口辩著称。

［91］龙且（jū）：项羽的部将，后来被韩信破杀。

［92］空言虚语，非所守也：意谓如果没有皇帝之德，而空有皇帝之名，那是没有什么必要把持的。守：把持，把守。

［93］不尊号：意指不当皇帝、不立尊号。

［94］皆疑不信：人心皆疑虑不安。

［95］以死守之：宁死也要坚持自己的看法。

［96］氾（fàn）水之阳：氾水的北岸，指山东省定陶西北。

［97］无敢隐朕：不要骗我。

［98］皆言其情：都说自己的心里话。

［99］有功者害之：谁有功就嫉恨谁。害，嫉恨。

［100］运筹策：设谋定计。筹策：古代计算数目时所用的筹码，后用为谋划之义。

［101］给馈饷：供应前方粮食。

【译文】

有人游说沛公说："秦地的富足是其他地区的十倍，地理形势又好。现在听说章邯投降项羽，项羽给他的封号是雍王，在关中称王。如今要是他来了，沛公您恐怕就不能拥有这个地方了。可以赶快派军队守住函谷关，不要让诸侯军进来，并且逐步征集关中的兵卒，加强自己的实力，以便抵抗他们。"沛公认为他的话有道理，就听从了他的计策。

十一月中旬，项羽果然率领诸侯军西进，想要进入函谷关。可是关门紧闭。项羽听说沛公已经平定了关中，非常恼火，就派黥布等攻克了函谷关。

十二月中旬，到达戏水。沛公的左司马曹无伤听说项羽发怒，想要攻打沛公，就派人对项羽说："沛公要在关中称王，让秦王子婴做丞相，把秦宫所有的珍宝都据为己有。"曹无伤想借此求得项羽的封赏。亚父范增劝说项羽攻打沛公，项羽正在犒劳将士，准备次日和沛公会战。这时项羽的兵力有四十万，号称百万；沛公的兵力有十万，号称二十万，实力抵不过项羽。恰巧项伯要救张良，使他不至于与沛公一起送死，趁夜来沛公军营见张良，因而有机会让项伯向项羽说了一番道理，项羽这才作罢。次日沛公带了百余名随从骑兵驱马来到鸿门见项羽，向他道歉。项羽说："这是沛公左司马曹无伤说的，不然我怎么会这样呢？"沛公是带着樊哙、张良去的，因而得以脱身返回。回到军营，立即杀了曹无伤。

项羽于是向西行进，一路屠杀，焚烧了咸阳城内的秦王朝宫室，所经过的地方，没有不遭毁灭的。秦地的人们对项羽非常失望，但又害怕，不敢不服从他。

项羽派人回去向怀王报告。怀王说："按原来约定的办。"项羽怨恨怀王当初不肯让他和沛公一起西进入关，却派他到北边去救赵，结果没能率先入关，落在了别人之后。他说："怀王，是我家叔父项梁拥立的，他没有什么功劳，凭什么能主持约定的兑现呢！平定天下的，本来就是各路将领和我项籍。"于是假意推尊怀王为义帝，实际上并不听从他的命令。

正月，项羽自立为西楚霸王，统治梁地、楚地的九个郡，建都彭城。又违背当初的约定，改立沛公为汉王，统治巴蜀、汉中之地，建都南郑。把关中分为三份，封给秦朝的三个降将：章邯为雍王，建都废丘；司马欣为塞王，建都栎阳；董翳为翟王，建都高奴。又封楚将瑕丘申阳为河南王，建都洛阳。封赵将司马卬为殷王，建都朝歌。把赵王歇改封到代地为代王。封赵相张耳为常山王，建都襄国。封当阳君黥布为九江王，建都六县。封怀王的柱国共敖为临江王，建都江陵。封番君吴芮为衡山王，建都邾县。封燕将臧荼为燕王，建都蓟县。把原燕王韩广改封到辽东为辽东王。韩广不听，从臧荼就率军去攻打，在无终把他杀了。项羽又封给成安君陈余河间周围的三个县，让他住在南皮县。封给梅鋗十万户。

……

四月，各路诸侯率领军队回到自己的封国。汉王回国，项王派士兵三万人随从，楚国和其他诸侯国中愿意随从汉王的还有好几万人，他们从杜县南面进入通向汉中的通道蚀中。军队经过之后，就烧毁栈道，以防备诸侯军的偷袭，也是向项羽表示没有东进的意图。到了南郑，将领和士兵中很多人在中途逃跑，士兵们唱着思念家乡的歌曲，想回东方。韩信劝汉王说："项羽把有功的将领都封为王，唯独把大王封在南郑，这是贬谪。军中的官吏和士兵都是关东六国的人，日夜盼望东归，利用他们这种急于东归而产生的锋芒，可以建立大的功业，等到天下平定，就不好再利用他们了。不如作出向东进军的决策，统一天下。"

项羽出了函谷关，派人去迁徙义帝。说："古代的帝王统辖千里见方的土地，必须居住上游。"于是就把义帝迁到长沙郡郴县，催促义帝快走，这时群臣陆续背叛义帝，项羽就暗地命令衡山王和临江王在江南把义帝杀死。

项羽怨恨田荣，就封齐将田都为齐王。田荣恼怒，就自立为齐王，杀掉田都，反叛项羽，又把将军印给了彭越，让他在梁地起兵反楚。项羽命令萧县县令角攻打彭越，被彭越打得大败。陈余怨恨项羽没有封自己为王，派夏说游说田荣，借兵攻打张耳。田荣借兵给陈余，打败了常山王张耳，张耳逃跑归附汉王。陈余把赵王赵歇从代国接回赵国，又立为赵王，赵王就立陈余为代王，项羽大怒，发兵向北攻打齐国。

八月，汉王用韩信的计策，从陈仓道回军，袭击雍王章邯。章邯在陈仓迎击汉军，兵败逃走；在好畤停下来再战，又失败，逃回到废丘。汉王随即平定了雍地。向东到了咸阳，率军把章邯包围在废丘，同时派遣将领攻占陇西、北地、上郡。派将军薛欧、王吸出武关，与驻在南阳的王陵军队一道去沛县迎接太公、吕后。项羽听到这个消息，发兵在阳夏阻挡，使汉军不能前进。封原吴县县令郑昌为韩王，抵抗汉军。

二年，汉王向东攻城略地。塞王司马欣、翟王董翳、河南王申阳都向汉王投降了。韩王郑昌不愿归降，汉王就派韩信打败了他。于是设置了陇西、北地、上郡、渭南、河上、中地等郡；关外设置了河南郡。改封韩太尉信为韩王。诸侯将领带着一万人或一个郡来投降的，封给一万户。修筑黄河沿岸的要塞。秦时皇家的各个园林猎场，都让百姓耕种。正月，俘虏了章邯的弟弟章平，大赦罪人。

汉王出关到了陕县，慰问关外父老。回到军中，张耳来见，汉王给了他优厚的待遇。

二月下令废除秦王朝的社稷坛，建立汉的社稷坛。

三月，汉王从临晋关渡过黄河，魏王魏豹带兵归降汉王。攻下河内，俘虏了殷王司马卬，设置河内郡。向南渡过平阴关，到了洛阳，新城身为三老的董公拦住汉王，述说义帝被杀的经过。汉王听后，袒臂大哭。随即为义帝发丧，公祭三天。派遣使者向各国诸侯宣告说："天下共同拥立义帝，对他北面称臣。如今项羽把义帝放逐，击杀在江南，大逆不道。我亲自为义帝发丧，诸侯都要穿丧服。调动关中的全部军马，征集河南、河东、河内三个郡的士兵，顺着长江汉水南下，愿意跟随各诸侯王讨伐楚国杀害义帝的那个人。"

这时，项羽北进攻击齐国，与田荣战于城阳。田荣兵败，逃到平原，平原的民众把他杀了。齐国各地都归降楚国。项羽焚烧了齐国的城郭，掳掠他们的子女，于是齐国人又反叛项羽。田荣的弟弟田横立田荣的儿子田广为齐王，齐王在城阳反叛项羽。项羽虽然知道汉王向东进军，因为正与齐国军队作战，便想打垮齐军以后再去迎击汉军。汉军得此机会劫取五诸侯兵力，攻入彭城。项羽听说后，立即领兵离开齐国，从鲁地绕道胡陵到萧县，与汉军在彭城灵璧东面睢水上大战，汉军大败，士兵死伤很多，尸体把睢水堵塞得都不能流通了。项羽派人从沛县掳取了汉王的父母妻儿，扣在军中作人质。当时诸侯们看到楚军强大，汉军失败，又都叛汉降楚。塞王司马欣也逃到了楚国。

吕后哥哥周吕侯带领一支汉军，驻扎在下邑。汉王到他那里，继续收集士兵，驻扎在砀山，然后向西经过梁地到了虞县，派遣谒者随何到九江王黥布那里，对随何说："你要是能够劝说黥布举兵叛楚，项羽必将留在那里抗击黥布。只要能够牵制他几个月，我就一定能够取得天下。"随何就去劝说九江王黥布，黥布果然背叛项羽，项羽派龙且前去攻打他。

……

正月，各诸侯将相商量，请求汉王即帝位。汉王说："我听说有贤德的人才能做皇帝，徒有空言虚语保不住皇帝的称号，即帝位我是不敢当的。"群臣都说："大王出身贫寒，诛伐暴逆，平定四海，有功的人就给予土地封为王侯。大王不即帝位，人心皆疑虑不安。我们愿意誓死保卫您做皇帝。"汉王再三推让，不得已，说："大家都认为我做皇帝对国家有利，那我就做吧。"二月初三，汉王在汜水北面即帝位。

……

高祖在洛阳南宫摆设酒宴。高祖说："列侯和各位将领，你们不能瞒我，都要说真心话。我之所以能取得天下，是因为什么？项羽之所以失去天下，又是因为什么？"高起、王陵回答说："陛下傲慢而且好侮辱别人，项羽仁厚而且爱护别人。可是陛下派人攻打城池夺取土地，所攻下和降服的土地就分封给人们，跟天下人同享利益。而项羽却妒贤嫉能，谁有功就嫉恨谁，谁有才能就怀疑谁，打了胜仗不给人家授功，夺得了土地不给人家好处，这就是他失去天下的原因。”高祖说：“你们只知其一，不知其二。如果说设谋定计于帷幄之中，决胜于千里之外，我比不上张子房；镇守国家，安抚百姓，供给粮饷，保证运粮道路不被阻断，我比不上萧何；统率百万大军，战则必胜，攻则必取，我比不上韩信。这三个人都是人中的俊杰，我却能够使用他们，这就是我能够取得天下的原因。项羽虽然有一位范增却不任用，这就是他被我擒获的原因。”

高祖打算长期定都洛阳，齐人刘敬、留侯张良劝说高祖进入关中去定都，高祖立即起驾入关，建都关中。六月，大赦天下。

【启示】

以上写楚汉战争，详细地展示了刘邦打败项羽直至最后称帝的全过程。

此篇通过描述大汉帝国的建国经过，刻画了刘邦此一历史人物形象，同时蕴含了司马迁本人对刘邦功过得失的评价。应该说，无论是反映历史，还是描写人物，均有一定的历史价值。

在对历史材料的处理上，战斗形势或战斗过程均作为背景来处理。司马迁执简驭繁，做出妥当的安排。最为出彩的地方，是刻画人物生活片段、心理状态的带有特写、小品文特色的细节部分，艺术性强，可读性高。如刘邦观秦皇帝，喟然太息——“大丈夫当如此也”，充满个性化的语言，一语点出刘邦的钦羡之情，也渲染出刘邦的鸿鹄之志。

在司马迁笔下，刘邦这一人物充满张力，一面是宽厚为怀、知人善任、有策略、有胆量，一面是表里不一、工于心计。

比如刻画刘邦形象时，起笔写道：“高祖为人，隆准而龙颜，美须髯，左股有七十二黑子。仁而爱人，喜施，意豁如也。常有大度，不事家人生产作业。”带点夸张的描写，衬托出刘邦的翩翩风度，烘托出人物的活力，之后写道：“及壮，试为吏，为泗水亭长，廷中吏无所不狎侮。好酒及色。”显示出人物的复杂性。

再如刘邦打败项羽，建都洛阳之后，问臣子自己为何得天下，项羽为何失天下，刘邦的自我评价颇有意味。一方面称自己运筹帷幄不如子房，经营政务不如萧何，骁勇善战不如韩信，另一方面为的是凸显自己在用人方面的专长，知人善任，“此三者，皆人杰也，吾能用之，此吾所以取天下也。项羽有一范增而不能用，此其所以为我擒也”，生动刻画了刘邦表面谦虚，实则自负的人物心理。

又如刘邦进攻昌邑时遇到困难，郦食其求见，刘邦正坐在床上，两女子为其洗脚，此时刘邦没什么文化修养，粗鄙的习性暴露无遗；后郦食其一句“足下必欲诛无道秦，不宜踞见长者”击中刘邦的要害，他立马呈现毕恭毕敬的谦和态度，可见刘邦平素礼贤下士的形象是塑造而成，而非道法自然，亦可见他对人对事城府颇深。

通过此篇，司马迁的历史观也蕴含其中，得人心者兴，失人心者亡。以刘邦、项羽先后入咸阳的情景为例，刘邦宽厚待人，有长者之风，项羽勇猛凶残，不得人心。二人的品性、作风有鲜明差异，以“秦人大喜，争持牛羊酒食献飨军士”、“人又益喜，唯恐沛公不为秦王”凸显了司马迁秉持的历史观。

值得一提的是，司马迁立足实际，观察兴衰，考量始终，不仅写《高祖本纪》，也撰写《项羽本纪》。刘邦在《高祖本纪》中多以具备雄才大略的开国之君的形象示人，而在《项羽本纪》中则彻底露出冷酷无人性的卑劣品性。相反，项羽在《高祖本纪》中残暴无仁，自恃其勇，而在《项羽本纪》中则叱咤风云，霸气盖世。可见，司马迁并不以世俗成败论英雄，力求按照历史原貌刻画有血有肉的人物形象，不仅为帝王立传，也承认秦汉之际项羽的历史地位。对刘邦，不掩饰其缺点和错误，不一味称颂；对项羽，不抹杀其优点和长处，不一味打击。此种文学表现手法叫做互见法，既维护了历史的真实性，又兼顾了文学的艺术性。两大本纪相辅相成，交相辉映，生动地展现了波澜壮阔的历史篇章和丰富多元的人物性格。

第二节　论后妃：外戚世家

《史记》中的世家主要是记录先秦各诸侯国和汉代有功之臣的事迹。“二十八宿环北辰，三十辐共一毂，运行无穷。辅拂股肱之臣配焉，忠信行道，以奉主上，作三十世家”（《太史公自序》），意即辅佐帝王的重臣如同二十八宿列星环绕北辰，三十根车辐集于车毂，忠信行道，维护中央集权的统一。

【原文】

自古受命帝王[1]及继体守文[2]之君，非独内德[3]茂也，盖亦有外戚[4]之助焉。夏之兴也以涂山[5]，而桀之放也以末喜[6]。殷之兴也以有娀[7]，纣之杀也嬖妲己[8]。周之兴也以姜原[9]及大任[10]，而幽王之禽也淫于褒姒。故《易》基[11]《乾》、《坤》，《诗》始《关雎》，《书》美釐降[12]，《春秋》讥不亲迎[13]。夫妇之际[14]，人道之大伦也。礼之用，唯婚姻为兢兢[15]。夫乐调而四时[16]和，阴阳之变，万物之统也。可不慎与？人能弘道，无如命何[17]。甚哉，妃匹之爱[18]，君不能得之于臣，父不能得之于子，况卑下乎！既合[19]矣，或不能成子姓；能成子姓矣，或不能要其终：岂非命也哉？孔子罕称命，盖难言之也。非通幽明之变[20]，恶能[21]识乎性命[22]哉？

【注释】

［1］受命帝王：指开国之君，古称开国之君乃秉承天命降临人世。

［2］守文：守先祖法令。

［3］内德：帝王本人的道德。

［4］外戚：本文中指后妃。

［5］涂山：指涂山氏之女，禹之妻。

［6］末喜：同“妹喜”，夏桀的宠妃。

［7］有娀（sōng）：指有娀氏之女，商朝祖先契的母亲简狄。

［8］嬖（bì）妲（dá）己：宠幸妲己。嬖，宠幸。妲己，殷纣的宠妃。

［9］姜原：周朝始祖后稷的母亲。

［10］大任：周文王的妻子，周武王的母亲。

［11］基：始。

［12］釐降：分派下嫁。

［13］不亲迎：指纪国之君娶鲁国之女，其君不亲自前来迎娶，只派其大夫前来，孔子讥之，以为不合礼法。

［14］夫妇之际：夫妻之间的这种关系。

［15］兢兢：谨慎小心的样子。

［16］四时：四季。

［17］人能弘道，无如命何：人可以弘扬大道，改造社会，但却无法改变命定的东西。

［18］妃匹之爱：夫妻之间的恩爱。

［19］合：合欢，指男女成亲。

［20］通幽明之变：通晓人世与天地鬼神之间的因果变化。明，指人类社会的事物。幽，指天地鬼神等人所不见的事物。

［21］恶（wū）能：焉能，岂能。

［22］性命：人性与命运。

【译文】

自古以来，受天命的开国帝王和继承正统、遵守先帝法度的国君，不只是内在品德美好，大都也由于有外戚的帮助。夏代兴起是因为有涂山氏之女，而夏桀被放逐是由于末喜。殷代兴起是由于有娀氏之女，商纣王被杀是因为宠爱妲己。周代兴起是由于有姜原及大任，而幽王被擒是因为他和褒姒的淫乱。所以《易经》以《乾》、《坤》两卦为基本，《诗经》以《关雎》为开篇，《书经》赞美尧把女儿下嫁给舜，《春秋》讥讽娶妻不亲自去迎接。夫妇之间的关系，是人道之中最重大的伦常关系。礼的应用，只有婚姻最为谨慎。乐声协调四时就和顺，阴阳的变化是万物生长变化的统领，怎能不慎重呢？人能弘扬人伦之道，可是对天命却无可奈何。的确啊，夫妻之间的恩爱，国君不能从大臣那里得到，父亲也不能从儿子那里得到，何况是更卑下的人呢！男女成亲之后，有的不能繁育子孙；能繁育子孙的，有的又得不到好归宿：这难道不是天命吗？孔子很少谈天命，大概是因为很难说清吧。不能知晓阴阳的变化，怎能懂得人性和天命的道理呢？

【赏析】

以上是全篇的小序，指出了后妃对帝王与国家政治的重要性，同时也讨论了作为一个后妃也难以把握命运的问题。

【原文】

窦太后，赵之清河观津[1]人也。吕太后时，窦姬以良家子入宫侍太后。太后出宫人以赐诸王，各五人，窦姬与在行中。窦姬家在清河，欲如赵近家，请其主遣宦者吏："必置我籍[2]赵之伍[3]中。"宦者忘之，误置其籍代伍中。籍奏，[4]诏可。[5]当行，窦姬涕泣，怨其宦者，不欲往。相强[6]，乃肯行。至代[7]，代王[8]独幸窦姬[9]，生女嫖，[10]后生两男。[11]而代王王后生四男。先代王未入立为帝而王后卒。及代王立为帝，而王后所生四男更[12]病死。孝文帝立数月，公卿请立太子，而窦姬长男[13]最长，立为太子。立窦姬为皇后，女嫖为长公主。[14]其明年，立少子[15]武为代王，已而又徙梁[16]，是为梁孝王。

窦皇后亲[17]蚤[18]卒，葬观津。于是薄太后乃诏有司[19]，追尊窦后父为安成侯，母曰安成夫人。令清河置园邑二百家，长丞奉守，比[20]灵文园[21]法。

窦皇后兄窦长君，弟曰窦广国，字少君。少君年四五岁时，家贫，为人所略卖[22]，其家不知其处。传[23]十余家，至宜阳[24]，为其主入山作炭，暮卧岸下百余人，岸崩，尽压杀卧者，少君独得脱，不死。自卜数日当为侯，从其家[25]之长安。闻窦皇后新立，家在观津，姓窦氏。广国去时[26]虽小，识[27]其县名及姓，又常[28]与其姊采桑堕[29]，用为符信[30]，上书自陈。窦皇后言之于文帝，召见，问之，具言其故，果是。又复问他何以为验，对曰："姊去我西时[31]，与我决[32]于传舍[33]中，丐沐沐[34]我，请食饭我，乃去。"于是窦后持之而泣，泣涕交横下。侍御左右皆伏地泣，助皇后悲哀。乃厚赐田宅金钱，昆弟家于长安。

绛侯[35]、灌将军[36]等曰："吾属[37]不死，命乃且县[38]此两人。两人所出微，不可不为择师傅宾客，又复效吕氏大事也。"于是乃选长者、士之有节行者与居。窦长君、少君由此为退让君子，不敢以尊贵骄人。

窦皇后病，失明。文帝幸邯郸慎夫人[39]、尹姬，皆毋子。孝文帝崩，孝景帝立，乃封广国为章武侯[40]。长君前死，封其子彭祖为南皮侯[41]。吴楚反时，窦太后从昆弟子[42]窦婴[43]，任侠自喜[44]，将兵，以军功为魏其侯[45]。窦氏凡三人为侯。

窦太后好黄帝、老子言，帝及太子[46]诸窦不得不读《黄帝》、《老子》，尊其术。

窦太后后孝景帝六岁，建元六年崩，合葬霸陵。遗诏尽以东宫[47]金钱财物赐长公主嫖。

【注释】

［1］清河观津：清河郡的观津县。清河，汉郡名，今河北省清河县东南。观津，汉县名，今河北省武邑县东南。

［2］我籍：我的名单。

［3］赵之伍：去赵国的五个人。

［4］籍奏：分配名单上报给吕太后。

［5］诏可：吕后下令说可以照办。

［6］强：勉强，强制。

［7］代：当时的代国都于中都，今山西省平遥县西南。

［8］代王：刘恒，刘邦之子，薄太后所生，被封为代王。

［9］姬：除王后之外的其他妃嫔的统称。

［10］生女嫖：即历史上所说的“大长公主”。

［11］后生两男：即景帝刘启与梁孝王刘武。

［12］更：先后，交互。

［13］窦姬长男：即日后的汉景帝刘启。

［14］女嫖为长公主：应称“馆陶公主”。“长公主”者，帝王姊之称也。此时景帝未即位，其姊不得称长公主。

［15］少子：窦皇后所生的小儿子，非谓文帝诸子之最少者。

［16］梁：梁国的都城睢阳，今河南省商丘县南。

［17］亲：指父母。

［18］蚤：同“早”。

［19］有司：该项工作的主管人。

［20］比：与……相同。

［21］灵文园：文帝生母薄太后父亲的陵园。

［22］略卖：被劫走转卖。略，同“掠”。

［23］传：同“转”，辗转。

［24］宜阳：汉县名，今河南省宜阳县。

［25］从其家：跟从其宜阳的主人家。

［26］广国去时：广国被人贩子劫掠离开观津时。

［27］识（zhì）：记，记得。

［28］常：同“尝”，曾经。

［29］采桑堕：采桑时从树上掉了下来。

［30］符信：凭证，证据。

［31］去我西时：离开我西去长安时。

［32］决：同“诀”，分别。

［33］传舍：驿站。

［34］沐沐：用洗头水洗头。

［35］绛侯：指周勃，刘邦的开国功臣，封绛侯。

［36］灌将军：指灌婴，刘邦的开国功臣，封颖阴侯。

［37］吾属：我等。

［38］县：同“悬”，掌握。

［39］夫人：众姬妾的统称，不是特有封号。

［40］章武侯：封地章武县，今河北省黄骅县西南。

［41］南皮侯：封地即今河北省南皮县。

［42］从昆弟子：堂兄弟的儿子。

［43］窦婴：字王孙，窦太后的堂侄。

［44］任侠自喜：好结交，讲义气，自我欣赏。

［45］魏其侯：封地魏其县，今山东省临沂市东南。

［46］太子：景帝前期的太子名荣，栗姬所生。后期的太子名彻，即日后的汉武帝。

［47］东宫：即长乐宫，因其地处未央宫之东，故称东宫。东宫当时为太后所居。

【译文】

窦太后，赵国清河观津人。吕太后的时候，窦姬作为良家女子选入宫中服侍太后。后来太后把宫女遣送出宫赐给各诸侯王，每王五人，窦姬就在此批宫女之中。窦姬家在清河，想到赵国离家较近，就请求主管遣送的宦官一定要把她的名册放在去赵国的五个人里。宦官把这件事给忘了，错把她的名册放在去代国的队伍中。名册上奏，吕后下诏说可以照办。应该启程了，窦姬痛哭流涕，埋怨那个宦官，不想去。强制她走，她才肯动身。到了代国，代王偏只宠窦姬，生下女儿嫖，后来又生了两个男孩。代王王后生了四个男孩子。在代王尚未入朝立为皇帝之时，王后就死了。等到代王立为皇帝，王后所生的四个男孩子也接连病死。孝文帝即位几个月之后，公卿大臣请求立太子，窦姬的长子年龄最大，被立为太子。窦姬也被立为皇后，女儿刘嫖为长公主。第二年，立小儿子刘武为代王，不久又迁徙到梁国，这就是梁孝王。

窦皇后的双亲早已去世，葬在观津。这时薄太后就下诏有关官员，追尊窦皇后父亲为安成侯，母亲为安成夫人。下令清河设置二百户的园邑，由长丞侍奉看守，一切皆按灵文园的做法。

窦皇后的哥哥叫窦长君，弟弟叫窦广国，字少君。少君四五岁的时候，家境贫穷，被人掠去后卖掉，连家里人都不知他被卖到何处。后来他又被转卖了十几家，到了宜阳。他为主人进山烧炭，晚上一百多人躺在山崖下睡觉，山崖崩塌，把睡在下边的人全都压死了，只有少君脱险，没有被压死。他自己算了一卦，断定他几天之内要被封侯，于是就从主人家去了长安。听说窦皇后是刚被封立的，她的家乡在观津，姓窦氏。广国离家时年龄虽小，但也还知道县名和自家姓氏，又曾和姐姐一起采桑，从树上掉下来，把这些事作为证据，上书陈述自己的经历。窦皇后把这件事告诉文帝，广国即被召见，问他，他详细说明了情况，果然不错。又问他还能用什么来验证，他回答说："姐姐离开我西去的时候，和我在驿站里诀别，姐姐讨来洗头水给我洗头，又要来食物给我吃，然后才离去。"于是窦皇后就拉住弟弟痛哭流涕。左右侍从也都伏在地上哭泣，一起为皇后助哀。后来赏赐他很多田地、房屋和金钱，又分封与皇后同祖的窦氏兄弟，让他们迁居到长安。

绛侯周勃、将军灌婴等人说："我们这些人不死，可是命都悬在窦氏兄弟二人的手里。这两个人出身低微，不能不给他们挑选师傅和宾客，否则，又会再次效法吕氏阴谋叛乱。"于是就挑选年长有德、品行端正的士人和他俩在一起。窦长君、少君从此成为谦逊礼让的君子，不敢倚仗他们的尊贵对人骄横傲慢。

窦皇后生病，双目失明。文帝宠幸邯郸慎夫人、尹姬，都没有生子。孝文帝去世，孝景帝即位，封广国为章武侯。长君已先去世，就封他的儿子彭祖为南皮侯。吴、楚七国叛乱时，窦太后堂兄弟的儿子窦婴，喜欢仗义行侠，就由他领兵平叛，因有战功被封为魏其侯。窦氏共有三人被封侯。

窦太后爱好黄帝、老子的学说，皇帝、太子以及所有窦氏子弟都不得不读《黄帝》、《老子》，尊奉黄老的学术。

窦太后比景帝晚六年去世，她与文帝合葬在霸陵。遗下诏书把东宫的金钱财物全部赐给长公主刘嫖。

【赏析】

以上写文帝窦皇后富有神秘色彩的传奇经历。

【原文】

王太后，槐里[1]人，母曰臧儿。臧儿者，故燕王臧荼[2]孙[3]也。臧儿嫁为槐里王仲妻，生男曰信，与两女[4]。而仲死，臧儿更嫁长陵[5]田氏，生男蚡、胜。臧儿长女[6]嫁为金王孙[7]妇，生一女矣，而臧儿卜筮之，曰两女皆当贵。因欲奇两女[8]，乃夺金氏。金氏怒，不肯予决，乃内[9]之太子宫。太子幸爱[10]之，生三女一男[11]。男方在身[12]时，王美人梦日入其怀。以告太子，太子曰："此贵征[13]也。"未生而孝文帝崩，孝景帝即位，王夫人生男。先是[14]臧儿又入其少女儿姁[15]，儿姁生四男[16]。

景帝为太子时，薄太后以薄氏女为妃。及景帝立，立妃曰薄皇后。皇后毋子，毋宠。薄太后崩，废薄皇后。

景帝长男荣，其母栗姬。栗姬，齐[17]人也。立荣为太子。长公主嫖有女，欲予为妃。栗姬妒，而景帝诸美人[18]皆因长公主见景帝，得贵幸，皆过栗姬。栗姬日怨怒，谢[19]长公主，不许。长公主欲予王夫人，王夫人许之。长公主怒，而日谗栗姬短于景帝曰："栗姬与诸贵夫人幸姬[20]会，常使侍者祝唾其背[21]，挟邪媚道[22]。"景帝以故望[23]之。景帝尝体不安，心不乐，属[24]诸子为王者于栗姬，曰："百岁后，善视之。"栗姬怒，不肯应，言不逊。景帝恚[25]，心嗛之[26]而未发也。

长公主日誉王夫人男之美，景帝亦贤之，又有曩者[27]所梦日符[28]，计未有所定。王夫人知帝望栗姬，因怒未解，阴[29]使人趣[30]大臣立栗姬为皇后。大行[31]奏事毕，曰："'子以母贵，母以子贵'，今太子母无号，宜立为皇后。"景帝怒曰："是而所宜言邪![32]"遂案诛[33]大行，而废太子为临江[34]王。栗姬愈恚恨，不得见，以忧死。卒立王夫人为皇后，其男为太子，封皇后兄信为盖侯[35]。

景帝崩，太子袭号为皇帝。尊皇太后母臧儿为平原君[36]。封田蚡为武安侯[37]，胜为周阳侯[38]。景帝十三男，一男为帝，十二男皆为王。而儿姁早卒，其四子皆为王。王太后长女号曰平阳公主，次为南宫公主，次为林虑公主。盖侯信好酒。田蚡、胜贪，巧于文辞。王仲蚤死，葬槐里，追尊为共侯，置园邑二百家。及平原君卒，从田氏葬长陵，置园比共侯园。而王太后后孝景帝十六岁，以元朔四年崩，合葬阳陵。王太后家凡三人为侯。

【注释】

[1] 槐里：汉县名，今陕西省兴平县东南。

[2] 臧荼：原是燕王韩广的部将，汉元年（前206）被项羽封为燕王；汉三年（前204）韩信灭赵后，臧荼降汉；汉五年（前202），臧荼反汉，被讨平。

[3] 孙，此处指孙女。

[4] 两女：即王皇后与王兒姁。

[5] 长陵，刘邦陵墓所在的县名，今咸阳市东北。

[6] 臧儿长女：即日后之王皇后。

[7] 金王孙：姓金，名王孙。

[8] 欲奇两女：想使两个女儿显示奇异，获取大富大贵。奇，异。

［9］内，同“纳”，送进。

［10］幸爱：喜欢、宠爱。

［11］三女：指日后的平阳公主、南宫公主、林虑公主。一男：即日后的汉武帝。

［12］方在身：指怀孕。

［13］贵征：将生贵人，自己也将大富大贵的征兆。

［14］先是：在此之前。

［15］又入其少女儿姁（ní xǔ）：又将其小女儿也献给了汉景帝。少女，小女儿。

［16］儿姁生四男：即刘越、刘寄、刘乘、刘舜。

［17］齐：汉初以来的诸侯国名，国都临淄，今山东省淄博市之临淄西北。

［18］美人：汉宫嫔妃的位号名，皇后以下有美人、良人、八子、七子、长使、少使等。

［19］谢：推辞，拒绝。

［20］诸贵夫人幸姬：指受景帝宠幸的众妃嫔。夫人与姬皆为皇后以外其他妃嫔的统称。

［21］祝唾其背：旧时诅咒人使其遭殃的一种方式。

［22］挟邪媚道：为了自己取媚而采用歪门邪道的手段。

［23］望：怨恨。

［24］属：同“嘱”，托付。

［25］恚（huì）：恼怒。

［26］心嗛（xián）之：怨恨存在心里。嗛，同“衔”，记着。

［27］曩（nǎng）者：昔日，前者。曩，昔，前。

［28］符：验，征兆。

［29］阴：暗中。

［30］趣：同“促”，唆使，催促。

［31］大行：原称典客，朝官名，九卿之一，主管少数民族事务及接待宾客等。

［32］是而所宜言邪：这话是你所应该说的吗？而：尔，汝。

［33］案诛：治罪处死。

［34］临江：诸侯国名，今湖北省荆州市江陵西北之纪南城。

［35］盖侯：封地盖县，今山东省沂水县。

［36］平原君：封地平原县，今山东省平原县南。

［37］武安侯：封地武安县，今河北省武安县西南。

［38］周阳侯：封地周阳邑，今山西省绛县西南。

【译文】

王太后，槐里人。母亲叫臧儿，是原燕王臧荼的孙女。臧儿先嫁给槐里王仲为妻，生了个儿子名叫信，还有两个女儿。后来王仲死了，臧儿又改嫁给长陵田氏，生了儿子田蚡、田胜。臧儿的长女嫁给金王孙为妻，生了一个女儿。臧儿为子女算卦，结果说她的两个女儿都该是贵人。因为她想要倚仗两个女儿，就把女儿从金氏家中强行接回。金氏很愤怒，不肯和妻子断绝，臧儿就把女儿送进太子宫中。太子很宠爱她，生了三女一男。当男孩还在胎孕的时候，王美人梦见太阳投入她的怀中。她把这个梦告诉太子，太子说："这是大贵的征兆。"男孩还没降生时孝文帝就去世了，孝景帝即位后，王夫人生下这个男孩。先前臧儿又把她的小女儿儿姁送进宫中，儿姁生了四个男孩。

景帝做太子的时候，薄太后选了一个薄氏的女儿做他的妃子。到景帝即位，这个妃子就被立为薄皇后。皇后没有生子，不受宠爱。薄太后一去世，薄皇后就被废了。

景帝的长子刘荣，他的母亲是栗姬。栗姬是齐人。刘荣被立为太子。长公主刘嫖有个女儿，想给太子做妃子。栗姬好嫉妒，景帝的几位美人都是靠长公主而见到景帝的，她们得到的尊贵和宠爱都超过了栗姬。栗姬天天怨怒，为此谢绝了长公主的要求，不应允亲事。长公主想把女儿给王夫人的儿子，王夫人就答应了。长公主为这件事生气，就常常在景帝面前讲栗姬的坏话，说："栗姬和各位贵夫人及宠姬聚会，常常让侍从在她们背后吐口水诅咒，施用妖邪惑人的道术。"景帝因此恼恨栗姬。景帝曾有一次身体不好，心中不悦，就把被封王的儿子们都托付给栗姬，对她说："我死了以后，你要好好照顾他们。"栗姬生气，不肯答应，并且出言不逊。景帝很气愤，怀恨在心但没有发作。

长公主天天称赞王夫人儿子的优点，景帝也认为他德才兼备，又有从前他母亲梦日入怀的祥兆，主意还没定下来。王夫人知道景帝怨恨栗姬，趁他怒气未消，暗中派人催促大臣奏请立栗姬为皇后。一次朝会大行官奏事完毕，又说："'儿子因母亲而尊贵，母亲因儿子而尊贵'，如今太子的母亲还没有封号，应当立为皇后。"景帝发怒说："这是你应该讲的话吗！"结果竟论罪处死了大行官，废了太子，改封他为临江王。栗姬更加怨恨，不愿再见到景帝，不久，便因忧伤而死。王夫人终于被立为皇后，他的儿子立为太子，皇后的哥哥王信被封为盖侯。

景帝去世，太子继位为皇帝。尊皇太后的母亲臧儿为平原君。封田蚡为武安侯，田胜为周阳侯。景帝有十三个儿子，一个儿子做了皇帝，十二个儿子都封为王。儿姁早逝，她的四个儿子也都封为王。王太后的长女封号是平阳公主，次女是南宫公主，三女是林虑公主。盖侯王信好饮酒。田蚡、田胜贪婪，善用文辞巧辩。王仲早死，葬在槐里，追尊为共侯，设置了二百户的园邑。等到平原君去世，跟田氏一起葬在长陵，设置的陵园同共侯园一样。王太后比孝景帝晚死十六年，在元朔四年去世，与景帝合葬在阳陵。王太后家共有三人被封侯。

【赏析】

以上为景帝王皇后的奇特经历。

《外戚世家》主要记录了吕太后、薄太后、窦太后、王太后、卫皇后的婚姻遭遇。全篇具有浓厚的宿命色彩。

古代婚姻多源于偶然因素，或是父母之命，或是媒妁之言，无法体现人的自主性。普通人如是，更何况帝王婚姻?《外戚世家》记录的几位皇帝的嫔妃，她们的人生遭遇更是跌宕起伏，动荡曲折。

司马迁在开篇便点明主旨："人能弘道，无如命何。"表示个体能发挥主体能动性完善自己的道德修养，但却不能决定自己的人生际遇。正如孔子言天命不可说，嫔妃们的命运更是变化无常，难以揣度。当初得到专宠的，奈何日后被幽禁，甚至死于非命；当初不幸的，谁能料到日后会有好运？对于神秘之命，既不能察觉，又无法控制。

司马迁全篇都格外细致地记录下占卜、梦境、看相等细节，暗示人物的成败祸福，都与命运交织在一起。如许负为薄姬看相，示意其日后生太子；窦太后的弟弟窦少君独自逃脱天灾，占卜为侯；王太后梦日入怀，后生汉武帝刘彻。此番征兆颇为神秘，但无论如何嫔妃的命运终究逃不过专制制度的禁锢。其一，嫔妃与皇帝之间的分分合合，她们的幸与不幸皆带有偶然性和非理性；其二，她们的婚姻多置于错综复杂的政治权力斗争之中，已非单纯的夫妻关系可比拟。

钱钟书对此评价得颇为深刻：

司马迁言男女匹配，忽牵引幽明性命，疑若小题大做，张皇其词，如为辙鲋而激西江之水；故《滹南遗老集》卷一二讥之曰："夫一妇人之遇否，亦不足道矣!"不识此正迁之深于阅历、切于事情也。

盖婚姻之道，多出于倘来偶遇，智力每无所用之。重以父母之命、媒妁之言，几于暗中摸索。

《西游记》第二、三回猪八戒以手帕遮脸，伸手扪扯，"撞个天婚"，示象最切；若第九回、九三回之抛掷绣球，乃眼见心许，应手中的，而非如盲龟值浮木之孔、瞎儿射飞雀之目，适逢以成巧合也。

好逑怨偶，同室方知，只有以宿世姻缘、前生注定为解。故印身遭际，使男女言"命"而或怨之，或安之者，匹配尤甚。虽贵居九重，富有四海，抑或不克强致，事与愿违。如重色思得倾国，而"御宇多年求不得"者有之；复如生儿欲以传国，而"不能成子姓"者有之；尚有如《北史·后妃传》上魏孝文帝"时言于近臣，称：

'妇人妒防，虽王者亦不能免，况士庶乎！'"，又下"隋文帝太息曰：'吾贵为天子，不得自由！'"。

朱彝尊《无题》六首之二云"织女牵牛配，婵娥后羿妻；神人犹薄命，嫁娶不须啼"；天人一慨，寄慨深矣。马迁因夫妇匹配而泛及天命，殊非迂阔。

龚自珍《尊命》谓："《诗》屡称命，皆言妃匹之际，帷房之故。……汉司马迁引而申之，于其序外戚也，言命者四，言之皆累欷。"然龚氏谓佛法"因缘"、"宿生"之理，"诗人、司马迁惜乎未闻之"，则又一言以为不知。

"因缘"、"宿生"不过巧立名目，善为譬释，苟穷根究底，乃无奈何之饰词，不可晓之遁词，与"命"只是唯阿之间尔。①

一句"无奈何"点出了司马迁借后妃婚姻际遇渗透出人生百态、世事无常的沧桑感。

除此之外，还应指出的是，司马迁没有遵循前人轻视、抹杀和否定妇女地位的传统史观，对妇女在人类历史上起到的社会作用给予了前所未有的正面肯定。他指出历史上国君掌权治国，不仅是个人才干，还要依靠外戚之助。内助好的起正面作用，内助恶的起负面作用。正如白寿彝在《史记新论》中指出的，在写妇女历史方面，司马迁的贡献是不能抹杀的。

第三节　论功臣：孙子吴起列传

《史记》中的列传是为历史上有影响力的人物立传，共有 70 篇。"扶义俶傥，不令己失时，立功名于天下，作七十列传"（《太史公自序》），传递出司马迁立传的标准有三：一是德行与风采；二是时机与机遇；三是以天下为己任的事业目标。

【原文】

孙子武者，齐人也。以兵法见于吴王阖庐。阖庐曰："子之十三篇[1]，吾尽观之矣，可以小试勒兵[2]乎？"对曰："可。"阖庐曰："可试以妇人乎？"曰："可。"于是许之，出宫中美女，得百八十人。孙子分为二队，以王之宠姬二人各为队长，皆令持戟[3]。令之曰："汝知而心与左右手背乎？"妇人曰："知之。"孙子曰："前，则视

① 钱钟书：《管锥编》（第一册），北京：中华书局，1986 年，第 295～296 页。

心；左，视左手；右，视右手；后，即视背。”妇人曰：“诺。”约束[4]既布，乃设鈇钺[5]，即三令五申[6]之。于是鼓[7]之右，妇人大笑。孙子曰：“约束不明，申令不熟，将之罪也。”复三令五申而鼓之左，妇人复大笑。孙子曰：“约束不明，申令不熟，将之罪也；既已明而不如法[8]者，吏士之罪也。”乃欲斩左右队长。吴王从台上观，见且斩爱姬，大骇。趣使使[9]下令曰：“寡人已知将军能用兵矣。寡人非此二姬，食不甘味，愿勿斩也。”孙子曰：“臣既已受命为将，将在军，君命有所不受。”遂斩队长二人以徇[10]。用其次为队长，于是复鼓之。妇人左右前后跪起皆中规矩绳墨[11]，无敢出声。于是孙子使使报王曰：“兵既整齐，王可试下观之，唯王所欲用之，虽赴水火犹可也。”吴王曰：“将军罢休就舍[12]，寡人不愿下观。”孙子曰：“王徒[13]好其言，不能用其实。”于是阖庐知孙子能用兵，卒以为将。西破强楚，入郢，北威齐晋，显名诸侯，孙子与[14]有力焉。

【注释】

［1］十三篇：指孙武撰写的《孙子兵法》，也叫《孙子》，是我国最早、最杰出的兵书。现存《孙子》十三篇是《始计》、《作战》、《谋攻》、《军形》、《兵势》、《虚实》、《军争》、《九变》、《行军》、《地形》、《九地》、《火攻》和《用间》。

［2］小试：以小规模的操演做试验。勒兵：用兵法统率指挥军队。勒，约束、统率。

［3］戟：古代青铜制的兵器。

［4］约束：用来控制管理的号令、规定。

［5］设鈇钺：设置刑戮之具，表明正式开始执法。鈇，铡刀，用作腰斩的刑具。钺，古兵器，刃圆或平，持以砍斫。

［6］三令五申：多次重复地交代清楚。三、五是虚数。

［7］鼓：击鼓发令。

［8］不如法：不按照号令去做。

［9］趣：通“促”，催促。使使：派遣使者。

［10］徇：示众。

［11］中：符合。规矩：校正圆形和方形的器具。绳墨：木工用以正曲直的墨线。这里均借指军令、纪律。

［12］就舍：回到宾馆。

［13］徒：只。

［14］与：参与。

【译文】

孙子名武，齐国人。因为他精通兵法受到吴王阖庐的接见。阖庐说：“您的十三篇兵书我都看过了，能否用来小规模地试着指挥军队？”孙子回答说：“可以。”阖庐说：“可以用妇女做试验吗？”回答说：“可以。”于是阖庐答应他试验，叫出宫中美女，共约一百八十人。孙子把她们分为两队，让吴王阖庐最宠爱的两位侍妾分别担任各队队长，让所有的美女都拿一支戟。然后命令她们说：“你们知道自己的心、左右手和背吗?”妇人们回答说：“知道。”孙子说：“我说向前，你们就看心口所对的方向；我说向左，你们就看左手所对的方向；我说向右，你们就看右手所对的方向；我说向后，你们就看背所对的方向。”妇人们答道：“是。”号令宣布完毕，于是摆好斧钺等刑具，随即又把已经宣布的号令多次重复地交代清楚。于是击鼓发令，叫她们向右，妇人们哈哈大笑。孙子说：“纪律不清楚，号令不熟悉，是将领的过错。”又再次重复地交代清楚，然后击鼓发令让她们向左，妇人们又都哈哈大笑。孙子说：“纪律弄不清楚，号令不熟悉，是将领的过错；现在既然讲得清清楚楚，却不遵照号令行事，那就是军官和士兵的过错了。”于是就要杀左、右两队的队长。吴王正在台上观看，见孙子将要杀自己的爱妾，大吃一惊，急忙派使臣传达命令说：“我已经知道将军善用兵了，我要是没了这两个侍妾，吃起东西来也不香，希望你不要杀她们。”孙子回答说：“我已经接受命令为将领，将领在军队里，国君的命令有的可以不接受。”于是杀了两个队长示众，然后按顺序任用两队的第二人为队长，于是再击鼓发令，妇人们不论是向左向右、向前向后、跪倒、站起，都符合号令、纪律的要求，再没有人敢出声。于是孙子派使臣向吴王报告说：“队伍已经操练整齐，大王可以下台来检阅她们的演习，任凭大王怎样使用她们，即使叫她们赴汤蹈火也办得到。”吴王回答说：“将军停止演练，回宾馆休息。我不愿下去察看了。”孙子感叹地说：“大王只是欣赏我的军事理论，却不能让我付诸实践。”从此，吴王阖庐知道孙子果真善于用兵，终于任命他做了将军。后来吴国向西打败了强大的楚国，攻克郢都，向北威震齐国和晋国，在诸侯各国名声赫赫，这期间，孙子不仅参与，而且出了很大的力。

【赏析】

此段记录了孙子“吴宫教战”的场景，展现了孙子的军事才能，情节一波三折，跌宕起伏，扣人心弦。

【原文】

忌数与齐诸公子驰逐重射[1]，孙子见其马足不甚相远，有上、中、下辈[2]。于是孙子谓田忌曰：“君弟重射[3]，臣能令君胜。”田忌信然之，与王及诸公子逐射千金[4]。及临质[5]，孙子曰：“今以君之下驷与彼上驷[6]，取君上驷与彼中驷，取君中驷与彼下驷。”既驰三辈毕，而田忌一不胜而再胜[7]，卒得王千金。于是忌进孙子于威王。威王问兵法，遂以为师[8]。

……

后十三岁，魏与赵攻韩，韩告急于齐。齐使田忌将而往，直走大梁。魏将庞涓闻之，去韩而归，[9]齐军既已过而西矣。[10]孙子谓田忌曰："彼三晋之兵[11]素悍勇而轻齐，齐号为怯，善战者因其势而利导之。兵法，百里而趣利者[12]蹶上将[13]，五十里而趣利者军半至[14]。使齐军入魏地为十万灶，明日为五万灶，又明日为三万灶。"庞涓行三日，大喜，曰："我固知齐军怯，入吾地三日，士卒亡者[15]过半矣。"乃弃其步军，与其轻锐倍日并行[16]逐之。孙子度其行，暮当至马陵[17]。马陵道陕[18]，而旁多阻隘，可伏兵，乃斫[19]大树白而书之曰"庞涓死于此树之下"。于是令齐军善射者万弩，夹道而伏，期[20]曰："暮见火举而俱发。"庞涓果夜至斫木下，见白书，乃钻火烛[21]之。读其书未毕，齐军万弩俱发，魏军大乱相失[22]。庞涓自知智穷兵败，乃自刭，曰："遂成竖子之名！[23]"齐因乘胜尽破其军，虏魏太子申以归[24]。孙膑以此名显天下，世传其兵法。[25]

【注释】

［1］诸公子：除太子以外的国王的其他儿子。重射，下大赌注。射，猜押。驰逐重射：下大赌注地比赛马拉车奔驰。

［2］马足：马的奔跑能力。足，足力。不甚相远：指参赛双方的马的足力、素质不差上下。有上、中、下辈：双方的马都有上、中、下三等。

［3］弟：又作"第"，但，尽管。弟重射：尽管下大赌注。

［4］信然：相信、同意。逐射千金：下千金的赌注来比赛看谁的马快。千金，秦时以一镒（重二十两）为一金，汉时以一斤为一金。

［5］质：对，对决。临质：轮到比赛开始的时候。

［6］下驷：下等马。驷，原指一车四马，后来也用以指马。与，对付。与彼上驷：和对方的上等马对抗。

［7］辈：次。既驰三辈毕：比试过三场之后。再，两次。一不胜而再胜：败一次，胜两次。

［8］威王：名因齐，公元前356年至公元前320年在位。以为师：谓尊之若师。

［9］去韩而归：撤离对韩国都城的包围，移军至魏国东境以阻击齐军。

［10］齐军既已过而西矣：齐军已经越过魏国的边境，向西直扑魏都大梁。

［11］三晋之兵：指魏军，因魏与韩、赵皆分晋而建国，故时人多称魏为"三晋"或"晋"。

［12］趣：通"趋"。百里而趣利：奔赴百里之外去追求胜利。

［13］蹶：曹操注："犹挫也。"蹶上将：损失上将，言这种战争有害无利。

［14］军半至：军队人数只有一半能到达，言其减员之多。

［15］亡者：开小差的人。

［16］倍日并行：犹言"昼夜兼程"，一日变作两日用，两日之路并为一日行。

［17］度其行：估计魏国追兵的行程。马陵：古地名，有说在今山东省范县西南。

［18］陕：通"狭"。

［19］斫（zhuó）：砍削。

［20］期：约定。

［21］钻火：远古人钻木取火，这里即指点火。烛：照。

［22］相失：彼此乱奔乱跑。

［23］遂成竖子之名：犹言"今天竟然成就了这个小子的名声!"遂成，成就。遂，成也。

［24］魏太子申：魏惠王的太子，名申，时为魏国上将军。

［25］世传其兵法：《孙膑兵法》于六朝以来长期不见于世，人多疑史公此语有误。1972 年，于山东省临沂银雀山汉墓中发现此书，1975 年已公开出版。共十六篇，一万一千多字，有《擒庞涓》、《威王问》、《陈忌问垒》等篇。

【译文】

田忌经常跟齐国贵族子弟赛马，下很大的赌注。孙膑看到田忌的马跟众位公子的马相差不是很远，马有上、中、下三个等级，于是告诉田忌说："您只管重重地下注，我能够让你取胜。"田忌相信他的话，跟齐王和众位公子下千金的赌注赛马。等到临近比赛时，孙膑对田忌说："现在用你的下等马跟他们的上等马比赛，用你的上等马跟他们的中等马比赛，用你的中等马跟他们的下等马比赛。"三场跑马结束后，田忌负一场而胜两场，终于赢得了齐王的千金。于是田忌把孙膑推荐给齐威王。齐威王向孙膑询问兵法，就任命他为军师。

……

十三年后，魏国和赵国联合攻打韩国，韩国向齐国告急。齐王派田忌率领军队前去救援，径直进军大梁。魏将庞涓听到这个消息，率师撤离韩国回魏，而齐军已经越过边界向西挺进了。孙膑对田忌说："魏军向来凶悍勇猛，看不起齐兵，齐兵被看成胆小怯懦，善于指挥作战的将领就要顺应这样的趋势加以引导。兵法上说用急行军走百里和敌人争利的，有可能折损上将军；用急行军走五十里和敌人争利的，可能有一半士兵掉队。命令军队进入魏境先砌十万人做饭的灶，第二天砌五万人做饭的灶，第三天砌三万人做饭的灶。"庞涓行军三日，特别高兴地说："我本来就知道齐军胆小怯懦，进入我国境内才三天，开小差的就超过了半数啊!"于是放弃了他的步兵，只和他轻装精锐的部队，日夜兼程地追击齐军。孙膑估计他的行程，当晚可以赶到马陵。马陵的道路狭窄，两旁多是峻隘险阻，适合埋伏军队。孙膑就叫人砍去树皮，露出白木，写上"庞涓死于此树之下"，便命令一万名善于射箭的齐兵，隐伏在马陵道两边，约定说："晚上看见树下火光亮起，就万箭齐发。"庞涓当晚果然赶到砍去树皮的大树下，看见白木上写着字，就点火照树干上的字，上边的字还没读完，齐军伏兵万箭齐发，魏军大乱，互不接应。庞涓自知无计可施，败局已定，就拔剑自刎，临死说："倒成就了这小子的名声!"齐军乘胜追击，彻底击溃魏军，俘虏了魏国太子申回国。孙膑也因此名扬天下，后世社会上流传着他的兵法。

【赏析】

以上写孙膑为齐设谋，挫败魏将庞涓的史实。在艺术上极富戏剧性，尤其是马陵道伏杀庞涓一节，情节、场面设置十分精彩，引人入胜。庞涓不认输、不服气而又无可奈何的情景，描绘得更是活灵活现，栩栩如生。

【原文】

吴起者，卫人也，好用兵。[1]尝学于曾子，事鲁君。齐人攻鲁，鲁欲将吴起，吴起取齐女为妻，而鲁疑之。吴起于是欲就名，遂杀其妻，以明不与齐[2]也。鲁卒以为将。将而攻齐，大破之。

鲁人或恶[3]吴起曰："起之为人，猜忍[4]人也。其少时，家累千金，[5]游仕[6]不遂，遂破其家。乡党[7]笑之，吴起杀其谤己者三十余人，而东出卫郭门[8]，与其母诀，啮臂[9]而盟曰：'起不为卿相，不复入卫。'遂事曾子。[10]居顷之[11]，其母死，起终不归。曾子薄之，而与起绝。起乃之鲁，学兵法以事鲁君。鲁君疑之，起杀妻以求将。夫鲁小国，而有战胜之名，则诸侯图鲁矣。且鲁、卫，兄弟之国也，而君用起，则是弃卫。"鲁君疑之，谢[12]吴起。

吴起于是闻魏文侯贤，欲事之。文侯问李克曰："吴起何如人哉？"李克曰："起贪[13]而好色，然用兵司马穰苴[14]不能过也。"于是魏文侯以为将，击秦，拔五城。

起之为将，与士卒最下者同衣食。卧不设席[15]，行不骑乘[16]，亲裹赢粮，[17]与士卒分劳苦。卒有病疽[18]者，起为吮[19]之。卒母闻而哭之。人曰："子卒也，而将军自吮其疽，何哭为？"母曰："非然也，往年吴公吮其父，其父战不旋踵[20]，遂死于敌；吴公今又吮其子，妾不知其死所矣，是以哭之。"

文侯以吴起善用兵，廉平，尽能得士心，乃以为西河守[21]，以拒秦、韩。

……

及悼王死，宗室大臣作乱而攻吴起，吴起走之王尸而伏之。击起之徒因射刺吴起，并中悼王。

悼王既葬，太子立，乃使令尹尽诛射吴起而并中王尸者。坐射起而夷宗死者七十余家。

【注释】

[1] 好用兵：长于用兵。

[2] 不与齐：不助齐，不倾向于齐。与：助，交结。

[3] 恶（wù）：谮，说人坏话。

[4] 猜忍：残忍。

[5] 家累千金：家资值数千金。累：多个相累积。

[6] 游仕：周游各国找官做。

[7] 乡党：古时基层的居民单位。周制五百家为一党，一万两千五百家为一乡。乡党指乡邻、乡亲。

[8] 卫郭门：卫国国都（今河南省濮阳西南）外城的城门。郭：外城。

[9] 啮臂：古人发誓时所做出的一种姿态。

[10] 遂事曾子：遂拜曾子为师。事：侍候，为之做事。

[11] 居顷之：过了不长的一段时间。顷：顷刻。

[12] 谢：辞退。

[13] 贪：指贪于荣名，即家累千金，破产求仕，又母死不归，以及杀妻求将诸节。

[14] 司马穰苴（ráng jū）：春秋后期齐国的名将。

[15] 席：指茵褥之类。

[16] 骑乘：骑马乘车。

[17] 亲裹赢粮：亲自包扎，亲自背粮。赢：背负。

[18] 疽（jū）：痈疮，多发于顶部、背部和臀部，治疗不及时有生命危险。

[19] 吮（shǔn）：用嘴吸，此谓吸疮之脓使出。

[20] 不旋踵：不回身，一直向前。踵：脚跟。

[21] 西河守：西河郡的郡守，今陕西省东部之黄河西岸地区。

【译文】

吴起是卫国人，善于用兵。曾经向曾子求学，侍奉鲁国国君。齐国的军队攻打鲁国，鲁君想任用吴起为将军，而吴起娶的妻子却是齐国人，因而鲁君怀疑他。当时，吴起一心想成名，就杀了自己的妻子，以表明他不亲附齐国。鲁君终于任命他做了将军，率领军队攻打齐国，把齐军打得大败。

鲁国有人诋毁吴起说："吴起为人，猜疑残忍。他年轻的时候，家里积蓄足有千金，在外边求官没有结果，把家产也荡尽了，同乡邻里的人笑话他，他就杀掉三十多个讥笑自己的人。然后从卫国的东门逃跑了。他和母亲诀别时，咬着自己的胳膊狠狠地说：'我吴起不做卿相，绝不再回卫国。'于是就拜曾子为师。不久，他母亲死了，吴起最终还是没有回去奔丧。曾子瞧不起他并和他断绝了师徒关系。吴起就到鲁国去学习兵法来侍奉鲁君。鲁君怀疑他，吴起杀掉妻子以表明心迹，用来谋求将军的职位。鲁国虽然是个小国，却有着战胜国的名声，那么诸侯各国就要谋算鲁国了。况且鲁国和卫国是兄弟国家，鲁君要是重用吴起，就等于抛弃了卫国。"鲁君怀疑吴起，便辞退了他。

这时，吴起听说魏国文侯贤明，想去为他效力。文侯问李克说："吴起这个人怎么样啊?”李克回答说：“吴起贪恋成名而爱好女色，然而要带兵打仗，就是司马穰苴也打不过他。”于是魏文侯就任用他为主将，攻打秦国，夺取了五座城池。

吴起做主将，跟最下等的士兵穿一样的衣服，吃一样的伙食，睡觉不铺垫褥，行军不乘车骑马，亲自背负着捆扎好的粮食，和士兵们同甘共苦。有个士兵生了恶性毒疮，吴起替他吸吮浓液。这个士兵的母亲听说后，就放声大哭。有人说：“你儿子是个无名小卒，将军却亲自替他吸吮浓液，怎么还哭呢?”那位母亲回答说：“不是这样啊，往年吴将军替他父亲吸吮毒疮，他父亲在战场上勇往直前，就死在敌人手里，如今吴将军又给他儿子吸吮毒疮，我不知道他又会在什么时候死在什么地方，因此，我才哭他啊。”

魏文侯因为吴起善于用兵打仗，廉洁不贪，待人公平，能取得所有将士的欢心，就任命他担任西河郡的长官，来抗拒秦国和韩国。

……

等悼王一死，王室大臣发动骚乱，攻打吴起。吴起逃到楚王停尸的地方，附伏在悼王的尸体上。攻打吴起的那帮人趁机用箭射吴起，同时也射中了悼王的尸体。

等把悼王安葬停当后，太子即位。即位后他就让令尹把射杀吴起同时射中悼王尸体的人全部处死，由于射杀吴起而被灭族的有七十多家。

【赏析】

以上写吴起为鲁、魏、楚建立功勋，却处处受排挤，以致被楚人所杀之事。

全篇写了孙武、孙膑、吴起三个军事家的事迹，凸显人物的才能和个性，非常有感染力。以兵法起，以兵法结，中间以兵法作骨贯穿始末。其中写孙武用墨至简，孙膑记其三四事，吴起用墨最多。

《孙子兵法》历来被推崇为“兵经”、“武经”，为后代相传。在本传中虽无正面描写《孙子兵法》的实地演练，但却通过吴宫教战的场景，凸显孙武的军事才能，别出心裁，却又意味深长。

关于孙膑的军事才能，司马迁以一个有趣的赛马拉车的故事，影射用兵之事，拉开序幕。故事虽短，但道理却真，一是要从全局出发，不计一时之利，分析形势，抓住重点，做出整体部署，方可在敌我力量有别的情况下取得胜利；二是知己知彼，百战不殆，充分了解对方情况，做出合理明智的决策。之后描写了孙膑与庞涓的较量，情节曲折，引人入胜。孙膑利用敌方的弱点，最大限度地发挥自己的优势。魏军之强，体现在骁勇善战；齐军之弱，体现为胆怯。孙膑的计谋，是用智慧弥补自身不足，利用敌方弱点，创造取得胜利的条件。通过几个故事，孙膑才智过人的军事家形象得以塑造，惟妙惟肖，光彩照人。

再看吴起，司马迁对他的处理不同于孙武、孙膑。司马迁对吴起的一生做了划分，一部分是在卫国、鲁国的事迹，一部分是在魏国时的事迹，还有部分是在楚国时的事迹。司马迁将其放置于种种政治纠葛中，凸显吴起不仅是个军事家，其格局、见识、风格、个性还具有政治家的风范。在孙武、孙膑同类型人物中，通过取材、布局等技巧，使得吴起的地位更显卓著。

《史记》中的人物，既是历史的真实，又是文学的典型。司马迁精于选材，摈弃次要材料，将最能体现这些风云际会、名震千古的人物的风采、性格、业绩的事件和言行，加以详细描写，精雕细琢，故事性强，结构严谨，语言平实，风格多变，笔下人物就如雕像般鲜活地矗立在中国历史画廊中。这些人物大多具有积极的人生观，豪迈进取，奋发向上，不甘心碌碌无为。即使身处险境，也不怕挫折，不畏凌辱，体现了司马迁的审美趣味。《史记》将历史事件故事化，结构上富有戏剧性，对后世小说、戏剧产生了深远的影响，正如鲁迅对其的评价：“史家之绝唱，无韵之《离骚》。”

第九章　《资治通鉴》选读

《资治通鉴》是北宋著名史学家、政治家司马光（1019—1086）和他的助手刘攽、刘恕、范祖禹、司马康等人历时十九年编纂的一部规模空前的编年体通史巨著。记载了从战国到五代共一千三百多年的史事。在这部书里，编者总结出许多经验教训，供统治者借鉴，宋神宗认为此书“鉴于往事，有资于治道”，即以历史的得失作为鉴诫来加强统治，所以定名为《资治通鉴》。

《资治通鉴》全书294卷，约300多万字，另有《考异》、《目录》各30卷，是我国编年史中时间跨度最长的一部巨著。《资治通鉴》所记历史有限，上起周威烈王二十三年（前403），下迄后周显德六年（959年），前后共1362年。全书按朝代分为16纪，即《周纪》5卷、《秦纪》3卷、《汉纪》60卷、《魏纪》10卷、《晋纪》40卷、《宋纪》16卷、《齐纪》10卷、《梁纪》22卷、《陈纪》10卷、《隋纪》8卷、《唐纪》81卷、《后梁纪》6卷、《后唐纪》8卷、《后晋纪》6卷、《后汉纪》4卷、《后周纪》5卷。

《资治通鉴》的内容以政治、军事和民族关系为主，兼及经济、文化和历史人物评价，目的是通过对事关国家盛衰、民族兴亡的统治阶级政策的描述警示后人。书名的由来，就是宋神宗认为该书“鉴于往事，有资于治道”，而钦赐此名的。由此可见，《资治通鉴》的得名，既是史家治史以资政的自觉意识增强的表现，也是封建帝王利用史学为政治服务的自觉意识增强的表现。

《资治通鉴》是一部编年体的通史，按时间顺序叙述史事，往往用追叙和终言的手法，说明史事的前因后果，容易使人得到系统而明晰的印象。它的内容以政治、军事的史实为主，借以展示历代君臣治乱、成败、安危之迹，作为历史的借鉴。此外，还叙述了各族人民的生活与斗争。

第一节　论德政：立国以德

从成书之日起，《资治通鉴》就以“鉴于往事，有资于治道”而备受称誉，当中论述德政的内容，比比皆是，其中蕴含的观念，即使以当前眼光来看，都具有先进性和典型性。本小节记载的人物事件，有利于增长智慧、开启心智。

【原文】

威烈王十五年（甲午，前387）。

秦伐蜀，取南郑。

魏文侯薨[1]，太子击立，是为武侯。

武侯浮[2]西河[3]而下，中流顾[4]谓吴起曰：“美哉乎山河之固，此魏国之宝也！”对曰：“在德不在险。昔三苗氏，左洞庭[5]，右彭蠡[6]，德义不修，禹灭之。夏桀之居，左河济[7]，右泰华[8]，伊阙[9]在其南，羊肠[10]在其北，修政不仁，[11]汤放之。商纣之国，左孟门[12]，右太行[13]，常山[14]在其北，大河[15]经其南，修政不德，[16]武王杀之。由此观之，在德不在险。若君不修德，舟中之人皆为敌国也。”武侯曰：“善。”

魏置相，相田文。[17]吴起不悦，谓田文曰：“请与子论功，可乎？”田文曰：“可。”起曰：“将三军，使士卒乐死，敌国不敢谋，子孰与起？”文曰：“不如子。”起曰：“治百官，亲万民，实府库，[18]子孰与起？”文曰：“不如子。”起曰：“守西河而秦兵不敢东乡[19]，韩、赵宾从，[20]子孰与起？”文曰：“不如子。”起曰：“此三者子皆出吾下，而位加吾上，何也？”文曰：“主少国疑，[21]大臣未附，百姓不信，方是之时，属[22]之子乎，属之我乎？”起默然良久，曰：“属之子矣。”

久之，魏相公叔尚魏公主[23]而害[24]吴起。公叔之仆[25]曰：“起易去也。起为人刚劲自喜，子先言于君曰：‘吴起，贤人也，而君之国小，臣恐起之无留心也，君盍试延以女[26]？起无留心，则必辞矣。’子因与起归而使公主辱子，起见公主之贱子也，必辞，则子之计中矣。”公叔从之，吴起果辞公主。魏武侯疑之而未信，起惧诛，遂奔楚。

楚悼王素闻其贤，至则任之为相。起明法审令[27]，捐不急之官，[28]废公族疏远者，[29]以抚养战斗之士，要在强兵，破游说之言从横者。于是南平百越[30]，北却[31]三晋，西伐秦，诸侯皆患楚之强，而楚之贵戚大臣多怨吴起者。

秦惠公薨，子出公立。

赵武侯薨，国人复立烈侯之太子章，是为敬侯。

韩烈侯薨，子文侯立。

（《资治通鉴》卷第一·周纪一）

【注释】

[1] 薨：周代诸侯死称薨。

[2] 浮：乘船在水上泛行。

[3] 西河：今山西省与陕西省交界的那段黄河。

[4] 顾：回头看。

[5] 洞庭：指洞庭湖。

[6] 彭蠡：彭蠡泽，今江西省北部的鄱阳湖。

[7] 河济：黄河、济水，今河南省温县东，其地为黄河与济水的分流处。

[8] 泰华：即华山，在今陕西省华阴南。

[9] 伊阙：山名，又名龙门山，今河南省洛阳市南。

[10] 羊肠：指羊肠坂，太行山上的通道，其萦曲如羊肠，在今山西省晋城南。

[11] 修政不仁：不修仁政。

[12] 孟门：山名，在今河南省辉县西。

[13] 太行：山名，在今山西省东南部与河南、河北两省交界处。

[14] 常山：恒山，在今河北省曲阳西北与山西省接壤处。

[15] 大河：黄河。

[16] 修政不德：不修德政。

[17] 相田文：以田文为相。

[18] 实府库：使府库充实。实：充满、装满。

[19] 东乡：指向东方进犯。乡，同“向”。

[20] 韩、赵宾从：使韩、赵二国服从魏国。宾：服也。

[21] 主少国疑：国君年少，政局不稳。疑：臣民对国君、对朝政有疑虑、不信任。

[22] 属（zhǔ）：瞩目，眼睛盯着，言其一身系天下之重。

[23] 尚魏女：娶魏国的公主为妻。尚：上配，对娶帝王之女的敬称。

[24] 害：忌恨。

[25] 仆：车夫，或指仆人。

[26] 延以女：以给公主招亲的办法来招揽他。延：请，招纳。

[27] 明法审令：使法律严明，使令出必行。审：确实，必定。

[28] 捐不急之官：精简机构。捐：撤除。不急：不急需的，没有用的。

[29] 废公族疏远者：褫夺那些远门的国君宗族的爵禄，使其降为平民。公族：国君的同族。

[30] 百越：当时居住在今福建、广东、广西一带少数民族的统称，因其种族繁多，故称

百越。

［31］却：打退、打败。

【译文】

威烈王十五年，秦国攻打蜀地，夺取南郑。

魏国魏文侯去世，太子魏击即位，是为魏武侯。魏武侯顺黄河而下，在中游回头对吴起说："山川是如此的险要、壮美哟，这是魏国的瑰宝啊！"吴起回答说："国宝在于施德于民，而不在于地势险要。当初三苗氏部落，左面有洞庭湖，右面有彭蠡湖，但他们不修德行，不讲信义，被禹消灭了。夏朝君王桀的居住之地，左边是黄河、济水，右边是泰华山，伊阙山在其南面，羊肠坂在其北面，但因不施仁政，被商汤驱逐了。商朝纣王的都城，左边是孟门山，右边是太行山，常山在其北面，黄河经过其南面，因他不施仁德，被周武王杀了。由此可见，政权的稳固在于给百姓施以恩德，而不在于地势险要。如果君主您不修德政，同乘一条船的人也会变成您的仇敌啊。"魏武侯听罢说道："对。"

魏国设置了相位，任命田文做国相。吴起很不高兴，对田文说："请让我与您比一比功劳，可以吗？"田文说："可以。"吴起说："统率三军，让士兵乐意为国战死，敌国不敢图谋魏国，您和我比，谁好？"田文说："不如您。"吴起说："管理文武百官，让百姓亲附，充实府库储备，您和我比，谁行？"田文说："不如您。"吴起说："据守西河而秦国的军队不敢向东侵犯，韩国、赵国服从归顺，您和我比，谁能？"田文说："不如您。"吴起说："这几方面您都不如我，可是您的职位却在我之上，是什么道理呢？"田文说："君主还年轻，国人疑虑不安，大臣不亲附，百姓不信任，处在这个时候，是把政事托付给您呢，还是应当托付给我？"吴起沉默了许久，然后说："应该托付给您啊。"

过了很久，公叔出任国相，娶了魏君的女儿，却忌惮吴起。他的仆人献计说："吴起容易去掉，吴起为人刚劲且沾沾自喜。您可以先对国君说：'吴起是个贤能的人，但您的国土太小，我担心他没有长留的打算。国君您何不试着要把公主嫁给他，如果吴起没有久留之心，一定会辞谢的。'主人您再与吴起一道回家，故意让公主羞辱您，吴起看到公主如此蔑视您，一定会辞谢国君的婚事，这样您的计谋就实现了。"公叔照此去做，吴起果然辞谢了与公主的婚事。魏武侯疑忌他，不敢信任，吴起害怕招来灾祸，于是投奔了楚国。

楚悼王曾听说吴起是个人才，刚到楚国便任命他为国相。吴起施法明确，依法办事，裁减一些不重要的闲官，废除了王族中远亲疏戚的爵禄，用来安抚奖励征战之士。他致力于加强军事力量，破除合纵连横的游说言论。于是楚国向南平定了百越，向北抵挡住韩、魏、赵三国的扩张，向西征讨秦国，各诸侯国都害怕楚国的强大，而楚国的王亲贵戚、权臣显要中却有很多人怨恨吴起。

秦国秦惠公去世，其子即位为秦出公。

赵国赵武侯去世，国中贵族又拥立赵烈侯的太子赵章即位为赵敬侯。

韩国韩烈侯去世，其子即位为韩文侯。

【启示】

武侯见其山河之固，发出“美哉乎山河之固，此魏国之宝也”的赞叹，吴起洞察其心满意足的状态，适时阐明“在德不在险”的道理，论述修政以德的主观努力远比山河之险的客观形势重要，显示其独到的政治眼光。同时吴起还以三苗氏、夏桀、商纣为例，点明三人虽各占地理优势，但均因德义不修，落得“灭之”、“放之”、“杀之”的下场。可见其精通历史，熟谙地理，且文采飞扬。

再看吴起与田文论功，“将三军，使士卒乐死，敌国不敢谋”，清爽利落地凸显吴起的军事才能；“治百官，亲万民，实府库”，显示其管理内务的能力；“守西河而秦兵不敢东乡，韩、赵宾从”，展示其外交才干。三个方面皆有具体事例为证，显得明快、实在。而田文则简单交代了当前的实际情况——主少国疑、大臣未附、百姓不信，此时此地此情此景需要何种人才，自然不是军事、内务、外交人才，而是资深望重、维系民心的元老级人物。吴起从全局出发，回应“属之子矣”，表现了不狭隘、识时务的优良品质。

【原文】

显王三十一年（癸未，前338）。

秦孝公薨[1]，子惠文王立，公子虔之徒告商君欲反，发吏捕之。商君亡之魏。魏人不受，复内之秦。商君乃与其徒之商於，发兵北击郑。秦人攻商君，杀之，车裂以徇，尽灭其家。

初，商君相秦，用法严酷，尝临渭沦囚，渭水尽赤，为相十年，人多怨之。赵良见商君，商君问曰：“子观我治秦，孰与五羖大夫贤？”赵良曰：“千人之诺诺[2]，不如一士之谔谔[3]。仆请终烧正言而无诛，可乎？”商君曰“诺。”赵良曰：“五羖大夫，荆之鄙人也，穆公举之牛口之下，而加之百姓之上，秦国莫敢望焉。相秦六七年而东伐郑，三置晋君，一救荆祸。其为相也，劳不坐乘，暑不张盖。行于国中，不从车乘，不操干戈。五羖大夫死，秦国男女流涕，童子不歌谣，舂者不相杵。今君之见也，因嬖人[4]景监以为主；其从政也，凌轹[5]公族，残伤百姓。公子虔杜门不出已八年矣。君又杀祝欢而黥公孙贾。《诗》曰：‘得人者兴，失人者崩。’此数者，非所以得人也。君之出也，后车载甲，多力而骈胁[6]者为骖乘[7]，持矛而操闟戟[8]者旁车而趋。此一物不具，君固不出。《书》曰：'恃德者昌，恃力者亡。[9]'此数者，非恃德也。君之危若朝露[10]，而尚贪商于之富，宠秦国之政，畜百姓之怨。秦王一旦捐宾客[11]而不立朝，秦国之所以收君者岂其微哉！"商君弗从。居五月而难作。

（《资治通鉴》卷第二・周纪二）

【注释】

［1］薨：周代诸侯死称薨。

［2］诺诺：应承词，疾应为"唯"，缓应为"诺"。诺诺，就是唯上是听，唯命是从。

［3］谔谔（è）：直言争辩貌。

［4］嬖（bì）人：君主的宠幸。

［5］凌轹（lì）：欺压排挤。

［6］骈胁（pián xié）：肌肉健壮不显肋骨。

［7］骖乘：也作"参乘"。古代乘车时居右边陪乘的人。其任务在于随侍尊者，防备车辆倾侧。

［8］闟戟（xì jǐ）：古兵器名。

［9］恃德者昌，恃力者亡：依靠美德的一定兴旺发达，凭借暴力的必将灭亡。恃：倚仗。昌：兴旺。

［10］危若朝露：危险得像清早的露水一样，太阳一出就要消失，形容面临灭亡，处境危险。

［11］捐宾客：谓弃宾客而去。居高位者死去的婉辞。

【译文】

显王三十一年。

秦孝公去世，其子即位为秦惠文王。公子虔的门人指控商君谋反，便派官吏捉捕他。商君急忙逃往魏国，魏国人拒不接纳，把他送回秦国。商君只好与他的门徒来到封地商於，起兵向北攻打郑。秦军向商君进攻，将他斩杀，车裂分尸，杀光全家。

起初，商君在秦国做国相时，制定法律极为严苛。他曾亲临渭河处决犯人，血流得河水都变红了。他任国相十年，招致多人怨恨。一次，赵良来见商君，商君问他："你看我治理秦国，与当年的五大夫百里奚谁更贤明？"赵良说："一千个人唯唯诺诺，不如有一个人敢于直言。请允许我说出心里话，而您不要怪罪，可以吗？"商君说："好吧！"赵良坦然而言："五大夫，原是楚国的一个乡野之人，秦穆公把他从养牛郎提拔到万民之上、无人可及的位置。他在秦国做国相六七年，向东讨伐了郑国，三次为晋国扶立国君，一次拯救楚国于危难之中。他做国相，劳累了也不乘车，炎热的夏天也不打伞。他在国中视察，没有众多车马随从，也不舞刀弄剑。五大夫死的时候，秦国男女老少痛哭流涕，连儿童也不再唱歌谣，舂米的人也不再唱舂杵的谣曲。

现在再来看您，您起初以结交主上宠幸的景监为进身之途，待到掌权执政，就凌辱践踏贵族大家，残害百姓。弄得公子虔被迫闭门不出已有八年之久。您又杀死祝欢，给公孙贾以刺面的刑罚。《诗经》中说：‘得人心者兴旺，失人心者灭亡。’上述几件事，算不上得人心。您的出行，后面尾随大批车辆甲士，孔武有力的侍卫在身边护卫，持矛挥戟的武士在车旁疾驰。这些保卫措施缺了一样，您就绝不出行。《尚书》中说：‘倚仗仁德者昌盛，凭借暴力者灭亡。’上述几件事，算不上以德服人。您的危险处境正像早晨的露水，没有多少时间了，却还贪恋商于地方的富庶收入，在秦国独断专行，积蓄百姓的怨恨。一旦秦王有个三长两短，秦国用来逮捕您的罪名还会少吗?”商君没有听从赵良的劝告。只过了五个月就大难临头了。

【赏析】

商鞅变法成秦之强，其功不可谓不大，但最后落得身死家灭。司马光重点记录了商鞅和赵良的对话，尤其是赵良对商鞅的批评，借此说明“恃德者昌，恃力者亡”的道理。换言之，严刑峻法不能包治百病，虽能在最短时间稳定社会秩序，但并不能维持社会的长治久安。如何在法之刚与德之柔之间找寻平衡点，仍需深思。

第二节　论谋略：围魏救赵

中国谋略文化源远流长，《资治通鉴》更是直接为帝王之治提供资源养分，帮助帝王从历史经验中获取治国方略。翻开典籍，处处可见军事战略之深邃、处世韬略之精巧、人生策略之周密，这些有价值的智慧，令世人叹为观止。

【原文】

显王十六年（戊辰，前353）。

齐威王使田忌救赵。

初，孙膑与庞涓俱学兵法，庞涓仕魏为将军，自以能不及孙膑，乃召之；至，则以法断其两足而黥[1]之，欲使终身废弃。齐使者至魏，孙膑以刑徒阴见[2]，说齐使者；齐使者窃载与之齐[3]。田忌善而客待之，进于威王。威王问兵法，遂以为师。于是威王谋救赵，以孙膑为将；辞以刑余之人不可，乃以田忌为将而孙子为师，居辎车[4]中，坐为计谋。

田忌欲引兵之赵，孙子曰：“夫解杂乱纷纠[5]者不控拳[6]，救斗[7]者不搏撠[8]，批亢捣虚[9]，形格势禁[10]，则自为解耳。今梁、赵相攻，轻兵锐卒必竭于外，老弱疲于内。[11]子不若引兵疾走魏都[12]，据其街路[13]，冲其方虚[14]，彼必释赵以自救：是我一举解赵之围而收弊[15]于魏也。”田忌从之，十月，邯郸降魏。魏师还，与齐战于桂陵，魏师大败。

（《资治通鉴》卷第二·周纪二）

【注释】

[1] 黥（qíng）：在犯人脸上刺字的一种刑罚。

[2] 阴见：暗中求见。

[3] 之齐：抵达齐国的都城临淄。

[4] 辎车：有篷盖的车，区别于当时的一般兵车。

[5] 杂乱纷纠：如乱丝、乱麻之类。

[6] 控拳：引拳相击，指乱砸。控：投。

[7] 救斗：制止打架。

[8] 撠（jǐ）：以手指刺人。

[9] 批亢捣虚：避实就虚。

[10] 形格势禁：格、禁二字同义，皆为停止、结束的意思。

[11] 老弱疲于内：指国内空虚。

[12] 疾走魏都：奔袭魏国的国都大梁，今河南省开封市。

[13] 街路：交通要道。

[14] 方虚：正好空虚的地方。方：刚好。

[15] 收弊：收拾疲惫之敌。

【译文】

显王十六年。

齐威王派田忌率军救赵。

起初，孙膑与庞涓一起学兵法，庞涓在魏国做将军，知道自己才能不如孙膑，便召孙膑前来魏国，又设计假借罪名砍断孙膑的双脚，并在其脸上刺字，想使他终身遭废弃。齐国使者来到魏国，孙膑以受刑罪人的身份与他暗中相见，说动了齐国使者，偷偷地把他藏在车中带回齐国。齐国大臣田忌把他奉为座上客，又推荐给齐威王。威王向他请教了兵法，于是延请他为老师。这时齐威王计划出兵援救赵国，任命孙膑为大将，孙膑以自己是个受刑残疾之人坚决辞谢，齐威王便以田忌为大将、孙膑为军师，让他坐在带篷盖的车里，出谋划策。

田忌准备率兵前往赵国，孙膑说：“想解开乱丝的人，不能紧握双拳生拉硬扯；解救斗殴的人，不能卷进去胡乱搏击。要扼住争斗者的要害，争斗者因形势限制，就不得不自行解开。如今魏赵两国攻战正酣，魏国的精锐部队在国外必定精疲力竭，老弱残兵在国内疲惫不堪。你不如率领军队火速向大梁挺进，占据它的交通要道，冲击它正当空虚的地方，魏国肯定会放弃赵国而回兵自救。这样，我们一举两得，既解救了赵国之围，而又可坐收魏国自行挫败的效果。”田忌听从了孙膑的计策。十月，赵国的邯郸城投降了魏国。魏军又急忙还师援救国内，在桂陵与齐国军队发生激战，魏军大败。

【赏析】

孙膑救赵之计，即解决两股势力纷争，应避实就虚，引导形势，“今梁、赵相攻，轻兵锐卒必竭于外，老弱疲于内。子不若引兵疾走魏都，据其街路，冲其方虚，彼必释赵以自救：是我一举解赵之围而收弊于魏也”。这里有三个要点，首先要估计敌方的军事行动，其次采取积极的战斗，据其街道，冲其方虚，最后要扩大战果，不但要解赵之围，而且还要收弊于魏。围魏救赵，是孙膑战略思想的典范。

毛泽东同志在《游击战争的战略防御》一文中，就引用了“围魏救赵”的打法。爱读历史的毛泽东读了十七遍《资治通鉴》，他评价说：“一十七遍。每读都获益匪浅。一部难得的好书噢。恐怕现在是最后一遍了，不是不想读而是没那个时间啰……中国有两部大书，一曰《史记》，一曰《资治通鉴》，都是有才气的人，在政治上不得志的境遇中编写的……《通鉴》里写战争，真是写得神采飞扬，传神得很，充满了辩证法。”《资治通鉴》为认识中国历史和吸取历史教训，留下了丰富的思想遗产。

第三节　论情操：苏武牧羊

《资治通鉴》着墨于政治与军事，为帝王提供治国之道，同时还通过大量的史实描写，展现人性善恶。司马光写人物，善于从神态和动作入手，将人性的真善美与假丑恶一并呈现，通过对比手法，歌颂真善美，揭露假丑恶，值得后人细细品味。

【原文】

孝昭皇帝上始元六年（庚子，前81）。

春，二月，诏有司问郡国所举贤良、文学，民所疾苦、教化之要，皆对：“愿罢盐、铁、酒榷、均输官，毋与天下争利，示以俭节，然后教化可兴。”桑弘羊难，以为：“此国家大业，所以制四夷，安边足用之本，不可废也。”于是盐铁之议起焉。

初，苏武既徙北海上，禀[1]食不至，掘野鼠、去[2]草实而食之。杖汉节牧羊，卧起操持，节旄尽落。武在汉，与李陵[3]俱为侍中；陵降匈奴，不敢求[4]武。久之，单于使陵至海上，为武置酒设乐，因谓武曰："单于闻陵与子卿[5]素厚，故使来说足下，虚心欲相待。终不得归汉，空自苦；亡[6]人之地，信义安所见乎！足下兄弟二人，前皆坐事自杀；来时，太夫人[7]已不幸；子卿妇年少，闻已更嫁矣；独有女弟二人、两女、一男，今复十余年，存亡不可知。人生如朝露，何久自苦如此！陵始降时，忽忽如狂，自痛负汉，加以老母系保宫[8]。子卿不欲降，何以过陵，且陛下春秋高，法令无常，大臣无罪夷灭者数十家。安危不可知，子卿尚复谁为乎！"武曰："武父子无功德，皆为陛下所成就，位列将，爵通侯，兄弟亲近，常愿肝脑涂地。今得杀身自效，虽斧钺、汤镬[9]，诚甘乐之！臣事君，犹子事父也；子为父死，无所恨。愿勿复再言！"陵与武饮数日，复曰："子卿壹听陵言！"武曰："自分已死久矣，王必欲降武，请毕今日之欢，效死于前！"陵见其至诚，喟然叹曰："嗟乎，义士！陵与卫律之罪上通于天！"因泣下霑衿，与武决[10]去。单于赐武牛羊数十头。

后陵复至北海上，语武以武帝崩。武南乡号哭欧[11]血，旦夕临[12]数月。及壶衍鞮单于立，母阏氏不正，国内乖离，常恐汉兵袭之，于是卫律为单于谋，与汉和亲。汉使至，求苏武等，匈奴诡言武死。后汉使复至匈奴，常惠私见汉使，教使者谓单于，言："天子射上林[13]中，得雁、足有系帛书，言武等在某泽中。"使者大喜，如惠语以让[14]单于。单于视左右而惊，谢汉使曰："武等实在。"乃归武及马宏等。马宏者，前副光禄大夫王忠使西国[15]，为匈奴所遮；忠战死，马宏生得，亦不肯降。故匈奴归此二人，欲以通善意。于是李陵置酒贺武曰："今足下还归，扬名于匈奴，功显于汉室，虽古竹帛所载，丹青[16]所画，何以过子卿！陵虽驽怯，令汉贳[17]陵罪，全其老母，使得奋大辱之积志，庶几乎曹柯之盟[18]，此陵宿昔[19]之所不忘也。收族陵家，为世大戮，陵尚复何顾乎！已矣，令子卿知吾心耳！"陵泣下数行，因与武决。

单于召会武官属，前已降及物故[20]，凡随武还者九人。既至京师，诏武奉一太牢[21]谒武帝园庙，拜为典属国[22]、秩中二千石，赐钱二百万，公田二顷，宅一区。武留匈奴凡十九岁，始以强壮出，及还，须发尽白。霍光、上官桀与李陵素善，遣陵故人陇西任立政等三人俱至匈奴招之。陵曰："归易耳，丈夫不能再辱！"遂死于匈奴。

夏，旱。

秋，七月，罢榷酤官，从贤良、文学之议也。武帝之末，海内虚耗，户口减半，霍光知时务之要，轻徭薄赋，与民休息。至是匈奴和亲，百姓充实，稍复文、景之业焉。

诏以钩町侯毋波率其邑君长、人民击反者有功，立以为钩町王，赐田广明爵关内侯。

（《资治通鉴》卷第二十三·汉纪十五）

【注释】

[1] 禀：给。

[2] 去：收藏。

[3] 李陵（？—前74）：字少卿，甘肃秦安人，李广的孙子。领兵出击匈奴，战败投降。后死于匈奴。

[4] 求：寻找。

[5] 子卿：苏武的字。

[6] 亡：通“无”。

[7] 太夫人：指苏武的母亲。

[8] 系：囚禁。保宫：汉少府的属官。

[9] 钺：大斧。镬：无足的鼎。

[10] 决：别。

[11] 乡：通“向”，面向。欧：通“呕”，吐。

[12] 临：哭吊。

[13] 上林：即上林苑，秦旧苑。

[14] 让：责备。

[15] 西国：指西域诸国。

[16] 丹青：绘画的颜色。

[17] 贳：通“赦”，赦免。

[18] 曹柯之盟：指齐桓公五年，伐鲁。鲁国打了败仗，请求割让土地并缔结合约。齐桓公答应了，定在柯举办受降仪式。就在两国国君准备签约的时候，曹沫拔出匕首，劫持齐桓公，要求齐退还以前侵占的鲁国国土。齐桓公受制于人，只能答应。曹沫释放齐桓公。此时，齐桓公想反悔，管仲认为国君的信用最重要，劝服齐桓公遵守诺言。

[19] 宿昔：宿，通“夙”。昔，通“夕”，早晚。

[20] 物故：死亡。

[21] 太牢：古代祭祀时并用牛羊豕三牲，称为太牢。

[22] 典属国：官名，始于秦，西汉沿用。

【译文】

孝昭皇帝上始元六年。

春季二月汉昭帝下诏，命有关官员询问各郡、国举荐的贤良、文学，了解民间疾苦和教化百姓的方法。大家都建议：“希望取消盐、铁、酒类的专卖制度，罢黜均输官，不要与天下人争利，向百姓显示节俭，然后才可以振兴、教化。”但桑弘羊表示反对，他认为："盐、铁、酒类的专卖制度和均输措施等，都是国家赖以控制四夷、保卫边疆，使财用充足的根本大业，不能废除。"于是，一场关于盐铁专卖等问题的辩论开始了。

当初，苏武被匈奴放逐到北海边以后，得不到粮食供应，便挖掘野鼠，收藏鼠洞中的草籽来吃。他手持汉朝的符节牧羊，无论睡觉还是起身都带着它，以致节杖上的毛缨全部脱落了。苏武在汉朝时，与李陵同为侍中，李陵归降匈奴后，不敢寻找苏武。过了很长时间，单于派李陵来到北海边，为苏武摆下酒筵，并设乐队助兴。李陵趁机对苏武说："单于听说我与你一向情谊深厚，所以派我来劝你，单于愿意与你诚心相待。你终究不能再回汉朝，自己在这荒无人烟的地方白白受苦，你的信义节操，又有谁看到呢！你的两个兄弟，先前都因罪自杀；我来此时，你母亲也已不幸去世；你的夫人年轻，听说已经改嫁别人了；只剩下两个妹妹、两个女儿、一个儿子，如今又过了十几年，是否还在人世，不得而知。人的一生就像早晨的露水一般短暂，你又何必长久地如此自苦！我刚归降匈奴时，精神恍惚，像要发疯，恨自己辜负汉朝，还连累老母被拘禁牢狱。你不愿归降匈奴的心情，怎么会超过我！况且皇上年事已高，法令变化无常，大臣无罪却被满门抄杀的已有数十家，安危不可知，你还要为谁这样做呢！"苏武说："我父子本无才德功绩，全靠皇上栽培，才得以身居高位，与列侯、将军并列，且使我们兄弟得以亲近皇上，所以我常常希望能够肝脑涂地，报答皇上的大恩。如今得以杀身报效皇上，即使是斧钺加身，汤锅烹煮，我也心甘情愿！为臣的侍奉君王，就如同儿子侍奉父亲一般；儿子为父亲而死，没有遗憾。希望你不要再说了！"李陵与苏武一连饮酒数日，又劝道："子卿你再听我一句话！"苏武说："我自己料想必死已经很久了，大王一定要我苏武投降，就请结束今日的欢聚，让我死在你的面前！"李陵见苏武一片至诚，长叹道："唉！你真是义士！我与卫律的罪过上通于天！"不觉泪湿衣襟，与苏武告别而去。单于赐给苏武牛羊数十头。

后来，李陵又来到北海边，告诉苏武汉武帝已然去世。苏武一连数月，每天早晚面对南方号啕痛哭，甚至吐血。壶衍单于即位后，其母阏氏行为不正，国内分崩离析，常常害怕汉军前来袭击，于是卫律为单于定计，要求与汉朝和亲。汉使来到匈奴，要求放苏武等人回国，匈奴假称苏武已死。后来汉使又来到匈奴，常惠暗中面见汉使，教使者对单于说："汉天子在上林苑射猎，射下一只大雁，雁脚上系着一块写字的绸缎，上面说苏武等人在某湖泽之地。"使者大喜，按常惠之言责问单于。单于环视左右侍从，大吃一惊，然后向汉使道歉说："苏武等人确实还活着。"这才将苏武及马宏等人放还。马宏先前是汉朝派往西域各国的使者，光禄大夫王忠的副使，因受到匈奴军队的拦截，王忠战死，马宏被俘，也不肯投降匈奴。所以匈奴这次将苏武、马宏二人放回，是想向汉朝表示他们的善意。于是，李陵摆设酒筵祝贺苏武说："如今你返回祖国，名声传遍匈奴，功劳显扬于汉朝，即使是史籍所记载、丹青所描画的人物，又怎能超过你！我虽然愚笨怯懦，假如当年汉朝能宽恕我的罪过，保全我的老母，使我能够忍辱负重，春秋时曹沫劫持齐桓公于柯盟的壮举正是我当时念念不忘的志向。谁知汉朝竟将我满门抄斩，这是当世最残酷的杀戮，我还能再顾念什么呢！如今一切都已过去，现在不过是想让你知道我的心罢了！"李陵泪流满面，与苏武告别。

单于召集当年随苏武前来的汉朝官员及随从，除先前已归降匈奴和去世的以外，共有九人与苏武一同回到汉朝。苏武一行来到长安后，汉昭帝诏令苏武用牛、羊、猪各一头，以最隆重的仪式祭拜汉武帝的陵庙，封苏武为典属国，品秩为中二千石，并赏赐苏武钱二百万、公田二顷、住宅一所。苏武被扣留匈奴共十九年，去时正当壮年，归来时头发、胡须全都白了。霍光、上官桀一向都和李陵关系很好，所以特派李陵的旧友陇西人任立政等三人一同前往匈奴劝说李陵回国。李陵对他们说："回去容易，但大丈夫不能两次受辱！"于是老死于匈奴。

夏季干旱。

秋季七月，汉昭帝接受贤良、文学们的建议，撤销负责酒类专卖的官员。汉武帝末年，国家财力虚耗，户口减少一半。霍光了解当时要务，减轻赋税徭役，使百姓得以休息。如今与匈奴恢复和亲，百姓生活充实，渐渐恢复了汉文帝、汉景帝时期安定繁荣的局面。

汉昭帝颁布诏书，因钩町侯毋波率领其所属部落的头人和部众镇压叛乱者有功，封毋波为钩町王，赐田广明关内侯爵位。

【赏析】

汉武帝时，苏武奉命出使匈奴，不料，就在苏武完成了出使任务，准备返回自己的国家时，匈奴上层发生内乱，苏武一行受到牵连，被匈奴扣留十九年，并被要求背叛汉朝，臣服单于。苏武历尽艰辛，宁死不屈，成为中华民族历史上人格和道德的伟大典范。

本篇善于选择典型事件，采用多种叙述手法，通过细节描写，如"杖汉节牧羊，卧起操持，节旄尽落"，刻画塑造一个丰满立体的苏武，内容翔实。特别是使用对比手法，通过李陵，展现苏武威武不屈的品质节操。

《资治通鉴》是"正史"的代表作，以时间为纲，以事件为目，纲举目张，时索事叙。宋末元初胡三省评价此书："为人君而不知《通鉴》，则欲治而不知自治之源，恶乱而不知防乱之术，为人臣而不知《通鉴》，则上无以事君，下无以治民，为人子而不知《通鉴》，则谋身必至于辱先，做事不足以垂后。”清代学者王鸣盛评价：“此天地间必不可无之书，亦学者必不可不读之书。”梁启超在《国学入门书要目及其读法》中也建议学者能精读一遍《资治通鉴》。

但一部294卷、约300多万字的皇皇巨著，如何读，如何品？我们可以采用梁启超介绍的办法——“此为编年政治史最有价值之作品，虽卷帙稍繁，总希望学者能全部精读一过。若苦干燥无味，不妨仿《春秋大事表》之例，自立若干门类，标治摘记作将来著述资料（吾少时曾用此法，虽无成书，然增长兴味不少）。王船山《读通鉴论》，批评眼光，颇异俗流，读通鉴时取以并读，亦助兴之一法。”应该说，王夫之的《读通鉴论》，是从哲学角度，神入其境，有很多有见地、精辟的见解论断。而从史料与考证的角度，则推荐胡三省的《通鉴注》，他以“宁失之于详，不失之于简”的原则，追溯来源，解释词义，简述文义，对《通鉴》中涉及的各类名物礼俗，尽可能详细论述，一条注释长达七八百字，是读《资治通鉴》必不可少的参考资料。

第四编

子学——学子修身

第十章 子部概说

子学即诸子之学，指春秋战国时期诸子百家的学术思想。“诸子百家”是人们对春秋战国时期各个学派的总称。以“诸子”称之，始见于西汉刘歆的《七略·诸子略》。

孔子经手的“六经”之外，其他人的著书立说都叫“子书”。《四库全书总目·子部总序》云：

学者研理于经，可以正天下之是非；征事于史，可以明古今之成败；余皆杂家也。

虽真伪相杂，醇疵互见，然凡能自名一家者，必有一节之足以自立，即其不合于圣人者，存之亦可为鉴戒……在博收而慎取之尔。

子书有真假优劣，但是凡是能留下来的，即使它和儒家传统思想有一些不相符，也必然有它的优点。书留下来就有它的价值，即使是反面教材也可以批判地看。

根据《四库全书总目》来看，封建社会末期的学术分类中，“子部”分了十四类，即儒家、兵家、法家、农家、医家、天文算法、术数、艺术、谱录、杂家、类书、小说、释家、道家。儒、释、道就是“三教”，所以“三教九流”都在子部。

“经部”是儒家的主要经典，“史部”主要是史书，“集部”主要是文学作品，除了这些之外的著作统统放在“子部”，所以“子部”很杂很乱。

第一节 诸子百家

“诸子百家”是对春秋战国时期各种学术派别的总称。“诸子”是指这一时期思想领域内反映各阶层利益的思想家及著作，也是先秦至汉各种政治学派的总称，属春秋后才产生的私学。

春秋时代王室衰微，诸侯争霸，学者们便周游列国，为诸侯出谋划策，到战国时代形成了“百家争鸣”的局面。对百家的划分，最早源于司马迁的父亲司马谈。他在《论六家要旨》中将百家首次划分为“阴阳、儒、墨、名、法、道”等六家。后来，刘歆在《七略》中，又在司马谈划分的基础上，增“纵横、杂、农、小说”等为十家。班固在《汉书·艺文志》中袭刘歆，并认为：“诸子十家，其可观者九家而已。”后来，人们去“小说家”，将剩下的九家称为“九流”。自此，中国古代学术界都依从班固，百家就成了“九流”。今人吕思勉在《先秦学术概论》一书中再增“兵、医”，认为：“故论先秦学术，实可分为阴阳、儒、墨、名、法、道、纵横、杂、农、小说、兵、医十二家也。”

一、儒家

儒家又称儒学、儒家学说，或称为儒教，是中国古代最有影响力的学派。儒家文化是历史的发展的概念，在古代中国历经两千多年的演变，形成了不同时期不同的理论形态，从来不存在一成不变的儒家文化。大体说来，儒家文化主要经历了先秦儒学、汉唐经学、宋明理学和现代新儒学四个阶段，反映了儒家文化从发生、发展、鼎盛到转型的整个过程。

（一）儒家学说的基本范畴——仁

1. 儒家仁学思想的基本内容

（1）仁者爱人——仁学的核心。

孔子认为“仁”具有两重含义：一是以协调人与人、人与社会之间的相互关系为宗旨；二是重视发挥人的主观能动性，强调人的内心修养。这两方面构成了孔子仁学的主要内容。在孔子的伦理思想中，“爱人”是“仁”的核心，也是最高的道德原则。孔子的“爱人”并不局限于血缘宗族的亲近关系，其范围从“亲亲”扩展到“泛爱”，由家族走向社会，使家族伦理转变成社会伦理。“仁者爱人”还包括“能恶人”的内容。孔子并不主张无原则地爱任何人，而是倡导“爱人”的同时也要“恶人”。他认为，只有具备仁德的仁人，才能够喜爱应该喜爱的人，厌恶那些可恶的人。行仁德的人厌恶不仁德的人，是为了让不仁德的东西不加在自己身上。孔子主张的以“仁”对待人的思想，奠定了我国伦理道德的基础。

（2）孝悌——为仁之本。

孔子既讲“泛爱众”，又讲“笃于亲”，这说明孔子的“仁爱”是有先后、远近、厚薄、亲疏的有差别的爱，而不是平等之爱。建立在血缘关系基础上的亲亲之爱是人类情感中最深厚的根源，离开了亲亲之爱、家族之爱，爱人的情感就会成为无源之水、无本之木，因为爱人之情本身就是爱亲之情的扩充和放大。孔子指出，在上位的人如果能用深厚的感情来对待其亲族，老百姓就会走向仁德。因此，他倡导青少年要“入则孝，出则悌”，即把孝顺父母、敬爱兄长的道德修养放在学业的首要位置，从小培养“孝悌”品德。少年时形成的性格就会像先天的性格一样，等长大成人后，自然就会移“孝”作“忠”，以事父母之心事君事上，由孝子变为忠臣。这样，从孝亲始，至忠君止，使封建社会得以长治久安。

（3）忠恕——为仁之道。

在孔子那里，“忠”即“心”放于“中”，含有真心诚意、积极为人之意，包含着“己所不欲，勿施于人”，“己欲达而达人，己欲立而立人”等一系列道德内容，以及由己及人，由父子及于君臣乃至整个社会和国家的多层次的、完整的道德范畴，是一种以他人为重、以社会为重的人生观，是一种有利于别人、有利于社会、有利于国家的生活态度，是一种积极进取、无私无畏、与人为善的献身精神，是一种非常高尚的美德。

2. *以德治政与仁爱*

孔子把自己关于仁的道德原则和道德理想应用于政治领域，形成了德政、德化的伦理政治思想。他指出：“为政以德，譬如北辰，居其所而众星拱之。”（用道德的方法和手段来治理国家，统治者就会像北极星那样得到人民的拥护。）崇尚暴力的统治者不可能有好的结局，而善于用道德教化的方法来治理国家者最终会获得天下。他还指出：“道（音 dǎo）之以政，齐之以刑，民免而无耻；道之以德，齐之以礼，有耻且格。”（用政治法律来训导百姓，用严酷的刑罚来对待人民，他们只会暂时免于罪过，却不会有廉耻之心；而运用道德礼教的方法来引导人民，他们不但有廉耻之心，而且还会人心归服。）

实行德政，孔子认为关键在于统治者的德性修养。他说：“政者，正也。子帅以正，孰敢不正？”（政事就是端正的意思，统治者自己带头垂范，哪个人敢乱来呢？）他还说：“其身正，不令而行；其身不正，虽令不从。”（统治者自身的行为端正，就是不发命令，事情也行得通；统治者自身的行为不端正，纵使三令五申，老百姓也不会相信和服从。）由此可知，孔子把统治者自身能否“正”作为政治好坏的先决条件。实行德政，要提倡爱民、养民、利民、富民、教民、安民、博施于民。这些浓厚的道德人治思想对我国封建社会的政治统治影响深远。

实行德政，就必须提高个人的道德修养。因此，加强和提高个人的道德修养成为孔子仁学体系的重要组成部分。孔子认为，个人能否成为有仁德的人，关键在于能否以自己的努力去实现“仁”。他特别重视提高道德修养要靠个人发挥主观能动性的观点，主张严于律己，宽以待人。他强调克己、修身的修养功夫，尤其是那些居于上位的统治者。

（二）儒家学说的行为规范——礼

礼是由传统和习俗形成的行为规范。在传统中国，上至朝廷的军国大政，下至民间的冠婚丧祭，无不在礼的规范下进行，礼成为社会生活中最有权威的制约因素。礼的发展经历了一个由简到繁的过程。

原始的礼十分简单，主要用于维系人与鬼神的关系上，其表现形式就是用食物来祭祀鬼神。西周时，统治者从祭祀的仪式上对礼的作用加以引申，扩大为治理国家的制度和与此相适应的道德规范。周礼是依照亲疏、贵贱、长幼的标准来确定每一等级不同的礼仪的。周礼的内容十分庞杂，上至国家的立法行政、各级贵族的权利义务，下至衣食住行、婚嫁丧葬、送往迎来，几乎无所不包。周礼的特点在于用温情脉脉的血缘感情来维护上尊下卑的名分等级，把统治和服从的政治关系与父慈子孝、兄友弟恭的亲属关系巧妙地交织在一起，并强调“礼不下庶人，刑不上大夫”。这种礼与刑的分野，充分证明了礼制是统治阶级所专有，而刑法是为被统治阶级而设的。春秋时期，礼崩乐坏，孔子对周礼进行了改造。他认为礼崩乐坏的主要原因是“不仁”，于是把“仁”的道德内容注入“礼”中。他指出，仁与不仁的标准与界限在于是否合乎礼。在他看来，仁为质，是内在的道德感情和伦理思想；礼为用，是外在的道德和伦理行为的具体规范，仁高于礼。孔子纳仁入礼，就是将其创新的仁的观念，注入礼的躯壳中，改变了旧礼中不仁的成分，树立起含仁的精神的新礼。仁与礼互为表里，仁要求把礼从外在形式转化为人的内在精神要求；礼则通过具体的制度设置，把仁的精神物化、规范化，达到“非礼勿视，非礼勿听，非礼勿言，非礼勿动”的境地。这样，仁与礼结合起来，转化成一种伦理道德之礼。儒家主张用这种道德之礼来完成从外到内、从内到外的社会秩序构建工作，这样才能培养出安顺的民众，即所谓“道之以德，齐之以礼，有耻且格”。

（三）积极进取的入世精神——修齐治平

1. 修身

儒家认为修身是齐家治国平天下的基础，并总结了一些切实可行的修身方法，主要有以下几种：

（1）“自省”和“慎独”法：“自省”就是自己在内心反省自己的言行，扫除邪恶、不好的东西，保留善的东西；“慎独”是指一个人要谨慎从事，即使在独自一人、无人监督的情况下，也不能做坏事，要更加严格地要求自己。“自省”和“慎独”都强调了修养的自觉性，因而需要很大的毅力和长期的锻炼。否则，提高道德修养水平，将成为一句空话。

(2)“外求”法：“外求”就是借助于客观事物的帮助或影响来完成道德修养的过程。首先要选择修养的环境，因为环境的好坏直接影响着思想改造的成败；其次是要做到“近师”，因为有老师的引导会提高修养的水平。

(3)“苦养”法：“苦养”是指人们要顶住各种诱惑和压力，让身体和思想经历各种艰难困苦的磨难，陶冶自己，从而使思想得到净化，增强自己干事业的能力。“苦养”，从形式上看是同各种困苦作抗争，而实质上是同自己的思想弱点作抗争。只有经过困苦的考验，才能发现和改正自己思想的弱点，才能使自己的思想修养达到一个新的高度。

(4)“格物致知”法：“格”是探究、穷尽，“物”是事物，“致”是推及、达到，“知”是认识。朱熹认为人心都有认识的能力，任何事物都含有理，一个人要想使自己的认识完全，就要在与事物接触时穷尽其理，从而使自己的修养达到完美的高度。

2. 齐家

“齐家”，就是治理好家庭。儒家认为家与国是紧密相连的，“天下之本在国，国之本在家”，而齐家又必赖于修身，故“家之本在身”。由此，家庭道德建设被推置到了与国家天下休戚相关的位置。儒家指出，先国后家，为了国家的利益，应该抛弃一己之家，“卫国”才能“全家”，“尽忠”方是大义。

儒家倡导家庭教育，特别是家庭伦理道德教育。为此，形成了一系列家庭礼仪，以规范人们的行为。封建社会的家礼是以儒家道德原则为指导思想，贯彻着儒家亲亲尊尊、父慈子孝、夫贤妇随的基本精神，涉及的内容包括孝亲、悌弟、事夫、守节、治家、理财、婚嫁、丧葬等，事无巨细，均有规定。可以说，家礼是儒家伦理规范的具体表现，渗透着儒家的人生观与处世哲学。

3. 治国平天下

当一个人身修家齐之后，就要积极入世，投身于仕途，辅弼君主，竭忠尽智，披肝沥胆，特别是在国家政治清明的时候，尤其应注重人事，兼济天下。儒家积极入世的政治理念，主要体现在以下几个方面：①追求社会稳定；②主张国家统一，反对分裂；③主张富国、富民、强兵；④主张继承和弘扬中华民族优秀传统文化。

（四）儒家的经典

主要有儒家圣教十三经。儒家正典化始自孔子治六经。孔子“治《诗》、《书》、《礼》、《乐》、《易》、《春秋》六经”，“故书者、政事之纪也；诗者、中声之所止也；礼者、法之大分，类之纲纪也。故学至乎礼而止矣。夫是之谓道德之极。礼之敬文也，乐之中和也，诗书之博也，春秋之微也，在天地之间者毕矣”。《诗经》教以言语文学，《尚书》教以政事，《礼记》教以宗法纲纪、君子修养；《易经》、《春秋》教以道义是非智慧。“君子知在位者之不能以恶服人也，是故简六艺以赡养之。《诗》、《书》具其志，《礼》、《乐》纯其养，《易》、《春秋》明其知。六学皆大，而各有所长。《诗》道志，故长于质。《礼》制节，故长于文。《乐》咏德，故长于风。《书》著功，故长于事。《易》本天地，故长于数。《春秋》正是非，故长于治人。”荀子说“故诗书礼乐之道归是矣。诗言是其志也，书言是其事也，礼言是其行也，乐言是其和也，春秋言是其微也”，即《诗经》教言圣人之志，《尚书》教行圣人之事，《仪礼》规定圣人之行，《乐经》乃和圣人言，《春秋》乃圣人微言大义。“温惠柔良者，《诗》之风也；淳庞敦厚者，《书》之教也；清明条达者，《易》之义也；恭俭尊让者，礼之为也；宽裕简易者，乐之化也；刺几辩义者，《春秋》之靡也。”

（五）儒家代表人物及派别

孔子、孟子、荀卿、董仲舒、“二程”、朱熹、陆九渊、王阳明代表了儒家发展的不同阶段。

儒家的派别包括思孟学派、宋明理学、心学、气学、今文学派、公羊学、谶纬神学、古文学派和训诂学。

二、道家

道家是中国古代主要思想流派之一，也是后世道教理论的重要基础之一，代表人物有老子、庄子、慎到、杨朱等。道家以道、无、自然、天性为核心理念，认为天道无为、道法自然，据此提出无为而治、以雌守雄、以柔克刚等政治、军事策略，对中国乃至世界的文化都产生了较大的影响。

从广义上来说，道家主要分为老庄派、黄老派、杨朱派三派，其中老庄派以大道为根、以自然为伍、以天地为师、以天性为尊、以无为为本，主张清虚自守、无为自化、万物齐同、道法自然、远离政治、逍遥自在，体现了“离用为体”的特点，因此成为历代文人雅士远离残酷现实的精神家园。其代表人物是老子、庄子、列子等。黄老派以虚无为本，以因循为用，采儒墨之善，撮名法之要，主张因俗简礼、兼容并包、与时迁移、应物变化、依道生法、依法治国、删繁就简、休养生息，体现了“离体为用”的特点，成为历次大乱之后政府治世的急救包。其代表人物是慎到、田骈、环渊等。杨朱派主张全生避害、为我贵己、重视个人生命的保存，反对他人对自己的侵夺，也反对自己对他人的侵夺，属于道家的别支，春秋战国后因不容于世，后湮灭不存。代表人物是杨朱。

这一学派在哲学上以虚无无形的“道”为世界的根本，以柔弱因循为“道”的作用；在政治上主张无为而治，认为只有无为才能无不为。由于对“道”与无为思想的理解不同，道家内部又形成了老庄学与黄老学两大不同派别。前者的思想以《老子》、《庄子》、《列子》为代表，后者的思想则以《管子》中的《心术》、《内业》等四篇和《经法》、《十六经》等四篇以及《淮南子》为代表。

1. “道”本原论

在中国哲学史上，道家学派第一次把“道”当作世界的本原，并提出了一个以“道”为中心的宇宙本体论哲学，这是道家哲学最主要的思想。《老子》云：“道生一，一生二，二生三，三生万物。”老子认为天下万物都来自道，“道”是世界的根本，世界万物从“道”产生，最后又回归“道”，而“道”自身则是永恒存在的。关于“道”，老子曾作过多种解释，大致有三方面的含义：①道为无形无象的“无”；②道是普遍法则；③道为混成之物。前两个含义表明“道”的客观唯心主义倾向，后一含义又表明其唯物主义倾向。这种现象是老子哲学本身具有的矛盾，也是道家学派在后续发展中产生分化的根本原因。

2. 贵柔学说

这是道家哲学的另外一个重要思想。《老子》说：“弱者道之用。”（四十章）认为柔弱是“道”的作用，以此老子强调柔弱胜刚强，并提出了以弱胜强、以柔克刚，以及以少胜多的政治斗争和军事斗争的策略原则。

道家在政治上主张实行无为而治，反对当时进步的尚贤政治，甚至反对社会的一切文明制度，主张实行愚民政策，向往回归到所谓“纯朴”的原始社会，蕴含了消极的思想情绪。

三、墨家

墨家是中国古代主要哲学派别之一，约产生于战国时期，创始人为墨翟。墨家是一个纪律严明的学术团体，其首领称“矩子”，其成员到各国为官必须推行墨家主张，所得俸禄亦须向团体奉献。墨家学派有前后期之分，前期思想主要涉及社会政治、伦理及认识论问题，后期墨家在逻辑学方面有重要贡献。

墨者多来自社会下层，以“兴天下之利，除天下之害”为教育目的，“孔席不暖，墨突不黔”，尤重艰苦实践，“短褐之衣，藜藿之羹，朝得之，则夕弗得”，“摩顶放踵，利天下，为之”（《孟子·尽心上》），“以裘褐为衣，以跂蹻（草鞋）为服，日夜不休，以自苦为极”，生活清苦。墨者可以“赴汤蹈刃，死不旋踵”，意思是说至死也不后转脚跟后退。墨者中从事谈辩者，称“墨辩”；从事武侠者，称“墨侠”。墨者必须服从矩子的领导，其纪律严明，相传“墨者之法，杀人者死，伤人者刑”（《吕氏春秋·去私》）。例如矩子腹䵍的儿子杀了人，虽得到秦惠王的宽恕，但仍坚持“杀人者死”的“墨者之法”。

按墨家的规定，被派往各国做官的墨者，必须推行墨家的政治主张，行不通时宁可辞职。另外，做官的墨者要向团体捐献俸禄，做到“有财相分”。当首领的要以身作则。墨家是一个有领袖、有学说、有组织的学派，他们有强烈的社会实践精神。墨者们吃苦耐劳、严于律己，把维护公理与道义看作是义不容辞的责任。墨者大多是有知识的劳动者。

前期墨家在战国初期就有很大影响，与杨朱学派并称显学。它的社会伦理思想以兼爱为核心，提倡“兼以易别”，反对儒家所强调的社会等级观念。它提出“兼相爱，交相利”，以尚贤、尚同、节用、节葬作为治国方法。它还反对当时的兼并战争，提出“非攻”的主张。它主张非命、天志、明鬼，一方面否定天命，同时又承认鬼神的存在。前期墨家在认识论方面提出了以经验为基础的认识方法，主张“闻之见之”、“取实与名”。它提出三表作为检验认识正确与否的方法：①“上本之于古者圣王之事”，即以历史记载的古代圣王的历史经验为依据；②“下原察百姓耳目之实”，即以众人的感觉经验为依据；③“废（发）以为刑政，观其中国家百姓人民之利”，即以政治实践的结果是否符合国家和人民的利益为依据。这是中国哲学史上最早提出的关于真理标准的命题，对后世产生了重要影响。

后期墨家汇合成两支：一支注重认识论、逻辑学、几何学、几何光学、静力学等学科的研究，是谓“墨家后学”（亦称“后期墨家”），另一支则转化为秦汉社会的游侠。前者对前期墨家的社会伦理主张多有继承，在认识论、逻辑学方面成就颇丰；后期墨家除肯定感觉经验在认识中的作用外，也承认理性思维在认识中的作用，对前期墨家的经验主义倾向有所克服。它还对“故”、“理”、“类”等古代逻辑的基本范畴作了明确的定义，区分了“达”、“类”、“私”等三类概念，对判断、推理的形式也进行了研究，在中国古代逻辑史上占有重要地位。

战国以后，墨家已经衰微。到了西汉时，由于汉武帝的独尊儒术政策、社会心态的变化以及墨家本身并非人人可达的艰苦训练、严厉规则及高尚思想，墨家在西汉之后基本消失。但是根据考古发现，墨家最后一代在晚清出现，最后因抗夷而全部灭亡。

四、法家

法家是先秦诸子中对法律最为重视的一派。他们以在法律界及法理学方面做出了卓越贡献而闻名，并提出了一整套的理论和方法。这为后来建立中央集权的秦朝制定各项政策提供了相当有效的理论依据，后来的汉朝继承了秦朝的集权体制以及法律体制，这就是我国古代封建社会的政治与法制主体。

法家在法理学方面做出了巨大贡献，对于法律的起源、本质、作用以及法律同社会经济、时代要求、国家政权、伦理道德、风俗习惯、自然环境以及人口、人性的关系等基本的问题都做了探讨，而且卓有成效。

法家主要代表人物有李悝（kuī）、慎到、商鞅、申不害、李斯、韩非子等。

法家思想同中国封建土地关系的产生与发展相联系，是地主阶级取代奴隶主贵族统治的理论表现。在奴隶社会中，“礼”是奴隶主贵族统治的政治体系和道德规范。春秋以来，周礼逐渐失去了原有的威力，旧有的典章制度随之衰落。为适应封建土地关系发展的需要，奴隶主贵族中出现了一批改革家，如齐国的管仲、晋国的郭偃、郑国的子产等人。他们颁布法令与刑书，改革田赋制度，促进封建化过程，成为战国时期法家学派的思想先驱。管仲和子产既强调法制，又重视道德教化。在哲学上，他们提出了一些唯物主义的观点，管仲及其后继者提出“天不变其常，地不易其则”的观点，子产则提出“天道远，人道迩，非所及也”的命题，承认自然界有其客观的规律，反对“天人感应”的迷信观念。

法家学派的法治理论对春秋战国之际进行封建化的改革乃至秦始皇统一六国，建立中央集权专制的封建国家起了重大的作用，并成为秦王朝的统治思想。到了西汉以后，独立的法家学派逐渐消失，其法治思想被吸收到儒学的体系中，德刑并用，成为维护地主阶级专政的有力工具。但是，先秦法家对之后的一些唯物主义者和进步思想家仍产生了一定的影响。

五、名家

名家是先秦以思维的形式、规律和名实关系为研究对象的学派，战国时称“刑名家”或“辩者”，西汉始称“名家”。名家主要活跃在先秦的春秋战国时期，以善于辩论和语言分析而著称于世。作为一个思想流派，名家的思想与现代汉语所说的“名家”是不同的。这个“名”不是有名、出名的意思，而主要是指事物的名称、概念。由于种种原因，名家这个学派后来几乎没有了继承人，一般人在谈到先秦诸子的时候，甚至还有可能忽略它。首先正式提出“名家”这个说法的，是汉代的学者。

三晋不仅是法家产生的基地，也是名家诞生的地方。关于名实问题的争论从孔子的“正名”就开始了，墨家也有关于名实的辩论。而名家的产生，最早可以追溯到晋国成文法的公布。成文法公布之后，社会上出现了类似律师的一类人，他们根据法律条文进行辩护，称“刑名之家”。由于这些学者专门从事名词概念的探讨，因此人们称他们为“辩者”。汉代学者司马谈《论六家要旨》则称他们为“名家”。春秋后期郑国的邓析，就是这类人物的代表。春秋末期以来的名辩思潮，发展到战国中期，由于激烈的社会变革，使旧有的概念不能反映新事物的内容，而新出现的概念还需要社会的公认。这种名实不符的现象，在当时的社会上十分普遍，急需解决。为了适应这种社会需要，在三晋便出现专门研究“名实”问题的学派——名家。他们的代表人物是惠施和公孙龙。惠施虽然是宋人，但其主要活动范围在魏国，任魏相十余年。公孙龙是赵人，主要活动范围在赵国，为平原君门客。三晋名家的产生，在政治上是为了维护新兴地主阶级进行变法改革的成果，即为新的封建秩序正名。惠施与公孙龙的政治活动都说明了这个问题。而公孙龙的思想在相当大的程度上受了稷下名家倪说的影响，我们将在稷下学宫与百家争鸣的高潮部分论及。而战国末期的后期墨家，则总结了从孔子、墨子、邓析到惠施、公孙龙的名辩思想，成为先秦名家思想的集大成者。他们着重对名词概念进行辨析，对我国古代逻辑学的发展做出了重大的贡献。

同时，他们在自然科学上也提出了许多有价值的问题，特别是惠施和后期墨家。惠施和公孙龙代表了名家的“合同异”和“离坚白”两大派，而后期墨家则对这两大派进行了批判性的总结。

名家代表著作有《邓析子》、《尹文子》、《惠子》、《公孙龙子》等，今只存《公孙龙子》。今传本《邓析子》、《尹文子》皆为后人伪作。《庄子》一书曾有许多惠子和庄子的对话，可以从侧面了解名家。

六、阴阳家

阴阳家是流行于战国末期到汉初的一种学派，齐人邹衍是其代表人物。《史记》称其“深观阴阳消息，而作迂怪之变”。《吕氏春秋》则直接受到邹衍学说的影响。大体而言，邹衍的阴阳家思想表现在将自古以来的数术思想与阴阳五行学说相结合，并试图进一步发展，用来建构宇宙图式，解说自然现象的成因及其变化法则。

“阴阳”的主导思想是以五行决定政治，其概念最早见于《易经》，“五行”的概念最早见于《尚书》，但两种观念的产生，可以追溯到更久远的年代。

到战国时代，阴阳和五行渐渐合流，形成一种新的观念模式，便是以“阴阳消长，五行转移”为理论基础的宇宙观。阴阳家是战国时期的重要学派之一，因提倡阴阳五行学说，并用它解释社会人事而得名。这一学派，当源于上古执掌天文历数的统治阶层，也称“阴阳五行学派”或“阴阳五行家”。

阴阳是古人对宇宙万物两种相反相成的性质的一种抽象，也是宇宙对立统一及思维法则的哲学范畴。中国贤哲用“阴阳”二字来表示万物两两对应、相反相成的对立统一，即《老子》所谓“万物负阴而抱阳”、《易传》所谓“一阴一阳之谓道”。《易经》便是讲“阴阳”变化的数理和哲理。

其基本思路是阴阳交感而生宇宙万物，宇宙万物是阴阳的对立统一。阴阳学说是在气说的基础上建立起来的，并在气说的基础上，进一步根据天地、日月、昼夜、阴晴、水火、温凉等运动变化中一分二的结果，抽象出“阴”和“阳”两个相对的概念。阴阳是抽象的概念而不是具体事物，所以“阴阳者，有名无形”（《灵枢·阴阳系日月》）。

阴代表消极、退守、柔弱的特性和具有这些特性的事物与现象，阳代表积极、进取、刚强的特性写具有这些特性的事物与现象。阴阳学说的基本内容可用“对立、互根、消长、转化”八字概括。

在自然观上，利用《周易》经传的阴阳观念，提出了宇宙演化论；又从《尚书·禹贡》的“九州划分”进而提出“大九州”说，认为中国为赤县神州，内有小九州，外则为“大九州”之一（胡适曾在其《中国中古思想史长编》中，对阴阳家的这一地理观念大加赞叹）；在历史观上，则把《尚书·洪范》的五行观改造为“五德终始”说，认为历代王朝的更替兴衰均由五行所主运；在政治伦理上，亦“止乎仁义节俭，君臣上下六亲之施”，赞成儒家仁义学说，同时强调“因阴阳之大顺”，包含若干天文、历法、气象和地理学的知识，有一定的科学价值。

七、纵横家

纵横家出现于战国至秦汉之际，多为策辩之士，可称为中国五千年历史中最早也最特殊的外交政治家，是战国时以从事政治外交活动为主的一派，也是诸子百家之一，创始人鬼谷子，杰出代表人是物有苏代、姚贾、苏秦、张仪、公孙衍等，《汉书·艺文志》将之列为“九流”之一。

《韩非子》云：“纵者，合众弱以攻一强也；横者，事一强以攻众弱也。”纵横即合纵连横。他们朝秦暮楚，事无定主，反复无常，划谋多从主观的政治要求出发。合纵派的主要代表人物是苏秦，连横派的主要代表人物是张仪。

苏秦主张合纵，合山东六国之力以抗秦；张仪主张连横，说六国以事秦，当时谋士一般分属合纵、连横两派，《汉书·艺文志》将之列为“九流”之一，后将凭辩才进行政治活动者称为“纵横家”。

他们的出现主要是由于当时割据纷争，王权不能稳固统一，需要在国力富足的基础上利用联合、排斥、威逼、利诱或辅之不战而胜，或以较小的损失获得最大的收益。他们的智谋、思想、手段、策略基本上是当时处理国与国之间问题的最好办法，是世界史上独一无二的历史阶段，其在历史条件下所创造的智慧是后世任何一个朝代都无法超越的。纵横家人物多出身贫贱，在最艰苦的时代寻找机会，其言行是一种人类智慧的超常解放、创造和发挥。他们以布衣之身庭说诸侯，可以以三寸之舌退百万雄师，也可以以纵横之术解不测之危。苏秦佩六国相印（合纵六国，佩六国相印乃后世策士夸张，苏秦当时是合纵五国，佩齐、赵、燕三国相印），联六国逼秦废弃帝位；张仪雄才大略，以片言得楚六百里；唐雎机智勇敢，直斥秦王存孟尝封地；蔺相如虽非武将，但浩然正气直逼秦王，不仅完璧归赵，而且不曾使赵受辱。纵横之士智勇双全，有不乏仁义之辈，其人其事若鉴于当代，亦必可使受益者非唯浅耳。

其祖乃鬼谷子，姓王名诩，战国时代卫国（今河南鹤壁市淇县）人。他擅长修身养性和纵横术，精通兵法、武术、奇门八卦，著有《鬼谷子》兵书14篇传世。民间称其为王禅老祖，中国春秋战国史上一代显赫人物，是“诸子百家”之一，纵横家的鼻祖，也是位卓有成就的教育家。他经常进入云梦山采药修道，因隐居清溪鬼谷，故人称“鬼谷子”。

鬼谷子曾授苏秦、张仪、孙膑、庞涓四大弟子，皆战国时风云人物。其后习鬼谷子纵横术者甚多，著名者十余人，如苏秦、张仪、甘茂、司马错、乐毅、范雎、蔡泽、邹忌、毛遂、郦食其、蒯通等，事皆详于《战国策》。

纵横家所崇尚的是权谋策略及言谈辩论之技巧，其指导思想与儒家所推崇之仁义道德大相径庭。因此，历来学者对《鬼谷子》一书推崇者甚少，而讥诋者极多。其实外交战术之得益与否，关系国家之安危兴衰；而生意谈判与竞争之策略是否得当，则关系到经济上之成败得失；即使在日常生活中，言谈技巧也关系到一人之处世为人之得体与否。当年苏秦凭其三寸不烂之舌，合纵六国，配六国相印，统领六国共同抗秦，显赫一时；而张仪又凭其谋略与游说技巧，使六国合纵土崩瓦解，为秦国立下不朽功劳。所谓“智用于众人之所不能知，而能用于众人之所不能”。潜谋于无形，常胜于不争不费，此为《鬼谷子》之精髓所在。《孙子兵法》侧重于总体战略，而《鬼谷子》则专于具体技巧，两者可说是相辅相成。

八、杂家

杂家本是战国时期“百家争鸣”中的一家，其内容很多与方术有关。杂家的代表人物之一是淮南王刘安，另一位是编撰《吕氏春秋》的吕不韦。杂家在历史上未曾十分显赫，虽然号称“兼儒墨、合名法”，“于百家之道无不贯综”，然而实际上流传下来的思想不多，在思想史上也没有多少痕迹。

杂家是中国战国末至汉初的哲学学派，以博采各家之说见长，以“兼儒墨，合名法”为特点，“于百家之道无不贯通”。杂家的出现是统一的封建国家建立过程中思想文化融合的结果。杂家著作以战国《尸子》、秦代《吕氏春秋》、西汉《淮南子》为代表，分别为战国时期商鞅门客尸佼、秦相吕不韦和汉淮南王刘安召集门客所集，对诸子百家兼收并蓄，但略嫌庞杂。又因杂家著作含有道家思想，故有人认为杂家实为新道家学派。“杂家”并不是一门有意识、有传承的学派，所以它也并不自命为“杂家”流派。自从《汉书·艺文志》第一次把《吕氏春秋》归入“杂家”之后，这个学派才正式被定名。

杂家列于诸子中是很鲜明的一派，因为它是战国末至汉初兼采各家之学的综合学派。《汉书·艺文志·诸子略》将其列为“九流”之一，后有赵蕤著《反经》综述杂家。

战国末期，经过激烈的社会变革，封建制国家纷纷出现，新兴地主阶级便要求在政治上、思想上达到统一。在这种呼声下，学术思想上出现了把各派思想融合为一的杂家。杂家的产生，大体上反映了战国末期学术文化融合的趋势。

杂家的特点是“采儒墨之善，撮名法之要”。杂家虽只是集合众说，兼收并蓄，然而通过采集各家言论，贯彻其政治意图和学术主张，所以也可称为一家。

春秋战国时期，百家争鸣，各家都有自己的对策与治国主张。为了打败其他流派，各学派或多或少地吸收其他流派的学说，或以攻诘对方，或以弥补自己学说的缺陷。任何一个流派也都有其特色与长处，而“杂家”便是充分地利用这个特点，博采众议，使之成为一套在思想上兼容并蓄，而又切实可行的治国方针。

据《汉书 · 艺文志 · 诸子略》载：杂家著作有《盘盂》26 篇，《大禹》37 篇，《五子胥》8 篇，《子晚子》35 篇，《由余》3 篇，《尉缭》29 篇，《尸子》20 篇，《吕氏春秋》26 篇，《淮南子》21 篇，《淮南外》33 篇等等。其中以《吕氏春秋》、《淮南子》（但也有人认为《淮南子》一书以道家为主，兼采众家。应属道家著作，《淮南子》在古代也曾被划入道藏）为代表著作。杂家著作现在只留下《吕氏春秋》、《淮南子》、《尸子》（原书已佚，今仅有后人辑本）三书。

九、农家

农家是先秦在经济生活中注重农业生产的学派。吕思勉先生在其《先秦学术概论》中，把农家分为两派：一是言种树之事；二是关涉政治。

《汉书 · 艺文志 · 诸子略》将农家列为九流之一，并称：“农家者流，盖出于农稷之官。播百谷，劝耕桑，以足衣食，故八政一曰食，二曰货。孔子曰‘所重民食’，此其所长也。及鄙者为之，以为无所事圣王，欲使君臣并耕，悖上下之序。”“所重民食”也正是农家的特点，尊神农氏。

农家学派主张推行耕战政策，奖励发展农业生产，研究农业生产问题。农家对农业生产技术经验之总结与其朴素的辩证法思想，可见于《管子 · 地员》、《吕氏春秋》、《荀子》。

战国时期，农家代表人物有许行。许行，楚国人，无著作留传，生平事迹可见于《孟子》一书。其生卒年不可考，约与孟子同时代。当时随行学生几十人，颇有影响，儒家门徒陈相、陈辛兄弟二人弃儒学农，投入许行门下。

《孟子 · 滕文公上》载：“陈相见孟子，道许行之言曰：‘……贤者与民并耕而食，饔飧而治。’”（陈相有一天去拜访孟子，转述许行的话，说：“……贤人治国应该和老百姓一道耕种而食，一道亲自做饭。”）鼓吹“贤者与民并耕而食”是许行的主张之一。他还提出了“市贾不二”的价格论，这一主张的中心要旨是在肯定分工互助的基础上，提倡人人平等劳动、物物等量交换，以实现其改革思想。

农家著作有《神农》20 篇，《野老》17 篇，《宰氏》17 篇，《董安国》17 篇，《尹都尉》17 篇，《赵氏》17 篇等等，均已佚。农家没有一部完整的著作保存下来，他们的思想和活动散见在诸子的著述中，虽星星点点但仍然值得重视。

十、小说家

小说家，是先秦与西汉杂记民间古事的学派。

在中国春秋战国时期，小说家指的是记录民间街谈巷语的一类人，被归类于古中国诸子百家中的其中一家。《汉书·艺文志》曰："小说家者流，盖出于稗官；街谈巷语，道听涂说者之所造也。"意即小说家所做的事以记录民间街谈巷语，并呈报上级为主。小说家虽然自成一家，但被视为不入流者，刘歆列九流十家，唯小说家不在九流之列，影响甚小。然而小说家反映了古代平民思想的侧面，却是其他九流学派都无法代替的。故有九流十家之说。

孔子曰："虽小道，必有可观者焉，致远恐泥，是以君子弗为也。"

小说家著作有《伊尹说》27篇，《鬻子说》19篇，《周考》76篇，《青史子》57篇等等，均已佚。今据存目观之，小说家著作体例似外史、别传、笔记之类，其立说托诸古人者有《伊尹说》、《鬻子说》、《师旷》、《务成子》、《天乙》、《黄帝说》；杂记古事者有《周考》、《青史子》、《虞初周说》、《百家》等共15家1380多篇。

古时之人以圣人在上，史为书，瞽为诗，工诵箴谏，大夫规诲，士传言而庶人多以之谤之。而至孟春，徇木铎以求歌谣，巡省观人诗，以知风俗。过则正之，失则改之，道听途说，靡不毕纪。

小说家者能代表平民社会之四方风俗，然亦因其之小道而不为世人所重，终致弗灭。

十一、兵家

兵家是中国先秦、汉初研究军事理论、从事军事活动的学派，诸子百家之一。据《汉书·艺文志》记载，兵家又分为兵权谋家、兵形势家、兵阴阳家和兵技巧家等四类。兵家的代表人物有春秋时孙武、司马穰苴，战国时孙膑、吴起、尉缭、公孙鞅、赵奢、白起，汉初张良、韩信等。今有兵家著作《孙子兵法》、《孙膑兵法》、《吴子》、《六韬》、《尉缭子》等。兵家著作中含有丰富的朴素唯物论和辩证法思想。

春秋战国时代，诸侯之间不断爆发战争，从事军事的有识之士，总结军事方面的经验教训，研究制胜的规律，这一类学者，古称之为"兵家"。凡论述军事的兵家著作，称为兵书。《汉书·艺文志·兵书略》著录汉以前兵家著作53家，790篇，图43

卷，分为权谋、形势、阴阳、技巧四家。吕思勉《先秦学术概论·兵家》谓："阴阳、技巧之书，今已尽亡。权谋、形势之书，亦所存无几。大约兵阴阳家言，当有关天时，亦必涉迷信。兵技巧家言，最切实用。然今古异宜，故不传于后。兵形势之言，亦今古不同。惟其理多相通，故其存在，仍多后人所能解。至兵权谋，则专论用兵之理，几无今古之异。兵家言之可考见古代学术思想者，断推此家矣。"

各家学说虽有异同，然其中包含丰富的朴素唯物论与辩证法思想。兵家的实践活动与理论，在当时及后世影响甚大，是我国古代宝贵的军事思想遗产。

十二、医家

中国医学理论形成于公元前 5 世纪下半叶到公元 3 世纪中叶，共经历了七百多年。公元前 5 世纪下半叶，中国开始进入封建社会。从奴隶社会向封建社会过渡，到封建制度确立，在中国历史上是一个大动荡的时期。社会制度的变革，促进了经济的发展，意识形态、科学文化领域出现了新的形势，其中包括医学的发展。

医家泛指所有从医的人，代表人物是扁鹊。扁鹊，渤海郡郑（今河南郑州新郑市）人，或齐国卢邑（今山东省济南市长清区）人，也有记载为渤海郡州（今河北任丘县北）人。"扁鹊"并非真名实姓。人们把他和黄帝时的扁鹊相比，并且称呼他为"扁鹊先生"。连史书也以"扁鹊"称呼他。扁鹊原姓秦，名越人，生于公元前 407 年至公元前 310 年，大约和孔子同时。扁鹊是中国历史上一位著名的医学家，也是历史上第一个有正式著作的医学家，著有《内经》和《外经》，发明了四诊法（即望、闻、问、切）。扁鹊能够采取实事求是的态度研究医学，并能吸取民间的医疗经验，在医学上取得了很大的成就，在人民群众中享有很高的声望。扁鹊长期在民间行医，走遍齐、赵、卫、郑、秦诸国。公元前 310 年，忌妒他贤能的秦太医令李谧派人在崤山设伏，刺杀扁鹊。扁鹊终年 97 岁。

第二节　子学的发展

中国传统思想的发展，在先秦时代有诸子之"哲学突破"，各名一家以著立说；两汉以后，则多借由注释经典以诠释义理。冯友兰二卷本《中国思想史》称前者为"子学时代"，而两汉至清则皆归为"经学时代"。所谓"经学时代"，首先，反映出汉武帝尊儒之后，儒家长期居思想主流的学术趋势，其间虽有道家、佛学迭起争衡，毕竟没有真正取代其地位；其次，儒者融旧铸新的治学风格，影响了历代思想家，他们常借着解释既有的经典——不论是《五经》、《四书》，还是《老子》、《庄子》，或者是佛经，借以发挥新见解，表述一家之言。

一、两汉：经学盛行

汉武帝时，子学渐衰，儒学由“显学”而“独尊”，六艺之学被尊为“经学”，并吸收阴阳五行的思想，借以论证纲常名教，恢廓精辩，董仲舒、扬雄尤为知名。

思想要籍：有董仲舒的《贤良对策》（又称《天人三策》）。建议武帝“诸不在六艺之科、孔子之术者，皆绝其道，勿使并进”，武帝于是有“罢黜百家”之举。董氏之《春秋繁露》，则是阐发《春秋》经义的名著。另外，又有扬雄《法言》和王充《论衡》等。至于《淮南子》则是西汉初一部融合各学派思想的著作，与战国末年的《吕氏春秋》类似，同属“杂家”。

二、魏晋南北朝：玄学盛行

魏晋南北朝，由于政治纷乱，思想又趋于多元。王弼、何晏、郭象等，企图会通儒道，思索“名教”与“自然”的课题，在本体论或形而上学方面有所进展，富有哲学价值。有些人如阮籍、嵇康等，虽未能成一家之言，但以率性放达的名士风度著称，以行动、生活或言谈来呼应玄学思潮。下焉者，则归心宗教，寄情方术。

思想要籍：王弼《周易注》、《老子注》及郭象《庄子注》最为重要；何晏《无名论》、《无为论》，裴頠《崇有论》等俱为名篇。另外，《世说新语》记录魏晋清谈活动，也是了解此一时期学术思想概况的重要文献。

三、隋唐：佛学盛行

中国国势复盛，儒、道两教都有所发展，但佛学尤盛。中国僧人自创天台、华严、禅宗等宗派，将佛学中国化。

至中唐时，韩愈提倡古文运动，力振儒学，是由佛学转入宋明理学的先驱。

思想要籍：六祖慧能口传心法的《坛经》是禅宗要籍，另外有王通《中说》。韩愈的《原道》、《原性》等文章也是重要文献。

四、宋元明：理学盛行

宋代理学（又称“新儒学”）兴起，周敦颐、张载、程颢、程颐为北宋大儒，南宋有朱熹、陆九渊，明代理学大家首推王阳明。朱子作《四书章句集注》把理学新知和儒家旧解正式绾合一气。理学家发展儒学的本体论，对心性有精深的论析，为儒学别开生面。唯其有此新儒学，中唐以来的辟佛运动终告大成。

思想要籍：精要的短篇，如周敦颐《太极图说》、张载《正蒙》、《西铭》，程颢的《识仁篇》、《定性书》等；口语亲切的语录，如《二程语录》、《朱子语录》、《近思录》、《传习录》，仿《论语》，为程、朱等大儒与弟子问答的记录；朱熹《四书章句集注》是理学家解经的代表作。

五、清：“汉学”盛行

在文字狱的打击之下，清儒走向训诂考据一途。训诂考据是治学的方法，此一方法取向，意味着斥责宋明理学家之空虚，转而强调“实事求是”的态度。凭借训诂考据以推究义理，是这一时期学术的一大特点。由于斥宋儒之学，而别举汉儒以为依傍，故亦名为“汉学”。“汉学”的代表首推惠栋、戴震。

清儒的“汉学”，本用以治经，后来延伸而治先秦诸子，促使《荀子》、《墨子》等诸子之学复兴。

六、小结

总的说来，子学的成就和影响主要表现在以下两个方面：

（1）建构了中国学术思想的根本精神。

先秦时期的诸子百家，在经济、政治、法律、哲学、军事、文学艺术和自然科学等众多领域中形成的思想理论，对后世文化学术的发展产生了极大的影响。其中，孔孟儒学孕育了我国传统文化中的人道主义精神；老庄道家构成了两千多年封建正统思想中的哲学基础；法家的变革精神成为历代进步思想家、政治家改革图治的理论武器等等。在很大程度上，正是它们共同构造了中华民族传统学术文化的基本精神。

（2）创制了中国学术文化的基本元典。

中国的元典时代大约相当于西周和春秋战国时期，特别是诸子的时代，中华文化元典诸如《诗》、《书》、《礼》、《乐》、《易》、《春秋》等“六艺”，以及《论语》、《孟子》、《墨子》、《老子》、《庄子》、《韩非子》、《孙子兵法》、《管子》、《晏子》等著作都在此间脱颖而出。正是经由春秋战国时期诸子的追寻、探索与创造，中华元典才从“简单同一”向“丰富多元”转化，从而为秦汉间学术文化从“多”到“一”的整合奠定了广阔的基础。由诸子所编订与创制的这批典籍，初步建立了中国人的价值取向、公理体系和思维模式。

第十一章　《老子》选读

老子（前600—前470）（西周末年武丁朝庚辰二月十五日卯时诞生），姓李名耳，字伯阳，又称老聃，楚国苦县（今河南鹿邑）人，汉族。老子是我国古代伟大的哲学家和思想家，道家学派创始人，世界文化名人。相传老子的母亲怀了七十二年身孕，从腋下将他产出，老子一生下来就是白眉毛白胡子，所以被称为“老子”。

他博学多才，孔子周游列国时曾到洛邑向老子问礼。老子晚年乘青牛西去，在函谷关（位于今河南灵宝）写成了五千言的《老子》（又名《道德经》），最后不知所终。《老子》在国外是拥有最多译者和读者的书。《老子》是解释道家哲学的主要经文，含有丰富的辩证法思想。老子哲学与古希腊哲学一起构成了人类哲学的两个源头，老子也因其深邃的哲学思想而被尊为“中国哲学之父”。老子的思想主张是“无为”，理想政治境界是“邻国相望，鸡犬之声相闻，民至老死不相往来”。老子哲学的精髓是他的朴素辩证法思想，认为天地万物都是相反相成的。“有无相生，难易相成，高下相倾，声音相和，前后相随。”

《老子》一书，由道经和德经两部分组成，全书共5000余字，81章。前37章为道经，后44章为德经，所以才有了《道德经》的名字。《道德经》一书在汉代以前称为《老子》，西汉时有一个叫河上公的人作《老子章句》。

一、世人对《老子》的评价

在中国众多古典名著中，《老子》一书对世界的影响是巨大的，它已经被翻译成几十种语言，传播到世界各地。有“万能智慧之书”之称。关于此书获得的评价，列举如下：

尼采：“《老子》一书，像一个永不枯竭的井泉，满载宝藏，放下汲桶，唾手可得。”

鲁迅：“不读《老子》一书，就不知中国文化，不知人生真谛。”

胡适：“老子是中国哲学的鼻祖，是中国哲学史上第一位真正的哲学家。”

德国社会学家、古典社会学奠基人马克斯·韦伯：“事实上，在中国历史上，每当道家（道教）思想被认可的时期（例如唐初），经济的发展是较好的，社会是丰衣足食的。道家重生，不仅体现在看重个体生命，也体现在看重社会整体的生计发展。”

德国明斯特大学教授赫伯特·曼纽什：“中国哲学是我们这个精神世界的不可缺少的要素。公正地说，这个世界的精神孕育者，应当是柏拉图和老子，亚里士多德和庄子，以及其他一些人。可惜的是，我们这个时代的许多哲学著作总是习惯于仅提欧洲古代的一些哲学家，却忽视了老子的《老子》，从而很不明智地拒绝了一种对欧洲文化的极为重要的源泉。”

德国学者克诺斯培：“解决我们时代的三大问题（发展、裁军和环保），都能从老子那里得到启发。”

英国当代哲学家克拉克说过：“现代经济自由市场的原理就是源自《老子》的无为而治。”

英国当代汉学家彭马田认为：“《老子》并非我们所理解的一般意义上的书，它是格言及注疏的集合，前后并无明显的逻辑顺序，这 81 章犹如一串圆润的珍珠项链：像珍珠一样，各自独立，集合在一起，其效果则更显美奂绝伦。”

美国著名物理学家约翰·惠勒说：“现代物理学大厦就建立在一无所有上，从一无所有导出了现在的所有，没想到的是，近代西方历经数代，花费大量物力财力才找到的结论，在中国的远古早已有了思想的先驱。”

美国学者蒲克明曾预言《老子》是未来大同世界家喻户晓的一部书，他说：“当人类隔阂泯除，四海成为一家时，《老子》将是一本家传户诵的书。”

美国学者迈克尔·哈特在评述老子选入《历史上最有影响的 100 人》的评语是：“假如老子的确是《老子》的作者，那么他的影响确实很大。这本书虽然不到六千字，却包含着许多精神食粮。在西方，《老子》比孔子或任何儒家的作品流行。”

美国哈佛大学教授约翰·高认为：“《老子》的意义永无穷尽，通常也是不可思议的。它是一本有价值的关于人类行为的教科书。这本书道出了一切。”

荷兰著名的汉学家、欧洲汉学会会长许理和说：“《道德经》在西方人眼中，无论从任何西方的思想派别看来，都是中国最重要的哲学典籍，也最富于中国智慧，或甚至更广泛而言——东方智慧。”

耗散结构理论创始人，比利时学者、诺贝尔奖获得者普利高津指出：耗散结构理论“对自然界的描述非常接近中国道家关于自然界中的自组织与和谐的传统观点”；“道家的思想，在探究宇宙和谐的奥秘、寻找社会的公正与和平、追求心灵的自由和道德完满三个层面上，对我们这个时代都有新启蒙思想的性质。道家在两千多年前发现的问题，随着历史的发展，愈来愈清楚地展现在人类的面前”。

自发秩序理论创始人，奥地利社会经济学家、1974 年诺贝尔经济学奖得主哈耶克（1899—1992）认为，道家“我无为，而民自化；我好静，而民自正”是其自发秩序理论的经典表述。

突变理论的创始人托姆在《转折点》一文中说：“在老子的理论中，有很大一部分是关于突变理论的启蒙论述。我相信今天中国许多喜欢这个学说的科学天才，会了解突变理论是如何证实这些发源于中国的古老学说的。”

二、《老子》文章的特点

《老子》一书使用韵文写成，文句整齐，错落有致，自然成韵，节奏感强，读起来流畅舒适，给人一种语重心长而又自由随意的感觉，但不是优美飘逸，而是辛辣老到。有些文句，长短不一，有规律地押韵而且重叠反复，很像民歌。《老子》用韵既与《诗经》有相同之处，也与《楚辞》有近似的地方，它是南北文化影响的产物，但它毕竟不是诗，而是诗化的散文。文中所用比喻说理，新颖独到。

第一节　道论

关于“道”，《老子》中的第一句话就是“道可道也，非恒道也”，从而告诉我们，老子的道与一般所言的普通之道是完全不同的，是具有自己特定内涵和意义的东西。然后，为了让大家了解他的道，为了把自己的道表述清楚，老子又从诸多不同的角度和层面反复解释了道的基本特征。在老子看来，道是天地之根，万物始祖，同时也是万物奥秘的注解——“道者，万物之注也”（《老子》第六十二章），所以，老子的道就是世界的本体或本原，因而世界上的万事万物都是道的产物，从而都可以通过道来解说。

【原文】

道可道也[1]，非恒道也[2]。名可名也[3]，非恒名也。无名[4]，万物之始也；有名[5]，万物之母[6]也。故恒[7]无欲也，以观其眇[8]；恒有欲也，以观其所徼[9]。两者同出，异名同谓[10]。玄[11]之又玄，众眇之门[12]。

（《老子》第一章）

【注释】

［1］第一个“道”是名词，指的是宇宙的本原和实质，引申为原理、原则、真理、规律等；第二个“道”是动词，指解说、表述，犹言“说得出”。

［2］恒：一般的，普通的。

［3］第一个“名”是名词，指“道”的形态。第二个“名”是动词，说明的意思。

［4］无名：指无形。

［5］有名：指有形。

［6］母：母体，根源。

［7］恒：经常。

［8］眇（miào）：通“妙”，微妙的意思。

［9］徼（jiào）：边际、边界。引申为端倪的意思。

［10］谓：称谓。此为“指称”。

［11］玄：深黑色，玄妙深远的含义。

［12］门：一切奥妙变化的总门径，此用来比喻宇宙万物的唯一原“道”的门径。

【译文】

“道”如果可以用言语来表述，那它就是一般的“道”；“名”如果可以用文辞去命名，那它就是普通的“名”。“无”可以用来表述天地混沌未开之际的状况；而“有”，则是宇宙万物产生之本原。因此，要常从“无”中去观察领悟“道”的奥妙；要常从“有”中去观察体会“道”的端倪。“无”与“有”这两者，来源相同而名称相异，都可以称之为玄妙、深远。它不是一般的玄妙、深奥，而是玄妙又玄妙、深远又深远，是宇宙天地万物之奥妙的总门径（从“有名”的奥妙到达“无形”的奥妙，“道”是洞悉一切奥妙变化的门径）。

【启示】

在这一章里，指出所要讨论的主旨为宇宙的起源，其目的是去寻找万物的“始”和“母”。为了达到目的，老子划定了不同的范畴：恒道，非恒道；恒名，非恒名；无名（等于无），有名（等于有）；无欲，有欲；妙，徼；等。老子认为，通过这些范畴的种种关系就能最终了解造成宇宙源起的最微小因素——“众妙”。

老子破天荒地提出“道”这个概念，将之作为自己的哲学思想体系的核心。它的含义博大精深，既可从历史的角度来认识，也可从文学的方面去理解，还可从美学原理去探求，更应从哲学体系的辩证法去思考。哲学家们在解释“道”这一范畴时并不完全一致，有的认为它是一种物质性的东西，是构成宇宙万物的元素；有的认为它是一种精神性的东西，同时也是产生宇宙万物的源泉。不过在“道”的解释中，学者们也有大致相同的认识，即认为它是运动变化的，而非僵化静止的；而且宇宙万物包括自然界、人类社会和人的思维等一切运动，都是遵循“道”的规律而发展变化。总之，在这一章里，老子说“道”产生了天地万物，但它不可以用语言来说明，而是非常深邃奥妙的，不可轻而易举地加以领会，这需要一个从“无”到“有”的循序渐进的过程。

【原文】

道冲[1]，而用之有弗盈[2]也。渊呵[3]！似万物之宗[4]。锉其兑，[5]解其纷，[6]和其光，[7]同其尘。[8]湛呵！[9]似或存。[10]吾不知其谁之子，象帝之先[11]。

（《老子》第四章）

【注释】

［1］冲：通“盅”（chōng），器物虚空，比喻空虚。

［2］有弗盈：有，通“又”。盈：满，引申为尽。

［3］渊：深远。呵（a）：语助词，表示停顿。

［4］宗：祖宗，祖先。

［5］锉其兑：锉（cuò），消磨，折去。兑（ruì），通“锐”，锐利、锋利。锉其锐，消磨掉它的锐气。

［6］解其纷：消解掉它的纠纷。

［7］和其光：调和隐蔽它的光芒。

［8］同其尘：把自己混同于尘俗。以上四个“其”字，都是在说道本身的属性。

［9］湛（zhàn）：沉没，引申为隐约的意思。段玉裁在《说文解字注》中说，古书中“浮沉”的“沉”多写作“湛”。“湛”、“沉”古代读音相同。这里用来形容“道”隐没于冥暗之中，不见形迹。

［10］似或存：似乎存在。连同上文“湛呵”，形容“道”若无若存。参见第十四章“无状之状，无物之象，是谓惚恍”等句，理解其意。

［11］象：似。

【译文】

大“道”空虚，但它的作用又是无穷无尽。深远啊！它好像万物的祖宗。消磨它的锋锐，消除它的纷扰，调和它的光辉，混同于尘垢。隐没不见啊，又好像实际存在。我不知道它是谁的后代，似乎是天帝的祖先。

【启示】

在本章里，老子仍然在论述“道”的内涵。他认为，“道”是虚体的，无形无象，人们视而不见，触而不着，只能依赖于意识去感知它。虽然“道”是虚体的，但它并非一无所有，而是蕴含着物质世界的创造性元素。这种元素极为丰富，极其久远，存在于天帝产生之先。因而，创造宇宙天地万物自然界的是“道”，而不是天帝。这样，老子从物质方面再次解释了“道”的属性。承接第一章的“无形”，老子称颂“道”虽然虚不见形，但并不是空无所有。从“横”的角度谈，“道”无限博大，用之不尽；再从“纵”的角度谈；“道”又无限深远，难以追溯其来历，它好像是自然万物的祖宗，又好像是天帝（上帝）的祖先。如此说来，不是上帝（天帝）造物，而是“道”生上帝（天帝），继生万物。“道”是宇宙至高无上的主宰。

【原文】

谷神[1]不死，是谓玄牝[2]。玄牝之门[3]，是谓天地之根。绵绵[4]呵！其若存[5]！用之不堇[6]。

（《老子》第六章）

【注释】

［1］谷神：过去据高亨说：谷神者，道之别名也。谷读为榖，《尔雅·释言》：“榖，生也。”《广雅·释诂》：“榖，养也。”谷神者，生养之神。另据严复在《老子道德经评点》中的说法，“谷神”不是偏正结构，是联合结构。谷，形容“道”虚空博大，像山谷。神，形容“道”变化无穷，很神奇。

［2］玄牝（pìn）：玄，原义是深黑色，在《老子》中是经常出现的重要概念，有深远、神秘、微妙难测的意思。牝：本义是雌性的兽类动物，这里借喻具有无限造物能力的“道”。玄牝指玄妙的母性，这里指孕育和生养出天地万物的母体。

［3］门：指产门，这里用雌性生殖器的产门的具体义来比喻造化天地生育万物的根源。

［4］绵绵：连绵不绝的样子。

［5］若存：若，如此，这样。若存，据宋代苏辙解释，是实际存在却无法看到的意思。

［6］堇（jǐn）：通“勤”，作“尽”讲。

【译文】

生养天地万物的道（谷神）是永恒长存的，这叫做玄妙的母性。玄妙母体的生育之产门，这就是天地的根本。连绵不绝啊！它就是这样不断地永存，作用是无穷无尽的。

【启示】

老子在这一章里继续说明“道”的特征。他所运用的方法仍是比喻、借代。他用“谷”象征“道”，说明“道”既是空虚的又是实在的；他用“神”比喻“道”，说明“道”生万物，绵延不断；他用“玄牝之门”比喻“道”是产生万事万物的根源等等。他想说明“道”的作用是无穷无尽的，从时间而言，它历久不衰、天长地久；从空间而言，它无处不在、无穷无尽，它孕育着宇宙万物且生生不息。这种支配万物发展变化的力量，就是对立统一规律。“谷神不死”，体现出“道”的永恒性，即恒“道”。“玄牝之门”是产生万事万物的地方，它的作用非常之大。“玄牝之门”、“天地根”，都被用来说明“道”为产生天地万物的始源。

【原文】

孔[1]德[2]之容[3]，惟道是从。道之为物，惟恍惟惚[4]。惚兮恍兮，其中有象[5]；恍兮惚兮，其中有物；窈兮冥兮，[6]其中有精[7]，其精甚真[8]，其中有信[9]，自今及古，[10]其名不去，以阅众甫[11]。吾何以知众甫之状哉？以此[12]。

（《老子》第二十一章）

【注释】

［1］孔：甚，大。

［2］德：“道”的显现和作用为“德”。

［3］容：运作、形态。

［4］恍惚：仿佛、不清楚。

［5］象：形象、具象。

［6］窈兮冥兮：窈，深远，微不可见。冥，暗昧，深不可测。

［7］精：最微小的原质，极细微的物质性的实体。微小中之最微小。

［8］甚真：是很真实的。

［9］信：信实、信验，真实可信。

［10］自今及古：一本作“自古及今”。

［11］众甫：“甫”与“父”通，引申为始。

［12］以此：此指道。

【译文】

大德的形态，是由道所决定的。“道”这个东西，没有清楚的固定实体。它是那样的恍恍惚惚啊，其中却有形象。它是那样的恍恍惚惚啊，其中却有实物。它是那样的深远暗昧啊，其中却有精质；这精质是最真实的，这精质是可以信验的。从当今上溯到古代，它的名字永远不能废除，依据它，才能观察万物的初始。我怎么才能知道万事万物开始的情况呢？是从“道”认识的。

【启示】

在前两章论述道是始祖、牝之母后，本章描写了道的特性，进一步阐释第十四章关于“道”是“无状之状，无物之象，是谓惚恍”的观点，明确地提出“道”是由极其微细的物质所组成，虽然看不见，无形无象，但确实存在，万物都是由它产生的。在本章里，老子还提出“德”的内容是由“道”决定的，“道”的属性表现为

“德”的观点，集中地描述了“道”的一些特点。第一章、第四章、第十四章、本章和第二十五章，是研究老子哲学思想的核心——“道”的性质问题的重要篇章。但这个本原“道”，是精神的还是物质的呢？对此问题，学术界出现了“道”是唯心主义的和“道”是唯物主义的这两种观点。

【原文】

有物混成[1]，先天地生。寂兮寥兮，[2]独立而不改，[3]周行而不殆[4]，可以为天地母[5]。吾不知其名，强字之曰：道，[6]强为之名曰：大[7]。大曰逝[8]，逝曰远，远曰反[9]。故道大，天大，地大，人亦大。[10]域中[11]有四大，而人居其一焉。人法地，地法天，天法道，道法自然[12]。

（《老子》第二十五章）

【注释】

[1] 物：指“道”。混成：混然而成，指浑朴的状态。

[2] 寂兮寥兮：没有声音，没有形体。

[3] 独立而不改：形容“道”的独立性和永恒性，它不靠任何外力而具有绝对性。

[4] 周行：循环运行。不殆：不息之意。

[5] 天地母：一本作“天下母”。母，指“道”，天地万物由“道”而产生，故称“母”。

[6] 强字之曰：道：勉强命名它叫“道”。

[7] 大：形容“道”是无边无际的、力量无穷的。

[8] 逝：指“道”的运行永不停止的状态。

[9] 反：另一本作“返”，意为返回到原点，返回到原状。

[10] 人亦大：一本作“王亦大”，意为人乃万物之灵，与天地并立而为三才，即天大、地大、人亦大。

[11] 域中：即空间之中，宇宙之间。

[12] 道法自然：“道”纯任自然，本来如此。

【译文】

有一个东西混然而成，在天地形成之前就已经存在。听不到它的声音也看不见它的形体，寂静而空虚，不依靠任何外力而独立长存，循环运行而永不停息，可以作为万物的根本。我不知道它的名字，所以勉强把它叫作“道”，再勉强给它起个名字叫作“大”。它广大无边而运行不息，运行不息而伸展遥远，伸展遥远而又返回本原。所以说道大、天大、地大、人也大。宇宙间有四大，而人居其中之一。人取法地，地取法天，天取法“道”，而道纯任自然。

【启示】

截至本章，我们对老子的“道”，已经有了基本的了解。这一章，老子描述了“道”的存在和运行，这是《道德经》里很重要的内容。主要包括“有物混成”，用以说明“道”是浑朴状态的，它是圆满和谐的整体，并非由不同因素组合而成的；“道”无声无形，先天地而存在，循环运行不息，是产生天地万物之“母”；“道”是一个绝对体。现实世界的一切都是相对而存在的，而唯有“道”是独一无二的，所以“道”是“独立而不改”的。在本章，老子提出“道”、“人”、“天”、“地”这四个存在，“道”是第一位的。它不会随着变动运转而消失。它经过变动运转又回到原始状态，这个状态就是事物得以产生的最基本及最根源的原因。

关于“道”的性质和“道”的规律，在第一、四、十四、二十一章和本章都有论述。即“道”是物质性的、最先存在的实体，这个存在是耳不闻眼不见，又寂静又空虚的，不以人的意志为转移而永远存在，无所不至地运行而永不停止。

第二节　玄论

“玄”，这是老子所创立和使用的另一个全新概念，也是老子思想体系的基石之一，对准确完整地理解老子的思想体系起着十分关键的作用。老子的学说之所以被称为“玄学”，也就是因为有“玄”这个概念的存在。老子自己也说：“有玄，众妙之门。”那么，什么是玄呢？由于“玄”的概念是如此重要和基础，因而老子也是开门见山地在第一章中首先就给出了“玄”的定义：“两者同出，异名同谓。玄之又玄，众眇之门。”

这里的“两者”是指有无等两对立者，或一般地说“阴”与“阳”两个对立面。“同出”则是指两对立面必须统一产生和存在，缺一不可，如无“阴”也就无从谈“阳”，反之亦然。“异名”则是指两对立面相互异质而对立，因而必须要用两个不同的名字来代表，如由于“阴”与“阳”之间存在着对立和差异，因而必须要用“阴”和“阳”这两个不同的名字去区分两者。“两者同出，异名同谓。”用现代语言来讲，也就是指统一对立或者说对立统一；而“玄之又玄”，就是指这两对立面共同构成的对立统一体，就叫作玄之体。所谓“玄”，作为动词，就是指两对立面对立统一，“玄之”就是指“对立统一之”，而作为名词，则是指对立统一体本身，所以有无、阴阳等对立统一体都是“玄”。

【原文】

知者不言，言者不知。[1] 塞其兑，闭其门；[2] 挫其锐，解其纷；和其光，同其尘，[3] 是谓玄同[4]。故不可得而亲，不可得而疏；不可得而利，不可得而害；不可得而贵，不可得而贱；[5] 故为天下贵。

（《老子》第五十六章）

【注释】

[1] 知者不言，言者不知：知道的人不说，爱说的人不知道。另一种解释是，聪明的人不多说话，到处说长论短的人不聪明。还有一种解释是，得“道”的人不强施号令，一切顺其自然；强施号令的人却没有得“道”。此处采用第二种解释。

[2] 塞其兑，闭其门：塞堵嗜欲的孔窍，关闭起嗜欲的门径。

[3] 挫其锐，解其纷；和其光，同其尘：挫去其锐气，解除其纷扰，平和其光耀，混同其尘世。

[4] 玄同：玄妙齐同，此处也是指“道”。

[5] 不可得而亲，不可得而疏；不可得而利，不可得而害；不可得而贵，不可得而贱：“玄同”的境界已经超出了亲疏、利害、贵贱等世俗的范畴。

【译文】

聪明的智者不多说话，而到处说长论短的人就不是聪明的智者。塞堵住嗜欲的孔窍，关闭住嗜欲的门径。挫去人们的锋芒，解除他们的纷争，收敛他们的光耀，混同他们的尘世，这就是深奥的玄同。达到“玄同”境界的人，已经超脱亲疏、利害、贵贱等世俗的范畴，所以就为天下人所尊重。

【启示】

为了更进一步说明与揭示“玄”的形态和本质，老子又特地论述了“玄”所处的状态，也就是所谓的与“玄”相同的玄同状态。由于“玄”作为对立统一体，如有无、彼此、利害、贵贱等，当然是不可能直接得到的东西——没有谁能得到如是非、彼此、贵贱、生死等这样的东西，因而这个世界上才既会存在亲、利、贵等这样的事物，同时也会存在与其相对立的东西如疏、害、贱等。所以，没有玄同，也就等于没有对立统一体——玄，从而也就没有天下的一切！而如此之玄同当然要为天下贵了。这一章文字蕴含很深，不仅仅是指执政之人，而且也包括世间人们处事为人的人生哲理。老子要求人们要加强自我修养，排除私欲，不露锋芒，超脱纷争，混同尘世，不分亲疏、利害、贵贱，以开豁的心胸与无所偏的心境去对待一切人和物。如此，天下便可以大治了。

老子认为，性质如此特殊之“玄”是“道”的直接产物，从而虚空若谷之形神、不生不死的“道”就是“玄”的母亲：“谷神不死，是谓玄牝。”或换言之，“道”

直接产生了作为对立统一之“一者”的“玄”——“道生一”。

【原文】

天下皆知美之为美，恶已；[1]皆知善，斯[2]不善矣。有无之相[3]生也，难易之相成也，长短之相[4]刑也，高下之相盈[5]也，音声[6]之相和也，先后之相随，恒也。是以圣人居无为之事[7]，行不言之教，万物作[8]而弗始也，为而弗志[9]也，成功而弗居也。夫唯弗居，是以弗去。

（《老子》第二章）

【注释】

[1] 恶已：恶，丑。已，通“矣”。

[2] 斯：这。

[3] 相：互相。

[4] 刑：通“形”，此指比较、对照中显现出来的意思。

[5] 盈：充实、补充、依存。

[6] 音声：汉代郑玄为《礼记·乐记》作注时说，合奏出的乐音叫做“音”，单一发出的音响叫做“声”。

[7] 圣人居无为之事：圣人，古时人所推崇的最高层次的典范人物。居，担当、担任。无为，顺应自然，不加干涉、不必管束，任凭人们去做事。

[8] 作：兴起、发生、创造。

[9] 弗志：弗，不。志，指个人的志向、意志、倾向。

【译文】

天下人都知道美之所以为美，那是由于有丑陋的存在。都知道善之所以为善，那是因为有恶的存在。所以有和无互相转化，难和易互相形成，长和短互相显现，高和下互相充实，音与声互相谐和，前和后互相接随，这是永恒的。因此圣人用无为的观点对待世事，用不言的方式施行教化，听任万物自然兴起而不为其创始，有所施为，但不加自己的倾向，功成业就而不自居。正由于不居功，就无所谓失去。

【启示】

在第一章就给出了“玄是对立面的统一体”这个定义之后，为了让大家更好地了解和理解“玄”的作用，老子紧接着在第二章就列举出了一系列“玄”的实例来归纳和举证了“玄”的普遍性规律——玄律，也就是现在大家所说的对立统一规律。

本章内容分两个层次。第一层集中鲜明地体现了老子朴素的辩证法思想。他通过日常的社会现象与自然现象，阐述了世间万物存在，都具有相互依存、相互联系、相互作用的关系，论说了对立统一的规律，确认了对立统一的永恒的、普遍的法则。

在前一层意思的基础上，展开第二层意思：处于矛盾对立的客观世界，人们应当如何对待呢？老人提出了“无为”的观点。此处所讲的“无为”不是无所作为，随心所欲，而是要以辩证法的原则指导人们的社会生活，帮助人们寻找顺应自然、遵循事物客观发展的规律。既然玄律是永恒的自然规律，是不以人的意志为转移的，那么能够明白这种原理并据其处事的高明者——圣人，当然就必会一切都按照自然规律处事——“居无为之事”，而绝不会自以为是和自行其是；因而即使有所成就，那也是自然规律作用的结果，自己则只不过是顺从、辅助自然规律处事而已：“能辅万物之自然而弗敢为。”因此，圣人当然也就从不把这些成就看作自己的功劳：“万物措而弗始也，为而弗志也，成功而弗居也。”然而正是由于圣人的一切举措都是按照玄律去做、去落实的，其行为事实上也就成了玄律的具体体现和代表，因而自然也就具有了玄律的对立统一和永恒特性——“夫唯弗居，是以弗去”！

所以，玄律作为核心和基础，在老子的思想体系中具有举足轻重的地位，既是老子解释论证一切问题的最基本依据，也是我们理解和了解老子思想体系的关键所在。所以，我们完全可以说，把握住了玄律，就把握住了老子思想的核心和主体。

【原文】

道生一[1]，一生二[2]，二生三[3]，三生万物。万物负阴而抱阳[4]，冲气以为和。[5]人之所恶，唯孤、寡、不谷[6]，而王公以为称。故物或损之而益，或益之而损。人之所教，我亦教之。强梁者不得其死，吾将以为教父[7]。

（《老子》第四十二章）

【注释】

[1] 一：这是老子用以代替道这一概念的数字表示，即道是绝对无偶的。

[2] 二：指阴气、阳气。“道”的本身包含着对立的两方面。阴阳二气所涵育的统一体即“道”。因此，对立着的双方都包含在“一”中。

[3] 三：即是由两个对立的方面相互矛盾冲突所产生的第三者，进而生成万物。

[4] 负阴而抱阳：背阴而向阳。

[5] 冲气以为和：冲，冲突、交融。此句意为阴阳二气互相冲突交和而成为均匀和谐状态，从而形成新的统一体。

[6] 孤、寡、不谷：这些都是古时候君主用以自称的谦辞。

[7] 教父：父，有的学者解释为“始”，有的解释为“本”，有的解释为“规矩”。有根本和指导思想的意思。

【译文】

道是独一无二的，道本身包含阴阳二气，阴阳二气相交而形成一种适匀的状态，万物都在这种状态中产生。万物背阴而向阳，并且在阴阳二气的互相激荡中成为新的和谐体。人们最厌恶的就是“孤”、“寡”、“不谷”，但王公却用这些字来称呼自己。所以一切事物，如果减损它却反而得到增加，如果增加它却反而得到减损。别人这样教导我，我也这样去教导别人。强暴的人死无其所，我把这句话当作施教的宗旨。

【启示】

这一章的前半部分讲的是老子的宇宙生成论。这里老子说到“一”、“二”、“三”，乃是指“道”创生万物的过程。这是继四十章之后，又一段关于“道”的基本原理的重要论述。宇宙万物的总根源是“混而为一”的“道”，对于千姿百态的万物而言，“道”是独一无二的。另一段话警诫王公要以贱为本、以下为基。

我们前面已经指出，“玄”就是对立统一之“一者”，因而“道生一”自然就是“道”生“玄”，而“玄”这个“一者”本来就是由阴阳两对立面组成的，因此自然是“一生二”，而向对立面的转化如坏转化为好、无转化为有、此转化为彼等，其结果则生成了第三种事物，因而就有了“二生三”，而第三者的总和当然也就是世间万物——“三生万物”，世间任何物体都不可能脱出这个生成过程。这些新生的第三者或万物也仍然都是“玄”——阴阳对立统一体，而阴阳两对立面之间的相互对冲、中和作用与结果，则使得万物实现和保持了相对平衡、和谐和稳定。所以，“玄”和“玄律”是无所不在而具有绝对性的事物。

这就是老子对万物生成过程和自己世界观的核心内容的精确描述，也因此而使得他的世界观真正成为以道、玄和玄律为基础和中心的玄论，或者说成为一种朴素的辩证唯物主义。所以，世界上第一个以玄论形式提出辩证法和辩证唯物主义基本原理的人是老子，而不是两千多年后的黑格尔和马克思等人。另外，由于道是玄论中的世界本体，整个世界统一在道的基础上，从而完全能够包容现代物理学的物质观，如物质与反物质同时存在等问题，因而避免了马克思的辩证唯物论把世界统一在物质的基础上——“世界的真正的统一性是在于它的物质性”而带来的与现代物理学的物质观不相容等一系列问题。

第三节　德论

在《老子》81 章中，有 16 章谈到“德”的问题，故“德”是老子哲学中的一个重要概念。什么是“德”？相对于“道”而言，“德”是指“道”的本性所发挥的作用。简而言之，即道是德之本，德是道之用。在《老子》一书中，老子所说的

"德"有三种含义：一是道之德，亦即道的本性；二是物之德，即事物的本性；三是人之德，即人的本性。

【原文】

上德不德，[1]是以有德；下德不失德，[2]是以无德[3]。上德无为而无以为；[4]下德无为而有以为。[5]上仁为之而无以为；上义为之而有以为。上礼为之而莫之应，则攘臂而扔之[6]。故失道而后德，失德面后仁，失仁而后义，失义而后礼。夫礼者，忠信之薄[7]，而乱之首[8]。前识者[9]，道之华[10]，而愚之始。是以大丈夫处其[11]，不居其薄[12]；处其实，不居其华。故去彼取此。

（《老子》第三十八章）

【注释】

[1] 上德不德：不德，不表现为形式上的"德"。此句意为具备上德的人，因应自然，不表现为形式上的德。

[2] 下德不失德：下德的人恪守形式上的"德"，不失德即形式上不离开德。

[3] 无德：无法体现真正的德。

[4] 上德无为而无以为：以，心、故意。无以为，即无心作为。此句意为上德之人顺应自然而无心作为。

[5] 下德无为而有以为：此句与上句相对应，即下德之人顺应自然而有意作为。

[6] 攘臂而扔之：攘臂，伸出手臂。扔，意为强力牵引。

[7] 薄：不足、衰薄。

[8] 首：开始、开端。

[9] 前识者：先知先觉者，有先见之明者。

[10] 华：虚华。

[11] 处其厚：立身敦厚、朴实。

[12] 薄：指礼之衰薄。

【译文】

具备"上德"的人不表现为外在的有德，因此实际上是有"德"；具备"下德"的人表现为外在的不离失"道"，因此实际是没有"德"的。"上德"之人顺应自然无心作为，"下德"之人顺应自然而有心作为。上仁之人要有所作为却没有人回应他，于是就扬着胳膊强引别人。所以，失去了"道"以后才有"德"，失去了"德"以后才有"仁"，失去了"仁"以后才有"义"，失去了"义"以后才有"礼"。"礼"这个东西，是忠信不足的产物，而且是祸乱的开端。所谓"先知"，不过是"道"的虚华，由此愚昧开始产生，所以大丈夫立身敦厚，不居于衰薄；存心朴实，不居于虚华。

【启示】

这一章是《德经》的开头。有人认为，上篇以“道”开始，所以叫做《道经》；下篇以“德”字开始，所以叫《德经》。本章在《道德经》里比较难于理解。老子认为，“道”的属性表现为“德”，凡是符合于“道”的行为就是“有德”，反之，则是“失德”。“道”与“德”不可分离，但又有区别。因为“德”有上下之分，“上德”完全合乎“道”的精神。“德”是“道”在人世间的体现，“道”是客观规律，而“德”是指人类认识并按客观规律办事。人们把“道”运用于人类社会产生的功能，就是“德”。

【原文】

道生之，德畜之，物形之，势[1]成之。是以万物莫不尊道而贵德。道之尊，德之贵，夫莫之命而常自然[2]。故道生之，德畜之，长之育之，亭之毒之；[3]养[4]之覆[5]之。生而不有，为而不恃，长而不宰，是谓玄德[6]。

（《老子》第五十一章）

【注释】

［1］势：万物生长的自然环境。一说：势者，力也。一说，对立。

［2］莫之命而常自然：不干涉或主宰万物，而任万物自化自成。

［3］亭之毒之：一本作“成之熟之”。

［4］养：爱养、护养。

［5］覆：维护、保护。

［6］玄德：即上德。它产生万物而不据为己有，养育万物而不自恃有功。

【译文】

道生成万事万物，德养育万事万物。万事万物虽现出各种各样的形态，环境使万事万物成长起来。故此，万事万物莫不尊崇道而珍贵德。道之所以被尊崇，德所以被珍视，就是由于道生长万物而不加以干涉，德畜养万物而不加以主宰，顺其自然。因而，道生长万物，德养育万物，使万物生长发展，成熟结果，使其受到抚养、保护。生长万物而不据为己有，抚育万物而不自恃有功，导引万物而不主宰，这就是奥妙玄远的德。

【启示】

这一章是着重讲“德”的作用，可以看作是第三十八章的延续。老子在本章再一次发挥了“道”以“无为”的方式生养了万物的思想。本章里的“玄德”即“上德”。老子认为，“道”生长万物，“德”养育万物，但“道”和“德”并不干涉万物的生长繁衍，而是使之顺其自然。“德”是“道”的化身，是“道”的人世间的具体作用。万物成长的过程是：①万物由“道”产生；②“道”生万物之后，又内在于万物，成为万物各自的本性；③万物依据各自的本性而发展个别独特的存在；④周围环境的培养，使万物生长成熟。

第四节　认识论

对于人的认识和客观世界之间的关系问题，或者说意识与存在的关系问题，老子着墨不多。不过，从他关于其他问题的一些相关论述中，也可从侧面对之管中窥豹，略见一斑。

【原文】

天之道，其犹张弓与？高者抑下，下者举之，有余者损之，不足者补之。天之道，损有余而补不足。人之道，[1]则不然，损不足以奉有余。孰能有余以奉天下，唯有道者。是以圣人为而不恃，功成而不处，其不欲见贤。[2]

（《老子》第七十七章）

【注释】

[1] 人之道：指人类社会的一般法则、律例。

[2] 是以圣人为而不恃，功成而不处，其不欲见贤：因此，有道的圣人才有所作为而不占有，有所成就而不居功。他是不愿意显示自己的贤能。

【译文】

自然的规律，不是很像张弓射箭吗？弦拉高了就把它压低一些，低了就把它举高一些，拉得过满了就把它放松一些，拉得不足了就把它补充一些。自然的规律，是减少有余的，补给不足的。可是社会的法则却不是这样，要减少不足的，来奉献给有余的人。那么，谁能够减少有余的，以补给天下人的不足呢？只有有道的人才可以做到。因此，有道的圣人才有所作为而不占有，有所成就而不居功。他是不愿意显示自己的贤能。

【启示】

本章文字透露出一种朦胧的、模糊的平等与均衡思想，这是老子的社会思想。他以“天之道”来与“人之道”作对比，主张“人之道”应该效法“天之道”。老子把自然界保持生态平衡的现象归之于“损有余而补不足”，因此他要求人类社会也应当改变“损不足以奉有余”的不合理、不平等的现象，效法自然界的“损有余而补不足”，“损有余以奉天下”，体现了他的社会财富平均化和人类平等的观念。因而，这一章是第七十四章、七十五章中“民不畏死，奈何以死惧之”、“民之饥，以其上食税之多”这一思想的继承和发展，表达了老子对统治者推行苛政的痛恨，对老百姓生活艰难困苦的同情。所以，这是《道德经》所有的人民性一面，是其精粹。

【原文】

民不畏威，[1]则大威至[2]。无狎[3]其所居，无厌[4]其所生。夫唯不厌[5]，是以不厌。是以圣人自知不自见[6]，自爱不自贵。[7]故去彼取此[8]。

（《老子》第七十二章）

【注释】

［1］民不畏威：威，指统治者的镇压和威慑。此句意为，百姓们不畏惧统治者的高压政策。

［2］大威至：这个威是指人民的反抗斗争。

［3］无狎：狎，通“狭”，意为压迫、逼迫。无狎，即不要逼迫的意思。

［4］无厌：厌，压迫、阻塞的意思。

［5］不厌：这个“厌”指人民对统治者的厌恶、反抗斗争。

［6］不自见：不自我表现，不自我显示。

［7］自爱不自贵：指圣人但求自爱而不求自显高贵。

［8］去彼取此：指舍去“自见”、“自贵”，而取“自知”、“自爱”。

【译文】

当人民不畏惧统治者的威压时，那么，可怕的祸乱就要到来了。不要逼迫人民不得安居，不要阻塞人民谋生的道路。只有不压迫人民，人民才不厌恶统治者。因此，有道的圣人不但有自知之明，而且也不自我表现；有自爱之心也不自显高贵。所以要舍弃后者（自见、自贵）而保持前者（自知、自爱）。

【启示】

上一章讲自知之明，是就一般情况而论的。本章着重讲统治者要有自知之明，反对采取高压政治，反对肆无忌惮地压榨百姓。老子认为，老百姓一旦不畏惧统治者的残暴统治，那么可怕的反暴力斗争就要发生了。他希望统治者不要自居高贵，而应自知、自爱，抛弃自见和自贵，这样才不会遭到人民的反抗。此章讲“不自贵”，与十三章讲“贵身”、第四十四章讲“名与身孰亲”的内涵不同。“贵身”讲维护人的尊严，自重自爱，不以荣辱忧患和其他身外之物损害了自身的尊贵；“名与身孰亲”则说人的价值比虚名和货利更可宝贵，不要为争夺身外的名利而轻生伤身。

【原文】

不上贤[1]，使民不争；不贵难得之货[2]，使民不为盗[3]；不见[4]可欲，使民不乱。是以圣人之治也，虚其心，[5]实其腹，弱其志，[6]强其骨，恒使民无知、无欲也。使夫知不敢[7]、弗为[8]而已，则无不治矣[9]。

（《老子》第三章）

【注释】

[1] 上贤：上，同“尚”，即崇尚，尊崇。贤：有德行、有才能的人。

[2] 贵：重视，珍贵。货：财物。

[3] 盗：窃取财物。

[4] 见（xiàn）：通“现”，出现，显露。此是显示，炫耀的意思。

[5] 虚其心：虚，空虚。心：古人以为心主思维，此指思想，头脑。虚其心，使他们心里空虚，无思无欲。

[6] 弱其志：使他们减弱志气。削弱他们竞争的意图。

[7] 敢：进取。

[8] 弗为：同“无为”。

[9] 治：治理，此意是治理得天下太平。

【译文】

不推崇有才德的人，使老百姓不互相争夺；不珍爱难得的财物，使老百姓不去偷窃；不显耀足以引起贪心的事物，导致民心不被迷乱。因此，圣人的治理原则是排空百姓的心机，填饱百姓的肚腹，减弱百姓的竞争意图，增强百姓的筋骨体魄，经常使老百姓没有智巧、没有欲望，致使那些有才智的人也不敢妄为造事。圣人按照“无为”的原则去做，办事顺应自然，那么天下就不会不太平了。

【启示】

老子在本章进一步阐述了他的社会政治思想。老子所说的无为，并非不为，而是不妄为，不非为。他认为，体现“道”的“圣人”，要治理百姓，就应当不尊尚贤才异能，以使人民不要争夺权位和功名利禄。前面说到，先秦时代关于选贤用能的学说已成为强大的社会舆论，各诸侯国争用贤才也形成必然的趋势。老子在这种背景下，敢于提出“不尚贤”的观点，与百家诸子形成对立，似乎不合时宜。不过，在老子的观点中，不包含贬低人才、否定人才的意思，而是说，统治者不要给贤才过分优越的地位、权势和功名，以免使“贤才”成为一种诱惑，引起人们纷纷争权夺利。在本章，老子透露出他的人生哲学的出发点，他既不讲人性善，也不讲人性恶，而是说人性本来是纯洁素朴的，犹如一张白纸。如果社会出现尚贤的风气，人们对此当然不会视而不见，肯定会挑动起人们的占有欲、追逐欲，从而导致天下大乱。倘若不使人们看到可以贪图的东西，那么人们就可以保持“无知无欲”的纯洁本性。不使人们产生贪欲，并不是要剥夺人们的生存权利，而是要尽可能地“实其腹”、“强其骨”，使老百姓的生活得到温饱，身体健壮可以自保自养；此外要“虚其心”、“弱其志”，使百姓们没有盗取利禄之心，没有争强好胜之志，这样做就顺应了自然规律，就做到了无为而治。这一章与前章相呼应，从社会的角度，使人人都回归纯洁的、无知无欲的自然本性。这样以自然规律治理人事，天下自然可以得到治理了。老子的“无为”思想和学说，在当时的历史条件下，有其进步的和合理的因素。他认为，历史的发展有其一定的自然规律。这规律不由上帝安排、操纵，也不受人的主观意志支配，而是客观的、自然的。这种观点对当时思想界存在的敬天法祖的观念和某些宗教迷信观念，起到一定的破坏作用。

第五节　方法论

方法论，是《道德经》中所占篇幅最大的内容，其目的就是要具体说明执政者如何处事、应该具有什么样的品德才能实现天下大治。当然，对于一般人而言，这一切同样也具有借鉴意义，而这也就意味着《道德经》不仅是一本帝王治国的教科书，同时对每个人也具有深远的作用与意义。

【原文】

为无为，事无事，味无味。[1]大小多少昌。[2]报怨以德[3]。图难于其易，为大于其细；天下难事，必作于易；天下大事，必作于细。是以圣人终不为大[4]，故能成其大。夫轻诺必寡信，多易必多难。是以圣人犹难之，故终无难矣。

（《老子》第六十三章）

【注释】

[1] 为无为，事无事，味无味：此句意为把无为当作为，把无事当作事，把无味当作味。

[2] 大小多少：大生于小，多起于少。另一解释是大的看作小，小的看作大，多的看作少，少的看作多，还有一说是，去其大，取其小，去其多，取其少。

[3] 报怨以德：此句当移至第七十九章“必有余怨”句后，故此处不译。

[4] 不为大：有道的人不自以为大。

【译文】

以无为的态度去有所作为，以不滋事的方法去处理事物，以恬淡无味当作有味。大生于小，多起于少。处理问题要从容易的地方入手，实现远大要从细微的地方入手。天下的难事，一定从简易的地方做起；天下的大事，一定从细微的部分开端。因此，有“道”的圣人始终不贪图大贡献，所以才能做成大事。那些轻易作出承诺的，必定很少能够兑现，把事情看得太容易，势必遭遇很多困难。因此，有“道”的圣人总是看重困难，所以最终就没有困难了。

【启示】

老子的“无为”原则就是一切都要顺从自然规律办事而不能自行其是，而不是无所事事地不作为。老子理想中的“圣人”对待天下，都是持“无为”的态度，也就是顺应自然的规律去“为”，所以叫“为无为”。把这个道理推及到人类社会的日常事务，就是要以“无事”的态度去办事。因此，所谓“无事”，就是希望人们从客观实际情况出发，一旦条件成熟，水到渠成，事情也就做成了。这里，老子不主张统治者任凭主观意志发号施令。“味无味”是以生活中的常情去比喻，这个比喻是极其形象的，人要知味，必须首先从尝无味开始，把无味当作味，这就是“味无味”。接下来，老子又说“图难于其易”。这是提醒人们处理艰难的事情，须先从细易处着手，面对细易的事情不可掉以轻心。“难之”，这是一种慎重的态度，缜密地思考、细心而为之。本章格言，对于人们来讲，无论行事还是求学，都是不移的至理。这也是一种朴素辩证法的方法论，暗合着对立统一的法则，隐含着由量变到质变的飞跃的法则。同时，我们也看到，本章的“无为”并不是讲人们无所作为，而是以“无为”求得“无不为”，“是以圣人终不为大，故能成其大”。这正是从方法论上说明了老子的确是主张以无为而有所作为的。

【原文】

治人事天，[1]莫若啬[2]。夫唯啬，是谓早服[3]；早服谓之重积德[4]；重积德则无不克；无不克则莫知其极，莫知其极，可以有国；有国之母，[5]可以长久。是谓根深固柢，长生久视[6]之道。

（《老子》第五十九章）

【注释】

[1] 治人事天：治人，治理百姓。事天，保守精气、养护身心。对“天”的解释有两种，一是指身心，一是指自然。此句意为保养天赋。

[2] 啬：爱惜、保养。

[3] 早服：早为准备。

[4] 重积德：不断地积德。

[5] 有国之母：有国，含有保国的意思。母，根本、原则。

[6] 长生久视：长久地维持、长久存在。

【译文】

治理百姓和养护身心，没有比爱惜精神更为重要的了。爱惜精神，得以做到早作准备；早作准备，就是不断地积“德”；不断地积“德”，就没有什么不能攻克的；没有什么不能攻克，那就无法估量他的力量；具备了这种无法估量的力量，就可以担负起治理国家的重任。有了治理国家的原则和道理，国家就可以长久维持。国运长久，就叫做根深蒂固，符合长久维持之道。

【启示】

本章讲治国与养生的原则和方法。从文字上看，老子讲了与别人不同的一个道理，他把吝啬当作人修身养性的重要美德加以颂扬，而不是专指对财物的爱惜。老子认为，吝啬就是在精神上注意积蓄、养护、厚藏根基，培植力量。真正做到精神上的“啬”，只有积累雄厚的德，有了德，也就接近了道，这就与圣人治国联系到一起了。这里，把“啬”解释为节俭也可以，因为就老子而言，他十分重视“俭”德，这也是道家一贯的思想特征。

【原文】

江海之所以能为百谷王[1]者，以其善下之，故能为百谷王。是以圣人[2]欲上民，必以言下之；欲先民，必以身后之。是以圣人处上而民不重[3]，处前而民不害。是以天下乐推而不厌。以其不争，故天下莫能与之争。

（《老子》第六十六章）

【注释】

[1] 百谷王：百川峡谷所归附。

[2] 圣人：一本无此二字。

[3] 重：累、不堪重负。

【译文】

江海所以能够成为百川河流所汇聚的地方，乃是由于它善于处在低下的地方，所以能够成为百川之王。因此，圣人要领导人民，必须用言辞对人民表示谦下，要想领导人民，必须把自己的利益放在他们的后面。所以，有“道”的圣人虽然地位居于人民之上，而人民并不感到负担沉重；居于人民之前，而人民并不感到受害。天下的人民都乐意拥戴而不感到厌倦。因为他不与人民相争，所以天下没有人能和他相争。

【启示】

无私，这既是老子提出的处事原则和方法，也是老子提倡的“圣人”品德，所以，它也是老子的人生观和处世之道的基本组成部分。《老子》第七章体现的就是这种思想。本章讲的是“不争”的政治哲学。老子通过大国与小国的关系，讲了“大者宜为下”的道理，也讲了“圣人”也要“为下”。他认为，统治者应该处下、居后，这样才能对百姓宽厚、包容，就好像居处于下游的江海可以包容百川之水那样。究竟这一章是否向统治者献计献策呢？我们还是要在本章启示中加以研究。本章开头用江海做比喻，这和第三十二章“譬道之在天下，犹川谷之于江海”的意思相同。老子喜欢用江海来比喻人的处下、居后，同时也以江海象征人的包容大度。

【原文】

天下莫柔弱于水，而攻坚强者莫之能胜，以其无以易之[1]。弱之胜强，柔之胜刚，天下莫不知，莫能行。是以圣人云：“受国之垢，[2]是谓社稷主；受国不祥，[3]是为天下王。”正言若反。[4]

（《老子》第七十八章）

【注释】

［1］无以易之：易，替代、取代。意为没有什么能够代替它。

［2］受国之垢：垢，屈辱。意为承担全国的屈辱。

［3］受国不祥：不祥，灾难，祸害。意为承担全国的祸难。

［4］正言若反：正面的话好像反话一样。

【译文】

普天之下再没有什么东西比水更柔弱了，而攻坚克强却没有什么东西可以胜过水。弱胜过强，柔胜过刚，普天之下没有人不知道，但是没有人能实行。所以有“道”的圣人这样说：“承担全国的屈辱，才能成为国家的君主，承担全国的祸灾，才能成为天下的君王。”正面的话好像在反话一样。

【启示】

守柔原则，即“反者，道之动；弱者，道之用”是老子世界观的基本观点。弱小者必然会转变为强大，强大者则必然会同步转变为弱小，从而柔弱必然胜刚强就成了道的基本运动规律，同时也成为老子处事的基本依据，老子也由此提出了知雄守雌、坚守柔弱而永葆青春活力和蓬勃生机的处事之道。

本章以水为例，说明弱可以胜强、柔可以胜刚的道理。第八章说“水善利万物而不争”，本章可与第八章的内容联系起来阅读。老子所举的水的例子是人们日常生活中常见的。水最为柔弱，但柔弱的水可以穿透坚硬的岩石。水表面上软弱无力，却有任何力量都不能抵挡的力量。这就清楚地说明，老子所讲的软弱、柔弱，并不是通常人们所说的软弱无力的意思。此处，由于水性趋下居卑，因而老子又阐扬卑下屈辱，实际上反而能够使人保持高高在上的地位，具有坚强的力量的观念。本章后面有一句“正言若反”，集中概括了老子的辩证法思想，其含义十分深刻、丰富。

【原文】

大成[1]若缺，其用不弊。大盈若冲[2]，其用不穷。大直若屈[3]，大巧若拙，大辩若讷[4]。静胜躁，寒胜热。[5]清静为天下正[6]。

（《老子》第四十五章）

【注释】

［1］大成：最为完满的东西。

［2］冲：虚，空虚。

［3］屈：曲。

［4］讷：拙嘴笨舌。

［5］静胜躁，寒胜热：清静克服扰动，寒冷克服暑热。

［6］正：通“政”。

【译文】

最完满的东西，好似有残缺一样，但它的作用永远不会衰竭；最充盈的东西，好似是空虚一样，但是它的作用是不会穷尽的。最正直的东西，好似有弯曲一样；最灵巧的东西，好似是最笨拙的；最卓越的辩才，好似不善言辞一样。清静克服扰动，寒冷克服暑热。清静无为才能统治天下。

【启示】

追求一种否定之否定阶段的成就和目标，如若愚之大智、似弱之实强等，这是老子反复强调和论述的一个重要观点或处事之道。这一章在内容上和行文上，都可以说是第四十一章的延续，是讲内容与形式、本质与现象的辩证关系。第四十一章讲的是“道”，本章讲的是“人格”。其中“大成”、“大盈”的人格形态；“若缺”、“若冲”、“若屈”、“若拙”、“若讷”的外在表现，都是说明一个完美的人格，不在于外形上的表露，而在于内在生命的含藏内收。

【原文】

勇于敢则杀，勇于不敢则活。[1]此两者，或利或害。[2]天之所恶，孰知其故？是以圣人犹难之。[3]天之道，[4]不争而善胜，不应而善应，不召而自来，绰然[5]而善谋。天网恢恢[6]，疏而不失[7]。

（《老子》第七十三章）

【注释】

［1］勇于敢则杀，勇于不敢则活：敢，勇敢、坚强；不敢，柔弱、软弱。此句意为勇于坚强

就会死，勇于柔弱就可以活命。

［2］或利或害：勇于柔弱则利，勇于坚强则害。

［3］是以圣人犹难之：此句已见于六十三章。

［4］天之道：指自然的规律。

［5］繟然：安然、坦然。

［6］天网恢恢：天网指自然的范围。恢恢，广大、宽广无边。

［7］疏而不失：虽然宽疏但并不漏失。

【译文】

勇于坚强就会死，勇于柔弱就可以活，这两种“勇”的结果，有的得利，有的受害。天所厌恶的，谁知道是什么缘故？有“道”的圣人也难以解说明白。自然的规律是不斗争而善于取胜，不言语而善于应承，不召唤而自动到来，坦然而善于安排筹划。自然的范围，宽广无边，虽然宽疏但并不漏失。

【启示】

善谋，凡事要善于动脑筋想办法，善于利用人的谋略，而不是只会逞匹夫之勇，这是老子所提倡的另一处事原则和方法。本章主要讲人生哲学。第一层意思是柔弱胜坚强，第二层意思是天道自然。这两层意思之间是相互沟通的。老子认为，两种不同的勇，会产生两种不同的结果，一则遭害，一则存活。“勇于敢则杀，勇于不敢则活。”自然界的万事万物只要依照自然的规律变化和发展，都会有好的结果，不会有什么漏失。在这里，老子讲了自然无为的人生哲学，细细读来，颇能启迪人的心灵。

【原文】

持而盈之，[1]不如其已；[2]揣而锐之，[3]不可长保[4]。金玉满堂，莫之能守；富贵而骄，自遗其咎[5]。功成身，[6]天之道[7]也。

（《老子》第九章）

【注释】

［1］持而盈之：持，手执、手捧。此句意为持执盈满，自满自骄。

［2］不如其已：已，止。不如适可而止。

［3］揣而锐之：把铁器磨得又尖又利。揣，捶击的意思。

［4］长保：不能长久保存。

［5］咎：过失、灾祸。

［6］功成身退：功成名就之后，不再身居其位，而应适时退下。“身退”并不是退隐山林，而是不居功贪位。

［7］天之道：指自然规律。

【译文】

执持盈满，不如适可而止；显露锋芒，锐势难以保持长久。金玉满堂，无法守藏；如果富贵到了骄横的程度，那是自己留下了祸根。一件事情做得圆满了，就要含藏收敛，这是符合自然规律的道理。

【启示】

适可而止，凡事要知足，要适可而止，而不能走极端，以避免物极必反，这是老子提出的另一处事之道。这一章正面讲一般人的为人之道，主旨是要留有余地，不要把事情做得太过，不要被胜利冲昏头脑。老子认为，不论做什么事都不可过度，而应该适可而止，锋芒毕露，富贵而骄，居功贪位，都是过度的表现，难免不招致灾祸。一般人遇到名利当头的时候，没有不心醉神往、趋之若鹜的。老子在这里说出了知进而不知退、善争而不善让的祸害，希望人们把握好度，适可而止。本章的主旨在于写“盈”。“盈”即是满溢、过度的意思。自满自骄都是“盈”的表现。持“盈”的结果，将不免于倾覆的祸患。因此，老子谆谆告诫人们不可“盈”，一个人在成就了功名之后，就应当身退不盈，这才是长保之道。

第十二章 《颜氏家训》选读

《颜氏家训》是我国第一部有完整体系的家训之作，被陈振孙誉为“古今家训之祖”。它成书于隋文帝杨坚时期。全书共七卷二十篇：即《序致》、《教子》、《兄弟》、《后娶》、《治家》、《风操》、《慕贤》、《勉学》、《文章》、《名实》、《涉务》、《省事》、《止足》、《诫兵》、《养生》、《归心》、《书证》、《音辞》、《杂艺》、《终制》，内容广泛涉及儒学、佛学、道家、玄学、史学、文学、音韵、训诂、风俗习惯以及当时各地的生活方式，“又兼论字画音训，并考定典故，品弟文艺”，内容的确“曼衍旁涉”。其主要是以传统儒家思想教育子弟，讲如何修身、治家、处事、为学等。其中也有许多意义积极的见解，如提倡学习，反对不学无术；认为学习以读书为主，又要注意工农商贾等各种技艺和知识的积累；主张“学贵能行”，反对空谈高论，不务实际。对南朝士大夫虚浮柔弱之风进行了深切的揭露和批判。书中还经常对南北朝社会风气、习俗提出批评，如赞成北方妇女参加劳动，反对重男轻女和买卖婚姻；提倡锻炼身体以养生，反对苟且偷生和炼丹服药追求长生；认为仕宦出处，要听其自然，反对钻营官职，贪图利禄。这在当时是难能可贵的。其中《文章》篇专谈文学问题，也奠定了颜之推在中国文学批评史上的地位。《归心》篇宣传佛教思想，这也说明颜之推思想的复杂性。《书证》、《音辞》两篇讲古书训诂、音韵问题，表现出作者在这方面造诣很深。有人便据《归心》、《书证》、《音辞》等篇将《颜氏家训》归入“杂家”。

自《颜氏家训》问世以来，由于历代士大夫的极力推崇，佛教徒的广为征引，以及历代藏书家颜氏后裔的一再翻刻重印，此书好评如潮。同时，训诂学家颜师古、书法大家颜真卿、以身殉国的颜杲卿等颜氏后裔不同凡响的才学与操守，在某种程度上印证了《颜氏家训》的垂训之力，以致不断有人提议："凡为人子弟者，可家置一册，奉为明训，不独颜氏而已。"一部本意只为"整齐门内，提撕子孙"的家训，如此长盛不衰，无疑表明该书适应了封建社会中儒家知识分子注重家庭教育的需要。

《颜氏家训》的作者是北齐颜之推。颜之推，字介，琅琊临沂人。梁湘东王萧绎镇荆州，以颜之推为其国左常侍。后随绎子萧方诸出镇郢州，掌书记。侯景陷郢州，几乎被杀，因救获免，押送建业。侯景之乱平息后，还江陵。萧绎称帝，任为散骑侍郎。西魏攻破江陵，被俘送长安。不久投奔北齐。官至黄门侍郎、平原太守。仕齐二十年，不忘故国。北齐亡后入北周，为御史上士。隋开皇中，太子召为学士，后病逝。颜之推一生，历仕四朝，多次险遭杀身之祸，因此深怀忐忑之虑。曾著《观我生赋》叙其生平，文辞清远，后世多将此赋与庾信《哀江南赋》并称。原有文集，已佚。诗仅存5首。

第一节　论教子

《教子》讲的是教育子女的问题。颜之推在这一篇中提出了几个关于教育子女的重要原则，对今天为人父母者仍然有参考价值。教子原则之一：从小开始，越早越好。教子原则之二：教育要从严，不能只爱不教。教子原则之三：保持适当距离，不可过分亲密。教子原则之四：平等对待，不可偏爱。教子原则之五：教子要有义方。

【原文】

上智不教而成，下愚虽教无益，中庸之人，[1]不教不知也。古者，圣王有胎教之法：怀子三月，出居别宫，目不邪视，耳不妄听，音声滋味，以礼节之。书之玉版，藏诸金匮[2]。生子咳[3]，师保[4]固明，孝仁礼义，导习之矣。凡庶[5]纵不能尔，当及婴稚，识人颜色，知人喜怒，便加教诲，使为则为，使止则止。比及数岁，可省笞罚。父母威严而有慈，则子女畏慎而生孝矣。吾见世间，无教而有爱，每不能然；饮食运为[6]，恣其所欲，宜诫翻奖，应呵反笑，至有识知，谓法当尔。骄慢已习，方复制之，捶挞至死而无威，仇怒日隆而增怨，逮于成长，终为败德。孔子云"少成若天性，习惯如自然"是也。俗谚曰："教妇初来，教儿婴孩。"诚哉斯语！

【注释】

[1] 中庸之人：智力中等的人。

[2] 金匮：金属制作的书柜。

［3］咳：孩提。

［4］师保：古代负责教导皇室贵族子弟的官职，有师有保，统称师保。

［5］凡庶：普通人。

［6］运为：行为。

【译文】

智力超群的人，不用教育就可成材；智力迟钝的人，即使教育也没有用处，智力中等的人，不教育就不会明白事理。古时候，圣王有所谓胎教的方法：王后怀太子到三个月时，就要住到专门的房间，不该看的不看，不该听的不听，音乐、饮食，都照礼节制。这种胎教的方法，都写在玉板上，藏在金柜里。太子两三岁时，师保就确定好了，开始对他进行孝、仁、礼、义的教育训练。普通人纵然不能如此，也应当在孩子知道辨认大人的脸色、明白大人的喜怒时，开始加以教诲，叫他去做他就去做，叫他不做他就不做。这样，等他长大时，就可不必打竹板处罚了。当父母的平时威严而且慈爱，子女就会敬畏谨慎，从而产生孝心。我看这人世上，父母不知教育而只是溺爱子女的，往往不能这样：他们对子女的吃喝玩乐，任意放纵，本应告诫的，反而奖励，本应呵责，反而面露笑容，等到子女懂事，还以为按道理本当如此。骄横傲慢的习气已经养成了，才去制止它，就是把子女鞭抽棍打死也树立不起威信，火气一天天增加，招致子女的怨恨，等到子女长大成人，终究是道德败坏。孔子说："少成若天性，习惯如自然。"就是这个道理。俗话又说："教媳妇趁新到，教孩子要赶早。"这话一点也不假啊！

【启示】

教育成败的关键，在于是否使子女养成良好的习惯，若要养成良好的习惯，则必须从小抓起。小孩好比一团泥巴，可按父母心愿塑造成各种形状。如果从小娇惯放纵，长大后必然不明事理，积习难改。须知："少成若天性，习惯如自然。"

【原文】

父子之严，不可以狎；骨肉之爱，不可以简。简则慈孝不接，狎则怠慢生焉。由命士[1]以上，父子异宫，此不狎之道也；抑搔痒痛，悬衾箧枕[2]，此不简之教也。或问曰："陈亢喜闻君子之远其子，何谓也？"对曰："有是也。盖君子之不亲教其子也。《诗》有讽刺之辞，《礼》有嫌疑之诫，《书》有悖乱之事，《春秋》有僻[3]之讥，《易》有备物[4]之象：皆非父子之可通言，故不亲授耳。"

【注释】

［1］命士：古代称读书做官者为士，命士，受有爵命的士。

［2］悬衾箧枕：把被子捆好悬挂起来，把枕头放进箱子里。

[3] 僻：通“邪”。

[4] 备物：备办各种器物。

【译文】

以父亲的威严，就不该与孩子过分亲昵；以至亲的相爱，就不该不拘礼节。不拘礼节，慈爱孝敬都谈不上；过分亲昵，放肆不敬之心就会产生。从有身份的读书人往上数，他们父子是分室居住的，这就是不过分亲昵的办法；当晚辈的替长辈抓搔，收拾卧具，这就是讲究礼节的道理。有人要问：“陈亢很高兴听到君子与自己的孩子保持距离的事，这是什么意思呀？”我要回答说：“不错啊，大约是指君子是不亲自教授自己孩子的，因为《诗》里面有讽刺骂人的诗句，《礼》里面有不便言传的告诫，《书》里面有悖礼作乱的记载，《春秋》里面有对淫乱行为的指责，《易》里面有备办各种器物的卦象，这些都不是父亲可以向孩子直接讲述的，所以君子不亲自教授自己的孩子。”

【启示】

美学上讲距离产生美感。可见在某些地方，距离自有其存在价值，父子之间亦是如此。父子间过于亲昵，则子女便会失去敬畏之心，严肃的事情可能演化成儿戏，父亲便会失去应有的教育作用。在孩子面前，父亲应是一尊庄严的塑像，而不该是一幅美妙的风景画。

【原文】

齐朝有一士大夫，尝谓吾曰：“我有一儿，年已十七，颇晓书疏[1]。教其鲜卑语及弹琵琶，稍欲通解，以此伏[2]事公卿，无不宠爱，亦要事也。”吾时俛[3]而不答。异哉，此人之教子也！若由此业[4]，自致卿相，亦不愿汝曹为之。

【注释】

[1] 书疏：此指文书信函等的书写工作。

[2] 伏：通“服”。

[3] 俛：同“俯”。

[4] 业：职业，指服侍公卿一事。

【译文】

齐朝有位士大夫，曾经对我讲：“我有个孩子，已经17岁了，非常通晓公文的书写，我教他讲鲜卑语、弹奏琵琶，他渐渐地掌握了，用这些特长去为王公们效劳，没有不宠爱他的，这也是一件紧要的事啊。”我当时低着头，未作回答。这个人教育孩子的方法，真让人诧异啊！假如因干这种职业，就可当上宰相，我也不愿让你们去干。

【启示】

千军可以夺帅，匹夫不可夺志。人生在世，岂可为一己私利，摧眉折腰，侍奉权贵？蝇营狗苟，见利忘义，此大丈夫不屑为也！

第二节　论兄弟

颜之推认为，夫妇、父子、兄弟关系是人伦中最重要的三种关系，一个家庭中的亲人关系，就是这三种关系，九族的亲属，也都是这三种关系的延伸，绝不可以轻慢这种亲情。颜之推对兄弟关系十分看重，认为兄弟和睦对家庭的巩固有着巨大作用。兄弟幼小时期关系很密切；双亲去世后，兄弟应该互相照顾，当如形与影、声音和声响一样密切，兄弟关系不和睦将会影响到整个家庭的稳定。维持兄弟感情，要处理好妯娌关系，而且兄弟之间也要兼顾情礼。“事兄”同于“事父”，“爱弟”及于“爱子”。颜之推重视三伦关系，进一步发展了“父慈子孝，兄友弟恭，夫义妇顺”的思想，展现以礼为重的思想。

【原文】

夫有人民而后有夫妇，有夫妇而后有父子，有父子而后有兄弟：一家之亲，此三而已矣。自兹以往，至于九族[1]，皆本于三亲焉，故于人伦为重者也，不可不笃。兄弟者，分形连气[2]之人也，方其幼也，父母左提右挈，前襟后裾，食则同案[3]，衣则传服[4]，学则连业[5]，游则共方，虽有悖乱之人，不能不相爱也。及其壮也，各妻其妻，各子其子，虽有笃厚之人，不能不少衰也。娣姒[6]之比兄弟，则疏薄矣；今使疏薄之人，而节量[7]亲厚之恩，犹方底而圆盖，必不合矣。惟友悌[8]深至，不为旁人[9]之所移者，免夫！

【注释】

[1] 九族：指本身以上的父、祖、曾祖、高祖和以下的子、孙、曾孙、玄孙。也以父族四、母族三、妻族二为“九族”。

[2] 分形连气：形体各别，气息相通。

[3] 案：古代一种放食器的盘。

[4] 传服：指大孩子用过的衣服留给小孩子穿。

[5] 业：书写经典的大版。连业：哥哥用过的经籍，弟弟又接着使用。

[6] 娣姒：兄弟之妻互称，即“妯娌”。

[7] 节量：节制度量。

［8］友：兄弟相亲爱。悌：敬爱兄长。

［9］旁人：此指妻子。

【译文】

有了人类然后才有夫妇，有了夫妇然后才有父子，有了父子然后才有兄弟：一个家庭中的亲人关系，就这三者而已。由此类推，直到产生出九族，都是来源于“三亲”，所以对于人伦关系来说，三亲是最为重要的，不可不加以重视。兄弟，是外表不同而气息相通的人。他们小的时候，父母左手拉一个，右手牵一个；这个扯着父母的前襟，那个抓住父母的后摆；吃饭用一个案盘；衣服是哥哥传给弟弟；学习是弟弟用哥哥的课本；游玩是在同一个地方。即使有悖礼胡来的人，兄弟间却不会不互相爱护。等到他们长大成人，各自娶了妻子，各自有了孩子，即使有忠诚厚道的人，兄弟间的感情也会渐渐减弱。妯娌比起兄弟来，关系就更加疏远淡薄了。现在以关系疏远淡薄者来节制度量亲密者之间的关系，这就好比给方形的底座配上圆形的盖子，一定是合不拢的。只有相亲相爱、感情至深、不会受别人影响而改变的兄弟，才可避免上述情况。

【启示】

重视亲情是中华民族的传统。兄弟如手足，兄弟之情，与生俱来。在风雪之夜，它会给你温暖；在困厄之际，它会拉你一把。

【原文】

兄弟不睦，则子侄[1]不爱；子侄不爱，则群从疏薄；群从[2]疏薄，则僮仆为仇敌矣。如此，则行路皆其面而蹈[3]其心，谁救之哉！人或交天下之士，皆有欢爱，而失敬于兄者，何其能多而不能少也！人或将数万之师，得其死力，而失恩于弟者，何其能疏而不能亲也！

【注释】

［1］子侄：兄弟之子。

［2］群从：与“子侄”同辈的族中子弟。

［3］蹈：踩。

【译文】

兄弟之间不和睦，兄弟之子之间就不会互相爱护；兄弟之子之间不互相爱护，家庭中的子弟辈们就会关系疏薄；子弟辈们关系疏薄，那僮仆之间就会成为仇敌。这样，过往路人都可以随意欺辱他们，谁能够救助他们呢？有的人能够结交天下之士，相互之间都快乐友爱，而对自己的哥哥却缺乏敬意，为什么多数人可做到的，少数人却不行呢？有人统领几万军队，能使部属以死效力，而对自己的弟弟却缺乏友爱，为什么对关系疏远的人能做到的，对关系亲密的人却不行呢？

【启示】

兄弟和睦，是家庭幸福的基础，是社会和谐的保证。试想，若手足之情不保，整个社会的和平友爱何在？

【原文】

人之事兄，不可[1]同于事父，何怨爱弟不及爱子乎？是反照而不明也。沛国刘琎，尝与兄连栋隔壁，呼之数声不应，良久方答；怪问之，乃曰："向来[2]未着衣帽故也。"以此事兄，可以免矣。

【注释】

［1］可：肯。

［2］向来：刚才

【译文】

有人不肯以对待父亲的态度敬事兄长，又何必埋怨兄长对自己不如对自家孩子那样恩爱呢？以此反观就可看出自己缺乏自知之明。沛国的刘琎与哥哥的住房只隔一层墙壁，一次，刘琎的哥哥呼叫刘琎，连叫几声都没有人应答，过了好一会才听见刘琎答应。哥哥感到奇怪，问他原因，他说："因为刚才还没有穿戴好衣帽。"以这样的态度敬事兄长，可以不必担心哥哥对弟弟不如对自家的孩子了。

【启示】

敬人者，人恒敬之。对待兄长应恭敬有礼。其实，又何止于兄长？对待他人不也理应尊敬有礼吗？在任何场合，傲慢的态度都是不可取的。

第三节　论治家

家庭是社会的基本单位，也是古代士人"修齐治平"儒家理想的起点。颜之推非常重视家庭治理，除了对儿童进行良好教育外，他还提出以下观点：一是环境育人，长辈需要树立榜样，以身作则，上行下效；二是在物质生活上，要做到奢俭兼顾，不可偏颇；三是以农为本，重视农业生产；四是婚姻上主张选择清寒的配偶；五是对家人的管理，严慈适中。

【原文】

夫风化[1]者，自上而行于下者也，自先而施于后者也，是以父不慈则子不孝，兄不友则弟不恭，夫不义则妇不顺矣。父慈而子逆，兄友而弟傲，夫义而妇陵[2]，则天之凶民，乃刑戮之所摄[3]，非训导之所移也。

【注释】

［1］风化：教育感化。

［2］陵：通“凌”，侵侮。

［3］摄：通“慑”，使人惧。

【译文】

教育感化的事，是从上往下推行，前人影响后人。因此，父亲不慈爱，子女就不会孝顺；哥哥不友爱，弟弟就不会恭敬；丈夫不仁义，妻子就不会和顺。父亲慈爱而子女忤逆，哥哥友爱而弟弟倔傲，丈夫仁义而妻凶悍，那就是天生的凶民，只有靠刑罚杀戮来使他们畏惧，而不是靠训导来改变的。

【启示】

教育感化，上行下效。因此，父慈则子孝，兄友则弟恭。为人师长者，应注意以身作则，言传身教。唯此，才可以收到良好的教育效果。

【原文】

孔子曰：“奢则不孙，俭则固[1]；与其不孙也，宁固。”又云：“如有周公[2]之才之美，使骄且吝，其余不足观也已。”然则可俭而不可吝已。俭者，省约为礼之谓也；吝者，穷急不恤之谓也。今有施则奢，俭则吝；如能施而不奢，俭而不吝，可矣。

【注释】

［1］孙：同“逊”，恭顺。固：鄙陋。

［2］周公：名姬旦。周文王之子。

【译文】

孔子说：“奢侈就显得不恭顺，俭朴就显得鄙陋。与其不恭顺，宁可鄙陋。”孔子又说：“假如有一个人有周公那样好的才能，但只要他既骄傲又吝啬，那其他方面也是不足道的。”这么说来就应该节俭而不应该吝啬了。节俭，是指减省节约以合乎礼数；吝啬，是指对穷困急难的人也不救济。现在肯施舍的却也奢侈，能节俭的却又吝啬，如果能做到肯施舍而不奢侈，能节俭而不吝啬，那就可以了。

【启示】

崇尚俭朴，是中华民族的传统美德，但俭朴之人却往往失之吝啬；乐善好施，也是中华民族的优良传统，但好施之人去往往失之于奢侈，我们应努力培养一种“施而不奢，俭而不吝”的良好品格。

【原文】

生民这本，要当稼穑[1]而食，桑麻以衣，蔬果之畜，园场之所产：鸡豚之善[2]，埘圈之所生。爰及栋宇器械，樵苏[3]脂烛，莫非种殖之物也。至能守其业者，闭门而为生之具以足，但家无盐井耳。今北土风俗，率能躬俭节用，以赡衣食；江南奢侈，多不逮焉。

【注释】

[1] 稼：播种谷物。穑：收获谷物。

[2] 善：通“膳”，饮食。

[3] 樵苏：做燃料用的柴草。

【译文】

人民生活的根本，就是要靠春播秋收获取食物，种桑纺麻得到衣服。蔬菜水果的聚积，是靠果园菜圃里出产；鸡肉猪肉等美味，是靠鸡窝猪圈里产生。直到房屋器用、柴草脂烛，没有一样不是耕种养殖的产物。那些最善于管理家务的人，不出门但各种维持生计的物品都已经充足了，只不过家里还缺一口产盐井罢了。现在北方地区一般能够做到减省节约，以保障衣食之用；江南地区风气奢侈，在节俭持家方面大多赶不上北方。

【启示】

以农为本，勤俭持家，这是中国传统农家应该奉行的生活模式。既注重开源，又注重节流，才能保证基本的衣食之需。当然，农业社会的生活准则已不完全适用于当代社会，但勤俭持家，仍不失为一种生活原则。

【原文】

婚姻素对[1]，靖侯[2]成规。近世嫁娶，遂有卖女纳财，买妇输绢，比量父祖，计较锱铢[3]，责多还少，市井[4]无异。或猥婿在门，或傲妇擅室，贪荣求利，反招羞耻，可不慎欤！

【注释】

[1] 素对：清寒的配偶。素，寒素。

[2] 靖侯：即颜之推九世祖颜含。

[3] 锱铢：均为古代很小的计量单位。比喻微小的事物。

[4] 市井：古代做买卖之处，也用以指商人。

【译文】

男女婚配要选择清寒人家，这是先祖靖侯立下的规矩。近来嫁女儿娶媳妇，竟然有卖女儿捞钱财、用财礼买媳妇的。为子女选配偶时，比量算计对方父辈祖辈的权势地位，斤斤计较对方财礼的多寡；女方要求得多，男方应允得少，与商人无异。结果，招的女婿猥琐鄙贱，娶来的媳妇凶悍擅权。他们贪荣求利，反而招来羞耻，对此能够不慎重吗！

【启示】

男女婚姻理应以平等与感情为基础，金钱与地位的介入，无疑是对人们之间这种美好感情的无耻亵渎。金钱可以换来美貌，但绝换不来美满。

第四节　论风操

风操，指人的志行品德。自古以来，人们非常重视风操节守。颜之推以他一生的经验，结合当时社会的变迁，教育子孙：①学习内容以《礼经》为参考，随时而变；②称呼避讳要符合场景；③南北朝风俗各异，需要随风易俗；④悼念死去的长辈，把握尺度；⑤爱惜人才，以礼相待。时过境迁，这些内容对当今教育也有重要的借鉴意义。

【原文】

吾观《礼经》，圣人之教：箕帚匕箸[1]，咳唾唯诺，执烛沃盥，皆有节文[2]，亦为至矣。但既残缺，非复全书；其有所不载，及世事变改者，学达君子，自为节度，相承行之，故世号士大夫风操。而家门颇有不同，所见互称长短；然其阡陌[3]，亦自可知。昔在江南，目能视而见之，耳能听而闻之；蓬生麻中，不劳翰墨[4]。汝曹生于戎马之间，视听之所不晓，故聊记录，以传示子孙。

【注释】

［1］箕帚：撮箕和扫帚。匕著：匙和筷。

［2］节文：节制修饰。

［3］阡陌：此指途径。

［4］翰墨：可能是绳墨之误。绳墨，木匠画直线用的工具。

【译文】

我看那《礼经》，上面有圣人的教诲：为长辈清扫秽物时该怎样使用撮箕、扫帚，进餐时该怎样选择匙子、筷子，在父母、公婆面前该持怎样的行为姿态，酒席宴会上该有些什么规矩，服侍长辈洗手又该如何进行，都有一定的节制规范，说得也十分周详。但此书已经残缺，不再是全本；有些礼仪规范，书上也未记载，有些则需根据世事的变化作相应调整，博学通达的君子，自己去权衡度量，递相承受而推行之，所以人们就把这些礼仪规范称为士大夫风操。然而不同的家庭，对所见到的礼仪规范的看法也不同，但它们的大致路径还是清楚的。我以前在江南的时候，对这些礼仪规范耳闻目睹，早已深受其熏染，就像蓬蒿生长在麻之中，不用规范也长得很直一样。你们生长在战乱年代，对这些礼仪规范当然是看不见也听下到的，所以我姑且把它们记录下来，以此传示子孙后代。

【启示】

近朱者赤，近墨者黑。在某种意义上可以说，环境造就人才。为了孩子的健康成长，请为人父母者注意营造一个文明礼貌的家庭环境。

【原文】

周公名子曰禽，孔子名儿曰鲤，止在其身，自可无禁。至若卫侯、魏公子[1]、楚太子，皆名虮虱；长卿名犬子，王修名狗子，上有连及，理未为通，古之所行，今之所笑也。北士多有名儿为驴驹、豚子者，使其自称及兄弟所名，亦何忍哉？前汉有尹翁归，后汉有郑翁归，梁家亦有孔翁归，又有顾翁宠；晋代有许思妣[2]、孟少孤，如此名字，幸当避之。今人避讳，更急于古。凡名子者，当为孙地[3]。吾亲识中有讳襄、讳友、讳同、讳清、讳和、讳禹，交疏[4]造次，一座百犯，闻者辛苦[5]，无赖[6]焉。昔司马长卿慕蔺相如，故名相如，顾元叹慕蔡邕[7]，故名雍，而后汉有朱伥字孙卿[8]，许暹字颜回，梁世有庚晏婴、祖孙登，连古人姓为名字，亦鄙事也。

【注释】

［1］魏公子：应为韩公子。

［2］妣：义同母。

［3］为孙地：为孙子留有余地。

［4］交疏：应为“疏交”，指相交之远者。

［5］辛苦：悲痛。

［6］无赖：无所依从。

［7］蔡邕：东汉文学家、书法家。

［8］孙卿：即荀卿。荀子。

【译文】

周公给儿子取名为禽，孔子给儿子取名为鲤，只限于他们本身，自可不必管它。至于像卫侯、韩公子、楚太子的名字都叫虮虱；司马长卿的名字叫犬子，王修的名字叫狗子，这就牵涉到他们的父母，于理不通了。古人就是这么称呼的，到今天就成了笑柄。北方有许多人给儿子取名为驴驹、猪子，如果让他们这样自称或让他兄弟这样称呼他，又怎么忍心呢？前汉有尹翁归，后汉有郑翁归，梁家有孔翁归，又有顾翁宠；晋代有许思妣、孟少狐，像这类名字，都应当尽力避免。现在的人避讳，比古人更严格。那些为儿子取名字的人，应当为他们的孙子留点余地。我的亲属朋友中有讳“襄”字的、讳“友”字的、讳“同”字的、讳“清”字的、讳“和”字的、讳“禹”字的。大家在一起时，交往比较疏远的人一时仓促，讲出话总是冒犯人，听话的人感到伤心，让人无所适从。从前司马长卿钦慕蔺相如，所以就改名为相如，顾元叹钦慕蔡邕，所以就取名为雍；而后汉有朱伥字孙卿，许暹字颜回，梁朝有庾晏婴、祖孙登，这些人把古人姓名都作为自己的名字，也太卑贱了。

【启示】

中国人取名，向来讲究音形并重，突出个性，寄托着父母对子女的殷切期望与美好祝福。好的名字无形中也可以对人起到一定的激励作用。过分俗气或一味模仿，追求流行往往会造成同名同姓，给生活和工作带来诸多不便。

【原文】

南人冬至岁首，不诣丧家；若不修书，则过节束带[1]以申慰。北人至岁[2]之日，重行吊礼；礼无明文，则吾不取。南人宾至不迎，相见捧手而不揖，送客下席而已；北人迎送并至门，相见则揖[3]，皆古之道也，吾善其迎揖。

【注释】

[1] 束带：整饬衣冠，束紧衣带。表示恭敬。

[2] 至岁：指冬至、岁首二节。

[3] 揖：俯身为礼。

【译文】

南方人在冬至、岁首这两个节日中，不到办丧事的人家去；如果不写信致哀，就过了节再穿戴整齐亲往吊唁，以示慰问。北方人在冬至、岁首这两个节日中，特别重视吊唁活动，这在礼仪上没有明文记载，我是不赞同的。南方人不兴迎接客人，见面时只是拱手而不弯腰，送客仅仅离开座席而已；北方人迎送客人都到门口，相见时躬身为礼，这些都是古代的遗风，我赞许他们这种待客之礼。

【启示】

俗话说：“你敬人一尺，人敬你一丈。”与人交往，文明礼貌是人的日常行为规范，也是社会公共道德的基本要求。这有助于相互了解，增进友谊，加强团结和协作。

【原文】

二亲既没，所居斋寝[1]，子与妇弗忍入焉。北朝顿丘李构母刘氏夫人亡后，所住之堂，终身锁闭，弗忍开入也。夫人，宋广州刺史[2]纂之孙女，故构犹染江南风教。其父奖，为扬州刺史，镇寿春，遇害。构尝与王松年、祖孝征数人同集谈谯。孝徵善画，遇有纸笔，图写为人。顷之，因割鹿尾[3]，戏截画人以示构，而无他意。构怆然动色，便起就马而去。举座惊骇，莫测其情。祖君寻悟，方深反侧[4]，当时罕有能感此者。吴郡陆襄，父闲被刑，襄终身布衣蔬饭，虽姜菜有切割，皆不忍食；居家惟以掐摘供厨。江宁姚子笃，母以烧死，终身不忍噉炙。豫章熊康父以醉而为奴所杀，终身不复尝酒。然礼缘人情，恩由义断，亲以噎死，亦当不可绝食也。

【注释】

[1] 斋寝：斋戒时居住的旁屋。

[2] 刺史：州的长官。

[3] 鹿尾：鹿之尾。为古代珍贵食品。

[4] 反侧：惶恐不安。

【译文】

父母亲去世之后，他们生前斋戒时居住的旁屋，儿子和媳妇都不忍心进去。北朝顿丘郡的李构，他母亲刘氏死后，她生前所居住的屋子，李构终身将其锁闭，不忍心开门进去。李构的母亲，是宋广州刺史刘纂的孙女，所以李构仍然得到江南风教的熏陶。他的父亲李奖，是扬州刺史，镇守寿春，被人杀害。李构曾经与王松年、祖孝征几个人聚在一起喝酒谈天。孝征善于画画，遇有纸笔，就画了一个人。过了一会，他因为割取宴席上的鹿尾，就开玩笑地把人像斩断给李构看，但并无他意。李构却悲痛得变了脸色，起身乘马而去了。在场的人都惊诧不已，却猜不出其中的原因。祖孝征后来醒悟过来，才深感不安，当时却很少有人能理解。吴郡的陆襄，他的父亲陆闲遭到刑戮，陆襄终身穿布衣吃素餐，即便是生姜，如果用刀割过，他都不忍心食用；做饭只用手掐摘蔬菜供厨房之需。江宁的姚子笃，因为母亲是被烧死的，所以他终身不忍心吃烤肉。豫章的熊康，父亲因酒醉后被奴仆杀害，所以他终身不再喝酒。然而礼是因为人的感情需要而设立的，情爱则可根据事理而断绝，假如父母亲因为吃饭噎死了，也不至于因此绝食吧。

【启示】

人莫忘根，人毋忘本，父母之恩当常思，父母之情应常念。然而思念父母，到了阴魂不散的程度，儿子虽孝，也实属荒唐。

【原文】

昔者，周公一沐三握发，一饭三吐餐，[1]以接白屋之士[2]，一日所见者七十余人。晋文公以沐辞竖头须，致有图反[3]之诮。门不停宾，古所贵也。失教之家，阍寺[4]无礼，或以主君寝食嗔怒，拒客未通，江南深以为耻。黄门侍郎[5]裴之礼，号善为士大夫，有如此辈，对宾杖之；其门生[6]僮仆，接于他人，折旋[7]俯仰，辞色应对，莫不肃敬，与主无别也。

【注释】

［1］一沐三握发，一饭三吐餐：指一次沐浴须三度握其已散之发，一顿饭中间须三次停食，以接待宾客。此两句均形容求贤殷切。

［2］白屋之士：指平民。古代平民住房不施彩，故称其所住之屋为白屋。

［3］图：考虑。图反：指想法反常。

［4］阍寺：看门人。

［5］黄门侍郎：职官名。

［6］门生：此指门下使役之人。

［7］折旋：曲行。古代行礼时的动作。

【译文】

从前，周公宁愿随时中断沐浴、用餐，以接待来访的贫寒之士，一天之内曾经接见了七十多人。而晋文公以正在沐浴为借口拒绝接见随从头领，以致遭到心思反常的嘲笑。家中宾客不断，这是古人所看重的。那些没有良好教养的家庭，看门人也没有礼貌，有的看门人在客人来访时，就以主人正在睡觉、吃饭或发脾气为借口，拒绝为客人通报，江南人家深以此事为耻。黄门侍郎裴之礼，被称作士大夫的楷模，如果他家中有这样的人，就会当着客人的面用棍子抽打他。他的门子、僮仆在接待客人的时候，进退礼仪，表情言辞，无不严肃恭敬，与主人没有两样。

【启示】

俗语说："有理不打上门客。"待人傲慢，甚至拒人于门外，绝非一个有教养的人所为。热情好客、礼貌待人是中华民族的优良传统，有助于建立良好的人际关系，创造健康文明的社会生活环境。

第五节　论勉学

颜之推身为士族之后，深受家业熏陶，加之自己博览群书，好学不倦，学问之长终有所成。他吸取前人治学经验，结合自己体会，提出许多关于学习的重要见解，对于在学生徒或自学成才者，无不具有指导意义。他提出别具一格的观点：①学习目的在于修身利行；②学习时间上，人的一生都要珍惜时光，不失时机地刻苦努力学习。早教与晚学都非常重要；③学习态度上，应虚心与勤勉；④学习方法上，主张研学和切磋、博学与精学结合。

【原文】

自古明王圣帝，犹须勤学，况凡庶乎！此事遍于经史，吾亦不能郑重[1]，聊举近世切要，以启寤[2]汝耳。士大夫子弟，数岁已上，莫不被教，多者或至《礼》、《传》，少者不失《诗》、《论》。及至冠[3]婚，体性稍定；因此天机，倍须训诱。有志尚者，遂能磨砺，以就素业[4]，无履立者，自兹堕[5]慢，便为凡人。人生在世，会当有业：农民则计量耕稼，商贾则讨论货贿，工巧则致精器用，伎艺则沈思法术，武夫则惯习弓马，文士则讲议经书。多见士大夫耻涉农商，差务工伎，射则不能穿札，笔则才记姓名，饱食醉酒，忽忽无事，以此销日，以此终年。或因家世余绪，得一阶半级，便自为足，全忘修学；及有吉凶大事，议论得失，蒙然张口，如坐云雾；公私宴集，谈古赋诗，塞默低头，欠伸而已。有识旁观，代其入地。何惜数年勤学，长受一生愧辱哉！

【注释】

[1] 郑重：这里是频繁的意思。

[2] 寤：通“悟”。

[3] 冠：古代男人二十岁当行加冠之礼，称冠礼，表示已成年。

[4] 素业：清素之业，即士族所从事的儒业。

[5] 堕：通“惰”。

【译文】

自古以来，圣明帝王尚须勤奋学习，更何况普通百姓呢！这类事在经书、史书中随处可见，我也不想过多举例，姑且拣近世紧要的事说说，以启发点悟你们。现在士大夫的子弟，长到几岁以后，没有不受教育的；那学得多的，已学了《礼经》、《左传》；那学得少的，也学完了《诗经》、《论语》。等到他们成年，体质、性情逐渐成形，趁这个时候，就要对他们加倍地进行训育诱导。他们中间那些有志气的，就能经受磨炼，以成就其清白正大的事业；而那些没有操守的，从此懒散起来，就成了平庸的人。人生在世，应该从事一定的工作：当农民的就要算计耕作，当商贩的就要商谈买卖，当工匠的就要精心制作各种用品，当艺人的就要深入研习各种技艺，当武士的就要熟悉骑马射箭，当文人的就要谈论儒家经书。常见士大夫耻于从事农业商业，又缺乏手工艺方面的本事。射箭连一层铠甲也射不穿，动笔仅仅能写出自己的名字，整天酒足饭饱，无所事事，以此消磨时光，了结一生。还有的人因祖上的荫庇，得到一官半职，便自我满足，完全忘记了学习，碰上有吉凶大事，议论起得失来，就张口结舌，茫然无知，如坠云雾中一般。在各种公私宴会的场合，别人谈古论今，赋诗言志，他却像被塞住了嘴一般，低着头不吭声，只有打呵欠的份。有见识的旁观者，都替他害臊，恨不能代替他钻到地下去。这些人为何不勤学几年，以免终生愧辱呢！

【启示】

学习，乃安身立命之本，即使无衣食之忧，也不该饱食终日，无所用心。腹无诗书，自受其辱。与其如此，何不孜孜以求，日有所长？

【原文】

梁朝全盛之时，贵游子弟，[1]多无学术，至于谚云："上车不落则著作[2]，体中何如则秘书。"无不熏衣剃面，傅粉施朱，驾长檐车[3]，跟高齿屐[4]，坐棋子方褥[5]，凭斑丝隐囊[6]，列器玩于左右，从容出入，望若神仙。明经[7]求第，则顾人答策[8]；三九[9]公谯，则假手赋诗。当尔之时，亦快士[10]也。及离乱之后，朝市[11]迁革，铨衡选举，非复曩者之亲；当路秉权，不见昔丧时之党。求诸身而无所得，施之世而无所用。被褐而珠，失皮而露质，兀若枯木，泊若穷流，鹿独[12]致之间，转死沟壑之际。当尔之时，诚驾材也。有学艺者，触地而安。自荒乱以来，诸见俘虏。虽百世小人，知读《论语》、《孝经》者，尚为人师。虽千载冠冕，不晓书记者，莫不耕田养马。以此观之，安可不自勉耶？若能常保数百卷书，千载终不为小人[13]也。

【注释】

[1] 贵游子弟：无官职的王公贵族叫贵游，他们的子弟就叫贵游子弟。这里是泛称贵族子弟。

[2] 著作：即著作郎，官名，掌编纂国史。体中何如；当时书信中的客套话。

[3] 长檐车：一种用车幔覆盖整个车身的车子。

[4] 高齿屐：一种装有高齿的木底鞋。

[5] 棋子方褥：一种用方格图案的织品制成的方形坐褥。

[6] 隐囊：靠枕。

[7] 明经：六朝以明经取士。

[8] 顾：同"雇"。答策：即对策。

[9] 三九：即三公九卿。

[10] 快士：优秀人物。

[11] 朝市：此指朝廷。

[12] 鹿独：颠沛流离的样子。

[13] 小人：指平民百姓。

【译文】

梁朝全盛之时，那些贵族子弟大多不学无术，以致当时的谚语说："登车不跌跤，可当著作郎；会说身体好，可做秘书官。"这些贵族子弟没有一个不是以香料熏衣，修剃脸面，涂脂抹粉的；他们外出乘长檐车，走路穿高齿履，坐在织有方格图案的丝绸坐褥上，倚靠着五彩丝线织成的靠枕，身边摆的是各种古玩，进进出出派头十足，看上去就像神仙。到明经答问求取功名的时候，就雇人顶替自己去应试，三公九卿列席的宴会上，他们就借别人之手来帮自己作诗，在这种时刻，他们倒也像个人物。等到动乱来临，朝廷变革，考察选拔官吏时，不再任用过去的亲信，在朝中执掌大权的，再不见旧日的同党。这时候，这些贵族子弟们靠自己不中用，想在社会上发挥作用又没有本事。他们只能身穿粗布衣服，卖掉家中的珠宝，失去华丽的外表，露出无能的本质，呆头呆脑像段枯木，有气无力像条即将干涸的河流，在乱军中颠沛流离，最后抛尸于荒沟野壑之中。在这种时候，这些贵族子弟就成了实实在在的蠢材。有学问有手艺的人，走到哪里都可以站稳脚跟。自从兵荒马乱以来，我见过不少俘虏，有人虽然世代相传都是平民百姓，但由于懂得《孝经》、《论语》，还可以给别人当老师；有些人，虽然是世代相传的世家大族子弟，但由于不会书写，无不去给别人耕田养马，由此看来，怎么能不努力学习呢？如果能够经常保存几百卷书籍，就是再过一千年也不会沦为平民百姓。

【启示】

优胜劣汰是永恒的自然规律。社会历史发展到今天，没有了世袭爵位，没有了贵族权势，大锅饭铁饭碗已砸烂。在生活的大舞台上，每个人都应该去奋斗、去拼搏、去抗争。而这凭什么，靠什么呢？只有知识。英国哲学家培根的名言"知识就是力量"道出了真理所在。

【原文】

夫明《六经》之指[1]，涉百家之书，纵不能增益德行，敦厉风俗，犹为一艺[2]，得以自资。父兄不可常依，乡国不可常保，一旦流离，无人庇荫，当自求诸身耳。谚曰："积财千万，不如薄伎[3]在身。"伎之易习而可贵者，无过读书也。世人不问愚智，皆欲识人之多，见事之广，而不肯读书，是犹求饱而懒营馔，欲暖而惰裁衣也。夫读书之人，自羲、农[4]已来，宇宙之下，凡识几人，凡见几事，生民之成败好恶，固不足论，天在所不能藏，鬼神所不能隐也。

【注释】

[1] 六经：指《诗》、《书》、《乐》、《易》、《礼》、《春秋》。指：通"旨"。

［2］艺：拔艺，才能。

［3］伎：通“技”。

［4］羲、农：伏羲、神农，均为传说中的古代帝王，与女娲并称三皇。

【译文】

通晓六经旨意，涉猎百家著述，即使不能提高道德修养，劝勉世风习俗，也不失为一种才艺，可用以自我充实。父亲兄长不能长期依靠，家乡邦国不能常保无事，一旦流离失所，没有人来庇护资助你时，就该自己设法了。俗话说：“积财千万，不如薄技在身。”容易学习而又可致富的本事，无过于读书。世人不管愚蠢还是聪明，都希望认识的人多，见识的事广，但却不肯读书，这就好比想要饱餐却懒于做饭，想要身暖却懒于裁衣一样。那些读书的人，自伏羲、神农以来，在这世界上，共认识了多少人，见识了多少事，对一般人的成败好恶，看得很清楚，就是天地鬼神的事，也瞒不过他们。

【启示】

“书籍是人类进步的阶梯。”好读书，读好书，不但是获得技艺与才能，提高谋生本领的最佳途径，也是充实自己、加强道德修养、提高道德水平的最好方式。要在复杂多变的社会中立于不败之地，就必须用丰富的知识来武装自己的头脑。

【原文】

古之学者为己，以补不足也；今之学者为人，但能说之也。古之学者为人，行道以利世也；今之学者为己，修身以求进也。夫学者犹种树也，春玩其华，秋登其实；讲论文章，春华，修身利行，[1]秋实也。

【注释】

［1］修身利行：涵养德性，以利于事。

【译文】

古代求学的人是为了自己，以弥补自身的不足；现在求学的人是为了向别人炫耀，只能夸夸其谈；古代求学的人是为了他人，推行自己的主张以造福社会；现在求学的人是为了自身需要，涵养德性以求做官。学习就像种果树一样，春天可以赏玩它的花朵，秋天可以摘取它的果实。讲论文章，这就好比赏玩春花；修身利行，这就好比摘取秋果。

【启示】

学习好比春华，漫步其间，令人赏心悦目；学习更像秋实，硕果累累，令人充实自身，假如只知赏玩春华而不知摘取秋实，到头来，只能是两手空空。学习，当有所得，有所取，把学到的知识转化为自己的实际行动。

【原文】

人生小幼，精神专利，长成已后，思虑散逸，固须早教，勿失机也。吾七岁时，诵《灵光殿赋》，至于今日，十年一理，犹不遗忘；二十之外，所诵经书，一月废置，便至荒芜矣。

然人有坎[1]，失于盛年，犹当晚学，不可自弃。孔子云："五十以学《易》，可以无大过矣。"魏武、袁遗，老而弥笃，此皆少学而至老不倦也。曾子七十乃学，名闻天下；荀卿[2]五十，始来游学，犹为硕儒；公孙弘四十余，方读《春秋》，以此遂登丞相；朱云亦四十，始学《易》、《论语》；皇甫谧二十，始受《孝经》、《论语》：皆终成大儒，此并早迷而晚寤也。世人婚冠未学，便称迟暮，因循面墙，亦为愚耳。幼而学者，如日出之光，老而学者，如秉烛夜行，犹贤乎瞑目而无见者也。

【注释】

[1] 坎（kǎn）：困顿，不得志。

[2] 荀卿：荀子。

【译文】

人在幼小的时候，精神专注敏锐，长大成人以后，思想容易分散，因此，对孩子要及早教育，不可错失良机。我七岁的时候，背诵《灵光殿赋》，直到今天，隔十年温习一次，仍然不会遗忘。二十岁以后，所背诵的经书，搁置在那里一个月，便到了荒废的地步。

然而，人总有困厄的时候，壮年时失去了求学的机会，更应当在晚年时抓紧时间学习，不可自暴自弃。孔子说："五十岁时学习《易》，就可以不犯大错了。"魏武帝、袁遗，到老时学习得更加专心，这些都是从小到老勤学不辍的例子。曾子十七岁时才开始学习，最后闻名天下；荀子五十岁才开始到齐国游学，仍然成为大学者；公孙弘四十多岁才开始读《春秋》，后来终于当了丞相；朱云也是四十岁才开始学《易经》、《论语》；皇甫谧二十岁才开始学习《孝经》、《论语》：他们最后都成了大学者。这些都是早年沉迷而晚年醒悟的例子。一般人到成年后还未开始学习，就说太晚了，这样一天天混下去就好像面壁而立，什么也看不见，也够愚蠢了。从小就学习的人，就好像日出的光芒；到老年才开始学习的人，就好像手持蜡烛在夜间行走，但总比闭着眼睛什么都看不见的人强。

【启示】

人在年幼时，精神专注而敏锐，是学习的最好时期，不可坐失良机。假使幼年错过良机，也不可丧失信心，自暴自弃。古今中外，不乏少年得志者，亦不乏大器晚成者。假如叹息错过了太阳，那么就更不应错过月亮。

【原文】

俗间儒士，不涉群书，经纬[1]之外，义疏[2]而已。吾初入邺，与博陵崔文彦交游，尝说《王粲集》中难郑玄《尚书》事，崔转为诸儒道之，始将发口，悬见排蹙[3]云："文集只有诗、赋、铭、诔[4]，岂当论经书事乎？且先儒之中，未闻有王粲也。"崔笑而退，竟不以粲集示之。魏收之在议曹，与诸博士议宗庙事，引据《汉书》，博士笑曰："未闻《汉书》得证经术。"收便忿怒，都不复言，取《韦玄成传》，掷之而起。博士一夜共披寻之，达明，乃来谢曰："不谓玄成如此学也。"

【注释】

［1］经纬：经书和纬书。经书指儒家经典著作，纬书是汉代混合神学和儒家经义的书。

［2］义疏：解经之书。

［3］排蹙（cù）：排挤。此处引申为斥责。

［4］赋、铭、诔：均为文体名，与诗同为有韵之文。

【译文】

一般读书人，不广泛涉猎，除了读经书和纬书外，就是学学解经之书而已。我初到邺城，与博陵的崔文彦交往，曾谈起《王粲集》中有驳难郑玄所注《尚书》的地方，崔文彦转而向几位读书人谈起此事，才刚开口，就被他们反驳道："文集中只有诗、赋、铭、诔之类文体，难道会论及经书的事吗？况且在先儒之中，也没听说过王粲这个人啊。"崔文彦笑了笑便走了，终究未把《王粲集》给他们看。魏收为议曹时，与各位博士议及有关宗庙之事，并引《汉书》为据，众博士笑着说："我们没有听说过《汉书》可以验证经学。"魏收很生气，不再说话，把《韦玄成传》扔给他们，博士们看了一夜此书，第二天才来道歉说："想不到韦玄成还有这等学问啊。"

【启示】

学习贵知识丰富而忌孤陋寡闻。欲上知天文，下知地理，须广泛涉猎，博览群书。若蜻蜓点水，浅尝辄止，势必如井底之蛙，坐井观天。一叶障目，不见泰山，为学者不可不知之。

【原文】

古人勤学，有握锥[1]投斧[2]，照雪聚萤。锄则带经，牧则编简，亦为勤笃。梁世彭城刘绮，交州刺史勃之孙，早孤家贫，灯烛难办常买获尺寸折之，然明夜读。孝元初出会稽，精选察，绮以才华，为国常侍兼记室，殊蒙礼遇，终于金紫光禄。义阳朱詹，世居江陵，后出扬都，好学，家贫无资，累日不爨[3]，乃时吞纸以实腹。寒无毡被，抱犬而卧，犬亦饥虚，起行盗食，呼之不至，哀声动邻，犹不废业，卒成学士，官至镇南录事参军，为孝元所礼。此乃不可为之事，亦是勤学之一人。东芜藏逢世，年二十余，欲读班固《汉书》，苦假借不久，乃就姊夫刘缓乞丐客刺[4]书翰纸末，手写一本，军府服其志尚，卒以《汉书》闻。

【注释】

[1] 握锥：指战国时苏秦以锥刺股之事。

[2] 投斧：指文党投斧求学之事。

[3] 爨（cuàn）：烧火煮饭。

[4] 客刺：名刺，名片。

【译文】

古代勤学的人中，有用锥子刺大腿以防止打瞌睡的苏秦，有投斧于高树、下决心到长安求学的文党，有映雪勤读的孙康，有用袋子收集萤火虫用来照读的车武子。汉代的倪宽、常林耕种时也不忘带上经书。路温舒在放羊时摘蒲草截成小简，用来写字。他们也算是勤奋学习的人。梁朝彭城的刘绮，是交州刺史刘勃的孙子，从小死了父亲，家境贫寒，没钱购买灯烛，就买来荻草，把它的茎折成尺把长，点燃后照明夜读。梁元帝在任会稽太守时，精心选拔官吏，刘绮以其才华当上了太子府中的国常侍兼记室，很受尊重，最后官至金紫光禄大夫。义阳的朱詹，祖居江陵，后来到了建业，他十分勤学，但家中贫穷，有时连续几天都不能生火煮饭，就经常吞食废纸充饥。天冷没有被子盖，就抱着狗睡觉。狗也十分饥饿，就跑到外面去偷东西吃，朱詹大声呼唤也不见它回家，哀声惊动邻里。尽管如此，他依旧没有荒废学业，终于成为学士，官至镇南录事参军，为元帝所尊重。这不是一般人所能做到的，他也是一个勤学的典型。东莞人藏逢世，二十几岁时，想读班固的《汉书》，但苦于借来的书不能长久阅读，就向姐夫刘缓要来名片、书札的边幅纸头，亲手抄得一本。军府中的人都佩服他的志气，后来他终于以研究《汉书》闻名。

【启示】

中国是一个文化传统极为深厚的国家，酷爱读书是中华民族传统的习惯，自古以来，悬梁刺股、囊萤映雪之类的事迹，一直为国人所乐道。纵观历史，凡成就大业者，无不以勤学为本。在日新月异的当代社会，知识更新的速度日渐加快，稍不留意，即有落伍的危险，如若疏于学习，将来何以立足社会？

第六节　论文章

《颜氏家训》被誉为“北地三书”之一，在文学上也取得了很高成就。颜之推对文学的本体论、创作论、目的论、审美论作了全面论述，表现了卓越的见解：①文章原出五经；②调和古今，融合南北；③致用与娱情相结合；④ 立身与为文合一。

【原文】

学为文章，先谋亲友，得其评裁，知可施行，然后出手；慎勿师心[1]自任，取笑旁人也。

自古执笔为文者，何可胜言。然至于宏丽精华，不过数十篇耳。但使不失体裁[2]。辞意可观，便称才士；要须动俗盖世，亦俟河之清乎！

【注释】

［1］师心：以己意为师，即自以为是。

［2］体裁：这里是指文章的结构剪裁。

【译文】

学习写文章，应先找亲友征求意见，经过他们的批评鉴别，知道可以在社会上流传了，然后才脱稿；切莫由着性子自作主张，以免被别人耻笑。自古以来执笔写文章的人怎么可以说尽，但能够达到宏丽精美这种程度的，不过几十篇罢。只要使文章不脱离它应有的结构规范，表词达意还说得过去，就可称为才士。一定要使文章惊世骇俗，只怕要等到黄河的水变清吧！

【启示】

写文章，应有一个严肃认真的态度，注意听取来自各方面的意见，反复修改，然后才可脱稿，以对自己负责，对读者负责，对社会负责。师心自任，草率成文，实为作文之大忌。

【原文】

齐世有席毗者，清干之士，官至行台尚书，嗤鄙文学，嘲刘逖云："君辈辞藻，譬若荣华[1]，须臾之玩，非宏才也；岂比吾徒千丈松树，常有风霜，不可凋悴矣！"刘应之曰："既有寒木，又发春华，保如也?"席笑曰："可哉！"

【注释】

［1］荣华：朝菌，见日则死。

【译文】

齐朝有位叫席毗的人，是位清明干练之士，官至行台堂书。他鄙视文学，嘲讽刘逖说："尔辈的辞藻，好比那荣华，只能供片刻观赏，不是栋梁之材，哪能比得上我们这样的千丈松树，虽然常有风霜侵袭，也不会凋零！"刘逖回答道："既是耐寒的树木，又能开放春花，怎么样呢?"席毗笑着说："那当然可以啦！"

【启示】

学有专长，固然可贵，但岂能因此而持门户之见，鄙视文学？对任何学科、任何人来说，良好的语文基础都是必不可少的。尤其当今社会，人们的交往范围日益扩大，良好的文学修养将有助于塑造良好的社交形象。善于辞令，将使你锦上添花，何乐而不为？

【原文】

文章当以理致[1]为心肾，气调为筋骨，事义[2]为皮肤，华丽为冠冕[3]。今世相承，趋本弃末，[4]率多浮艳。辞与理竞，辞胜而理伏；事与才争，事繁而才损。放逸者流宕而忘归，穿凿者补缀而不足。时俗如此，安能独违？但务去泰去甚耳。必有盛才重誉，改革体裁者，实吾所希。

【注释】

[1] 理致：指作品的思想情趣。

[2] 事义：指作品所运用的材料，即下文所说的“用事”。

[3] 冠冕：这里指服饰。

[4] 趋本弃末：结合此段文意看，当为“趋末弃本”之误。末，指华丽。本，指理致、气调。

【译文】

文章应该以义理情致为心肾，以气韵才调为筋骨，以事理情义为皮肤，以华丽词句为服饰。现在的人相互承袭，反而趋向枝节，放弃根本，所写文章大都轻浮华艳，文辞与义理相互比较，则文辞优美而义理薄弱；内容与才华相互争胜，则内容繁杂而才华受损。放纵不羁者的文章，流利酣畅却忘了题，深究琢磨者的文章，材料堆砌却文采不足。现在的风气就是如此，你们哪能独自避免呢？只要做到所写文章不过分，不走极端也就可以了。如果能有才华出众、声誉极高的人来修改文章的体裁，那实在是我所希望的。

【启示】

古人云：“诗言志，歌咏言。”文章贵在抒发感情，表达情趣，切忌轻浮华艳，无病呻吟。在我国，文以载道的传统更是源远流长，岂能弃本趋末，因文害义？

第七节　论养生

实现人生理想与价值，需要强健的体魄。颜之推重视养生，从无神论的立场出发，对当时的神仙思想进行了抨击，从现实和实效出发去探索养生之道，提出了一系列不附时流的观点：①养生要求真务实，勤学常练；②养生应避免祸患，保全生命；③人的生命诚可贵，要死得其所。

【原文】

神仙之事，未可全诬；得性命[1]在天，或难钟值[2]。人生居世，触途[3]牵絷；幼少之日，既有供养之勤；成立之年，便增妻孥之累。衣食资须，公私驱役；而望遁迹山林，超然尘滓，千万不遇一尔。加以金玉之费[4]，炉器[5]所须，益非贫士所办。学如牛毛，成如麟角[6]。华山[7]之下，白骨如莽，何有可遂之理？考之内[8]教，纵使得仙，终当有死，不能出世[9]，不愿议曹专精于此。若其爱养神明[10]，调护气息，慎节起卧，均适寒暄，禁忌食饮，将饵药物，遂其所禀[11]，不为夭折者，吾无间然[12]。诸药饵法，不废世务也。庚肩吾常服槐实[13]，年七十余，目看细字，须发犹黑。邺中朝士，有单服杏仁、枸杞、黄精、术、车前[14]得益者甚多，不能一一说尔。吾尝患齿，摇动欲落，饮食热冷，皆苦疼痛。见《抱朴子》牢齿之法，早朝叩齿三百下为良；行之数日，即便平愈，今恒持之。此辈小术，无损于事，亦可修也。凡欲饵药，陶隐居[15]《太清方》中总录甚备，但须精审，不可轻脱。近有王爱州在邺学服松脂[16]不得节度，肠塞而死，为药所误者甚多。

【注释】

[1] 性命：这里指万物的天赋和禀受。

[2] 钟：适逢。值：相遇。

[3] 触途：处处。

[4] 金玉之费：炼丹药时耗费的金、玉。

[5] 炉器：指炼丹炉。

[6] 麟角：麒麟的角，比喻珍贵稀少。

[7] 华山：在陕西省东部。古代传说为仙人居住之处。

[8] 内教：指佛教。

[9] 出世：宗教徒以人间世为俗世。脱离人世的束缚，称出世。

[10] 神明：指人的精神、心思。

[11] 禀：赐予，赋予。遂其所禀：指达到上天所赋予的自然年限。

[12] 间然：找空子。这里指批评。

[13] 庚肩吾：字子慎。南朝梁人。曾任度支尚书、江州刺史。槐实：槐的果实。可入药。

[14] 杏仁、枸杞、黄精、术、车前均为中药名。

[15] 陶隐居：即陶弘景。南朝时丹阳陵人，字通明。

[16] 松脂：松树树干所分泌的树脂。

【译文】

有关修道成仙的事，并非全是假的；只是人的禀赋命运乃由上天决定，一般人大概难得遇到这种机会。人活在世界上，处处要受牵绊：年少之时，有供养父母的辛劳；成年以后，又增加了妻子儿女的拖累。再加上必须解决穿衣吃饭的费用，要为公事私事而四处奔忙，希望藏身于山林之中，超脱于尘世之外，这在千万人中也难找到一个。又加上炼制丹药所需的各种花费，更非一般穷人所能得到。所以历来学道求仙者多如牛毛，而成功者却像凤毛麟角。华山之下，白骨累累如野草，哪有尽如人意的道理？考察佛教典籍，说人纵然能够成仙，最终还是会死去的，并不能超脱尘世，因此，我不希望你们把精力集中在这上面。如果你们追求的是保养精神，调理气息，小心节制起卧，适应寒暖变化，注意饮食禁忌，服用药物以养身，能达到上天赋予一般人的自然年限，不致中途夭折，那我就没有什么可说的了。学习各种用药之法，并不会因此而荒废人世上的各种事务。庚肩吾经常服用槐实，他七十多岁时，眼睛还能看清细小的文字，头发胡须仍是黑的。邺中的朝臣，有很多人单服杏仁、枸杞、黄精、术、车前而获得好的效果，在此不能一一陈述。我曾经牙齿患病，摇动欲落，饮食冷热都会引起疼痛。后来看见《抱朴子》所记载牢齿之法，说早上叩齿三百下可获良效。我试行了几天，牙病就好了，到现在还一直坚持早上叩齿。这种小小的治病方法，对我们做事并无妨害，也是可以学习一下的。你们如果想服药健身，那么陶隐居的《太清方》一书中收录的药方十分完备，但要选取那些精当实在的方子使用，不可轻率从事。最近有叫王爱州的人在邺城学服松脂，因为没有节制，导致肠梗阻而亡，被药物所害的人还是很多的。

【启示】

医药有延年益寿之效，但长生不老却是人的梦想，历来欲得道成仙者多如牛毛，而寿如彭祖者却凤毛麟角，故不可专精于此，但适度的调养却并非多余，即便如此，也不可过于迷信药物的作用，更忌滥用药物，如若不然必自受其祸。

【原文】

夫养生[1]者先须虑祸，全身保性，有此生然后养之，勿徒养其无生[2]也。单豹养于内而丧外，张毅养于外而丧内，前贤所戒也。嵇康著《养生》之论，而以傲物受刑；石崇冀服饵之征，而以贪溺取祸，往世之所迷也。

【注释】

[1] 养生：摄养身心，以期保健延年。

[2] 无生：指不生存在世上。

【译文】

养生的人首先应顾虑灾祸，保全身心生命。有了生命，然后再去保养它，不要白白地保养那不存在的生命。单豹善于保养身心，却因外部发生的灾祸而送命；张毅善于避免外部灾祸的伤害，却因体内发病而丧生。这都是前代贤人引以为戒的。嵇康著有《养生论》一书，却因为人傲慢而被杀；石崇希望通过巨药获取良效，却因贪恋钱财美女而招致杀身之祸。这些都是前代人不明事理的例子。

【启示】

追求长生，人之常情，然而一般人往往注意保养身体，而忽视外部灾祸，或贪心不足，或溺于美色。一旦大难临头，性命尚且不保，何谈益寿延年？少贪欲，静身心，方为养生正道。

【原文】

夫生偿可不惜，不可苟惜。涉险畏之途，干祸难之事，贪欲以伤生，谗慝而致死，此君子之所惜哉；行诚孝而见贼[1]，履仁义而得罪，丧身以全家，泯躯而济国，君子不咎[2]也。自乱离已来，吾见名臣贤士，临难求生，终为不救，徒取窘辱，令人愤懑。侯景之乱，王公将相，多被戮辱，妃主姬妾[3]，略无全者。唯吴郡太守张嵊[4]，建义[5]不捷，为贼所害，辞色不挠；及鄱阳王世子谢夫人[6]，登屋诟怒，见射而毙。夫人，谢遵女也。何贤智操行若此之难？婢妾引决[7]若此之易？悲夫！

【注释】

[1] 诚孝：即忠孝，避隋讳改。贼：杀害。

[2] 咎：抱怨。

[3] 妃：皇帝的妾，太子、王的妻。主：公主。姬：皇宫中女宫。妾：指大臣的小老婆。

[4] 张嵊：南朝梁人。

[5] 建义：此指发动义军讨伐侯景。

[6] 世子：帝王及诸侯的正妻所生的长子。此指萧嗣。谢夫人：萧嗣的妻子。

[7] 引决：自杀。

【译文】

生命不可以不珍惜，也不可以无原则地吝惜。踏上那危险可怕的道路，做下招灾蒙难的事情，贪图肉欲而损伤身体，遭受谗言而枉送性命，这是君子所惋惜的；如果是奉行忠孝而被杀害，施行仁义而获罪责，舍身以保全家庭，捐躯以拯救国家，君子是不会抱怨的。自从乱离以来，我看见那些名臣贤士，临难求生，终未获救，白白地自找羞辱，真是令人愤懑。侯景之乱时，王公将相，大都受辱被杀；妃主姬妾，几乎没有得以保全的。只有吴郡太守张嵊，兴师讨贼未能取胜，被叛贼杀害，临终之时，言辞神色毫无屈服的表现；还有鄱阳王世子萧嗣之妻谢夫人，登上房屋怒骂群贼，被乱箭射死。谢夫人是谢遵的女儿。为什么贤德智慧的官绅们坚守操行是如此困难，婢女妻妾自杀成仁却是如此容易？真是可悲啊！

【启示】

人的生命是可贵的，不可不加以珍惜，但也不可以吝惜。如若贪恋财富而取祸，多行不义必自毙，绝非君子所作为；若救人危难而丧生，为赴国难而捐躯，则死而无憾，死得其所。

第五编

文学——学文聪慧

第十三章　集部概说

“集部”收历代作家的散文、骈文、诗、词、曲和文学评论等著作。《四库全书》分为楚辞、别集、总集、诗文评、词曲等五类。唐初著名史学家、诗人、政治家魏征等人撰的《隋书·经籍志》，以隋代国家藏书旧有目录《隋大业正御书目》为主要依据，参照阮孝绪《七录》的分类体系而撰成，是继《汉书·艺文志》之后我国现存第二部重要的古代综合性图书分类史志目录。《隋书·经籍志》在古代文学目录学方面的重要贡献和影响，首先就表现在它第一次正式确立“集部”，并比较集中地著录各类文学文献，自此以后，“集部”遂成为古代文学目录的基本形式。

我们一般认为集部的书就是文学书，当然它也不仅仅是文学作品。古人单篇的作品，包括一些应用文汇到一起一般都放在集部；或者说除了整本的著书立说以外，比较散的零碎篇什搜集在一起，一般都归在集部。集部的分类，一般是楚辞、别集、总集，还有诗文评，再就是词曲。

在《隋书·经籍志》里，“集部”第一类是楚辞，楚辞以屈原的作品为代表，因为《诗经》列入经部，集部就以楚辞为首，后来历朝在整理集部目录的时候都把楚辞单分出来，其实它相当于一个诗歌总集，但作为一个最早的总集影响比较大，为体现它的尊贵地位，在集部里始终是单列出一类。

别集，就是个人的著作。比如《李太白集》、《杜工部集》、《柳河东集》、《韩昌黎集》等，都是个人的著作，《四库全书》里说“天地英华所聚，卓然不可磨灭者，一代不过数十人。其余可传可不传者，则系乎有幸有不幸。”真正质量高的别集，一个朝代不过几十个人，这部分最有价值的别集数量是很有限的。此外有的传下来，有的没传下来，这就有幸运和不幸运的，有必然也有偶然。

总集，就是若干人的诗歌或文章合在一起，“一则网罗放佚，使零章残什，并有所归；一则删汰繁芜，使莠稗咸除，菁华毕出。”《昭明太子文选》是较早的总集，我们经常听到的还有《乐府诗集》、《全唐诗》、《古文观止》和《古文辞类纂》等等，这些都是总集。

文评，现在我们说是文学理论著作、文学批评著作。诗文评影响最大的是《文心雕龙》。较早的还有《诗品》。后来还有很多诗话，如《六一诗话》、《沧浪诗话》

等，这些都是诗文评著作。

词曲，古代一般认为词曲是诗歌的附庸，是小道，在文章和技艺之间。

第一节　古代文学体裁

文学体裁是指文学作品的具体样式，它是文学形式的要素之一，简称“文体”。我国最早的分类法是两分法，即把文学体裁按有韵无韵分为韵文与散文两大类。但是，五四运动以来国内最常见的分类法则是两种：一种是“三分法”，一种是“四分法”。“三分法”就是把各种各样的文学体裁依据塑造形象的不同方式划分为三个大类：叙事类、抒情类、戏剧类。至于“四分法”，就是把一切文学作品，根据它们在形象塑造、体制结构、语言运用和表现方法等方面的不同的基本点，进行归纳分类，分别归入四个大类：诗歌、小说、散文、戏剧文学。

以下为古代文学体裁之分类。

一、赋

赋是我国古代的一种文体，它讲求文采、韵律，兼具诗歌和散文的性质。其特点是“铺采文，体物写志”，侧重于写景，借景抒情。最早出现于诸子散文中，叫“短赋”；以屈原为代表的“骚体”是诗向赋的过渡，叫“骚赋”；汉代正式确立了赋的体例，称为“辞赋”；魏晋以后，日益向骈文方向发展，叫做“骈赋”；唐代又由骈体转入律体叫“律赋”；宋代以散文形式写赋，称为“文赋”。著名的赋有：杜牧的《阿房宫赋》、欧阳修的《秋声赋》、苏轼的《前赤壁赋》等。

二、骈文

骈文起源于汉魏，形成于南北朝，盛行于隋唐。其以四字六字相间定句，世称“四六文”。骈文由于迁就句式，堆砌辞藻，往往影响内容表达，韩、柳提倡古文运动之后，骈文渐衰。著名的骈文有南朝梁吴均写的《与朱元思书》。

三、原

原就是推究本源的意思，是古代的一种议论文体。这种文体是从根本上考察、探讨某种理论、主张、政治制度或社会习俗，理论性较强。如韩愈的《原毁》、黄宗羲的《原君》等。

四、辩

“辩”即辨是非，别真伪，这种文体的特点是批驳一个错误论点，或辨析某些事实。如韩愈的《讳辩》、柳宗元的《桐叶封弟辩》等。

五、说

说是古代议论说明一类文章的总称。它与“论”无大异，所以后来统称说理辨析之文为论说文。《文章辨体序说》：“说者，释也，解释义理而以己意述之也。”我们学过的这种体裁的文章有《师说》、《马说》、《少年中国说》、《捕蛇者说》、《黄生借书说》等。

六、论

论是一种论文文体，按《韵术》：“论者，议也。”《昭明文选》所载：“论有两体，一曰史论，乃忠臣于传末作议论，以断其人之善恶。如《史记》后的太史公曰……二曰政论，则学士大夫议论古今时世人物或评经史之言，正其谬误。”如《六国论》、《过秦论》等。

七、奏议

奏议是古代臣属进呈帝王的奏章的统称。它包括奏、议、疏、表、对策等。《文章有体序说》：“七国以前，皆称上书，秦初改书曰奏。汉定礼议，是有四品：一曰章，以谢恩；二曰奏，以劾；三曰表，以陈情；四曰议，以执议。”

（1）疏，是分条陈述的意思。如贾谊的《论积贮疏》。

（2）表，是陈述某种意见或事情。如诸葛亮的《出师表》。

（3）对策。古代考试把问题写到策上，令参加考试的人回答，考生回答的文章叫对策，如苏轼的《教战守策》。

八、序（跋）

序也作“叙”或称“引”，有如今日的“引言”、“前言”，是说明书籍著述或出版意旨、编次体例和作者情况的文章，也可包括对作家作品的评论和对有关问题的研究阐发。“序”一般写在书籍或文章前面（也有列在后面的，如《史记·太史公自序》），列于书后的称为“跋”或“后序”。这类文章，按不同的内容分别属于说明文或议论文，说明编写目的、简介编写体例和内容的，属于说明文；对作者作品进行评论或对问题进行阐发的，属于议论文。我们学过的“序言”有：《〈呐喊〉自序》、《〈农村调查〉序言》、《〈指南录〉后序》、《伶官传序》等。

九、赠序

文体名。古代送别各以诗文相赠，集而为之序的，称为赠序。如韩愈《送石处士序》：“于是东都诸人士……遂名为歌诗六韵，遣愈为之序云。”其后凡是惜别赠言的文章，不附于诗帙也都叫赠序，内容多推重、赞许或勉励之辞。我们学过明代文学家宋濂的《送东阳马生序》。

十、铭

古代刻在器物上用来警诫自己或者称述功德的文字叫“铭”。刻在牌上，放在书案右边用以自警的铭文叫“座右铭”。如刘禹锡的《陋室铭》。刻在石碑上，叙述死者生平，加以颂扬追思的，叫“墓志铭”。如韩愈的《柳子厚墓志铭》。

十一、祭文

祭文是在告祭死者或天地山川等神时所诵读的文章。体裁有韵文和散文两种。内容是追念死者生前的主要经历，颂扬他的主要品德和业绩，寄托哀思，激励生者。如袁枚的《祭妹文》。

十二、杂记

杂记包括：

（1）山川、景物、人事杂记。描写山川、景物和人事的，如《小石潭记》、《登泰山记》等。

（2）笔记文。以记事为主，它的特点是篇幅短小，长的千字左右；内容丰富，有历史典故、遗文遗事、文艺随笔、人物短论、科学小说、文字考证、读书杂记等五花八门。《世说新语》、《梦溪笔谈》等就是这种文体。

十三、游记

游记是描写旅行见闻的一种散文形式。游记的取材范围极广，可以描绘名山大川的秀丽瑰奇，可以记录风土人情的诡异阜盛，可以反映一人一家的日常生活面貌，也可以记下一国的重大事件，并表达作者的思想感情。文笔轻松，描写生动，记述翔实，给人以丰富的社会知识和美的感受。游记有带议论色彩的，如《岳阳楼记》、《游褒禅山记》等；有带科学色彩的，如郦道元的《三峡》；有带抒情色彩的，如柳宗元的《小石潭记》。

十四、民间故事

民间故事是群众口头创作口头流传，经过很多人不断修改加工而形成的文学形式。民间故事的特点：故事性强，情节生动；口语化，朴素明快；想象奇特丰富；常用夸张、比喻等修辞手法，艺术感染力强。内容上它来自民间，反映的多是民间生活。有的民间故事常有神话式的幻想情节，充满神奇色彩。例如《牛郎织女》。

十五、寓言

寓言是带有劝谕或讽谏性的故事。“寓”是“寄托”的意思。寓言，通常是把深刻的道理寄于简单的故事之中，借此喻彼，借小喻大，借古喻今，惯用拟人的手法。语言简洁犀利。我国春秋战国时代寓言盛行，《庄子》、《韩非子》等著作中有不少寓言，如《郑人买履》（《韩非子》）、《鹬蚌相争》（《战国策》）、《刻舟求剑》（《吕氏春秋》）等。

十六、传说

传说是指长期在民间流传而形成的，带有某种传奇色彩和幻想成分的历史人物、历史事件或自然物貌的故事。如英雄人物传说、西湖的传说、黄鹤楼的传说。有的是以特定历史事实为基础，有的则纯属虚构。人物和事件的传说，大都是颂扬、赞美的，反映人民的理想和愿望；自然景物的传说，则近于优美的叙事散文。

十七、传奇

传奇是小说体裁之一。以其情节奇特、神奇得名。一般用以指唐、宋人用文言写的短篇小说。如《柳毅传》、《南柯太守传》等。又因为“传奇”多为后代的说唱和戏剧所取材，故宋元戏文、元人杂剧、明清戏曲也有被称为“传奇”的作品。如明戏曲作家汤显祖的《还魂记》（即《牡丹亭》），清初孔尚任的传奇剧本《桃花扇》。

第二节　文学鉴赏方法①

文学是文化的重要载体，也是文化最精致的表现形式之一。对文学的鉴赏和评价离不开大的文化背景，不但如此，中国古代鉴赏理论的形成和发展，鉴赏方法所具有的独特魅力都与民族文化有着千丝万缕的联系。

文学鉴赏是见仁见智的、主观性很强的精神活动，个人切入作品的角度不同，鉴赏的心态、目的不同，就意味着鉴赏方法存在很大的差异性，从而导致对作品的理解不同。我们这里所谈的方法，是较普遍的几种方法。

---

① 许连军：《略论古代文学鉴赏方法》，《青海师范大学学报（哲学社会科学版）》2003年第2期。

一、附会法

《文心雕龙》有《附会》篇，云："何谓附会？谓总文理，统首尾，定与夺，合涯际，弥纶一篇，使杂而不越者也。"又云："附辞会义，务总纲领。""会义"是把文章会合成本义一个整体，"附辞"是使文辞密切地与内容相结合。很明显，"附会"是就创作方法而言的。我们这里所说的"附会"则是指理解鉴赏作品的方法。作为理解鉴赏文学作品的一种方法，它首先强调对文本本身的词语意象、作家意图、作品主旨的理解，从而探明文意和文本意蕴。此外，附会允许读者作独特的理解。读者常常或出于某种思想原则，或出于某种审美需要，或出于某种人生领悟，而对文学作品作出不同的解释，自成其说。这种理解鉴赏文学作品的方法自先秦以来，被广泛地用来解释和赏鉴诗歌、散文、小说等不同类型的文学作品。古人甚至为了某种需要，不惜穿凿附会，强行牵扯，曲解作品。

先秦时期流行的"称诗"——引诗和赋诗其实就是古人欣赏理解《诗三百》。清代人劳孝舆《春秋诗话》中说："自朝会聘宴以至事物细微，皆引诗以证其得失焉。大而公卿大夫以至舆台贱卒，所有论说皆引诗以畅厥旨焉。余尝伏而读之，愈益知《诗》为当时家传户诵之书。"在春秋时期大量的引诗赋诗的活动中，存在着一个很普遍的现象，那就是"断章取义"。所谓断章取义是指就诗中词语另作发挥，借以表达自己的意思。春秋时期，人们在各种公私场合都大量地引诗或赋诗。一般说来，引诗是利用诗句的字面意义来为自己的见解作证，其字面意义有与全诗主旨相合者，也有不相合者。因为引诗的目的仅在于说明自己的观点，意不在解诗，所以不妨曲解，用不着顾及是否合乎原诗的本义。赋诗或称"诵诗"则不同，所诵为全诗或至少为完整的一章，要求听者根据当时的具体情况灵活地加以理解。无论引诗或是赋诗，都不要求人们对《诗》的本义作出正确的理解，而只是把《诗》作为文献材料加以运用。引者、赋者、观者、听者都从当时的特定语境出发对《诗》加以理解。而"断章取义"在当时也不被认为是错误的做法。

二、品鉴法

品为品类之意，又有品味之意。所谓品鉴，则是分类品味。所以"品"兼有以上两种意思。品鉴源于汉魏之际的人物品评。人物品评由来已久，至魏晋六朝大盛。其代表作有刘劭的《人物志》3 卷，凡 12 篇；刘义庆的《世说新语》，凡 36 篇。人物品评标榜魏晋风度。关于魏晋风度，冯友兰先生认为需具备四大要素，即玄心、洞见、妙赏、深情。学术界一般认为有四个方面的特点：一是重才情；二是重思理思致；三是标放达，越名教，注重人物个性；四是赏容貌，标举超尘绝俗之美。以此为标准，《人物志》和《世说新语》对人物进行了分类品评。最为典型的是刘劭在《人物志·体别第二》按个性把人物分为十二种类型，即强毅、柔顺、雄悍、惧慎、凌楷、辨博、弘普、狷介、休动、沉静、朴露、韬谲。这对后世文学鉴赏中的人物形象分析和以品论诗论文影响很大。

钟嵘鉴于世人好谈诗，“喧议竞起，准的无依”，于是“为当世诗品，口陈标榜”，自创“三品升降”论诗之法。将入选的历代诗人123人分为三品九等，标举其风格体式，并描述艺术特征，追溯本源，对于后世超乎个别作家之上的风格流派的形成显然有相当大的促进作用。其后唐代司空图《二十四诗品》、南宋严羽《沧浪诗话》在诗歌批评方法上都以品鉴之法为主。纵观唐以后文学批评鉴赏发展的历史，我们可以将唐以后的品鉴方法分为三种类型。

1. 品“味”

以味论文，渊源甚早，南朝时期刘勰、钟嵘已有“讽味”、“研味”、“滋味”之称，用以表达对文学内在之美的欣赏、体味。如钟嵘《诗品》称陆机“文温以丽，意悲而远”，读阮籍《咏怀》“使人忘其鄙近，自致远大”。“远”的意境意趣由辨诗品“味”得来。味之品由刘勰、钟嵘开其端，唐人加以发扬光大，至宋人而成熟。

2. 品佳句

辨味之品——品“味”讲究人的体味妙悟，重视读者的灵性，空灵缥缈，能体悟诗中玄妙的意境。但虚而不实，难以把握，说什么只可神通而不可语达，让人觉得玄虚。中国古诗文中多有佳句警语，古人也十分注意炼字炼句，于是很早就有了摘句鉴赏之法。品佳句，也就是摘句鉴赏，最早起源于先秦时期的“断章赋诗”，至南朝正式形成。钟嵘《〈诗品〉序》中云：“……至于吟咏性情，亦何贵于用事？‘思君如流水’，既是即目；‘高台多悲风’，亦唯所见；‘清晨登陇首’，羌无故实；‘明月照积雪’，讵出经史。观古今盛语，多非补假，皆由直寻。”就是对诗中佳句的品评，此类材料在史书和子书中也有很多。可见在当时，摘句品鉴已成为文坛风气。一部分人甚至以作品中是否有“佳句”作为评判作品的标准。

3. 品格调

格调之品就是品鉴作品的艺术风格，通过归纳分析历代文学作品的传承演变关系，理出其发展线索，转而对具体作品的艺术风格加以分析，就是品格调。它重视的是整个作品的意味气象、风调神韵，而不斤斤计较一字一句地分析，观照作品的视野开阔，讲究涵泳品味，崇尚理性分析。格调之品观照的主要对象是诗歌，其主要特点是重视诗歌体制和时代格调的辨析。因为诗歌的格调体制与渊源决定了诗歌的艺术风格，诗歌的艺术风格的形成自有其历史的传承关系，也自有其独特的面貌。所以上述诸家在品评诗歌时就批评宋诗和中晚唐诗，推崇汉魏、盛唐诗，并很自然地接受了儒家因时代兴衰而派生出的诗歌正变观念，并将其引入诗歌鉴赏之中。扬唐抑宋、扬初盛唐而抑中晚唐，扬正而抑变。

三、禅悦法

所谓禅悦法，简单地说就是以禅说诗，即以参禅之法来领悟诗歌的意境和旨趣，从而达到解读诗歌作品的目的。诗与禅本是两种不同的意识形态，一属文学，一为宗教。诗的作用在于帮助人们认识世界和人生；禅的作用在于引导人们否认客观世界的真实性，泯灭人生的意义。二者的归趣不同是显而易见的。但诗和禅都重视敏锐的内心体验，都重视启示和象喻，都追求言外之意。这又使它们有了沟通的可能。禅宗在唐代确立以后，在诗人中间产生了广泛的影响，他们谈禅、参禅，在诗中有意无意地表现禅理、禅趣。而禅师们也借诗来表现他们对世界和人生的观照与理解。这样，诗和禅就有了密切的联系。

诗与禅的关系反映到文学鉴赏理论上来是在宋代，苏轼、黄庭坚、吴可、范温、叶梦得、杨万里、陆游、严羽等著名的文学批评家们无不在诗论中谈禅，以参禅、悟禅之法来解读诗歌作品。他们认为，诗与禅两者的契合点就在“参”与“悟”。参是方法，悟是目的。下面我们先列举一些诗论材料。吴可《学诗三首》之一云：“学诗浑似学参禅，竹榻蒲团不计年。直待自家都了得，等闲拈出便超然。”陆游《夜吟》之一云：“六十余年妄学诗，功夫深处独心知。夜来一笑寒灯下，始是金丹换骨时。”龚相《学诗三首》之一云：“学诗犹似学参禅，悟了方知岁是年。点铁成金犹是妄，高山流水自依然。”戴复古《论诗十绝》之七云：“欲参诗律似参禅，妙趣不由文字传。个里稍关心有悟，发为言句自超然。”

上述材料有一个共同特点就是认为学诗有如参禅，而主要就在于“悟”。说到“悟”，论述最为详尽的当数南宋严羽的《沧浪诗话》。严羽在《沧浪诗话》中直接提出“妙悟说”——“大抵禅道惟在妙悟，诗道亦在妙悟。”严羽论诗宗法盛唐，认为“盛唐诸人，惟在兴趣，羚羊挂角，无迹可求。故其妙处，透彻玲珑，不可凑泊。如空中之音，相中之色，水中之月，镜中之象，言有尽而意无穷”。要理解盛唐诸人的“兴趣”，就只有通过“妙悟”。作为一种审美鉴赏方法，“妙悟”要求读者不断积累审美经验，提高自己的审美鉴赏能力，通过品味，全面理解和把握诗歌所创造的审美意境，透彻理解诗歌作品所具有的韵味。“妙悟”之法，强调把握作品的内在神韵，时至今日，仍不失为一招极为高明的鉴赏之法。

四、评点法

古人阅读文学作品，喜欢在页眉页角或字里行间加上评语和圈点，这类做法就叫做“评点”。评点作为一种文学批评和鉴赏方法，其形式较为灵活多样，主要包括圈点、眉批、夹注、总评等。古代文学的评点几乎涉及所有文学样式。人们通常认为评点之学肇始于宋代，兴盛于明清。评点作为一种传统的文学鉴赏批评的方法，具有以下两方面的特点：

第一，重直觉和主观感受。评点多发生在古人阅读文学作品的同时，凭着自己的主观感受和直接印象，即兴发挥，随阅随批，颇具灵性，不讲究系统性和条理性，不强调抽象的、理性的思索。

第二，形式短小精悍，生动活泼。评点随兴所至，有话则长，无话则短，天头地脚，字里行间，只要有空白，任意舒展。所以其形式显得灵活机动，活泼自由。琐碎零乱也同时成了它的缺点。评点之法作为一种文学鉴赏方法，它既能指出作家作品的优劣，又能为读者指示读法；有的评点甚至能改订文本，使评点对象的语言乃至情节更加精炼合理。不过这后一种评点形式多表现在小说评点之中，如李卓吾、金圣叹评点《水浒》，毛氏父子评点《三国演义》都存在这种现象。下面列举几例唐人诗评以供参详：殷璠《河岳英灵集》评点李白云：“白性嗜酒，志不拘检，常林栖十数载，故其为文章，率皆纵逸。至如《蜀道难》诸篇，可谓奇之又奇。然自骚人以还，鲜有此体调也。”高仲武《中兴间气集》评点刘长卿云：“长卿有吏干，刚而犯上，两道迁谪，皆自取之。诗体虽不新奇，甚能炼饰，大抵十首以上，语意稍同，于落句尤甚，思锐才窄也。……”评点者在此轻灵走笔，随意挥洒，或就诗人整体风格发论，或就具体篇目措意，或评说诗人性情，或圈点诗人生平，不拘一格。

五、选本鉴赏法

选本，无论诗选还是文选，总是由相互关联的两个方面组成的，即选本的目的、对象和选家的文学观点。选家总是根据自己的文学观点，把一定的读者对象引导到自己认为是正确的道路上来。

“选学”在中国古代是一门极为发达的学问。自从梁昭明太子《文选》开始，其后各种选本层出不穷，不可胜数。别的不说，单说唐诗就数以百计。各朝各代的诗论家们选唐诗，智者见智，仁者见仁，各从自己的诗学观点出发，从数以万计的唐诗中遴选出自己认为优秀的唐诗编成或大或小的唐诗选集。

沈德潜《唐诗别裁》的编选目的是要给学诗者提供学习和创作的典范，而他认为创作又必须体现诗教精神，所以对典范的选择就要以儒家诗教精神为旨归。因此，在今人看来，《唐诗别裁》并不是一部客观的诗史的选本，而是一部体现着强烈的价值厘定意味的选本。

《唐贤三昧集》作为王渔洋晚年精心编撰的诗集，无疑是渔洋诗学的一部总结，其旨趣显然是重禅趣神韵的。《唐贤三昧集》共选作品 415 首，王维的作品入选 112 首之多。其选诗重视禅趣、讲究神韵的倾向性可见一斑。即便是清人蘅塘退士孙洙编选的《唐诗三百首》，原本是一部普及读物，其中的鉴赏趣味大抵是以沈德潜所倡的“温柔敦厚”的诗教论与王渔洋的“神韵说”相糅合，兼顾二者之长，互补二者之失。由此看来，选本常常是编选者苦心经营的结果，编选者的鉴赏趣味和文学观点浸透其中，仔细研究选本可得其中三昧。

中华民族有着悠久的独具特色的民族文化，从其特有的文化背景和思维方式出发，中国古代形成了有别于西方世界的鉴赏理论和鉴赏方法。中国人将对文学艺术的体认与对宇宙人生的探究和思索结合起来，不以建立完整系统的理论为目的，重视灵感的闪现，注重直觉和身体力行的体验。所谓“验行”、“体道”、“体物”、“尽心”，在把握社会、宇宙人生的过程中，都讲究直觉，从直观感受出发来体悟人生宇宙的真理。文学是民族文化的精华，是宇宙人生的写照。对文学的观照方式也关乎中华民族体认宇宙人生的思维方式，这里胪陈的五种鉴赏方式方法自然无法囊括古代所有的鉴赏方法，但能够体现中华民族对文学独特的观照眼光和思维价值趋向。

第十四章　《楚辞》选读

“楚辞”有两种含义：一是指诗歌的文学体制，即指战国后期以楚国屈原为代表的诗人，吸取楚地方言声韵和民歌形式而创作的一种富有楚国地方特色的新体诗；一是指书，即指将战国时期楚人诗作和汉代人用楚辞体写的辞赋整理而成的总集。文学史上所称的“楚辞”，主要是指屈原、宋玉的作品，后人的模拟之作，并不能算作真正的楚辞，但可称为楚辞体作品。

《楚辞》的定名较晚，班固《汉书·艺文志》称其为“赋”，其实辞和赋不能混为一谈。“楚辞”是一种真正的诗，主要起抒情作用。“汉赋”是一种“半文半诗”的作品，采用叙事形式进行咏物说理，严格地说应当是一种“有韵的散文”，无论是文法形式、组织结构，还是押韵规律，两者都是不相同的。将这种新体诗称为“楚辞”者是两汉末文学家刘向。

楚辞体新诗是由屈原创造的，但这与以《诗经》为代表的北方中原文化和南方楚地的民间文化有密切关系，如果没有这些文化的影响启迪，屈原也不可能创造出如此成熟的楚辞体新诗来。

富有地方色彩是“楚辞”最大的特点。宋代黄伯思对这一特点作了很好的注解，他说：“屈、宋诸骚，皆书楚语，作楚声，纪楚地，名楚物，故可谓之‘楚辞’。”（《东观余论·翼骚序》）

古代楚地范围较广，也是一个动态概念。楚人自称是高阳帝颛顼之后代，火神祝融之子孙。从传说中的住地看，祝融之前的祖先都住在我国的南部，其后裔则住在长江以北、黄河以南一带。祝融后裔有六族八姓，在商代后期，只剩芊楚一族流动于南方。至周代，楚曾为周之属国，在周衰败时，楚始壮大，并不断扩张而成为一个强大的国家，楚庄王时曾为各国霸主。其版图最大之时，东起于海，西起四川，北起河南，南至湖南。为战国时其他六国版图之总和。

屈原，名平，字原。祖籍湖北省秭归县，战国时属楚地。约生于公元前 340 年至公元前 278 年，享年 62 岁。屈原与楚怀王属同一宗室，至鬻熊以后便以熊为氏。楚武王熊通之子瑕受封于屈，遂以屈为氏。屈氏为楚王族三大公族之一，其余两大公族为昭氏和景氏，战国时屈氏在楚王族中的政治势力渐渐衰落。屈原生活在战国中晚

期，其时七国争雄，斗争异常激烈。屈原自幼受到很好的文化教育，24 岁即登上政治舞台，并颇受楚怀王赏识，曾担任过左徒之职，其地位仅次于令尹（相国）。其时他集内政外交大权于一身，表现出了惊人的政治外交才能。但由于他对内坚持采取“任人唯贤”和“以法治国”的政治主张，对外坚持联齐抗秦的外交政策，终于在国内保守势力和强秦离间的双重攻击之下，被昏庸无能的楚怀王疏远，并罢去其左徒之职。怀王二十四年，屈原被流放汉地。襄王即位后，屈原所受的打击更烈，并再次被流放，先后在洞庭湖、沅水、湘水一带过流放生活，历时十多年。最后，屈原自知不可能被复用，加之楚国的覆亡在即，自己的政治理想不可实现，在前途无望的情况下，自投汨罗江而死，以他的自杀表达了自己的志向和情操。

据东汉王逸《楚辞章句》记载，屈原的作品有《离骚》、《九歌》、《九章》、《远游》、《卜居》、《渔父》等共 25 篇。其中《远游》、《卜居》、《渔父》三篇后世学者多认为非其所作，但被《楚辞章句》列为宋玉所作的《招魂》一篇，后世多认为是屈原所作。后世研究《楚辞》者极多，其中有争议的地方颇多，由于篇幅所限，介绍内容只以近代多数人认可的说法为准。

一、《离骚》

《离骚》是屈原的代表作，也是《楚辞》的代表作，故后世常以“骚体”代称“楚辞体”。它是我国古代文学史上规模最宏大的长篇自叙性抒情诗，共 373 句，2477 字。因其文学史上的崇高地位，文人常以“骚人”指代诗人。

“离骚”即遭遇忧愁之意。《离骚》的创作时间大约在屈原被流放汉北之后，怀王入秦之前。作品通过对自己大半生政治斗争生涯的历史回顾和对未来的探索追求，表达了“举贤授能”、“修明法度”以振兴弱楚的政治理想，揭示了统治阶级内部的腐败黑暗及相互之间的尖锐斗争，暴露了正不压邪、让人无可奈何的政治现状，反映了作者刚正不阿、清正廉明、为理想与正义宁死不屈的斗争精神，抒发了作者忠于祖国、热爱人民的忧国忧民之情。可以说，屈原的伟大理想、高尚纯洁的品格、不屈不挠的斗争精神在《离骚》中都得到了充分的体现，且《离骚》篇幅之长、文采之美、想象之丰富与象征比兴手法之运用都极具创意，使其成为中国诗歌史上的不朽杰作而光辉永放。

二、《九歌》

《九歌》本是楚地民间用于祭神的巫歌，其内容鄙俚粗俗。屈原在流放沅、湘期间，借鉴其形式及部分语言，重新构思创作了这些祭歌。《九歌》的内容与整个屈原的作品相对而言较有特色，看不出有什么抑郁悲苦之情，故把它看作是屈原遭流放之前的作品是较为可信的。

《九歌》是由多个乐章构成的组歌，共11篇。“九”并不代表篇数，也许代表了九位神。他们是五位天神和四位地神，其中祭天神的有五篇：《东皇太一》、《云中君》、《大司命》、《少司命》和《东君》，分别主天、主云、主寿命、主子嗣和主太阳。祭地神的有四篇：《湘君》、《湘夫人》、《河伯》、《山鬼》，分别主湘水、主黄河和山，《国殇》可能是后人编入的，《礼魂》是送神曲或是《九歌》乱辞。一共正好是九位，这也许是巧合。

《九歌》塑造了一系列神的形象，其中对天神的赞美，表达了他对大自然的挚爱，也反映了他对理想政治的追求与向往。其中《湘君》、《湘夫人》、《山鬼》等是写神与神或人与神之间的爱情故事的，表达了人间男女青年对爱情生活的执着追求，实质上可能是作者在表达对楚王的忠贞不贰与渴望被了解和重用的心情。

《国殇》则较为特殊，它不是祭祀神祇，而是祭祀为国捐躯的爱国将士的诗歌。屈原通过对为保卫楚国而血战疆场的将士的热烈礼赞，表达了他强烈的爱国激情。这是《楚辞》中既特殊又别有价值的一篇力作。

三、《九章》

《九章》共九篇作品，分别是《惜诵》、《涉江》、《哀郢》、《抽思》、《怀沙》、《思美人》、《惜往日》、《橘颂》、《悲回风》。这些作品非一时一地之作，可合为两类：《橘颂》可单独立为一类，其余八篇立为另一类。

四、《天问》

《天问》可谓一首奇诗，它是屈原作品中的第二首长诗，共374句，1553字。全诗对自然现象、神话传说和古代历史提出了170多个问题。汉代王逸认为，《天问》是屈原流放江南时所作。这首诗不仅体现了作者对真理的积极追求探索和怀疑批判精神，显示了其朴素唯物主义思想；同时通过他对天道不公与天命不常的批判，表现了其在无辜被贬之后的痛苦和不甘，这是只有在流放之后才有的感情。《天问》的文学价值远不如《离骚》，但在对古代历史和神话传说的研究方面却有很高的价值，其怀疑批判精神更是一笔精神财富。

五、《招魂》

《招魂》是一篇想象新奇之作。招魂是古代楚地遗留下来的一种巫风，以为人死后可以将魂招回。至于在本诗中，究竟是招谁之魂，由谁招魂，都有不同猜测。一般认为是由屈原招被骗入秦并死于秦的楚怀王之魂。这一说法较为合理，因为忠君爱国贯穿于屈原一生，且屈原之忠君即为爱国之具体表现，又发现襄王之昏庸远胜于怀王，因而招怀王之魂归故国，赋予了此作品更深的政治含义。

一谈《楚辞》人们总将“屈宋”并称。宋即宋玉，其生平事迹不详，大体知其为楚人，生年稍晚于屈原。虽然与屈原并称，但在为文方面，宋玉仅留《九辩》于后世；在为人方面，他也没有屈原的正直与勇敢，故两者实不可相提并论。据王夫之《楚辞通释》认为，《九辩》是古乐曲名称，“九者，乐章之数。凡乐之数，至九而盈……辩，犹遍也。一阕谓之一遍。盖亦效夏启《九辩》之名”。但这种解释值得怀疑，因为《九辩》共255句，且不说夏启时曲调能否留传至战国之时，要对这样长的一首诗歌进行配乐歌唱是很困难的。故可能只是借用古乐曲之名为题作诗，并非真的能够合乐演唱。

屈、宋之后，楚辞体作品代有人作，尤以汉代更为兴盛。其中有写得较为成功的，如西汉贾谊《吊屈原赋》和《鹏鸟赋》，淮南小山的《招隐士》等。

第一节 《离骚》选读

《离骚》是一首“屈原的政治生涯传记”诗。全诗以“推行美政”为中心，以浪漫抒情的形式来叙事是其主要风格。

全诗上半部叙述思路：缘起，失败；反思，家人埋怨，评理。第一章《被贬》53 行：叙述被贬的前后过程，夹议推行美政的必要性和推行美政失败的深层原因，并抒发情感。第二章《反思》38 行：思考被贬原因，认为正直无错。论证推行美政的合理合法性。

下半部行走路线：上天不成想去昆山求仙，回头见家乡无女（女娲般的能女），便转而去求女，求女不成后才去昆山，在昆山求神问卜，得到仙家指引后转去投西皇，中途却又思乡停步，最后还是决定找彭咸（先王）去了。第三章《再试》38 行：经过反思，坚定了信念，明确了自己的政治主张（推行美政）是对的，于是“上叩天门（直接找楚王）、下求美女（走后宫路线）”。希望能东山再起，继续推行美政。第四章《徘徊》38 行：但“天关门（王不理）、女隐藏（王妃也不理）”，君王未醒。进路阻塞，便只好去“问卜、求神”，再思考决定何去何从。第五章《他投》21 行：一波三折，最初决定依照神灵指引离开楚国投奔西皇。但思乡难行，停步放弃，最后还是选择了以死报答楚王世恩的结局。

【原文】

帝高阳之苗裔兮，朕皇考曰伯庸。
摄提贞于孟陬兮，惟庚寅吾以降。
皇览揆余于初度兮，肇锡余以嘉名：
名余曰正则兮，字余曰灵均。
纷吾既有此内美兮，又重之以修能。
扈江离与辟芷兮，纫秋兰以为佩。
汩余若将不及兮，恐年岁之不吾与。
朝搴阰之木兰兮，夕揽洲之宿莽。
日月忽其不淹兮，春与秋其代序。
惟草木之零落兮，恐美人之迟暮。
不抚壮而弃秽兮，何不改乎此度？

乘骐骥以驰骋兮，来吾道夫先路！
昔三后之纯粹兮，固众芳之所在。
杂申椒与菌桂兮，岂维纫夫蕙茝。
彼尧舜之耿介兮，既遵道而得路。
何桀纣之猖披兮，夫唯捷径以窘步！
惟夫党人之偷乐兮，路幽昧以险隘。
岂余身之惮殃兮，恐皇舆之败绩。

忽奔走以先后兮，及前王之踵武。
荃不察余之中情兮，反信谗而计怒。
余固知謇謇之为患兮，忍而不能舍也。
指九天以为正兮，夫唯灵修之故也。
曰黄昏以为期兮，羌中道而改路。
初既与余成言兮，后悔遁而有他。
余既不难乎离别兮，伤灵修之数化。
余既滋兰之九畹兮，又树蕙之百亩。
畦留夷与揭车兮，杂杜衡与芳芷。
冀枝叶之峻茂兮，愿俟时乎吾将刈。
虽萎绝其亦何伤兮，哀众芳之芜秽。
众皆竞进以贪婪兮，凭不厌乎求索。
羌内恕己以量人兮，各兴心而嫉妒。
忽驰骛以追逐兮，非余心之所急。
老冉冉其将至兮，恐修名之不立。
朝饮木兰之坠露兮，夕餐秋菊之落英。
苟余情其信姱以练要兮，长顑颔亦何伤。

揽木根以结茝兮，贯薜荔之落蕊，
矫菌桂以纫蕙兮，索胡绳之纚纚。
謇吾法夫前修兮，非世俗之所服。
虽不周于今之人兮，愿依彭咸之遗则。
长太息以掩涕兮，哀民生之多艰。
余虽好修姱以鞿羁兮，謇朝谇而夕替。

既替余以蕙纕兮，又申之以揽茝。
亦余心之所善兮，虽九死其犹未悔。
怨灵修之浩荡兮，终不察夫民心。
众女嫉余之蛾眉兮，谣诼谓余以善淫。
固时俗之工巧兮，偭规矩而改错。
背绳墨以追曲兮，竞周容以为度。
忳郁邑余侘傺兮，吾独穷困乎此时也！
宁溘死以流亡兮，余不忍为此态也！
鸷鸟之不群兮，自前世而固然。
何方圜之能周兮，夫孰异道而相安！
屈心而抑志兮，忍尤而攘诟。
伏清白以死直兮，固前圣之所厚。
悔相道之不察兮，延伫乎吾将反。
回朕车以复路兮，及行迷之未远。
步余马于兰皋兮，驰椒丘且焉止息。
进不入以离尤兮，退将复修吾初服。
制芰荷以为衣兮，集芙蓉以为裳。
不吾知其亦已兮，苟余情其信芳。
高余冠之岌岌兮，长余佩之陆离。
芳与泽其杂糅兮，唯昭质其犹未亏。
忽反顾以游目兮，将往观乎四荒。
佩缤纷其繁饰兮，芳菲菲其弥章。
民生各有所乐兮，余独好修以为常。
虽体解吾犹未变兮，岂余心之可惩！

女媭之婵媛兮，申申其詈予。
曰：鲧婞直以亡身兮，终然殀乎羽之野。
汝何博謇而好修兮。纷独有此姱节？
薋菉葹以盈室兮，判独离而不服。
众不可户说兮，孰云察余之中情？
世并举而好朋兮，夫何茕独而不予听！

依前圣以节中兮，喟凭心而历兹。
济沅湘以南征兮，就重华而陈词。
启《九辩》与《九歌》兮，夏康娱以自纵；
不顾难以图后兮，五子用失乎家巷。
羿淫游以佚畋兮，又好射夫封狐；
固乱流其鲜终兮，浞又贪夫厥家。
浇身被服强圉兮，纵欲而不忍；
日康娱而自忘兮，厥首用夫颠陨。
夏桀之常违兮，乃遂焉而逢殃。
后辛之菹醢兮，殷宗用而不长。
汤禹俨而祇敬兮，周论道而莫差。
举贤而授能兮，循绳墨而不颇。
皇天无私阿兮，览民德焉错辅。
夫维圣哲以茂行兮，苟得用此下土。
瞻前而顾后兮，相观民之计极。
夫孰非义而可用兮，孰非善而可服？
阽余身而危死兮，览余初其犹未悔。
不量凿而正枘兮，固前修以菹醢。
曾嘘唏余郁邑兮，哀朕时之不当。
揽茹蕙以掩涕兮，沾余襟之浪浪。

跪敷衽以陈辞兮，耿吾既得此中正。
驷玉虬以乘鹥兮，溘埃风余上征。
朝发轫于苍梧兮，夕余至乎县圃。
欲少留此灵琐兮，日忽忽其将暮。
吾令羲和弭节兮，望崦嵫而勿迫。
路曼曼其修远兮，吾将上下而求索。
饮余马于咸池兮，总余辔乎扶桑。
折若木以拂日兮，聊逍遥以相羊。
前望舒使先驱兮，后飞廉使奔属。
鸾皇为余先戒兮，雷师告余以未具。
吾令凤鸟飞腾兮，继之以日夜。

飘风屯其相离兮，帅云霓而来御。
纷总总其离合兮，斑陆离其上下。
吾令帝阍开关兮，倚阊阖而望予。
时暧暧其将罢兮，结幽兰而延伫。
世混浊而不分兮，好蔽美而嫉妒。

缫吾将济于白水兮，登阆风而绁马。
忽反顾以流涕兮，哀高丘之无女。
溘吾游此春宫兮，折琼枝以继佩。
及荣华之未落兮，相下女之可诒。
吾令丰隆乘云兮，求宓妃之所在。
解佩缫以结言兮，吾令蹇修以为理。
纷总总其离合兮，忽纬繣其难迁。
夕归次于穷石兮，朝濯发乎洧盘。
保厥美以骄傲兮，日康娱以淫游。
虽信美而无礼兮，来违弃而改求。
览相观于四极兮，周流乎天余乃下。
望瑶台之偃蹇兮，见有娀之佚女。
吾令鸩为媒兮，鸩告余以不好。
雄鸠之鸣逝兮，余犹恶其佻巧。
心犹豫而狐疑兮，欲自适而不可。
凤皇既受诒兮，恐高辛之先我。
欲远集而无所止兮，聊浮游以逍遥。
及少康之未家兮，留有虞之二姚。
理弱而媒拙兮，恐导言之不固。
世混浊而嫉贤兮，好蔽美而称恶。
闺中既已邃远兮，哲王又不寤。
怀朕情而不发兮，余焉能忍而于此终古！

索藑茅以筳篿兮，命灵氛为余占之。
曰：两美其必合兮，孰信修而慕之？
思九州之博大兮，岂唯是其有女？

曰：勉远逝而无狐疑兮，孰求美而释女？
何所独无芳草兮，尔何怀乎故宇？
世幽昧以昡曜兮，孰云察余之善恶？
民好恶其不同兮，惟此党人其独异。
户服艾以盈要兮，谓幽兰其不可佩。
览察草木其犹未得兮，岂珵美之能当？
苏粪壤以充帏兮，谓申椒其不芳。

欲从灵氛之吉占兮，心犹豫而狐疑。
巫咸将夕降兮，怀椒糈而要之。
百神翳其备降兮，九嶷缤其并迎。
皇剡剡其扬灵兮，告余以吉故。
曰：勉升降以上下兮，求矩矱之所同。
汤、禹严而求合兮，挚、咎繇而能调。
苟中情其好修兮，又何必用夫行媒。
说操筑于傅岩兮，武丁用而不疑。
吕望之鼓刀兮，遭周文而得举。
宁戚之讴歌兮，齐桓闻以该辅。
及年岁之未晏兮，时亦犹其未央。
恐鹈鴂之先鸣兮，使夫百草为之不芳

何琼佩之偃蹇兮，众薆然而蔽之。
惟此党人之不谅兮，恐嫉妒而折之。
时缤纷其变易兮，又何可以淹留！
兰芷变而不芳兮，荃蕙化而为茅。
何昔日之芳草兮，今直为此萧艾也？
岂其有他故兮，莫好修之害也。
余以兰为可恃兮，羌无实而容长。
委厥美以从俗兮，苟得列乎众芳。
椒专佞以慢慆兮，榝又欲充夫佩帏。
既干进而务入兮，又何芳之能祗？
固时俗之流从兮，又孰能无变化？

览椒兰其若兹兮，又况揭车与江离。
惟兹佩之可贵兮，委厥美而历兹。
芳菲菲而难亏兮，芬至今犹未沬。
和调度以自娱兮，聊浮游而求女。
及余饰之方壮兮，周流观乎上下。

灵氛既告余以吉占兮，历吉日乎吾将行。
折琼枝以为羞兮，精琼爢以为粻。
为余驾飞龙兮，杂瑶象以为车。
何离心之可同兮，吾将远逝以自疏。
邅吾道夫昆仑兮，路修远以周流。
扬云霓之晻蔼兮，鸣玉鸾之啾啾。
朝发轫于天津兮，夕余至乎西极。
凤皇翼其承旂兮，高翱翔之翼翼。
忽吾行此流沙兮，遵赤水而容与。
麾蛟龙使梁津兮，诏西皇使涉予。
路修远以多艰兮，腾众车使径待。
路不周以左转兮，指西海以为期。
屯余车其千乘兮，齐玉轪而并驰。
驾八龙之婉婉兮，载云旗之委蛇。
抑志而弭节兮，神高驰之邈邈。
奏《九歌》而舞《韶》兮，聊假日以媮乐。
陟升皇之赫戏兮，忽临睨乎旧乡。
仆夫悲余马怀兮，蜷局顾而不行。

乱曰：已矣哉！
国无人莫我知兮，又何怀乎故都？
既莫足为美政兮，吾将从彭咸之所居。

【译文】①

（1）出身、志向、努力。

---

① 陈振权：《现代离骚》，2008 年 6 月 18 日。

高阳帝的后人兮，伯庸是我父亲。
就在虎年虎月兮，正虎日我降临。
父亲算我生辰兮，给我起了好名：
大名叫正则兮，表字叫灵均。
天赋内美又修能兮，肩大任常在心。
捻江离和香芷兮，缝秋兰做佩巾。
怕时光如流水兮，知道岁月最无情。
朝摘坡上木兰兮，晚拔洲畔冬青。
(2) 推行美政的必要性。
日月永远轮替兮，春已去秋在途。
看草木正凋零兮，怕美人将迟暮。
应该吐故纳新兮，何不重修法度?
快骑龙马腾跃兮，由我在前引路!
先王品性高洁兮，群芳环绕追逐。
花椒玉桂陪伴兮，百草把清香吐!
尧舜正直节制兮，总能走在正途。
桀纣无良妄行兮，抄捷径必然困步。
那党人苟且偷安兮，专走险窄暗路。
非怕自身遭殃兮，怕皇朝失国土!
(3) 改法失败经过及原因。
我四方急奔走兮，继续前王勇武。
王不察我的忠诚兮，反信谗而恼怒。
我知道直谏会惹祸兮，但骨鲠必须吐。
请让苍天作证兮，我永是王的忠仆。
约定黄昏为期兮，您却提前改路!
当初定下国策兮，又后悔全不顾!
被流放不难过兮，伤心王的反复。
种下兰花数百亩兮，又种香蕙百亩。
分种芍药揭车兮，间种杜衡香芷。
希望枝高叶茂兮，等到成熟可收集。
花谢根萎不伤心兮，悲哀杂草排斥。
贪婪小人如杂草兮，侵地抢肥不止。

以己之心度人心兮，对我诸多猜忌。
忽然群起攻击兮，实在始料不及。
觉得日渐衰老兮，恐怕修名不立。
朝饮木兰花滴露兮，晚食秋菊落花瓣。
能操行优美情怀高洁兮，骨瘦如柴无憾。
(4) 评价改法情况和表达对改法失败的看法与态度。
环树根扎香芷兮，再穿上薜荔花。
弯桂枝织香蕙兮，吊一束胡绳草。
效法先王冠带兮，绝非世俗仪容。
虽然别人未了解兮，愿继承彭咸遗风。
长叹息擦眼泪兮，这一生多艰难。
我虽然自律廉洁兮，难避朝责夕贬。
骂我戴香芷冠兮，扯断我蕙佩带。
这是我心头爱兮，虽九死不悔佩戴。
怨王见事不明兮，始终不察内情。
他们是妒忌美女兮，在造谣说她荒淫。
工于心计取巧兮，先违规后反诬。
有意歪曲事实兮，据一点盖全部。
忧郁烦闷失意兮，此时令我独困穷途。
宁肯暴死抛尸兮，也不肯如此歹毒。
猛禽不合群兮，今天也像远古。
圆孔怎配方榫兮，不同向怎能同路？
我屈心抑志兮，我吞怨忍辱。
保清白慷慨死兮，报答先王眷顾。
(5) 失败后自我反思。
还没把路看清兮，再细看先停步。
驾车走回原路兮，趁未深入迷途。
一会走马兰坡兮，一会奔马椒丘上。
既然前进无功兮，就退后修整服装。
裁剪荷叶制衣兮，采集芙蓉造裳。
虽然不为人知兮，我迷情于花香。
花冠高高戴起兮，草佩束腰长长。

花草生于泥沼兮，不改变品质芬芳。
回过头来望望兮，我便游弋四方。
浑身花枝招展兮，弥漫阵阵幽香。
人生各有所乐兮，我独爱修法为常。
粉身碎骨不稍变兮，心挫伤志更强。
（6）对屈原被贬一事，亲人埋怨。
我的亲姐姐兮，也反复责怪。说：
“鲧太刚直玩命兮，结果抛尸羽山野。
你也很孤高要强兮，应该引以为戒！
人家摆满苍耳兮，你家也要摆些。
逐户去说难兮，谁会了解你心情？
眼下好结朋党兮，劝你合群你偏不听！”
（7）借史反思。
学先王行美政兮，竟是这种结局！
渡沅湘向南走兮，找舜帝评理去：
滥用九辩九歌兮，夏康寻乐放纵。
不思危于身后兮，致五子毁家内讧。
后羿沉迷游猎兮，好弯弓射大狐。
终被寒浞谋杀兮，使妻子被玷污。
寒浇恃强施暴兮，荒淫太无度。
日夜寻欢忘形兮，脑袋丢得糊涂。
夏桀王违理兮，终致败落遭殃。
殷纣王碎人兮，终致国家速亡。
汤禹严明谨慎兮，周文武求正道。
任用贤者能人兮，守规矩不取巧。
皇天无偏私兮，德高者得天助。
德才兼备的圣哲兮，才能长保国土。
借鉴于历史兮，以民心为依归。
不义之人怎能用兮？除善政怎能为？
即使身处绝境兮，紧抱初衷不改悔。
榫头不对榫眼兮，使前贤身首碎。
常叹息不得志兮，悲我生不逢时。

揉蕙草擦眼睛兮，泪如雨衣全湿。
(8) 叩天门。
和衣跪下发誓兮，我坚持推行美政。
驾凤凰骑白龙兮，我乘风飞天行。
朝从苍梧启程兮，夕到昆山仙境。
想找灵殿投宿兮，日速落夜将临。
我叫羲和缓鞭兮，向日落处慢进。
路迷糊又窄小兮，我要仔细分辨清。
放马咸池饮水兮，拴马扶桑树旁。
折桑枝赶日去兮，且放松躺一躺。
月神在前开路兮，风神随后奔闯。
鸾鸟凤凰惊叫兮，雷神提醒带雨裳。
我令凤鸟飞腾兮，夜行趁天开。
大风呼呼旋转兮，卷乌云漫涌来。
云团忽聚忽散兮，翻滚变幻色彩。
呼守卫开天门兮，他倚门不理睬。
雨茫茫天尽蔽兮，抱幽兰直发呆。
慨叹世间混浊兮，美丽被妒掩盖。
(9) 求美女。
清晨原想渡白水兮，再登昆山驻马。
回头一看流泪兮，高丘没有美娲。
急忙改去春宫兮，折下几枝琼花。
趁着花朵未落兮，送给心中美娲。
雷神驾起云车兮，到洛水找女神。
送琼佩表心意兮，我请謇修做媒人。
总算有些了解兮，怪癖令人难忍。
夜去穷石凉发兮，天亮洧盘洗尘。
偏爱游山玩水兮，整天涂脂抹粉。
虽然她很美丽兮，只能放弃另寻。
天涯海角寻觅兮，上天下地忙奔驰。
遥望巍峨楼台兮，忽见美女简狄。
托鸩鸟做媒兮，鸩回说她不好。

见雄鸠鸣飞兮，想托怕它轻佻。
心中犹豫怀疑兮，亲又不可自提。
托凤凰做媒兮，高辛已先迎娶。
想远走不知去哪兮，只好徘徊上下。
即使少康未娶兮，有虞二姚未嫁。
口笨媒不好兮，看来也难成事。
世间混浊嫉贤兮，扬丑恶掩美丽。
美人藏在闺中兮，哲王又沉睡。
情怀无处舒展兮，就此抑郁而终怎面对？
（10）问卜。
取琼茅来卜卦兮，请灵氛为我占算。
问："互爱相吸引兮，我的美人是谁？
世界这样广大兮，她究竟在哪里？"
卜："卦象显示要远求兮，而且会很顺利。
处处都有芳草兮，何必留恋此地？"
到处一片漆黑兮，有谁能见真善美？
喜好各有不同兮，唯独党人不爱美！
腰间挂满臭艾兮，说插香兰不够美。
香花臭草未能分清兮，怎欣赏美玉美？
塞粪土满腰包兮，说花椒不香美。
（11）托巫降神。
想依从灵氛卦辞兮，内心疑团未解。
找巫师降神兮，祭米花椒酬谢。
众神如伞降临兮，群巫纷纷去迎。
灵光灿灿耀扬兮，照亮我凡心。
教："要远游走四方兮，按法度找明君。
汤禹恭敬求才兮，伊尹皋陶去寻。
若君王真爱贤兮，又哪用到处托媒？
说是傅岩泥工兮，武丁聘用不疑。
姜太公屠夫兮，遇文王即鹏举。
宁戚凭讴歌兮，齐桓倚为佐辅。
趁着年轻未老兮，别说日子还长。

一旦杜鹃啼鸣兮，那百草将失掉芬芳。”

（12）认真考虑神灵的指引。

谁有昂贵玉器兮，不去小心保管。
只怕党人会眼红兮，怀妒忌来折断。
世道纷乱颠倒兮，留下难以自保！
兰芷失去幽香兮，荃蕙化作白茅。
为何昨日芳草兮，会变成今日臭艾？
追究其原因兮，不爱美是要害！
我盼兰花盛开兮，不抽花叶空长。
失美丽变平庸兮，难再列入众芳。
花椒恃才傲慢兮，茱萸想混入香囊。
野草蔓延哄哄兮，又何芳能抵挡？
现在俗流滚滚兮，又有谁能自持？
椒兰尚且变质兮，又何况揭车江离？
我这佩带珍贵兮，遭扯断美不夺。
香幽幽难消散兮，华彩仍未稍磨。
随步荡佩自乐兮，这世界美女多。
趁我装饰灿烂兮，周游观察求索。

（13）远去西方投西皇。

我既已得灵氛吉卦兮，按历择日把路上。
折些琼枝做肉兮，精磨玉粉做粮。
为我驾飞龙兮，美玉象牙造车（jū）。
异心怎能同事兮，我将远走自离去。
我在昆山转弯兮，绕路浏览观光。
拨开眼前晨雾兮，车动铃声脆响。
赶早渡过赤水兮，今晚到达西方。
凤凰展翅连旗兮，高天翼翼翱翔。
匆匆走过沙漠兮，到赤水岸稍躺。
指派蛟龙搭桥兮，知会西皇放行。
路狭窄险阻多兮，众车单线缓行。
过不周山左转兮，直奔西海不停。
集合那千辆车兮，一起齐头并进。

驾前八龙舞动兮，车上云旗相迎。

压兴奋缓鞭兮，思绪神游远处。

偷闲暇稍娱乐兮，奏九歌跳韶舞。

升临显赫皇界兮，低头忽见故都。

车夫悲马儿恋兮，曲身回首停步。

(14) 追随彭咸。

悲号：停下吧！

但王朝不用我兮，为何还恋故居！

既不愿推行美政兮，我将追随彭咸归去。

【赏析】

《离骚》是屈原的代表作品，是一篇宏伟壮丽的政治抒情诗。它在艺术上具有极高的造诣和独特的风格。它的艺术特色和艺术成就主要有以下四个方面：

1. 开创文人鲜明个性的创作

楚辞出现以前，中国诗歌还基本上属于群性的创作，一般说来，它们内容比较单纯，句式和篇幅也比较短，由于是群众创作，因而还缺少全面反映诗人性格的作品。何其芳在《屈原和他的作品》一文中曾评论说："《诗经》中也有许多优美动人的作品，不能说那些作品没有作者个性的闪耀，但像屈原这样用他的理想、遭遇、痛苦和热情以至整个生命在他的作品上打上了异常鲜明的个性的烙印的人，却还没有。"屈原出现以后，中国文学史上才出现了伟大诗人的名字，出现了集中反映诗人全部思想感情和个性的诗篇。屈原的《离骚》塑造了一个纯洁高大的抒情主人公的形象，通过这篇富有个性的诗篇，我们看到了一个充满爱国激情，具有崇高政治理想和峻洁人格的、庄严而伟大的诗人形象。

2. 浪漫主义的创作风格①

《离骚》是一篇积极浪漫主义作品。它吸收和发展了古代人民口头创作——古代神话的积极浪漫主义精神。浪漫主义作为一种创作方法，它不是按照现实本来的样子去描写现实，而是更多地表现作者由于社会现实的刺激而迸发出来的激情，表现作者对理想的强烈追求和反抗现实的叛逆精神。而屈原的伟大作品《离骚》正具有这样一些显著特征。

《离骚》的前半部分，着重描写诗人的经历和遭遇，但是表现手法并不是完全实

① 作为创作方法，浪漫主义在反映客观现实上侧重从主观内心世界出发，抒发对理想世界的热烈追求，常用热情奔放的语言、瑰丽的想象和夸张的手法来塑造形象。

写的，而是把自己生活上的经历和感情升华为一种善与恶、美与丑、光明与黑暗的不可调和的斗争，以新奇的比喻、夸张的描写，表现善与美的崇高，恶与丑的卑鄙龌龊，表现了光明与黑暗的势不两立，从而把一个时代的面貌整个呈现出来，启发人的认识，给人以正确的爱憎，激励人的心灵。在后半部分，诗人更完全采用幻想的形式、虚构的意境，写出了他深刻的内心世界。诗中用上天下地的描写，希望和失望的回旋反复，尽情地吐露了诗人的郁闷，表现了周围环境的黑暗和冰冷，表现了卓绝的苦斗精神。在这一部分，诗人特地从神话传说中汲取丰富的形象，通过奔放不羁的想象把它们组织在一起，构成了层出不穷的生动情节和美丽的画面。诗人大量运用古代神话和传说，通过极其丰富的想象和联想，并采取铺张描述的写法，把现实人物、历史人物、神话人物交织在一起，把地上和天国、人间和幻境、过去和现在交织在一起，构成了瑰丽奇特、绚烂多彩的幻想世界，从而产生了强烈的艺术魅力。在诗人的笔端，曦和（日神）、望舒（月神）、飞廉（风伯）、丰隆（雷师）以及凤凰、飞龙都供他自由驱使；县圃崦嵫、咸池、天津、不周，都是他所到的地方，其想象之大胆、丰富，古今罕见。特别值得注意的是，诗人在运用这些古代神话传说时并不受原故事的拘束，而是通过一番自由想象把原有的神话结撰成新的情节，并使它服从于一个新的主题，使之成为诗人表达思想感情总的艺术构思的一部分。

这种表现手法，无疑使幻想更自由。如诗歌最后一段，写他驾着鸾皇、凤鸟，一路车马喧闹；当转道昆仑，行经流沙，指向四海时，突然驻足在楚国上空不忍离去，把全诗推向高潮，有力地表现了诗人的爱国思想和情操。这样的艺术效果，如果不借助于神话并把神话素材加以重新改造和构思的话，是很难达到的。

3. 发展了《诗经》的比兴手法

我国古代诗歌在艺术构思和表现上的主要特点是所谓的“触物以起情”和“索物以言情”，总括起来就是借物抒情。这一手法和特点，前人在研究《诗经》时已有所发现，把它概括为“比兴”。屈原则对它作了重要发展。首先，它开始把物与我、情与景糅合、交融起来，扩大了诗歌的意境和表现力。因此，屈原作品中的比兴，不再是简单地以某物比某物，或触物以起兴，而更多的是把物的某些特质与人的思想感情，人格和理想结合起来，融为一体，使物具有象征的意味，使情具有更具体的附着和寄托。在《离骚》中的比和兴，从形象本身看来，它是虚构，是想象，但从其所表达的内容和思想感情来说，又完全是现实的。这就开辟了后世的“寄情于景”、“托物言志”的表现手法，对我国古代文学，特别是诗歌创作有着极大影响。

4. 诗歌形式和语言

《离骚》的形式吸收和借鉴了南方楚地的民歌而成，但它又吸收了当时蓬勃发展的新体散文的笔法，打破了《诗经》的四言格式，把诗句加长，结构扩大，既增加了内容含量，又增强了表现力。

《离骚》在语言形式上，突破了《诗经》以四字句为主的格局，每句五、六、七、八、九字不等，也有三字句和十字句，句法参差错落，灵活多变；统篇隔句句尾用“兮”字，句中则往往配以“之”、“于”、“乎”、“夫”、“而”等虚字，用来协调音节，也有全句不用虚字的。《离骚》中又多用对偶。据统计，全篇对句在百句以上；并已出现了错综对，如“固时俗之工巧兮，偭规矩而改错；背绳墨以追曲兮，竞周容以为度”。在一句中，还往往以双声配双声，叠韵配叠韵，前者如“忳郁邑而余侘傺兮”，后者如“聊逍遥以相羊”等等。这就形成了《离骚》的诗句在错落中见整齐，在整齐中又富于变化的特点，读来节奏谐和，音调抑扬，具有一种起伏回宕、一唱三叹的韵致。屈原还采用了大量的口语方言入诗，用得最普遍的“兮”，便是在当时民间诗歌，特别是楚地民歌中经常出现的口语，这一词语既增强了诗中咏叹的抒情气氛，又极大地增强了诗句的节奏性和音乐美。

第二节 《哀郢》选读

《哀郢》是《楚辞》九章之一，作者为屈原。所谓“哀郢”，即哀悼楚国国都被秦国攻陷、楚怀王受辱于秦、百姓流离失所之事，原作情感表达十分沉重，家国之恨、身世之感以及使命感交织在一起，充分体现了屈原的爱国情怀。

【原文】

皇天之不纯命兮，何百姓之震愆？民离散而相失兮，方仲春而东迁。

去故乡而就远兮，遵江夏以流亡。出国门而轸怀兮，甲之朝吾以行。发郢都而去闾兮，怊荒忽其焉极？楫齐扬以容与兮，哀见君而不再得。望长楸而太息兮，涕淫淫其若霰。过夏首而西浮兮，顾龙门而不见。心婵媛而伤怀兮，眇不知其所跖。顺风波以从流兮，焉洋洋而为客。凌阳侯之氾滥兮，忽翱翔之焉薄。心絓结而不解兮，思蹇产而不释。

将运舟而下浮兮，上洞庭而下江。去终古之所居兮，今逍遥而来东。

羌灵魂之欲归兮，何须臾而忘反。背夏浦而西思兮，哀故都之日远。登大坟以远望兮，聊以舒吾忧心。哀州土之平乐兮，悲江介之遗风。

当陵阳之焉至兮，淼南渡之焉如？曾不知夏之为丘兮，孰两东门之可芜？心不怡之长久兮，忧与愁其相接。

惟郢路之辽远兮，江与夏之不可涉。忽若不信兮，至今九年而不复。惨郁郁而不通兮，蹇侘傺而含戚。

外承欢之汋约兮，谌荏弱而难持。忠湛湛而愿进兮，妒被离而鄣之。尧舜之抗行兮，了杳杳而薄天。众谗人之嫉妒兮，被以不慈之伪名。憎愠惀之修美兮，好夫人之慷慨。众踥蹀而日进兮，美超远而逾迈。

乱曰：曼余目以流观兮，冀一反之何时？鸟飞反故乡兮，狐死必首丘。信非吾罪而弃逐兮，何日夜而忘之？

【译文】

天道不专反复无常啊，为何使老百姓在动乱中遭殃？人民妻离子散、家破人亡啊，正当仲春二月迁往东方。

离别家乡到远处去啊，沿着长江、夏水到处流亡。走出都门我悲痛难舍啊，我们在甲日的早上开始上道。离开旧居，从郢都出发，前途渺茫，我惘然不知何往。桨儿齐摇船儿却徘徊不前啊，可怜我再也不能见到君王。望见故国高大的楸树，我不禁长叹啊，泪落纷纷像雪粒一样。经过夏水的发源处又向西浮行啊，回头看郢都东门却不能见其模样。心绪缠绵牵挂不舍而又无限忧伤啊，渺渺茫茫不知落脚在何方。顺着风波随着江流漂泊吧，于是乎流离失所客居他乡。船儿行驶在滚滚的波浪之上啊，就像鸟儿飞翔却不知停泊在哪个地方。心中郁结苦闷而无法解脱啊，愁肠百结心情难以舒畅。

将行船向下顺流而去啊，过了洞庭湖又进入长江。离开自古以来的住所啊，如今漂泊来到东方。

我的灵魂时时都想着归去啊，哪会片刻忘记返回故乡？背向夏水边而思念郢都啊，故都日渐遥远真叫人悲伤！登上大堤而举目远望啊，姑且以此来舒展一下我忧愁的衷肠。可叹楚地的土地宽平广博、人民富裕安乐啊，江汉盆地还保持着传统的楚国风尚。

面对着陵阳不知到何处去啊，大水茫茫也不知道南渡到何方？连大厦荒废成丘墟都不曾想到啊，又怎么可以再度让郢都东门荒芜？心中久久不悦啊，忧愁还添惆怅。

郢都的路途是那样遥远啊，长江和夏水有舟难航。时光飞逝使人难以相信啊，不能回郢都至今已有九年时光。悲惨忧郁心情不得舒畅啊，怅然失意满怀悲伤。

群小顺承楚王的欢心表面上美好啊，实际上内心虚弱没有坚定操守。有人忠心耿耿愿被进用为国效力啊，却遭到众多嫉妒者的障蔽。唐尧、虞舜具有高尚的品德啊，高远无比可达九天云霄。那些谗人们却要心怀妒忌啊，竟然在他们的头上加以“不慈”的污蔑之名。楚王讨厌那些不善言辞的忠贤之臣啊，却喜欢听那些小人表面上的激昂慷慨。小人奔走钻营而日益显进啊，贤臣却越来越被疏远。

放眼四下观望啊，希望什么时候能返回郢都一趟。鸟儿高飞终要返回旧巢啊，狐狸死时头一定向着狐穴所在的方向。确实不是我的罪过却遭放逐啊，日日夜夜我哪里能忘记我的故乡！

【赏析】

《哀郢》结构上最为独特者，是用了倒叙法，先从九年前秦军进攻楚国之时自己被放逐，随流亡百姓一起东行的情况写起，到后面才抒发作诗时的心情。这就使诗人被放逐以来铭心难忘的那一幅幅悲惨画面，一幕幕夺人心魄、摧人肝肺的情景，得到突出的表现。

此诗不计乱辞，可分为五层，每层三节。前三层为回忆，第四层抒发作诗时的心情，第五层为对造成国家、个人悲剧之原因的思考。乱辞在情志、结构两方面总括全诗，为第六层。

第一层总写九年前当郢都危亡之时自己被流放时的情景。诗的开头诗人仰天而问，可谓石破天惊。此下即绘出一幅巨大的哀鸿图。“仲春”点出正当春荒时节，“东迁”说明流徙方向，“江夏”指明地域所在。人流、汉水，兼道而涌，涛声哭声，直上干云霄。所以诗中说诗人走出郢都城门之时腹内如绞。他上船之后仍不忍离去，举起了船桨任船飘荡着：他要多看一眼郢都！他伤心再没有机会见到国君了。“甲之鼌（朝）”是诗人起行的具体日期和时辰，九年来从未忘记过这一天，故特意标出。

第二层为“望长楸而太息兮”以下三节，写船开后仍一直心系故都，不知所从。“长楸”意味着郢为故都。想起郢都这个楚国几百年的都城将毁于一旦，忍不住老泪横流。李贺说：“焉洋洋而为客，一语倍觉黯然！”因为它比一般的“断肠人在天涯”更多一层思君、爱国、忧民的哀痛。诗中从“西浮”以下写进入洞庭湖后的情形，故说“顺风波”（而非顺江流），说“阳侯之氾滥”，说“翱翔”等等。

“将运舟而下浮兮”以下三节为第三层，写继续东行时的心情。“运舟”指驾船、调转船头。“上洞庭”言由洞庭湖北行，“下江”言顺流而下。去之愈远，而思之愈切。诗人之去，可谓一桨九回头，读之真堪催人泪下。

“当陵阳之焉至兮”以下三节为第四层，写诗人作此诗时的思想情绪。在这一层中才指出以上三层所写皆是回忆；这些事在诗人头脑中九年以来，魂牵梦萦，从未忘却。“当陵阳之焉至兮”两句为转折部分，承上而启下。此陵阳在江西省西部庐水上游，宜春以南。《汉书·地理志》说“庐江出陵阳东南”，即此。其地与湖湘之地只隔着罗霄山脉。大约诗人以为待事态平息，可以由陆路直达湖湘一带（俱为楚人所谓“江南之野”），故暂居于此。

第五层即“外承欢之汋约兮”以下三节，承接第四层的正面抒情，进而揭出造成国家危难之根源。朝廷那些奸佞之徒善于逢迎奉承，不仅因为他们无能，还因为他们无忧国忧民之心，只知为了一己私利而诬陷正直之士，所以在治国安民方面实在难以依靠。但关键还在于当政者喜好怎么样的人。“憎愠惀之修美兮，好夫人之慷慨”，便是屈原对楚襄王的评价。批判的矛头直接指向最高统治者。作品表现的思想是极其深刻的。

诗的前三层为回忆，其抒情主要通过记叙来表现；第四、五层是直接抒情。乱辞总承此两部分，写诗人虽日夜思念郢都，却因被放逐而不能回朝报效祖国的痛苦和悲伤。“鸟飞反故乡兮，狐死必首丘”，语重心长，极为感人。全诗章法严谨，浑然一体。

本诗在结构上表现了很大的独创性。第一，开头并未交代是回忆，给读者以身临其境之感，留下深刻的印象。第二，四句为一节，三节为一层意思，很整齐。语言上的特点是骈句多，如“去故乡而就远兮，遵江夏以流亡”、“过夏首而西浮兮，顾龙门而不见”、“背夏浦而西思兮，哀故都之日远”等，既富有对偶美，也有助于加强感情力度。在风格上，徐焕龙《楚辞洗髓》谓之“于《九章》中最为凄婉，读之实一字一泪也”，诚然。

第三节　《对楚王问》选读

宋玉是战国后期楚国的辞赋家。相传他是伟大诗人屈原的学生，在楚怀王、楚襄王时做过文学侍从之类的官。他的作品富有想象力，且有浪漫主义色彩。

【原文】

楚襄王问于宋玉曰：“先生其有遗行与？何士民众庶不誉之甚也？”

宋玉对曰：“唯。然。有之。愿大王宽其罪，使得毕其辞。

“客有歌于郢中者，其始曰《下里》、《巴人》，国中属而和者数千人。其为《阳阿》、《薤露》，国中属而和者数百人。其为《阳春》、《白雪》，国中属而和者不过数十人。引商刻羽，杂以流徵，国中属而和者不过数人而已。是其曲弥高，其和弥寡。

“故鸟有凤而鱼有鲲。凤凰上击九千里，绝云霓，负苍天，足乱浮云，翱翔乎杳冥之上。夫藩篱之鷃，岂能与之料天地之高哉！鲲鱼朝发昆仑之墟，暴鬐于碣石，暮宿于孟诸。夫尺泽之鲵，岂能与之量江海之大哉？

“故非独鸟有凤而鱼有鲲也，士亦有之！夫圣人魂意琦行，超然独处，世俗之民，又安知臣之所为哉！”

【译文】

楚襄王问宋玉说：“先生也许有不检点的行为吧？为什么士人百姓都那么不称赞你呢？”

宋玉回答说：“是的，是这样，有这种情况。希望大王宽恕我的罪过，允许我把话说完。

有个客人在都城里唱歌，起初他唱《下里》、《巴人》，都城里跟着他唱的有几千人；后来唱《阳阿》、《薤露》，都城里跟着他唱的有几百人；等到唱《阳春》、《白雪》的时候，都城里跟着他唱的不过几十人；最后引用商声，刻画羽声，夹杂运用流动的徵声时，都城里跟着他应和的不过几个人罢了。这样看来，歌曲越是高雅，和唱的人也就越少。

所以鸟类中有凤凰，鱼类中有鲲鱼。凤凰展翅上飞九千里，穿越云霓，背负着苍天，两只脚搅乱浮云，翱翔在那极高远的天上；那跳跃在篱笆下面的小鷃雀，岂能和它一样了解天地的高大！鲲鱼早上从昆仑山脚下出发，中午在渤海边的碣石山上晒脊背，夜晚在孟诸过夜；那一尺来深水塘里的小鲵鱼，岂能和它一样测知江海的广阔！

所以不光是鸟类中有凤凰，鱼类中有鲲鱼，士人之中也有杰出人才。圣人的伟大志向和美好的操行，超出常人而独自存在，一般的人又怎能知道我的所作所为呢？”

【赏析】

用现今的话说，宋玉的人际关系大概是糟透了。不仅是同僚中伤他，非议他，没少打他的小报告，就连“士民众庶”都不大说他的好话了，致使楚襄王亲自过问，可见其严重性。面对楚襄王的责问，宋玉不得不为自己辩护，然而整篇应对之词，却又没有一句直接为自己申辩的话，而是引譬设喻，借喻晓理。分别以音乐、动物、圣人为喻作比。先以曲与和作比照，说明曲高和寡；继而把凤与鷃、鲲与鲵相提并论，对世俗再投轻蔑一瞥；最后以圣人与世俗之民对比，说明事理。总之，把雅与俗对立起来，标榜自己的绝凡超俗，卓尔不群，其所作所为不为芸芸众生所理解，不足为怪。“世俗之民，又安知臣之所为哉！”既是对诽谤者的有力回击，也表现了自己孤傲清高的情怀。

宋玉的形象，颇有一定的代表性。在两千余年的封建社会里，除那些身居高位的官僚文人或未爬上高位的奴才文人之外，绝大多数知识分子都或多或少地具有宋玉的性格特征。他们才高而命薄，正直而软弱，对社会的黑暗与丑恶十分敏感，却又无能为力。他们大都想入仕，想为国为民做一番事业，但“世”是俗的，是小人的天堂，因此，他们常常在仕途上失意潦倒，最后只落个自命不凡、自命清高，怀着不被人理解的痛苦和愤慨而孤芳自赏。这一性格特征演化至现代，便形成所谓的“小资”情调。宋玉与屈原，都具有中国历代知识分子的共性，区别仅在于性格的软弱与刚毅。

此篇值得注意的是宋玉的论辩艺术。面对楚襄王的发问，宋玉该如何应对？正面强攻，不仅可能损兵折将，还会招致楚襄王的不满；筑城防守，难免手忙脚乱，引起楚襄王的怀疑。宋玉妙在采用迂回战术，出奇制胜。宋玉首先举“歌于郢中”之客的例子，得出曲高和寡的结论；接着，又对凤与鷃、鲲与鲵作对比，得出燕雀安知鸿鹄之志的结论。至此，宋玉语锋一转，指出“非独鸟有凤而鱼有鲲”，“士亦有之”，从而推出“世俗之民，又安知臣之所为哉”的结论，这样，士民众庶的指责不攻自破，楚襄王的疑问涣然冰释。以四两而拨千斤，我们不能不佩服宋玉论辩艺术之高超。当宋玉谈起“客有歌于郢中者”时，楚襄王肯定是听得津津有味；当宋玉以凤与鷃、鲲与鲵对比设喻时，楚襄王定然是频频点头；而当宋玉以类比推理婉转曲折地答复了楚襄王的责问时，楚襄王必定是心悦诚服。而这一切，皆得力于宋玉浅近的举例和巧妙的设喻。善于用形象说理，是宋玉论辩艺术高超的奥秘之一。至于善于指斥的藩篱之鷃、尺泽之鲵之类的“世俗之民”，到底是指哪些人，楚襄王是否会猛然自悟而勃然大怒，宋玉就顾不得了。

第十五章 《牡丹亭》选读

汤显祖（1550—1616），字义仍，号若士，江西临川人，出身书香门第，聪慧好学，从小就希望通过读圣贤书，参加科举入仕来光宗耀祖，青年时期他已崭露头角，21 岁中举。他曾随泰州学派大师罗汝芳学习心性之学，探索人生意义与道德真理，奠定了自我的道德规范，以致影响了他后来的出入进退及做人处事的方式。他为人耿直，敢于直言，先后四次赴京会试均未中进士，这与他刚直清高的性格有很大关系。他一生不肯依附权贵，曾任太常博士及一些下层官职，当时的首辅大学士张居正企图罗致一批青年才俊，纳入“自己人”的小圈子，以便巩固其日后的统治地位，汤显祖就在其罗致之列，但他拒绝了邀请，由此名落孙山。这段经历对汤显祖打击很大，为了保存自我人格的纯净，他以“掩门自贞”的方式，就是任无关紧要的闲职，闭门读书，同时从事诗文创作。然而官场的贪渎让他忍无可忍，1591 年他上书《论辅臣科臣疏》，针砭时政；接着就遭到贬谪，被发配到雷州半岛。厌倦官场和自觉前途无望的汤显祖在老家临川构筑了玉茗堂，并在此完成了《牡丹亭》的写作。直到 1582 年张居正死后，汤显祖才中了进士。

汤显祖是我国古代继关汉卿之后的又一位伟大的戏剧家。他的戏剧创作现存主要有五种，即“玉茗堂四梦”（或称“临川四梦”）及《紫箫记》。“玉茗堂四梦”即《紫钗记》、《牡丹亭》、《邯郸记》、《南柯记》。这四部作品中，汤显祖最得意、影响最大的当数《牡丹亭》。

第一节 昆腔

一、什么是昆腔

2001 年 5 月 18 日，联合国教科文组织在巴黎宣布第一批“人类口头和非物质遗产代表作”（以下简称“代表作”）名单，共有 19 个申报项目入选，其中包括中国的昆曲艺术，中国成为首次获此殊荣的 19 个国家之一。

昆曲（原应为“昆”），是我国古老的戏曲声腔、剧种，原名“昆山腔”或简称“昆腔”，清朝以来被称为“昆曲”，现又被称为“昆剧”。昆曲的伴奏乐器，以曲笛为主，辅以笙、箫、唢呐、三弦、琵琶等（打击乐俱备）。昆曲的表演，也有它独特的体系、风格，它最大的特点是抒情性强、动作细腻，歌唱与舞蹈的身段结合得巧妙而和谐。

昆曲形成的历史，可谓源远流长，它起源于元朝末年的昆山地区，至今已有六百多年的历史。宋、元以来，中国戏曲有南、北之分，南曲在不同地方唱法也不一样。元末，顾坚等人把流行于昆山一带的南曲原有的腔调加以整理和改进，称之为“昆山腔”，为昆曲之雏形。明朝嘉靖年间，杰出的戏曲音乐家魏良辅对昆山腔的声律和唱法进行了改革创新，吸取了海盐腔、弋阳腔等南曲的长处，发挥昆山腔自身流丽悠远的特点，又吸收了北曲结构严谨的特点，运用北曲的演唱方法，以笛、箫、笙、琵琶等伴奏乐器，造就了一种细腻优雅，集南北曲优点于一体的“水磨调”，通称“昆曲”。至清朝乾隆年间，昆曲的发展进入了全盛时期，从此昆曲开始独霸梨园，绵延了六七百年，成为中国乃至世界现存最古老的、具有悠久传统的戏曲形态。

昆曲以清唱的形式出现，终于使昆腔在无大锣大鼓烘托的气氛下能够清丽悠远，旋律更加优美。同时，魏良辅对伴奏乐器也进行了改革。原来南曲伴奏以箫、管为主要乐器，为了使昆腔的演唱更富有感染力，他将笛、管、笙、琴、琵琶、弦子等乐器集合于一堂，用来伴奏昆腔的演唱，获得成功。

二、昆腔的表演特征

昆剧行腔优美，以缠绵婉转、柔曼悠远见长。在演唱技巧上注重声音的控制、节奏速度的顿挫疾徐和咬字吐音的讲究，场面伴奏乐曲齐全。

“水磨腔”这种新腔奠定了昆剧演唱的特色，充分体现在南曲的慢曲子（即“细曲”）中，具体表现为放慢拍子，延缓节奏，以便在旋律进行中运用较多的装饰性花腔，除了通常的一板三眼、一板一眼外，又出现了“赠板曲”，即将4/4拍的曲调放慢成8/4拍，声调清柔委婉，并严格要求字音，平、上、去、入逐一考究，每唱一个字，注意咬字的头、腹、尾，即吐字、过腔和收音，使音乐布局的空间增大、变化增多，其缠绵婉转、柔曼悠远的特点也愈加突出。

相对而言，北曲的声情偏于跌宕豪放，跳跃性强。昆剧表演的最大特点是抒情性强、动作细腻，歌唱与舞蹈的身段结合得巧妙而和谐。昆剧是一种歌、舞、介、白各种表演手段相互配合的综合艺术，长期的演剧历史中形成了载歌载舞的表演特色，尤其体现在各门角色的表演身段上，其舞蹈身段大体可以分成两种：一种是说话时的辅助姿态和由手势发展起来的着重写意的舞蹈；一种是配合唱词的抒情舞蹈，既是精湛的舞蹈动作，又是表达人物性格心灵和曲辞意义的有效手段。

昆剧的戏曲舞蹈多方吸收和继承了古代民间舞蹈、宫廷舞蹈的传统，通过长期舞台演出实践，积累了丰富的说唱与舞蹈紧密结合的经验，适应叙事写景的演出场子的需要，创造出许多偏重于描写的舞蹈表演，与“戏”配合，成为故事性较强的折子戏。

昆剧的念白也很有特点，由于昆剧是从吴中发展起来的，所以它的语音带有吴侬软语的特点。其中，丑角还有一种基于吴方言的地方白，如苏白、扬州白等，这种吴中一带的市井语言，生活气息浓厚，而且往往用的是快板式的韵白，极有特色。另外，昆剧的演唱对字声、行腔、节奏等有极其严格的规范，形成了完整的演唱理论。

据学者研究称：“昆曲所代表的美学趣味虽然明显是南方的，尤其是江南地区的，但是其文化身份却并不属于一时一地，它凝聚了中国广大地区文人的美学追求以及艺术创造。正是由于它是文人雅趣的典范，才具有极强的覆盖能力，有得到广泛传播的可能，并且在传播过程中，基本保持着它在美学上的内在一致性。”

三、昆腔的结构

昆曲的音乐属于联曲体结构，简称“曲牌体”。它所使用的曲牌，据不完全统计，大约有一千种。南北曲牌的来源不仅有古代的歌舞音乐，唐宋时代的大曲、词调，宋代的唱赚、诸宫调，还有民歌和少数民族歌曲等。它以南曲为基础，兼用北曲套数，并以“犯调”、“借宫”、“集曲”等手法进行创作。

曲牌是昆曲中最基本的演唱单位。全国共有300多戏曲曲种，在音乐体系上分为板腔体和曲牌体两种。

板腔体，是梆子、皮黄等曲调的演唱形式。板腔体的唱词不同于曲牌体的长短句，而是以分上下句的五言、七言、十言诗的格律为基本形式。一三五不论，二四六押韵，单句最后一字为仄声，双句的最后一字为平声。句数不限，其他字的平仄不限，所用曲调和唱腔不限，所以不用填词，不受格式、四声限制，有时可唱百多句，如京剧《哭祖庙》即是。有时可唱两句。同样一段唱词，可以唱一眼板，也可以唱三眼板，比较自由。板腔体也有一定的套数。如［导板］接［回龙］转［原板］，［散板］转［原板］再转［垛板］等等。这两种演唱体系完全是因剧种的历史不同而设置的，如来源于昆山腔、弋阳腔的即为曲牌体，如来自梆子、皮黄腔调的均采用板腔体。

曲牌体，从宋、元杂剧至今日的昆剧都是以曲牌体的形式来演唱。在戏曲的初期，也是编词配曲，由于有些唱段和谐悦耳，脍炙人口，被后人像填写宋词、散曲一样在编演新剧时填词套用旧有的优秀曲牌。原曲牌是以原来的唱词的四声、格式谱写的乐曲，在填写新词时也必须注意唱词的平仄四声、长短句的格式与原来唱词的平仄四声、长短句必须一致，否则字与曲就无法和谐了。在后来的发展中，不同的曲牌根据不同的调式、调门联在一起，又形成了不同的套曲，称曲牌联套。例如《春香闹学》就是由“一江风”、“绕地游”、“调角儿”、“尾声”等曲牌组成；《林冲夜奔》就是由“点绛唇”、“折桂令”、“雁儿落”带“得胜令”、“沽美酒”带“太平令”、“收江南”、“煞尾”等一套曲牌联套组成。

四、昆腔的历史地位

中国戏曲自形成以来一直在舞台上流传，随着时代的变化，从剧本到声腔、表演不断变革，昆曲则变化较少，对戏曲传统特点保留较多，剧目又极为丰富，被称为“活化石”。

昆曲是我国传统戏曲中最古老的剧种之一，也是我国传统文化艺术，特别是戏曲艺术中的珍品，被称为百花园中的一朵“兰花”。昆剧是明朝中叶至清代中叶戏曲中影响最大的声腔剧种，很多剧种都是在昆剧的基础上发展起来的，有“中国戏曲之母”的雅称。昆剧是中国戏曲史上具有最完整的表演体系的剧种，它的基础深厚，遗产丰富，是我国民族文化艺术高度发展的成果，在我国文学史、戏曲史、音乐史、舞蹈史上占有重要的地位。

第二节 《牡丹亭》的思想

《牡丹亭》是一部爱情剧。少女杜丽娘长期深居闺阁，接受封建伦理道德的熏陶，但仍免不了思春之情，梦中与书生柳梦梅幽会，后因情而死，死后与柳梦梅结婚，并最终还魂复生，与柳梦梅在人间结成夫妇。剧本通过杜丽娘和柳梦梅生死不渝的爱情，歌颂了男女青年在追求自由幸福的爱情生活上所作的不屈不挠的斗争，表达了挣脱封建牢笼、粉碎宋明理学枷锁、追求个性解放、向往理想生活的朦胧愿望。从内容来说，《牡丹亭》表现的还是古老的“爱欲与文明的冲突”这一主题，不过，在《牡丹亭》里，“文明”具有特殊的内涵，那就是明代官方所极力宣扬的理学、礼教。杜丽娘对爱情的向往是天生的，尽管她被长期看管，但仍然免不了强烈的思春之情，并最终获得了爱情。《牡丹亭》的意义在于用形象化的手法肯定了爱欲的客观性与合理性，并对不合理的“文明”提出了强烈批判。《牡丹亭》在思想上与《西厢记》有类似之处，但是，《西厢记》是先情后欲，《牡丹亭》则是先欲后情；《西厢记》描述的是情感的自然发展，更多的是表达“愿普天下有情人都成眷属”的美好愿望，而《牡丹亭》则特别突出了情（欲）与理（礼）的冲突，强调了情的客观性与合理性。这种不同，是时代的差异造成的。

这部作品通过杜丽娘和柳梦梅的爱情故事，揭露了封建礼教和青年男女的爱情生活的矛盾，暴露了封建统治阶级家庭关系的冷酷和虚伪；同时又热情地歌颂了青年男女在追求幸福自由的爱情生活上所作的不屈不挠的斗争。

《牡丹亭》的这个主题具有强烈的时代意义。明代统治阶级大力推崇程朱理学，皇帝和皇后亲自编写《女戒》之类的书来提倡“女德”，极力表彰妇女贞节。据《明史·列女传序》记载，当时妇女因节烈殉死“著于实录及郡邑志者，不下万余人”，可见这种从肉体到精神的摧残是多么严重。在这种情况下，《牡丹亭》提出背叛封建礼教，无疑有着强烈的、积极的社会意义。

更重要的是，由于作者有进步的思想指导，有明确的反礼教的创作动机，剧本的思想内容更显得深湛。作者有意识地用“情”与“理”的冲突来贯穿全剧。“情”，就是人们真正的感情，在《牡丹亭》里它表现为青年男女对自由的爱情生活的追求。“理”，是指以程朱理学为基础的封建道德观念，在《牡丹亭》里它表现为封建教义和家长的专横对青年人身心的束缚。这种冲突既表现为杜丽娘、柳梦梅和封建家长杜宝之间公开的正面交锋，也反映了青年男女为摆脱封建传统势力的影响而作出的努力。这种从爱情的角度上表现的“情”与“理”的冲突，与明中叶的进步思想家反对程朱理学以摆脱礼教的束缚的思想解放运动，是一脉相通、遥相呼应的。正是在这个意义上，《牡丹亭》比同时代的爱情剧在思想上有着更进步、更深远的意义。

《牡丹亭》所描写的爱情，有着与其他爱情剧不同的特色。作者让一对陌生的青年男女在梦中相会，由梦生情，由情而病，由病而死，死而复生。这种异乎寻常、出死入生的爱情，使全剧从主题情节到人物塑造都具有浪漫主义的色彩，在爱情剧方面形成了新的独特风格。这种特色之所以产生，一方面是作者善于继承前代戏曲遗产，采取了浪漫主义的创作方法和表现技巧；另一方面也正是由于作者有进步的理想，是这种理想激烈迸发的结果。

《牡丹亭》的浪漫主义也带有消极成分。汤显祖为了突出显示“情”的力量，便把主人公的斗争基本上限制在个人精神生活的领域，结果主观感情决定一切。他对“情”本身的理解，也陷入了不可知论，说是“情不知所起”，因而有关杜丽娘“花花草草由人恋，生生死死随人愿”的描写，总像蒙上了一层烟雾，再加上曲词往往幽深隐晦，就更给人以迷离恍惚的感觉。汤显祖曾说过：“以若有若无为美。”这种审美观念的背后是他的浮生若梦的虚无主义思想，这种思想在他晚年的剧作，如像《南柯记》、《邯郸记》就发挥为“情悟”，就是说“色即是空”，汤显祖后来就从宗教去寻求归宿和解脱了。

沈德符《顾曲杂言》说：“《牡丹亭梦》一出，家传户诵，几令《西厢》减价。”《牡丹亭》除了有深刻的思想内涵外，其艺术成就也是非常卓越的。

一是把浪漫主义手法引入传奇创作。首先，贯穿整个作品的是杜丽娘对理想的强烈追求。其次，艺术构思具有离奇跌宕的幻想色彩，使情节离奇，曲折多变。再次，从“情”的理想高度来观察生活和表现人物。

二是在人物塑造方面注重展示人物的内心世界，发掘人物内心幽微细密的情感，使之形神兼备，从而赋予人物形象鲜明的性格特征和深刻的文化内涵。

三是语言浓丽华艳，意境深远。全剧采用抒情诗的笔法，倾注人物的情感。另一方面，具有奇巧、尖新、陡峭、纤细的语言风格。这些特点向来深受肯定。一些唱词直至今日，仍然脍炙人口，表现出很高的艺术水准。

第三节 女主角杜丽娘

汤显祖在《牡丹亭》的“题词”中说：“天下女子有情，宁有如杜丽娘者乎！……如丽娘者，乃可谓之有情人耳。情不知所起，一往而深。生者可以死，死可以生。生而不可与死，死而不可复生者，皆非情之至也。”显然，汤显祖是把杜丽娘作为“有情人”，并且是达到了“情之至”的“有情人”来塑造的，十分明确地与礼教、理学的排斥，否定“情”即所谓“去人欲”针锋相对。成功地塑造了反封建的光辉的杜丽娘形象，这是《牡丹亭》的重大成就。

杜丽娘是封建官僚的女儿。她的父亲杜宝任南安太守，自称“西蜀名儒”，是以儒学传家的。封建社会讲究门第家声、光宗耀祖，要求儿子尽孝道，而最大的孝道则是飞黄腾达之后“扬名声，显父母”。杜宝因膝下无儿，就对杜丽娘格外看重，竭力把她培养成标准的“淑女”，在家是个敬父母的温顺女儿，出嫁是个相夫教子的贤妻良母。杜宝一心指望杜丽娘“他日到人家，知书知礼，父母光辉”。因此，杜丽娘从小受着严格的封建教育。她的丫鬟春香说她：“名为国色，实守家声。嫩脸娇羞，老成尊重。”但杜宝还不满足，他与杜丽娘的母亲商量决定，专门请了一位塾师陈最良来教杜丽娘念书，目的倒不是要杜丽娘学文化、长知识，而在于用儒家圣贤书籍使杜丽娘“拘束身心”。“拘束身心”，就是不准自由行动，也不准自由思想，一切都服从于“理”。

汤显祖在《牡丹亭》中，通过描写杜宝、杜母、陈最良这样的人物，向读者和观众展示了杜丽娘所面对的现实环境。杜宝这些人代表封建势力，代表礼教观念，代表理学思想的统治。杜宝给人们的印象是一个正派的官僚，他忠君爱国，也还关心民生疾苦。但他实际上除了摆出一副道貌岸然的古板面孔以外，什么才能都没有，极为平庸。他奉命防御敌军，临阵对敌却是束手无策，只好使用贿赂、欺骗的手段来解除围困。而对自己的亲生女儿却是那样严厉、冷酷，女儿病重垂危，他丝毫不放在心上，以为不过是伤风感冒，连医生都不请。他只盼着女儿将来为他这个“名儒”增添光彩。对于妻子，他也是居高临下的态度，呼来唤去，督促妻子对女儿严加管教。杜母虽然比杜宝更懂得疼爱女儿，她说过“宛转随儿女，辛勤做老娘”的话，但她还是标榜自己娘家“世出贤德”，要给女儿做个“贤德”的楷模，凡事由杜宝做主，说是“但凭尊意”，一切照他的意见办。她要把杜丽娘关在闺房里，认为“凡少年女子，最不宜艳妆游戏空无人之处”。她被封建礼教毒害了，又拿封建礼教去毒害自己的女儿。陈最良作为“腐儒”，也是被封建礼教毒害了的。汤显祖对他有批判，又有同情。他从小攻读儒家经典，但乡试考了15次，整整耗费了45年，仍然没有功名，最后连廪生的膳食都给取消了，教书糊口也靠不住，被人称为“陈绝粮”。他生活没有着落，还迂腐得近于愚昧，陷于无法自拔的境地。他教杜丽娘念书，就只知道“孟夫子说得好，圣人千言万语，则要人收其放心”。这跟杜宝说的“拘束身心”是同样的意思。汤显祖通过杜宝、杜母、陈最良等人物写出杜丽娘的客观处境，一个使人窒息的客观处境。杜丽娘在这样的生活环境里循规蹈矩，唯父母之命是从。

以往一般带有浪漫主义幻想的爱情故事，结局往往是主人公死后双墓上长出连理树木或魂魄化为彩色蝴蝶，而汤显祖则把主人公的死作为斗争的新转折，让在幽冥中的杜丽娘与柳梦梅自由结合。汤显祖又不满足在超现实的境界中写出应该如此，他继续把应该如此的理想描写引回现实生活里来，这就是“鬼趣里姻缘，人间判贴”，幽冥中的自由结合在人间获得圆满成功。这无疑是告诉读者和观众，坚持不懈、百折不挠就可以打破一切精神枷锁，争取到自己应有的生活权利。浪漫主义也就是理想主义。为追求一种理想而表现出强烈的激情，表现出对反抗斗争的坚持、对腐朽传统的叛逆，这是作为浪漫主义剧作的《牡丹亭》的主要创作特色。

第四节　《游园》鉴赏

《牡丹亭》全剧共55出，“游园”是第10出（惊梦）中的前半部分。《游园》由6支曲子组成。前3支曲子主要写杜丽娘游园前的心理活动，后3支曲子主要写丽娘游园中的所见所感。

第一曲【绕地游】

【原文】

梦回莺啭，乱煞年光遍。人立小庭深院，炷尽沉烟，抛残绣线，恁今春关情似去年？

【译文】

黄莺婉转的歌声，把我从梦中唤醒。在小小、深深的庭院中站立，觉得遍地是撩乱人心的春光。那沉水香已经燃尽了，未做完的针线活抛在一边。你为什么对春天的关心、向往比去年更为殷切呢？

【赏析】

这曲子写春光撩人杜丽娘对深闺内院寂寞生活的厌倦和向往青春的心态。一梦醒来，莺鸟鸣唱，春光是那样撩人，而丽娘却被禁锢在狭窄、冷寂的“小庭深院”中，百无聊赖听凭沉香燃尽，针线活也没心思去做，并自问：“为什么今年我对春天的关心和向往比去年更为殷切？”

“梦回”，意思是从梦中醒来。“啭”，啼的意思。这句说黄莺婉转的歌声把“我”

从梦中唤醒。黄莺欢叫是春天到来的象征。“年光”，春光。“乱煞”，撩乱。煞，是加重语气的助词。写出了杜丽娘对春光的特有感受。“梦回”、“乱煞”关合物我两端，颇有言外之致。“梦回”不仅指人从睡梦中醒来，而且包含着婉转的莺声唤醒了女主人公的春情这样一层意思。“乱煞”句也不光形容春色，更写出杜丽娘的春心荡漾，意绪缭乱。“小庭深院”，是杜丽娘生活的地方。“小”、“深”二字说明生活天地极其狭窄，这是一种束缚人生活自由、窒息青春的阴冷环境。“炷尽沉烟”，是说沉香已燃尽熄灭了。“炷”，作动词用，是一种很名贵的香料。“抛残绣线”，指没做完的针线活被抛在一边。“恁”，怎么，为什么。“似”，比拟之词，超过的意思。这句意是，为什么今年对春天的关心向往比去年更为殷切？这里，连丫鬟春香都看出了小姐对春天的关心同去年不一样。“炷尽”两句一个“尽”、一个“抛”、一个“残”，生动地点出了女主人公沉闷单调的生活。从这支曲子中，我们不难体会到杜丽娘对环境的不满以及朦胧跃动的春情。这种情怀在宾白中也时有透露，“望断”、“凭栏”等都是。

第二曲【步步娇】

【原文】

袅晴丝吹来闲庭院，摇漾春如线。停半晌整花钿。没揣菱花，偷人半面，迤逗的彩云偏。我步香闺怎便把全身现！

【译文】

这飘飘悠悠的晴丝吹到了安静寂寥的小院里，随着晴丝的飘来，那游丝一般的春天，也悠悠来到我的眼前。隔一会儿，才整理头上的装饰，没料到那镜子把我半边脸偷偷照进去了，惹得我急忙躲闪，把美丽的发卷也弄歪了。怎么能走出闺房而显露在外呢？

【赏析】

本曲是写杜丽娘游园前对镜梳妆时的内心活动。这支曲子是在杜丽娘赞叹“好天气也”的念白之后起唱的，所以从春光、春意落笔。“袅晴丝吹来闲庭院，摇漾春如线”是写大地回春以后，各种冬眠的昆虫都苏醒了，纷纷吐丝活动，这些虫丝是很细的，只有在风和日丽的时候才能见到。“袅晴丝”就是指这种摇曳、飘忽的春游丝，也吹进了这冷落的庭院。作者不写桃柳蜂蝶，唯独选取了纤细的游丝，此中大有新意妙理：①这样写完全是从规定情景出发，它不是主观随意性的产物。所以在小庭深院中的女主人公难以直接看到姹紫嫣红的春色，在这里只能从晴丝上体味到一点可怜的春光。②这样写与人物身份、性格相吻合，杜丽娘是一位过着闲适而愁闷的生活的深闺人物，她是个对春天十分“关情”的妙龄少女，唯其这样，才会有此细心而专注的观察。游丝是很细的，不是心细专注的人是很难发现的。所以说这两句同人物身份性格相吻合。③这样写体现出人物微妙心绪的理想物化形态，“晴”与“情”、“丝”与“思”谐音，所以“晴丝”语意双关。它既指晴空里的游丝，又是女主人公心中缠绵飘忽的情思。无论是“游丝”还是这种“情思”，它都是这般纤细朦胧，又是那样难以捉摸。春风将轻软的游丝吹进幽深庭院的景象，也可以看作是春光打开了丽娘闭锁的心扉，被萌生的情思逐渐催开的那种心理写照。作者描绘的既是游丝袅袅的春景，也是情思缠绵的春情。情与景，物与我，虚与实结合得非常巧妙，真称得上是观察入微。

接下去写对镜梳妆，这里着意表现女主人公天真娇羞的神态。作者采用了拟人化的手法。明明是人照镜子却偏说镜子把自己的半边面容偷照了进去。“没揣菱花，偷人半面，迤逗的彩云偏。”惹得“我”急忙躲闪弄歪了美丽的发髻。“没揣”，是指故意的、蓦然的、没料到的。“菱花”，借代镜子。“迤逗”即引惹，都是当时的口语。“彩云偏”，是指头上的发髻歪偏了。拟人手法和口语的运用，使这两句唱词更加活泼生动，一个“偷”字，颇堪回味，似乎镜子已偷窥到了姑娘春心荡漾的内心隐秘，把怀春少女的微妙心理刻画得惟妙惟肖。在封建社会里，像杜丽娘那样的大家闺秀，她是不能轻易出门的。在明朝作为女子行为准则的《闺苑》里，就有这方面的规定，少女不能随便出去。因此“步香闺怎便把全身现”这一句，既写杜丽娘的羞涩、腼腆，也反映出封建礼教对闺阁女子的严重束缚。所以这句不能轻轻放过。

第三曲【醉扶归】

【原文】

你道翠生生出落的裙衫儿茜，艳晶晶花簪八宝瑱，可知我一生儿爱好是天然，恰三春好处无人见。不提防沉鱼落雁鸟惊喧，则怕的羞花闭月花愁颤。

【译文】

你说我穿着绛红色的裙衫多么艳丽光彩，头上戴的宝石镶嵌的花簪多么光彩夺目，可知爱美是我的天性。恰恰这美好的春天却无人赏识。我纵然有沉鱼落雁之美，羞花闭月之貌，这青春之美又有谁来赏识呢？

【赏析】

本曲写杜丽娘梳妆完毕，春香夸她打扮得好而引出丽娘顾影自怜的那种神态，珍惜青春却又无人赏识的那种孤单情怀。“你道是翠生生出落的裙衫儿茜，艳晶晶花簪八宝瑱，可知我一生儿爱好是天然，恰三春好处无人见。”“翠生生”，形容色彩的鲜艳。“出落”，显出、衬托出。“茜”，绛红色。“艳晶晶”，指光彩夺目。“一生儿爱好是天然”是这支曲子中的“曲眼”，是关键句，意思是说天生的本性就是爱美。“好”，美也。这是杜丽娘自然升腾的青春憧憬的直言告白，也是对“存天理，灭人欲”的程朱理学的否定与挑战。“沉鱼落雁”，形容女子有惊人之美。“羞花闭月”，也是说人美得使花羞、使月闭。这里都用了拟人化手法。我们看，在这令人窒息的生活环境里，尽管有沉鱼落雁之容、羞花闭月之貌，可又有谁来赏识呢？这里用“三春好处”比喻青春姣好的容貌。

第四曲【皂罗袍】

【原文】

原来姹紫嫣红开遍，似这般都付与断井颓垣。良辰美景奈何天，赏心乐事谁家院。朝飞暮卷，云霞翠轩，雨丝风片，烟波画船。锦屏人忒看的这韶光贱！

【译文】

这样繁花似锦的迷人春色无人赏识，都付与了破败的断井颓垣。这样美好的春天，宝贵的时光如何度过呢？使人舒心愉快的事究竟什么人家才有呢？雕梁画栋，飞阁流丹，碧瓦亭台，如云霞一般灿烂绚丽，和煦的春风带着蒙蒙细雨，烟波浩渺的春水中浮动着画船，封建家长们把这美好的春光看得太卑贱了！

【赏析】

开头两句“原来姹紫嫣红开遍，似这般都付与断井颓垣”写园中景色，以及由此引起的感情波澜。“姹”，美丽。“嫣”，娇艳。这两句是说美丽娇艳的鲜花开遍的迷人春色。“断井颓垣”是说，井也干涸、回填，废了的院墙也坍塌了，残缺不全，一片破败的景象。作者用“姹紫嫣红”的迷人春色与“断井颓垣”的荒废景象形成了鲜明的对照，杜丽娘从“姹紫嫣红”看到了自己青春的生命，而这“断井颓垣”又使她百感交集，这“断井颓垣”也正象征着那阴冷的生活环境，如此明媚的春光竟被辜负，自己美丽的青春也只能在深闺中埋没！“原来”、“似这般”、“都付与”几个词都带有强烈的感情色彩，带有无限的感叹和惋惜。接下来的“良辰美景奈何天，赏心乐事谁家院”由触景生情转为直抒胸臆。杜丽娘联想到自己的身世、遭遇以后，从胸中涌出这无限哀怨。“奈何天”，使人无可奈何的天气。“谁家”，什么的意思。这两句是化用谢灵运《拟魏太子邺中集诗序》的“天下良辰、美景、赏心、乐事，四者难并”句意。“奈何天”、“谁家院”六个字里凝聚着杜丽娘对命运的感伤，是痛苦的心声。杜丽娘面对良辰美景，而无赏心乐事，只有寂寞苦闷、无限哀怨。使人舒心愉快的事究竟什么人家才有呢？注意以上几句用词十分考究，“姹紫嫣红”与“断井颓垣”、“良辰美景”与“赏心乐事”对仗工整，语言华美。对比中蕴含着对封建礼教和社会环境的强烈不满。再接下来，以合唱的形式，展现了一幅绚丽而略带迷惘色彩的画面。这里有实景，也有虚景：“朝飞暮卷，云霞翠轩，雨丝风片，烟波画船”，这是形容轩阁高旷，也是杜丽娘想象中更开阔的春景：雕梁画栋，飞阁流丹；云燕霞蔚，碧瓦亭台，和煦的春风带着蒙蒙细雨，烟波浩渺的春水中浮动着画船。杜丽娘从狭小的园内扩展到辽阔的境界，这是由近观到远眺，这正是女主人公心所向往的广阔天地。这画面中，融进了追求，也融进了惆怅。这是由概写、感叹进入细致描绘。最后一句“锦屏人忒看的这韶光贱”写出了杜丽娘不满、怨恨情绪的矛头所向，“韶光”，春光，也指自己的年华。“锦屏人”当指那些封建家长。这句意是，封建家长们把这美好春光看得太卑贱了。曲中有句夹白：“恁般景致，我老爷和奶奶再不提起。”可看作是“锦屏人”的注脚。杜丽娘把不满、怨恨矛头直指耽误自己青春的父母。前后联系起来看，指向就比较明确。

第五曲【好姐姐】

【原文】

遍青山啼红了杜鹃，那荼蘼外烟丝醉软，牡丹虽好，它春光怎占的先。闲凝眄，生生燕语明如剪，呖呖莺歌溜的园。

【译文】

青山开遍了红色的杜鹃花，晚春的游丝如烟似云。牡丹虽有天姿国色，可春将归去，它还没开放。悠闲地注视着，那成双成对的莺燕歌声婉转，话语缠绵，是何等快活。

【赏析】

通过杜丽娘对具体景物的感受，进一步抒发了哀怨之情。首句是说青山开遍了红色的杜鹃花，这里借用“杜鹃啼血”的典故，渲染浓郁的感伤气氛。宋代寇准有“杜鹃啼出血成花”的句子。“荼蘼外烟丝醉软”，“荼蘼”，也是一种晚春开花的落叶小灌木，写它是为了突出尚未开花的牡丹，正如春香说的“是花都放了，那牡丹还早”。牡丹花具有国色天香，被誉为花中王。唐代皮日休《咏牡丹》诗：“独占人间第一春。”但牡丹开花晚，到春尽才放花，等它开花春天就要过去了，所以这里有“牡丹虽好，它春光怎占的先”的反问。这是哀叹百花之王牡丹，不能在春光烂漫的大好时节开放，杜丽娘以牡丹自比，寓含对美丽青春被耽误了的幽怨和伤感。“烟丝醉软”是指柳丝飘荡，也衬托出杜丽娘幽怨、缠绵又不能自持的情状。先写花柳，再写莺燕，“生生燕语明如剪，呖呖莺歌溜的园”。“生生”，清脆。“呖呖”，清晰。

前一句说燕子叫声很清脆，明快得如剪刀剪东西发出的声音。后一句是说黄莺的叫声圆润好听。注意“燕语”与“莺歌”是对偶句，并且拟人化了。“明如剪”是明喻，将听觉形象“燕语明”比喻成为视觉形象“剪”，是通感手法。从花柳到莺燕，成双对的燕子、黄莺在那里欢快地歌唱，孤独寂寞的杜丽娘是何滋味虽没有明写，但从“闲凝眄”的神态动作来看，悠闲地注视着，从这神态动作上也不难把握人物隐秘的心理脉搏。杜丽娘游园，原只为消愁解闷，但游园所见无不增其烦闷，哀怨之情更无法排遣。

第六曲【隔尾】

【原文】

观之不足由他缱，便赏遍了十二亭台是枉然。倒不如兴尽回家闲过遣。

【译文】

既然春香看不够，就由她留恋吧！可就是观赏遍了所有亭台楼阁也是白搭，倒不如兴尽回家去消磨时光、打发日子。

【赏析】

扫兴而归。

参考文献

1. 徐朔方：《汤显祖全集笺校》，北京：北京古籍出版社，1999 年。
2. 汤显祖：《牡丹亭》，北京：人民文学出版社，1963 年。
3. 白先勇：《姹紫嫣红〈牡丹亭〉：四百年青春之梦》，桂林：广西师范大学出版社，2004 年。
4. 沈德符：《顾曲杂言》，上海：上海古籍出版社，1959 年。
5. 毛效同：《汤显祖研究资料汇编》，上海：上海古籍出版社，1986 年。
6. 张庚、郭汉城：《中国戏曲通论》，上海：上海文艺出版社，1989 年。
7. 黄文锡、吴凤雏：《汤显祖传》，北京：中国戏剧出版社，1986 年。
8. 白先勇：《说昆曲》，桂林：广西师范大学出版社，2004 年。
9. 刘明澜：《论昆曲〈牡丹亭〉音乐》，《音乐艺术》，1986 年第 2 期。
10. 李学勤、刘起釪、王钟翰：《经史说略》，北京：北京燕山出版社，2003 年。
11. 刘毓庆：《国学概论》，北京：北京师范大学出版社，2009 年。
12. 刘德江：《论语正解》，北京：中国三峡出版社，2007 年。
13. 袁行霈：《中国文学史》，北京：高等教育出版社，2009 年。
14. 郑权中：《史记选讲》，北京：中国青年出版社，1959 年。
15. 魏振斌：《史记智慧全集》，北京：中国商业出版社，2008 年。
16. 姜卉：《颜氏家训的教育智慧》，乌鲁木齐：新疆青少年出版社，2009 年。
17. 洪兴祖：《楚辞补注》，北京：中华书局，1983 年。
18. 朱熹：《楚辞集注》，上海：上海古籍出版社，1979 年。
19. 王夫之：《楚辞通释》，北京：中华书局，1965 年。
20. 唐兰：《古文字学导论》，济南：齐鲁书社，1981 年。
21. 林沄：《古文字研究简论》，长春：吉林大学出版社，1986 年。
22. 余冠英：《诗经选注释》，重庆：重庆出版社，1982 年。
23. 陈鼓应：《老子今注今译》，北京：商务印书馆，2004 年。
24. 杨润根：《老子新解》，北京：中国文学出版社，1994 年。